新闻传播学丛书

新闻评论

发现与表现（第二版）

李法宝◎著

中山大学出版社
·广州·

图书在版编目（CIP）数据

新闻评论：发现与表现/李法宝著．2版．—广州：中山大学出版社，2013.10
ISBN 978-7-306-04646-8
（新闻传播学丛书）
Ⅰ．①新…　Ⅱ．①李…　Ⅲ．①评论性新闻—研究　Ⅳ．①G212.2

中国版本图书馆CIP数据核字（2013）第192049号

出版人：徐　劲
策划编辑：邹岚萍
责任编辑：邹岚萍
封面设计：曾　斌
责任校对：曾育林
责任技编：黄少伟
出版发行：中山大学出版社
电　　话：编辑部 020-84111996，84113349，84111997，84110779
　　　　　发行部 020-84111998，84111981，84111160
地　　址：广州市新港西路135号
邮　　编：510275　　　　传　真：020-84036565
网　　址：http://www.zsup.com.cn　　E-mail:zdcbs@mail.sysu.edu.cn
印 刷 者：江门市新教彩印有限公司
规　　格：787mm×1092mm　1/16　22.5印张　462千字
版次印次：2005年7月第1版　2013年10月第2版　2013年10月第3次印刷
印　　数：5001—7000册　定　价：46.00元

作者简介

李法宝，男，教授。复旦大学新闻学院新闻学博士，北京师范大学艺术与传媒学院影视艺术学博士后。曾在报社和电视台从事新闻业务工作，获得过省级新闻奖；后投身新闻教育事业，在几间大学任过教。已出版的专著有《新闻写作的艺术与技巧》、《新闻传播方法论》、《影视受众学》、《电视竞争策略》等10部。

内 容 提 要

新闻评论就是要从纷繁复杂的现实生活中挖掘和发现有意义、有价值的意见性信息；同时，新闻评论也要讲究表现，因此，新闻评论的写作就是一门讲究发现与表现的艺术。新闻评论的著作或教材，既要注重评论作品形成这样一个“技术”层面的问题，又要“帮助他人提高观点表达能力”①。

本书在学习和借鉴已有的新闻评论著作的基础上，依照“评论写作，就是发现与表现”的框架写作，并强调评论写作要有受众意识，评论写作应该关注公共利益，增强评论作品的可读性，等等，具有创新性和现实指导意义。

本书适合高等院校新闻学与传播学专业的师生以及新闻媒体从业人员阅读与参考。

---

① 曹林著：《时评写作十讲》，复旦大学出版社 2011 年版，第 12 页。

第二版前言

本书于2005年出版，后又重印。承蒙读者的厚爱，得到了一些积极的评价。但本人诚惶诚恐，深感此书的瑕疵不少。此次改版，保留了原书的优点，同时又改进了其中的一些不足。其中，第一章第四节新闻评论的负功能，第二章新闻评论的源流及发展，第三章第三节评论写作：追求理性与情感的融合，第七章第四节引用，第八章第七节读者投书均为本书新增的内容，第十一章中国新闻奖与普利策奖获奖评论比较。另外，对第一版的章节部分也作一些修改，或替换例子，或删减内容……修订内容较多，不亚于一本新书的写作。

本书在写作的过程中，参考了丁法章的《新闻评论教程》、范荣康的《新闻评论学》、邵华泽的《同研究生谈新闻评论》、马少华的《新闻评论教程》等著作，在此深表谢意。

本书能够出版，特别要感谢中山大学出版社编审邹岚萍女士及其单位的领导，没有他们的支持和帮助，就不会有本书的面世。

由于本人水平有限，疏漏及不当之处在所难免，敬请读者批评指正。

作者

二〇一三年八月

目　录

第一章　导　论

美国学者弗莱德里克做过测算：如果以公元元年人类掌握的信息量为单位1的话，那么第一次信息量翻番花费1500年，第二次翻番花费250年，第三次翻番花费150年，此后，翻番速度越来越快，并呈几何级数趋势。如今，人类的信息总量在18个月至5年之间倍增，这就意味着，在今后的70年间，人类累积起来的信息总量将是今天的100万倍。于是，有人就将当今时代命名为“信息爆炸时代”。信息爆炸是有积极意义的，它可以增加大众的知识储量，从而使大众更好地了解世界。但也有负面影响，它分裂或削弱传媒作为社会一致性传承者的功能；信息呈现的多样性会削弱人们对社会的理解力，这是因为生活节奏的加快和获得最新信息的迫切心情，受众没有时间或不具备相应的文化知识去深入地理解事件。① 当代社会，受众是影响传媒信息生产的重要因素，主要原因有两个方面：一是传媒组织需要吸引受众，而为了达到这一目标，它们必须迎合受众；二是由于社会交流的需要，传媒必须重视受众对于信息的制作与传播所起到的决定性作用。因此，强化新闻评论既是观点的传播也是信息的传播，其意义十分重要。

第一节　新闻评论：传播意见性信息

当前，有关新闻评论的定义可以说是众说纷纭、莫衷一是。中国的新闻评论自产生以来，既深深地扎根于中华民族源远流长的论说文的传统，又受到了西方新闻评论的浸润，它虽然曾经仅仅刊登在报刊上，但随着通讯社、广播、电视和网络媒体的出现，已经发展成为一个包括报刊、广播、电视与网络等多个成员的“大家族”。新闻评论这种历史的发展进程，在《辞海》中有关“评论”的释义中得到了充分的体现。20世纪60年代出版的《辞海》（未定稿）给“评论”所下的定义为：“①评论，报刊言论的总称。包括社论、短评、述评、编后记、编者按和以‘本报评论员’名义发表的文章等体裁，及时分析社会生活中的重要问题，直接阐明报刊编辑部的观点和主张。②报刊言

① （美）塞伦·麦克莱著：《传媒社会学》，曾静平译，中国传媒大学出版社2005年版，第56页。

论的一种体裁。有的报刊特辟‘评论’一栏，刊载评述某一问题或事件的论文。”[①] 而1989年出版的《辞海》（修订本）给“评论”所下的定义为：“①批评与议论……②评论，报刊言论的总称。包括社论、短评、述评、编后记、编者按和以‘本报评论员’名义发表的文章等体裁，及时分析社会生活中的重要问题，直接阐明报刊编辑部的观点和主张。③报刊言论的一种体裁之一。评述某一问题或事件的文章。”[②]

20世纪60—80年代末，中国的新闻评论主要是报刊言论。这个时期虽然出现了少量的广播电视评论，但也仅仅是报刊评论的补充，更谈不上体现广播电视和网络个性特征的新闻评论。那时的《辞海》将“评论”定义为“报刊言论的总称”和“报刊言论的体裁”，真实客观地反映了中国新闻评论在当时的历史现状。但是，这种情况到了20世纪90年代发生了根本性的变化。1999年出版的《辞海》（修订本）则把新闻评论作为报刊、广播、电视、通讯社多个家族成员来看待，因此，它对“评论”的定义作了修正：“①批评与议论。②就新近发生的事件、社会现象、思想倾向、公众普遍关注的问题等发表议论的文章。③特指新闻评论。有社论、评论员文章、短评、述评、编后、编者按等形式，具有新闻性和政论性，代表编辑部的观点。”[③] 20世纪90年代是中国新闻评论的大发展时期，尤其是随着中央电视台的《焦点访谈》和中央人民广播电台的《新闻纵横》开播，广播电视评论适应媒体各自的传播方式和特点，发展并完善了自己的个性特征，这不仅意味着新闻评论运用范围的不断扩大，也赋予它以巨大的活力，促进了新闻评论的不断发展。这种发展变化至今仍在继续进行着，不仅广播电视评论在继续充实和完善自己的个性特征，而且报刊评论也在探索自己新的表现形式和方法，1999年的《辞海》（修订本）就客观地反映了新闻评论发生的这种变化。

坚持用历史的、发展的观点审视新闻评论，这是纵向考察新闻评论。此外，还应该横向剖析新闻评论，考察它的内在构成，其中信息传播的视角不失为一种有效的方法。早在20世纪80年代初，伴随着改革开放的进行和西方文化思想（包括传播学）的广泛传播，在我国兴起了一股“信息热”，社会上各行各业重视信息。这种“信息热”在新闻界也迅速引起强烈的反响，强调信息传播成为新闻工作改革的强大推动力，人们的新闻观念发生了重大变化。从信息传播的视角来探讨新闻理论或新闻业务，拓宽了人们的视野。因此，从信息传播的角度来考察新闻评论的定义也是一种新尝试。

那么，信息又是什么呢？信息就是不确定性的减少或消除。通俗地说，信息是人们对客观存在的一切事物的反映。信息包括三个不同的层次：一是反映事物运动状态的语法信息；二是揭示事物状态内在含义的语义信息；三是阐明事物状态的价值及其效用的

① 《辞海》（未定稿）（上册），中华书局1965年版，第684页。

② 《辞海》（上册），上海辞书出版社1989年版，第1021页。

③ 《辞海》（缩印本），上海辞书出版社2000年版，第473页。

语用信息。① 在现实生活中，人们对语义信息、语用信息的需求，实际上与语法信息是成正比的。换句话说，现实生活中的新事物、新情况和新问题越多，人们就越需要掌握它的意义、影响以及应对措施等，也就是越来越渴求语义、语用信息。消息、通讯等新闻报道擅长描摹事物、反映事物运动状态，长于提供语法信息；而新闻评论则擅长阐释事物的本质、意义和影响等，长于提供语义、语用信息。从这个意义上说，新闻评论必然会随着社会信息的增多而日益成为人们生活中不可或缺的信息。信息又是无形的，只有通过大众媒体的传播或借助于媒体的形态，才能变成有形的东西。大众传播媒体是信息的载体，信息发生社会作用，主要依赖于传播媒体，尤其是大众传播媒体。由此可见，信息和传播的关系极为密切，前者为内容，后者为形式；对于“传播”而言，“信息”处于本体的位置，也就是说“传播”是为“信息”服务的。所以，从信息传播的角度，新闻评论可以概括为：报纸、广播、电视和网络等媒体普遍运用的、面向受众传播的有关新近（或正在发生的）事实的意见性信息。

该定义是符合形式逻辑规则的。从亚里士多德开始，古典逻辑就提出，定义的界定要遵循属加种差的规则，即所谓 a 类是 b 类的属，或者 b 类是 a 类的种，也就是说，a 类从属于 b 类。在一个属下，可以有几个种。b 种不同于其他种的某种属性，就叫做 b 种的种差。属加种差的定义，就是定义项是由属与种差组成的定义。② 用一个公式表示：被定义概念 = 种差 + 邻近的属概念。比如，“人就是有理性的动物”，定义项“有理性的动物”是由人的属（动物）与人的种差（有理性的）组成的。

那么，新闻评论这个被定义概念的种差和邻近的属概念是什么呢？这个定义的种差是否符合要求呢？种差的任务在于表述事物的个性。“信息”是一个极其广泛的概念，定义中的“意见性信息”一词，抓住了新闻评论说理性的特征。实际上，“新闻评论”还有时效性问题，“新近（或正在发生的）”一词不可缺少。但是，这种不经传播的意见性信息不能成为新闻评论，新定义于是又加上了“各种新闻媒体普遍运用的面向受众传播”的限定。因此，新定义有了自己的种差：“各种新闻媒体普遍运用的面向受众传播的意见性信息”，这显示了它的周密性。另外，从逻辑上说，“信息”是和“新闻评论”相邻近而又比它更为广泛的概念，以“信息”作为“新闻评论”的属概念，也是恰当的。定义的作用在于揭示这一事物与其他事物的区别，以及自身的特有属性。新定义就具有这种作用，它使用“意见性信息”一词，就突出了新闻评论的“说理性”；使用“新近（或正在发生）事实”一词，就突出了其“时效性”；使用“面向受众传播”一词，就突出了其“群众性”。因此，新闻评论这种说理性、时效性和群众性特征，既反映了新闻评论自身的特有属性，又体现了新闻评论与新闻报道的根本区别。

---

① 《迎接新的技术革命》，湖南科技出版社 1984 年版，第 219 页。

② 金岳霖主编：《形式逻辑》，人民出版社 2000 年版，第 45 页。

第二节 新闻评论的信息传播功能

一、人类的信息需求

亚里士多德说过："求知是人类的本性。"① 人类求知的途径通常有两种：一是通过个人的生产和生活实践获取知识；二是通过知识的交流与传播来获取信息。但由于个人的亲身实践领域有限，人们的大部分知识往往来源于他人，在社会分工日益细化的今天尤其如此。著名未家学家托夫勒指出："我们今天生活在一个巨大的信息潮流之中。我们需要更加频繁地与社会、与他人交换信息以维持自己的生存。这样的生活方式要求我们在交换信息、取舍信息的过程中尽量减少时间和思考成本，以求信息效益的最大化。"② 人类要生存发展，需要了解环境，而了解环境就是消除不确定性。在不断消除不确定过程中，人类对环境的适应性才可以逐步实现；而且人类的其他共同活动只有在信息交换的基础上才能够获得进展。因此，获取信息，消除认识的不确定性，不仅对于生产活动、社会交往是重要的，而且对于人的心理发展也有重要意义。因为人类如果经常处于不确定性中，就会产生焦虑和畏惧。这诚如马斯洛所说："一切不熟悉的、朦胧感觉到的、难以理解的、隐蔽的、意外的东西，全是有威胁倾向的东西。把它们加工成为熟悉的、能断言的、易处理的、能控制的，即不可怕的和无危害的东西的一个方法，就是了解它们和理解它们。"③

现代社会充满着悖论。著名社会学理论家安东尼·吉登斯在对"现代性"及其动力机制进行研究后发现：一方面，面对现代社会的风险与不确定性，公众只有求助于那些经长期专业化训练的专家学者，借助对"专家"的"信任"，才能构筑起"本体性安全"；另一方面，在现代社会，一切科学结论本身已经成为一种"假设"，需要不断地加以"证伪"。因为，"在现代性的条件下，再没有什么知识仍是'原来'意义上的知识了"。现代社会没有终极的权威，现代社会的知识环境不仅具有风险性，而且具有相当的可变性，一切"专家"都在不断被修正中。④ 尤其是在当代社会，人们的信息需求日益增加。美国学者施拉姆指出："现在我们发现或者我们相信，我们正进入另一次社会革命。某些当代历史学家称它是一次'信息革命'，另外的人则称之为'信息时代'。

---

① （古希腊）亚里士多德著：《形而上学》，吴寿彭译，商务印书馆1996年版，第1页。

② （美）阿尔文·托夫勒著：《第三次浪潮》，黄明坚译，中信出版社2006年版，第210页。

③ （美）马斯洛等著：《人的潜能和价值》，林方译，华夏出版社1987年版，第162～163页。

④ （比利时）安东尼·吉登斯著：《现代性的后果》，田禾译，译林出版社2004年版，第54页。

但越来越多的观察家正开始把变化的深广度看成是革命，把信息看成是工业化以后时代的主要力量来源，正像土地、能源和机器是过去两次革命中的主要资源一样。"① 新闻评论主要传递一种观点和意见，它传递观念化的或者政策性的信息；且通常要以新闻事实为由头来阐述事理，也传播信息。

当前，中国正处于社会转型期。由于文化是影响社会变迁的重要因素，因而所谓社会转型，本质上即是一种文化转型。因为"新闻传播史证明，任何社会转型期，都是本土传媒的黄金时代"②，同时也是人们对大众传播媒体高度依赖的时期。据统计，中国生活富裕阶层抑或中产阶层的人数达到4亿～5亿。③ 一个社会进入中产阶层不断扩大的时期，也就意味着这个社会正处于市民意识提高、法律日益完善、民主意识迅速发展的时期，中国这个变化过程是从20世纪90年代开始逐渐明显起来的，进入新世纪之后不断地提速，以"非典"事件为契机，中国开始促进信息公开化，增强行政透明度，放宽对传媒的限制。同时，随着社会的发展，大众传媒给人类带来的信息量大大丰富了人们的生活，信息传播已进入"多视角"时代，这就需要从不同的角度对社会现象和问题进行全面而透彻的分析和评论。

比如，2010年1月7日，《人民日报》开设观点版，主办观点版的评论部在它的《致读者》栏目中指出："《人民日报》历史上第一块评论类版面——观点版，在您的关注和支持下，已经走过一年。从探讨信任流失产生'社会墙'，到关注'物质潮流中的心灵之惑'；从思考新形势下的党群干群关系，到追问现代社会应给道德怎样的激励；从社会的分层、流动与变化，到公共话语空间中你我共同的责任……一年来，我们从党报评论工作者应有的责任感和使命感出发，保持对各类社会事件、社会现象的敏锐触感，力求在辨名析理、交流互动中形成普遍的社会共识。"阐明了观点版的调整思路，那就是，"在党心民心的共鸣中，始终保持《人民日报》评论的锐气、朝气"。观点版在触及当下社会问题的深度和广度上，在剖析社会情绪把握社会脉搏的贴近与聚焦上，在触及人们内心、把脉人们心理的准确性上，有了进一步的提高。选题瞄准社会管理的难点，党群干群关系的焦点，和谐社会进程的纠结点，现代文明培育的新生点……观点版推出了一批佳作，说到了点子上，说到了人们心坎里。所点出的社会现象却是人人都能感觉到甚至熟悉的，而所说的道理，新颖而深刻，使读者眼睛为之一亮。

2013年1月4日，《人民日报》首开新闻评论版，称将其打造成群众的言论广场，

---

① （美）威尔伯·施拉姆等著：《传播学概论》，李启、周立方译，新华出版社1984年版，第41页。

② 参见张立伟、韩德全：《人世之初，我们干什么？——竞争机遇份额》，载《新闻战线》2002年第8期。

③ 《中产阶级人数达3.5亿，中国消费者将引领世界吗?》，载《环球时报》2012年11月14日。

《人民日报》历史上第一块新闻评论版诞生了。在《人民日报》第5版，从周一至周五，都设置评论版。第一块评论版有五篇文章，既有宏观方面的内容，如改革、中国机遇、世界关系，也有当前的社会热点，如异地高考、史上最严交规。其《致读者》栏目称："评论版上，将汇集您可能熟悉的《钟声》、《人民时评》、《本报评论部》、《声音》等言论栏目"，且"传递'中国好声音'，谋求最大公约数，推进社会前进的步伐"。《人民日报》评论版开篇即聚焦改革：为人民而改革，是改革的唯一价值；尊重人民意愿，是改革的唯一立场。据《人民日报》介绍，这组"深化改革方法论"系列评论，是年初推出的"深化改革认识论"的姊妹篇，意在为新一轮改革鼓与呼。开篇文章题目为《改革，回应人民的强烈期待》。文章说："顺应民心，尊重民意，凝聚民智，方能干群一致、上下同心，突破思想观念的障碍可期，冲破利益固化的藩篱可待，实现中国梦想的未来可望。"文章提出两个问题：何谓回应群众呼声？如何读懂人民期待？文章指出，改革要"从人民群众反映最强烈的问题入手、从社会发展凸显最突出的矛盾入手"。文章认为，今天的改革，更着眼全面发展，追求的是社会公正，关切的是民众尊严，铸就的是发展动力。文章重申："改革开放是决定当代中国命运的关键一招，也是决定实现两个百年奋斗目标、实现中华民族伟大复兴的关键一招。"

在评论版的五篇文章中，有两篇"直击"当前的社会热点：一是异地高考；二是"黄灯困境"。其中《异地高考"不怕慢就怕站"》指出，任何一项改革都不可能孤军深入，必须有相应配套措施做支撑，必须与全面综合改革相协调。而评论版的《人民日报微博》栏目，讨论的是如何看待"黄灯困境"。文章指出："立足实际、及时微调，公安部对'黄灯罚则'的解释回应，并听取民意表示要改进信号设置，相信能在互动中完善决策，这也是科学决策的题中之义。"① 因此，《人民日报》设置观点版和评论版，强化了评论工作的指导与引导功能，满足了广大读者的信息需求。

二、新闻评论的信息传播功能

功能即作用。新闻评论的作用：一是传受信息；二是反映社会舆论，引导社会舆论。但是，这两种作用在性质上却是不同的，前者属于手段，后者属于目的。换句话说，新闻评论的传受信息功能是基本手段，它的导向功能、监督功能、社会整合功能、教育功能和服务功能则是目的。新闻评论是一项必须履行一定功能的传播活动，传播功能则是传播活动所具有的能力及其对人和社会所起的作用。任何一项传播活动都必须具有其功能，否则就没有进行的必要。尤其是大众传播，传播者事先应该充分认识此次活动所应发挥的作用，然后运用全部传播手段或方式充分地展示和释放这些功能。新闻评论是大众传播媒体的一种发言方式，而作为各种意见性信息的传播方式，它在传播信息

① 参见《人民日报》2013年1月4日第5版。

方面具有自己的特殊功能。

（一）新闻评论传播事实信息

这种事实信息包括两个方面的内容：一是新闻评论自身透露出来的事实信息。新闻评论可以借助于事实作立论的由头，或引述事实用作印证论点的论据。这些事实由头和事实论据都是新闻评论的自有信息，即事物自我显现的信息，评论作者可以把这些事实材料收集汇总，然后进行信息加工，这样，新闻评论的观点便自然凸显出来了。比如，1997年12月13日正是日寇南京大屠杀60年祭日，14日，香港《快报》发表社论《毋忘南京大屠杀的双重意义》，文章针对日本右翼势力否定南京大屠杀一事，列举了三项事实：南京城挖出的万人坑，德国商人在南京大屠杀时拍下的照片，在美国发现的一部从未公开的南京大屠杀实况影片。事实胜于雄辩，短短500余字的社论，有确凿的事实论据，有针锋相对的论辩，有伸张正义的呼唤，有义愤填膺的控诉，有历史教训的阐发……这些内容表达了亿万中国人民的心声，从而振聋发聩地唤起人们的“忧患意识”，而这些论据也就成为整篇新闻评论中，乃至整个版面上熠熠闪光的“信息亮点”。二是新闻评论所揭示事物的本质信息。现象与本质是一对范畴。新闻事实所显现出来的总是现象方面的信息。而作为新闻评论，要求评论作者能够透过现象看本质，即从现象信息入手，借助于人脑的思维活动，充分地认识现象背后的本质信息。比如，评论《这也是一种腐败》（《人民日报》1997年1月7日）以宁波一家珠宝店总经理无偿赠予某影星价值16万元的珠宝一事为由头，作者议论道：

> 诚然，捧星、宠星，是各人的自由。谁爱捧星，尽管捧去，爱捧谁就捧谁，爱奉赠什么就奉赠什么，由不得别人说三道四。但是有一条，奉赠给“星”的必须是个人财物，而不是、也不应当是属于国家或集体的财物。然而不然，这些年，见之于报端的，慷慨赠予影星、歌星的轿车、别墅、珠宝，乃至海滨名城寸土寸金的地皮，有哪些是董事长、总经理、市长个人的私产……（他们）有什么权利将国家或集体的巨额财物“信手”、“信口”赠给明星？

作者的分析可说是触及事件的实质。那么，对这类事又应当如何看待呢？作者又评论说：

> （他们）随心所欲，将国家或集体的巨额资财赠予影星歌星，我以为这是变相地侵吞“公物”，实质上是一种腐败。既是腐败，就在应坚决反对之列，而且应加以查处。

这篇评论作品从具体事实入手，联系到其他类似的情况，又由表及里、由实入虚，从反腐败斗争的高度进行分析论证，揭示了事物的现实意义和普遍意义，向人们提供了新闻事件的本质信息。

（二）新闻评论传播政策信息

作为党报（台）的新闻评论，有相当一部分是直接代表党和政府以及各级组织部门发言的，特别是对一些亟待表明立场和态度的问题，新闻评论最为直接和便捷地传达了党和政府的政策信息。比如，1996 年 10 月以后，中国的股票市场出现暴涨现象，虽然对于广大受众来说并没有太大的直接影响，但是，它对 2100 万股民却有直接影响。同年 12 月 16 日，《人民日报》发表特约评论员文章《正确认识当前股票市场》，对股市出现暴涨的原因进行了实事求是的分析，及时地为股民敲响了警钟，为“股市热”泼了一盆冷水。这个政策信息就是通过新闻评论传播的，它帮助人们正确认识当时的形势，使股民多了一份冷静，也多了一份思考。

（三）新闻评论传播媒体信息

新闻评论是报纸、广播、电视和网络等大众传媒的重要组成部分，报纸、广播、电视和网络中没有新闻评论就等于没有声音。新闻评论还是新闻媒体的灵魂，在许多情况下，新闻评论是直接代表媒体发言的，它代表新闻媒体对新闻事件、社会问题和新闻人物表明态度，发表议论，以便组织和引导社会舆论。从这个意义上讲，新闻评论也代表了新闻媒体的意见，因此，人们通过新闻评论能够知道媒体的态度。比如，评论《怎让沉渣又浮起》（《四川日报》1996 年 5 月 14 日）针对历史沉渣在一些地区有泛起之势的现象——四川省大邑县早已臭名昭著的大地主刘文彩，不仅地方产品争相以他的名字来做广告，而且县中学还筹划以他的名字命名；日本侵略者的战船模型在四处兜售，希特勒党卫军军徽招摇过市……作者评论道：

我们不应为今天的歌舞升平而淡忘旧日的历史是非，同样不应因为开放搞活而放任历史沉渣泛起。

文章接着分析和评论：

以揭露希特勒法西斯罪行为主题的《辛德勒名单》能登第 66 届奥斯卡金像奖宝座，人类历史公理与是非显然是奥斯卡评委共有的评判标准。而对历史大义，西方有识之士尚明此理，为何我们的同志会模糊至此。美丑不分，善恶不辨，模糊的不仅是历史，涂炭的将是我们自己和下一代的灵魂。让历史告诉未来，而不能让未来去复活历史，在世界一步步走向物质富裕繁荣的美好未来时，应该汲取这种历史的态度。

这些议论既鲜明严正，又简洁凝练，集中反映了新闻媒体对这种历史沉渣泛起现象的明确立场，传递了新闻媒体的意见和信息。

（四）新闻评论传播公众信息

新闻媒体既是党和政府的喉舌，又是人民的喉舌，代表公众意见，反映人民的态度、愿望和呼声，也是新闻评论义不容辞的责任。但是，社会上有许多的意见，它们本身也有正确与错误之分，党报（台）的新闻评论所反映的意见性信息，应是符合公众根本利益、代表大多数公众正确的看法和意见。比如，1995 年 10 月上旬，河北省石家庄市发生一起部分市民哄抢公共花草的事件——12000 盆花草失窃，大型花卉造型被彻底破坏。1996 年 1 月 4 日，中央人民广播电台《新闻纵横》节目专门制作题为《鲜花凋零为哪般》的新闻评论性节目，借各方人士之口对这一事件进行评论：

干部：这个事情我听到以后我联想到天津有个红伞事件，大家都记忆犹新，当时有些广播电台都讨论过这个问题，大家都说在我们石家庄绝不会发生这种事，但是不幸给人们言中了，我感觉心里有种不太好的滋味。

学生：我是煤炭学院的学生，这个问题我觉得，作为一个石家庄的市民吧，听起这个事有些可恶，不应该出现这种情况。

工人：我是一名制药工作者，通过广播我听到了哄抢鲜花的事件，从我个人角度看，这些人不仅没有法制观念，连最起码的对国家财产的保护观念、道德意识都丧失了。大家要提高法制观念吧，在思想上要引起重视，今后不允许这种事情发生。

……

记者：近几年随着经济的迅速发展，城市的大楼越修越高，马路越修越宽，然而美厦霓虹并不是城市文明的全部内涵，经历过抢花风波的石家庄市民普遍认为，爱花护草、遵守社会公德这样的小事并不小，它反映了一个城市的整体形象和市民文明水平，每个公民都应从自身的一件小事做起，为塑造城市新形象做最大努力。

李瑞银（石家庄市经济电台主任）：我们国家应当加强对市民社会公德的教育，这个事说明这几年对社会公德淡漠了，应该把公德教育好好搞一下，爱祖国、爱人民，应该体现在每一个小事上。

对于这样一个非常严肃的话题，评论没有直接表态并明辨是非，而是让群众和有关人士作出分析，发表议论，记者只是穿插点评，补充强调。在公众意见的表达方面，广播电视评论具有自己的优势，它可以直接让公众面对话筒或镜头“直抒己见”，这种采集和传达公众意见的方式更为直观和真实，也更容易打动受众。

综上所述，新闻评论传播的信息，既有多样性，又有复杂性。因此，如何提高新闻评论的信息传播效率，是评论作者必须重视的社会问题。

第三节 建构评论价值

美国新闻学者康拉德·芬克反复强调，在评论中要为读者提供“附加值”。那么，什么是有“附加值”的评论呢？按照普利策评论奖获奖者玛利亚·汉森的说法：“就是要求在社论中有新的信息，而不仅仅只是观点。”① 价值原则原本是评论写作必须遵循的普遍规律。马克思曾经为“价值”的概念作过具体的阐释。他说：“‘价值’这个普遍的概念是从人们对待满足他们需要的外界物的关系中产生的”，“表示物的对人有用或使人愉快等等的属性”，“实物上是表示物为人而存在”。② 因此，“价值”就是事物与人的需要之间的一种特定关系，即表示客体（事物）满足主体（人）需要的一种有用性。价值在中国古代是指交换中商品的比值。如《后汉书》中“备其逋租，高其价值”，就是此意。西方的价值则是由法文和德文的“Axi0l0gie”一词转译而来，其原意有“尊重”、“贵重”和“重视”之意。③ 经济学使用“价值”一词，其含义是凝结在商品中的一般的、无差别的人类劳动，又引申为有意义的事。

美国政治学者劳伦斯·迈耶在其《比较政治学》一书中，视价值为“优先考虑的事物和目标”④。社会心理学家克特·巴克主张：“价值是一种基本的原则，通常为一种道德或伦理的规则”；同时，他指出：“价值经常构成态度的基础”。⑤ 总体来说，人们一般是从两种意义上使用价值：一种是把价值视为有意义的事，如罗尔斯把正义视为“社会制度的首要价值，正像真理是思想体系的首要价值”⑥；另一种则是把价值看成某种原则、道德的、文化的或政治的原则，而利用这种原则对社会事务或社会现象进行评价，便是所谓的价值判断。

一、评论价值的内涵

（一）新闻价值的概念

新闻价值的概念缘起西方。沃尔特·李普曼在《舆论学》一书中首次提出“新闻价值”，并明确提到突发事件、地缘接近性、个人影响与冲突等要素。美国新闻学者麦尔文·曼切尔对新闻价值作了如下的归纳：①影响，很可能影响很多人的事件；②时间性，最近发生的或者正在进行的事实；③声望，涉及著名的人物和机构的事件；④接近，发生在传播或者广播地区的事件；⑤冲突，反映人们之间或者组织之间的冲突的事件；⑥传播，正在被谈论的事件或者社会问题。其中接近性包括利益上的接近、地理上

① （美）康拉德·芬克著：《冲击力：新闻评论写作教程》，柳珊、顾振凯等译，新华出版社2002年版，第65页。

② 《马克思恩格斯全集》（第36卷），人民出版社1967年版，第163页。

③ 参见张鸿雁：《论中西文化价值观之异同》，载《暨南学报》（社科版）1995年第4期。

④ （美）劳伦斯·迈耶等著：《比较政治学：变化世界中的国家和理论》，罗飞等译，华夏出版社2001年版，第17页。

⑤ （美）克特·巴克著：《社会心理学》，南开大学社会学系译，南开大学出版社1986年版，第246页。

⑥ （美）约翰·罗尔斯著：《正义论》，何怀宏等译，中国社会科学出版社1988年版，第1页。

的接近、心理上的接近和利益上的接近。时间、人物、地点都是新闻不可缺少的要素，因此，新闻发生的地点也和新闻价值有着直接的联系，因为人们一般关心周围发生的事都胜于关心遥远地方发生的事，这就是地理意义上的接近心理。美国著名学者格文·海特认为："一条新闻价值高低的关键在于这条新闻能否引起读者的兴趣。新闻首先应该是最近发生的事实的报道，而重要的是，这个报道要能吸引与这个报道本身无关的读者的兴趣；但更重要的是，这个报道要能吸引广大读者的兴趣。"这样有关新闻价值的标准就已经基本、明确地形成。① 著名学者徐宝璜专门论述了新闻价值。他说："新闻之价值云者，即注意人数的多寡与注意深浅之问题也"，"新闻价值与新闻的重要程度为正比例；新闻价值与注意人数及注意程度为正比例；新闻价值与新闻发生及登载相隔之时间为正比例；新闻价值与新闻发生及登刊相隔之距离为反比例"。②

（二）"评论价值"与新闻价值的关系

"评论价值"与新闻价值密不可分。新闻来自客观事实，但是客观事实并不是都能成为新闻，能够成为新闻的只是客观事实中极少的一部分。客观事实能否成为新闻取决于它是否有新闻价值。与此相似，新闻报道是否值得配评论取决于它是否有"评论价值"。当然，由于新闻报道来源于客观事实，所以，归根结底，"评论价值"在于客观事实本身。一般来说，"评论价值"不能脱离新闻价值而存在，也就是说，只有有新闻价值的才有"评论价值"，没有新闻价值的也就难有"评论价值"。新闻价值越大，其"评论价值"也就越大。但，"评论价值"与新闻价值并不总是成正比，有新闻价值的不一定都有"评论价值"，新闻价值大的也不一定"评论价值"大。③

邹韬奋说过："我向来以为评论应根据事实，倘我得到可以评论值得评论的事实我便评论；倘我得不到可以评论值得评论的事实，我便不评论，决不因为挨骂而动摇这个标准。"④ 胡适于1922年7月17—23日在《努力周报》中写道："这一周的中国大事，并不是董康（当时的财政总长）的被打，也不是内阁的总辞职，也不是四川的大战，乃是十七日北京地质调查所的博物馆与图书馆的开幕。"⑤ 胡适的这段话旗帜鲜明地表达自己对选题的价值判断。在一般人看来，贵为财政总长的政府官员被打，内阁的总辞职，四川的战争，都是社会的热点和焦点，是公众最关注的事件，应该最有评论价值了。但胡适放弃了这些热点问题，而选择了"博物馆和图书馆开幕"这样一个看起来很不起眼的文化新闻，这就是他的价值判断。他认为，相比那些事件，影响到国人精神

① 转引自李法宝著：《新闻写作的艺术与技巧》，中山大学出版社2005年版，第93～95页。

② 徐宝璜著：《新闻学纲要》，联合书店1930年版，第33～38页。

③ 于宁、李德民著：《怎样写新闻评论》，中国新闻出版社1988年版，第43页。

④ 参见《生活》周刊，1931年第34卷。

⑤ 参见《努力周报》1922年7月17—23日。

和思想层次的图书馆开幕更有意义，更能决定中国的前途和命运。一般而言，评论价值的要求要高于新闻价值的要求，一件新闻事实可能它很新鲜、很重要，或很有趣味，或接近某些读者，完全符合新闻的选择标准，但它本身并不一定包含“值得一议”的道理。

新闻评论是否有价值，一个重要标志就是它的选题是否触及社会现实，时效性和针对性如何，能否触及社会现实，这是新闻评论的生命力之所在。新闻评论的任务，就是迅速而广泛地评述一定时期内党的纲领路线、方针政策，同时针对当前某种倾向和问题进行议论。它所涉及的问题一般都是党和群众所关心的迫切需要解决的现实问题，旨在如何运用正确的立场、观点和方法去处理当前的一些重大问题。一篇评论，如果能抓准要点，及时发挥作用，有助于现实和思想问题的解决，能够推动工作的进展，那就是评论工作者的最大快慰。胡乔木同志说过：“报纸不能要求自己的评论是不朽的，而要有使评论和所指的缺点‘同归于尽’的精神。因为报纸是党的工具，是帮助党推动工作前进的。问题解决了，评论也就死亡了。”① 这段话明确地指出了新闻评论要触及现实问题、针砭时弊以及指导现实工作等基本特点。实际上，一篇评论文章的价值大小、质量高低，还在于它提出问题和它阐明观点的价值。如果它提出的问题是不成问题的，它要阐明的观点为人云亦云，那么，这篇评论本身也就是可有可无的了。当然，要提升评论的价值，首先不是提高评论员的写作技巧，而是要研究评论的选题。

比如，1999 年 1 月 11 日，云南电视台播出了题为《土地家庭承包经营不容动摇》的电视评论，并获得中国新闻奖。评论选题只有党和政府关心的热点、群众普遍关注的焦点，才具有较高的评论价值。1999 年 1 月前后，云南省第二轮土地延长承包工作全面展开，丽江地区试行了把土地划分为基本口粮田和集体经济田的“两田制”，这不符合中央有关稳定和完善农村土地承包关系的政策，出现许多弊病，广大农民强烈要求恢复原有的土地承包关系。于是，云南电视台《今日话题》敏感地抓住这一重大问题，深入采访，正确评论，及时播出，澄清了部分基层干部中的错误认识，促进了丽江地区迅速纠正这一偏差。同时，这篇评论还摆脱了灌输与说教的模式，强调运用电视手段进行纪实性采访，避免传统的以“评”为主的说教模式，而改为以“述”为主，把观点融入对新闻事实的深入报道。整个作品用事实说话，而且逻辑严谨，结构紧凑，语言凝练；② 同时也辅之以精练的解说来论证论点。

上述例子说明，所谓“评论价值”，就是指新闻中是否蕴涵着一些值得阐发的、对读者或社会有重要或新鲜的思想观点，蕴涵着这种思想观点的就有“评论价值”。一是

---

① 胡乔木著：《胡乔木谈新闻出版》，人民出版社 1999 年版，第 289 页。

② 智黎明：《用典型的事实进行有力的论证》，见袁正明、梁建增主编：《用事实说话——中国电视焦点节目透视》，上海人民出版社 2000 年版，第 209 页。

蕴涵某种思想观点，如果不蕴涵某种思想观点，也就没有“评论价值”。二是包含着重要的或新鲜的观点。如果是无关紧要的或者是毫无新意的观点，也就没有“评论价值”。三是这种观点是对读者有教育意义的，或指导，或鼓舞，或批评，或启发，等等，否则也没有“评论价值”了。四是这种观点值得阐发。如果读者能够从新闻报道中一览无余地获得这种观点，那么，这样的新闻评论也就没有“评论价值”。比如，在中国、韩国、日本乃至印度、泰国等国家，公务员一直是青年们热门的就业对象。韩国公务员热引发舆论的担忧，韩国媒体不止一次地敲响警钟。如韩国《朝鲜日报》发表社论，警告过多青年热衷报考公务员，将危及韩国的未来。社论说，根据调查，韩国15～24岁的青少年33.5%的人最想进入国家机关，“如果这是出于服务国民倒也精神可嘉，但事实上他们不是，他们看重的是可以不担心被炒鱿鱼，挺到退休为止的铁饭碗”，“青少年所拥有的特权，就是可以毫无顾忌地梦想成为未来的比尔·盖茨或爱因斯坦。一个国家的青少年拥有无限想象力与梦想，以及毫无畏惧失败的勇气才是编织国家未来的原材料及原动力。然而，韩国的青少年好似饱经世故的老人，没有了梦想、没有了野心、没有了探险精神及勇气，只想着牢牢抓住可靠的‘饭碗’”。社论指出：“过多的青少年精英因为追求身份和稳定进入公务员系统，将使得韩国创新和发展乏力，因为企业、尤其是中小企业，才是一个国家充满创新力和发展动力的主要源泉。”① 这篇评论挖掘到了普通民众未能注意到的事实，促人觉醒，体现了评论价值。

二、评论价值的体现

（一）评论要反映重大事件

著名历史学家汤因比指出：“一部人类文明史，不过是人类面对自然和社会的挑战而不断应战的历史。”② 一篇评论文章的价值大小、质量高低，还在于它提出问题的价值和它准备阐明观点的价值。西方新闻界强调：“报刊要负责介绍和阐明社会的目标和美德，新闻从业人员将会毫不迟疑地接受这一要求，好的社论版的一项职能正是符合这样的要求的。”③ 如果它要阐明的观点属于人云亦云，那么，这篇评论本身也就是可有可无的。新闻评论要紧扣那些富有冲击力的事件来议论，以增强评论的时效性和相关性，但权威性的评论不仅仅止于对已知新闻事实加以评论，更要为读者提供“附加值”。英国《星期天金融报》主编白金汉认为：“把读者当成消费者来对待。这意味着

① 参见《韩媒忧心青年热衷报考公务员将危及韩国未来》，载《新京报》2012年12月2日。

② （英）阿诺德·汤因比著：《历史研究》，刘北成、郭小凌译，上海人民出版社2005年版，第328页。

③ （美）弗雷德里克·S. 西伯特等著：《传媒的四种理论》，载鑫、展江译，中国人民大学出版社2008年版，第79页。

在日常报道中，必须想方设法给自己的产品增值，用读者喜闻乐见的方式来对产品进行包装、组合，为他们提供优质的服务在增值方面，还通过告诉读者他们不知道的事情来实现增值，拓宽他们的知识面。”①

“评论价值”归根结底反映了一定的社会关系，所以，要对新闻的“评论价值”有恰当的分析与判断。有些新闻“评论价值”低，是评论的“贫矿”；有些新闻的“评论价值”高，是评论的“富矿”。写评论，既不要轻易放过“富矿”，也无需在“贫矿”上白费气力。要从生活的角度入手，可以让宏大主题的文章与每个读者熟悉的生活联系起来，从而产生一种击中人心的力量。比如，在评论金融危机时，不必一开始就写波澜壮阔的危机和影响，可以从东亚一个家庭这个月的经济支出大幅增加谈起，一笔账一笔账地算，然后引出金融危机，这样既形象又贴切地告诉人们金融危机是怎么回事，然后还从这个家庭的命运谈金融危机的危害，以一个家庭及其周围人的命运来阐述自己对金融危机的判断，更容易吸引读者。

评论者不仅可以强调新闻评论的意义，甚至还可以把重大事件首先在评论中加以披露。比如，英国著名的《泰晤士报》便一向如此，1929 年，它根据种种迹象在数月前就预示了经济大衰退；1936 年，它的评论则提醒人们，德国法西斯正在预谋一场战争。《日本经济新闻》社论则突出政策建议，它是日本唯一一家以财经报道为主要内容的综合性大报。报面 70% 的内容为经济信息，每早版上都刊登社论，多则 2 篇，少则 1 篇。社论选题的最大特点在于“政策建议”。这种站在拥护日本经济界、产业界的立场上，与其他报纸在社论中动辄采取情绪化评论方式的论调不同，显现出其客观沉着之中透着有节度的冷静的批判精神，对官界、经济界、产业界有着很大的影响力与吸引力。该报深受官员们的信赖，大藏（财政）省、通商产业省的经济管理官员只要一拿起该报，首先阅读的就是社论。由于该报评论部的成员多为政府决策咨询机构政策审议会成员，因而对审议会提出的政策议案的解说要比其他报纸翔实，所批判的论点普遍受到社会精英阶层的重视。②

（二）兼顾凡人小事与重大题材的关系

正确认识评论价值，需要处理好凡人小事与重大题材之间的关系。新闻媒体作为党和人民的喉舌，无疑应该关心那些对时代具有宏大影响的重大事件和重要人物，这也就是人们常说的新闻评论必须反映重大题材，但是，这绝不意味着新闻评论只表现那些重大题材，生活中的凡人小事也往往成为人们关注的对象，成为新闻评论的重要内容。同时，人们也应该认识到，凡人小事与重大题材只是相对而言的。有的事件非常重大，但按照常规，其新闻价值不一定大；有的事件虽小，但由于其新颖独特且具有重大的价

---

① 唐亚明著：《走进英国大报》，南方日报出版社 2004 年版，第 284 页。

② 尹良富著：《走进日本媒体》，南方日报出版社 2006 年版，第 180 页。

值。新闻评论题材自身的大小也是相比较而存在的，在不同的条件和背景下，不仅新闻评论题材大小具有可转化性，同一题材的新闻价值也是互相变异的，不能用一个僵死的模式去限定新闻评论题材的大小。而且，重视凡人小事与重大题材也是社会的需要。社会生活五彩缤纷，人们的关注点多种多样：有的关心天下大事，有的乐于了解百姓的情怀；有的喜欢波澜起伏的故事，有的则偏爱妙趣横生的轶闻……为了满足不同层次、不同类型读者的阅读需求，在新闻评论之中必然有凡人小事的位置，如果新闻评论舍弃凡人小事，不仅会使新闻评论变得单调，且会让受众感到乏味。日常生活中的小事情同样有价值，能够赢得读者的关注。

乔治·威尔作为保守派的专栏作家，从 1973 年就开始为《华盛顿邮报》撰写专栏文章，并通过辛迪加提供给全国各家报纸。1976 年 10 月 17 日，乔治·威尔在美国著名的《华盛顿邮报》上发表这篇名为《两岁儿童的父亲需要了解和掌握什么?》评论。原文这样写道：

成年人一致认为：两岁的孩子属于生活中难以相处的一种人，因为他们缺乏人际交往中那种微妙的经验。

但是实际上两岁的孩子所面对的一切，教会了他们很多关于生活及我们这个动荡时代的知识。

我一般在家里工作，并在家吃午饭，常常是和两岁的杰弗里·威尔一起吃，他午餐越来越喜欢吃洋葱汤和巧克力面包圈。最近的一天，谈兴正浓的时候，杰弗里突然像科尔特斯（1485—1547 年，西班牙殖民者，1518 年率探险队前往美洲大陆开辟新殖民地）第一次看见太平洋一样盯着厨房。

他大叫着："大猩猩!"

这么一声大叫也许会让您——文雅的读者——惊掉手中的面包圈。不过我早就知道，威尔的房子里每个角落和裂缝中都是想象出来的动物——多数是豪猪和猩猩，有时也有牦牛，还有一群"妖怪"。

通常情况下，杰弗里非常沉稳，大家相安无事。但是他会定期放纵一下他那丰富的想象力，变得热血沸腾起来。不过年轻人总是变化快的，他很快就能从情绪波动中恢复过来。但这种波动——时不时地看见厨房中的猩猩，是"可怕的两岁"——一个在幼小的身体里有众多骚动不安因素的年龄的一个方面。

在日常生活中，作者细心观察和揣摩两岁儿子的行为举止，并由此分析和探讨儿童的问题。文章接着分析说：

一个孩子所见到的沙发下面的妖怪，就像他想在鬼怪故事里所听到的妖怪一样，常常是他最熟悉的那个妖怪，而且是他最关心的。他希望或害怕自己会变成那个妖怪。贝特尔海姆维护和推崇格林兄弟的故事一类稀奇古怪吓人的童话，在这类故事中恶跟善一样无处不在。像格林兄弟这样的童话，应该用“进步”的眼光来看待。

贝特尔海姆指出：“当精神分析和儿童心理的新发现表明了儿童的想像力是多么凶暴、焦虑、富有破坏性和虐待性时，受到了严厉的批评。”人们指责童话是造成儿童内心躁动的一个外部原因。没有什么比这种说法更顽固——社会是人类所有缺陷和忧虑的源泉。

“有一种很广泛的倾向”，贝特尔海姆说，“就是不愿让孩子们知道生活中很多问题都源于我们自己的本性——所有人都具有的那种侵略性、不合群、自私的行为倾向。相反地，我们想让孩子们相信所有的人在本质上都是好的”。只有搞理论的人才能相信这种与直觉、经验相去甚远的东西。不谙世事的孩子们就更无法相信了。

有一次——就这么一次——我跟杰弗里说，配餐室里并没有什么豪猪。杰弗里一下子站起身来（36英寸高），冷冷地盯着我，就像一位伯爵正要对一条蚯蚓讲话一样，然后厌恶地耸了耸肩膀。孩子们在楼梯上和床底下所见到的妖怪，是孩子们担心自己所不能控制的一种情绪的反映，对于迟钝得连这一点都认识不到的人，杰弗里是懒得加以指导的。

贝特尔海姆（1903—1990，美国心理学家、教育家）说，充满邪恶、冲突、恐惧和战栗的恐怖童话，对于尚未定型的心理是有好处的。它们会令孩子们去思考一旦面对一个充满真正意义上的困难的世界，他们所真正害怕的是什么。贝特尔海姆认为，受“小机器人能行”一类花言巧语的故事教育的人，会相信对于一个哼着“我能行，我能行，我能行……”的人，所有真正的困难都会向其低头。

那本书是《积极思维的力量》的儿童版。当孩子从自身经历中了解到热情和好意都无助于克服生活中的诸多困难时，它对澄清孩子的情绪毫无用处。不过这本书几年来深受美国人喜爱。怪不得会有这么多民主党人。

最后，作者得出这样的结论：

我一直没能很好地理解这样一种残酷事实，所谓“可怕的两岁”的反面，是小孩子们正试图掌握他们尚未定型的自我。我以前认为一个两岁孩子的父亲所需要的，无非是一位华盛顿专栏作家所具备的能力：无论对他胡说八道些什么，他都极为郑重其事地对待。不过我不再认为两岁儿童所说的都是胡言乱语。当杰弗里叫喊“大猩猩！”时，我知道在某种意义上，房间里确实有一只大猩猩。

威尔的这篇评论文章简洁明快，文笔流畅，深受读者的喜爱。该文于1977年获得普利策评论奖。在文章中，作者通过对自己两岁儿子耐心仔细的观察与研究，对儿童种种心理作了科学的分析和探讨。他在文章中告诉读者：两岁是幼小的心灵骚动不安的年龄，孩子的幻觉反映出他们内在的一种自身无法控制的情绪，这种种迹象，实质上这“是小孩子们正试图掌握他们尚未定型的自我”。因此，两岁孩子的父亲所需做的是：了解孩子的心理，尊重孩子的人格、思想和行为。接着，作者还就儿童教育中的某些问题作了深入的分析与探讨，文章具有较强的可读性和指导性，体现了它的价值和意义。因此，评论价值表现为能够为受众提供“附加值”，也就是一篇评论要有重要的信息或富有启发意义的观点。评论存在的理由，就是它对某个问题或事件有明确的看法，而且在该问题上，它见识广博，比普通人要知道得多，见解也要深刻得多。

第四节　新闻评论的负功能

任何事物都具有双重性。大众传播媒介如同“双刃剑”，从其功能释放的效应来看，它有正功能和负功能之分。传播的负功能是指传播对社会、国家及公众所产生的消极作用。因此，新闻评论的负功能就是新闻评论在反映社会舆论、引导社会舆论的过程中，对社会、国家及公众所造成的负面影响。评论传播的正功能与负功能是相互依存、相互对应的。20 世纪 60 年代，美国学者赖特在发表于《民意季刊》的文章中，绘制了一张大众传播功能分析图。赖特从社会、个人、特殊群体（如政治精英）及文化四个层面，分别从大众传播的正功能与负功能，指出了传播媒体在当代社会中所扮演的角色及其所发挥的正负作用。① 根据赖特的这个功能分析表，可以归纳出一个传播模式（见表 1－1）：

表 1－1　大众传播媒体的正负功能

<table>
<tr><td rowspan="4">大众传播媒介</td><td rowspan="4">的</td><td>a. 社会监督</td><td rowspan="4">对于</td><td>a. 社会</td><td rowspan="4">之</td><td rowspan="2">a. 正功能</td><td rowspan="4">是什么</td></tr>
<tr><td>b. 联系沟通</td><td>b. 特殊群体</td></tr>
<tr><td>c. 传承文化</td><td>c. 个人</td><td rowspan="2">b. 负功能</td></tr>
<tr><td>d. 消遣</td><td>d. 文化</td></tr>
</table>

从这个传播模式可以发现，大众传播媒体的功能无论为正或为负，几乎都对社会、特殊群体、个人及文化等多个层面发生作用。

一、新闻评论负功能的表现方式

新闻传播具有正负两种功能，而传播的负功能是对传播功能的异化。因此，正确发

① 参见郑贞铭：《大众传播与中国现代化建设》，载《开放时代》1996 年第 1 期。

挥新闻评论的传播功能，避免其负功能的产生，是新闻评论工作必须认真对待的话题。一般地说，传播负功能的产生常常是由于其功能发挥不当而造成的，如功能发挥过度或认知偏差等，都会造成负功能的出现。所以，传播的负功能与正功能基本上是对应的。总体而言，新闻评论的负功能集中体现在它的社会沟通、环境观察、社会预期和舆论监督四个方面，并表现出对社会、国家和公众所产生的负面影响。

（一）新闻评论在社会沟通过程中产生的负功能

舆论作为一种公众意见，代表着大多数人对某个事物或现象的看法和意见，它既需要反映，也需要引导。因此，舆论导向错误，其负面影响不可低估。在政治生活领域中，新闻评论作为媒体的旗帜，如果它的传播行为被一特定的利益群体或个人所控制，并能在全社会范围内大肆传播，那么，它给社会造成的危害是巨大的。

在中国，典型的个案是“大跃进”时期的新闻评论。在“事实服务政治”的年代里，为了支持自己的论点，割裂事实，用一些不真实和个别的事例作为论据，写出一些充满“激情”，大唱“革命”赞歌的新闻评论。比如，从 1958 年 9 月初—10 月底，《人民日报》在第 1 版、第 2 版和第 5 版的显著位置，共发表了《立即行动起来完成把钢产翻一番的伟大任务》(9 月 1 日)、《贺武钢出铁》(9 月 14 日)、《钢铁生产必须快马加鞭》(9 月 14 日)、《祝河南大捷》(9 月 17 日)、《祝广西大捷》(10 月 18 日) 等 18 篇社论和短评，高度颂扬中国境内的大炼钢铁运动。评论使用假典型、假数据，而且还用虚报的地区“典型”对比批评“落后”地区，使各地看到这样的评论后竞相攀比。新闻评论的失真产生很大的负作用，给当时中国的钢铁生产带来灾难性的打击，这是新闻评论在自上而下和自下而上的社会沟通过程中给社会带来的负功能。

当时的国家领导人刘少奇同志看到了《人民日报》在“大跃进”时期的宣传，尤其是新闻评论的鼓噪对国家所造成的严重后果，提出了严厉的批评。他说：“《人民日报》应该好好总结一下三年来的经验。三年来，报纸在宣传生产建设成就方面的浮夸风，在推广先进经验方面的瞎指挥风，在政策宣传和理论宣传方面的片面性，这些，对实际工作造成很大的恶果。你们宣传了很多高指标、放卫星，在这个问题上使我们党在国际上陷于被动，报纸宣传大办万猪场，结果祸国殃民。”他又说：“报纸威信很高，大家以为《人民日报》代表中央，《人民日报》提倡错误的东西大家也以为是中央提倡的。所以，这几年很多事情，是中央领导一半，《人民日报》领导一半，《人民日报》搞了这样多错误的东西，影响很坏，可以说，有报纸的害处，比没有报纸的害处还大。”① 刘少奇同志的批评是严厉的，也是中肯的。党报的新闻评论比新闻报道肩负着更重要的使命，具有更大的指导性，尤其是读者会认为它代表着各级党组织的立言，因此，它的错误引导所造成的危害更大，后果也更严重。前车之鉴，值得深思。

---

① 参见人民日报报史编辑小组编：《人民日报史料选编》，人民日报出版社 1985 年第 4 期。

新闻评论在国与国之间的沟通和交往过程中，同样应该避免负效应。比如，2012年9月27日，新加坡《联合早报》发表题为《从钓鱼岛争议看日本媒体的失职》的文章，作者是日本千叶大学学者蔡孟翰。他认为，近两个月来东亚逐渐走向一个不稳定的状态，自日本政府将钓鱼岛进行所谓的“国有化”后，甚至已有出现爆发战争的迹象，这一严重的情况，除了有其他的因素以外，日本媒体实在要负起很大的责任。日本媒体虽在过去两三个月对钓鱼岛问题的报道和评论不算煽情，甚至《朝日新闻》、《每日新闻》还时有持稳持平的看法，但是总体来说，没有全面公正地介绍钓鱼岛争议的来龙去脉，基本上仍在为日本政府的立场辩护，没有完整转述中国的论点，没有刊登反方的说法，而是有选择性地叙述，以衬托日本立场的正当性与合法性。而诸多转述，常令人怀疑日本媒体到底懂不懂中国的看法，还是有意曲解或散布不实的消息。所以，日本媒体缺乏真正的批判声音，没有人敢质疑石原慎太郎提出购买钓鱼岛的是非得失，拷问野田内阁国有化钓鱼岛政策所带来的众多问题。这种情况出现在自称是民主国家的日本，其媒体的表现实在是令人失望，完全没有扮演监督政府、坚持社会良心的角色，而是一味地讨好日本右翼，一味地替日本政府撑腰对抗中国。

那么，日本媒体的新闻评论的内容到底为何呢？简单来说，就是煽风点火，制造中国“威胁”论，强调日方主张绝对的正当性与合理性，把一切都说成是中国的过错。强调中国的主张没有任何国际法的根据，中国不过是觊觎钓鱼岛的天然资源，企图突破第一岛链，进入太平洋，挑战战后亚太地区的秩序与稳定，显现中国霸权主义的本质。再者，中国的反日游行则是中国政府利用来恐吓日本的行径，中国政府要小心，不要玩火自焚。相反，日本的主张是完全立足于国际法，遵守国际准则，日本的措施是理性与温和的，日本对中国的挑衅却是一忍再忍，日本是反日游行暴徒的受害者。这个剧本的台词，在中国爆发反日游行前就已写好并广为人知，在游行失控后，更是成为日本媒体未卜先知的洞见睿智。其实，获知真相的权利是每一个民主国家的基石，日本民众有权知道故事的另一面。毕竟，导致今日最大危机的，是假借国家利益为名，煽动公众情绪。因此，在有关钓鱼岛的争议中，日本媒体的评论是完全失职的，更是偏颇的。①

（二）新闻评论在环境监测过程中产生的负功能

这是指新闻媒体能够持续不断地、及时地关心或注意社会环境的变动，可以使人们将自己的感受放到一个更为宽广的时间和空间，通过接受信息了解社会环境的变化。但是，如果传播的信息过量，人们就会迷失在信息的海洋之中，人们不愿也不可能独立深入地思考问题，这种大众媒体持续不断的评论，会严重地削弱社会或个人自身的判断能力。因为传播的信息已经过加工处理，观点、意见都是现成地传播给公众，公众个人无需再去进行分析与判断，时间久了，作为信息的接受者，他的主动精神就会大大地受到

① 参见蔡孟翰：《从钓鱼岛争议看日本媒体的失职》，载《联合早报》2012年9月27日。

抑制，乃至于完全受制于传播者。因此，在现代社会中，“虚拟环境”的比重越来越大，即在现代人和现实环境之间，插入一个由大众传播媒体所构建起来的“媒介环境”，或称“虚拟环境”。①

“虚拟环境”的存在，大大地缩小了人们的验证能力，这样会造成两种严重的不良后果：一是当媒体有意或无意地“歪曲环境”时，人们无法验证；二是当人们把这种“虚拟环境”视为“现实环境”开展现实行动时，往往会演绎出一幕幕悲剧。比如，1967年元旦，《人民日报》、《红旗》杂志联合发表了经毛泽东审定的社论《把无产阶级文化大革命进行到底》。社论指出，“1967年，将是无产阶级联合其他革命群众，向党内一小撮走资本主义道路的当权派和社会上的牛鬼蛇神，展开总攻击的一年”。从此，《人民日报》和党的各级传媒都充斥着连篇累牍的有关支持“文化大革命”的新闻评论。在中国这场“史无前例”的“文化大革命”中，许多热血青年因新闻媒体的煽动而耗尽了宝贵的青春年华。当然，“文化大革命”的发生和发展与多种社会因素有关。但是，我们也绝不能轻视新闻媒体，特别是《人民日报》的一些重要社论在组织动员方面所起的负作用。

（三）受众因对新闻评论的预期偏高而产生的负功能

所谓预期，是指收视（阅读）新闻评论的主体——受众，在实施收视（阅读）行为之前或之后，对将来的行动所作的一个估计。新闻评论尤其是电视新闻评论在舆论监督、社会引导中处于特别重要的地位，在现实生活中又确实能够对政治、经济等事物发挥巨大的实际作用并推动现实问题的解决，因此，它不可避免地引发人们对其过高的预期，其中包括：促进政治清明廉洁，打击腐败行为；推动经济发展，消除社会危机；弘扬健康思想，剔除腐朽道德……当今社会，“有难题找《焦点访谈》”似乎已成为中国普通百姓的共识，以至于在中央电视台门前经常排着两列长队：一列是来自全国各地的群众，向《焦点访谈》节目反映情况；另一列是住在北京各宾馆里的来自全国各地的干部，向《焦点访谈》节目公关，不要播批评他们的片子的。② 这种现象的出现：一是反映我国的政治体制运作当中存在不协调之处；二是与电视新闻评论节目在观众中引起的过高预期有极大关系。新闻评论在舆论监督中的独特地位有时也会模糊新闻媒体在社会上应有的角色定位，如电视评论节目使其采编人员在观众的心理上成为法官，这就部分地代行了司法、执法、行政、道德审判的职能，甚至产生了所谓“权力寻租现象”。据2000年9月1日的《中华新闻报》报道，浙江省富阳市虎山村村民为反映问题，千方百计地求助《焦点访谈》，结果来的是假冒的，不仅没有解决问题，反而被骗取现金8万多元，其中引发的问题值得思考。

---

① （美）李普曼著：《公众舆论》，阎克文、江红译，上海人民出版社2002年版，第109页。

② 参见《公关“焦点访谈”》，载《中国青年报》1998年11月5日。

新闻评论揭示矛盾和最终解决需要一定的时间，在矛盾的发展过程中，传者往往会把重点放在揭露批评上，而忽略了受众的简化功能，即人们一般不易超越文本所提供的信息，对事物的进展作更深入的思考。此外，受众在接受信息前就有“一种心理期待”，希望媒体和行政部门都来关注和维护百姓的利益，而且在接受信息时，他们会不由自主地用这样的心理定式去衡量新闻评论的效果。对揭露有余但措施不力的评论，受众更倾向于把问题得不到解决的原因归结到所涉及的政府部门，而对问题自身的难度和客观因素的制约估计不足，这样会拉大受众和政府之间的心理距离。因此，新闻评论的这种功能无疑是一个危险的陷阱，不能不引起传者的重视。

（四）新闻评论在实施舆论监督过程中所产生的负功能

进行舆论监督，是党报（台）新闻评论工作的一项重要使命。但是，在新闻评论的实践中，由于没能很好地把握问题，会使某些新闻评论产生负面效应，从而不能完全地、充分地、更有效地发挥新闻评论舆论监督效果。新闻评论在舆论监督过程中产生的负效用，其表现形式多种多样，这里仅列举常见的两种。

1. 忽视事发原因的多样性和复杂性，从而造成负面效果。我们在评论事物时，一定要考虑事物发生、发展的各种原因，并注意区分其中的主要原因和次要原因、主要条件和次要条件。在新闻评论中谨慎地把握好这些情况，把事物放在多元因素构成的条件和环境中来考虑，这样既实事求是，又照顾到方方面面，不至于使讨论的问题表面化或片面性。比如，1999 年 10 月 28 日《焦点访谈》谈论温州轿车牌照费节目，它在披露温州市政府向一辆 14 万元的轿车征收 15 万元的牌照费后，邀请各方人士从不同角度论证这是不合法的。但是，这绝不是问题的全部。温州市政府有其问题，没有谋求通过立法解决道路修建费，而陈旧的法规更有问题，不仅漠视社会的公平公正，而且无力征收足够的道路修建费。所以，合法的不一定合理，合理的不一定合法，这是当前中国很多社会问题的特征与微妙之所在。新闻评论作者若看不到这种问题的复杂性，而只停留在“法”的层面上，不去深究现实生活中法理冲突的深刻原因，未免有目光浅薄或是充当某个利益集团代言人之嫌。

2. 忽略社会舆论监督的“度”，从而造成负效应。新闻评论在实施舆论监督时，一定要遵循适度原则。所谓适度，就是要防止片面性和说过头话，把握好评论的分寸。对任何事物不要了解到一点情况就认为是全部，应该比较深入地对一个事物的过程作全面了解，防止片面性。而要了解事物的方方面面，就应听取不同意见，不要捕风捉影，更不能把话说得过了头，或不恰当地夸张，或无限上纲地贬斥。

综上所述，新闻评论中可能产生的负效应是一个不容忽视的问题，不仅关系到新闻评论的社会效果评价，也会影响到社会的稳定，需要新闻评论的作者认真对待。

二、如何消解新闻评论的负功能

新闻评论要想获得理想的传播效果，必须对其负功能给予足够的重视，且在实际操作中有效地抑制其负功能，而有意识地强化其正功能，具体的办法有四种。

（一）评论作者要提高自己的政策水平

政策水平的高低，是关系新闻评论的导向是否正确的关键。新闻评论的导向发生了偏差，必然会在受众之中产生思想混乱。一篇评论发表后，受众会认为它是代表上级的精神，甚至认为这是党的指示和要求。如果观点错误，就会引起社会混乱。

比如，1979年9月17日，《人民日报》第3版发表了本报评论员文章《切实解决上访问题》。文章谈到上访人员时说："他们被压在阴山之下，蒙冤受屈，无处申诉"，"不得不背井离乡，拖儿带女，再次来京上访"；在谈到上访工作时，作者继续写道："粉碎'四人帮'快三年了，还有这么多的群众上访，这不能不说是我们工作中的耻辱"；在对下到基层的同志寄予希望时，又提出"做包公，做海瑞"，"拯民于水火，解民于倒悬"。这篇评论员文章发表后，报社收到很多上访者来信，认为评论替他们说了话，为他们出了气，它不仅没能平息上访群众的情绪，反而增强了他们上访的决心。10月22日，《人民日报》第1版又刊登了本报评论员文章《正确对待上访问题》。这篇评论克服了片面性，避免了一些刺激性的语言，既为上访者说了话，也讲了国家的政策，还为接待人员说了话，"文章把道理讲清楚了，上访人员很快就减少了"①。前一篇评论，过分地动感情，丢掉了政策，缺乏具体分析，特别是在一些社会敏感问题上出言失当，结果产生了严重的负效应，"上访人员呼噜呼噜地都上来了"②。而后一篇评论，作者既有冷静的思考，又准确地掌握了政策，从而扭转了群众不断上访的颓势。因此，提高新闻评论作者的政策水平，掌握好政策的"度"，是实现正确舆论引导的重要条件。

（二）注意新闻评论依据的典型性和普遍性，避免新闻评论以偏概全

用个别的、局部的事实做论据，证明某一带有普遍性、全面性的论点，是评论写作的大忌。所谓依据的典型性和普遍性，是指新闻评论依托的事实，既是特殊又代表着一般，既是个别又有普遍意义。现实社会纷繁复杂，可能发生的事情很多，如果随意挑选一两个真实的事例来证明某一思想观点还是很容易的，哪怕这一思想观点是错误的；也可以通过一两个真实的事例，不考虑这一两个事例有无普遍性和典型性而做出结论。这种特殊的、个别的事例没有典型性，更没有普遍意义。如果把这种特殊当作一般，把个别当作普遍，这样得出的结论是会失真的。正因为如此，列宁对这种分析问题的方法作了深刻的批评。他说："在社会现象方面，没有比胡乱抽出一些个别事实和玩弄实例更普遍更站不住脚的方法了。罗列一般例子是毫不费劲的，但这是没有任何意义的或者完

---

①② 《邓小平文选》（第2卷），人民出版社1994年版，第225～228页。

全起相反的作用，因为在具体的历史情况下，一切事情都有它个别的情况。如果从事实的全部总和，从事实的联系去掌握事实，那么，事实不仅是‘胜于雄辩的东西’，而且是证据确凿的东西。如果不是从全部总和，不是从联系中去掌握事实，而是片面的和随便挑出来的，那么事实就只能是一种儿戏，或者甚至连儿戏也不如。”① 借用列宁的论述来对照现实生活中的一些新闻评论作品，那种“玩弄实例”的“儿戏”确实不在少数。

比如，20 世纪 50 年代，《人民日报》发表了《不平常的春天》、《文汇报的资产阶级方向应当批判》等系列反“右”评论。前者通过分析 1957 年国内形势，说明反右派斗争是“树欲静而风不止”，不可避免；后者认为，“（1957 年）整个春季，中国大空上突然黑云乱翻，其源盖出于章罗同盟”。《人民日报》的这些评论对当时中国国内形势认定是错误的，当时我国的确有“右派”，但只是极个别的，而且所谓的“左”、“中”、“右”只是人为的划分。但是，评论仅因极个别的人说了反党言论，就断言大量知识分子不可靠，对反“右”扩大化起了推波助澜的作用。

（三）评论作者分析问题应该掌握辩证法

辩证法把世界现象看作普遍联系和永恒运动变化着的，认为世界的发展是所固有的各种矛盾发展的结果。有了辩证头脑，就会知晓正负功能在一定条件下相互转化的规律。比如，1995 年 12 月 18 日，《人民日报》在头版头条位置发表了《一位母亲强烈呼吁扫黄打非不可手软》的报道，并配写本报评论员文章《警惕“电脑犯罪”》，反映苏州一位普通女工给市领导写信，愤怒控诉色情碟片对其 16 岁孩子身心健康的影响。这无疑是一个传播功能转换的典型个案，通过媒体的报道和批评，特别是《人民日报》本报评论员文章义正词严的表态：“对于通过音像电子出版毒害读者和观众者，不管出自谁手，来自何方，是境内境作还是境外走私，坚决予以取缔，严加惩处。”这一事件引起全社会的极大关注和重视，并且有力地推动了“扫黄打非”活动的深入开展。这样，一件坏事变成了好事，负功能也就转化为正功能了。

（四）更正评论事实依据和观点的错误

一些新闻评论由于事实依据错误或不准确，造成评论失真。为了避免评论失真而导致的不良后果，可以采取事实和观点更正的办法，纠正评论的错误，这也是避免新闻评论负功能产生的一个好办法。1982 年 6 月 9 日，《人民日报》转载了上海《解放日报》的一篇报道，反映上海电气成套自动化研究所副所长吴增谦等人，利用职权谋求自己出国访问未成，便阻挠高级工程师商善最出国参加学术会议，在国内外造成了负面影响的事实。《人民日报》同时配发了一则名为《可耻的“出国迷”》的评论，对吴增谦以及类似于吴增谦这种利用职权谋求出国的行为进行强烈的抨击。见报后，吴增谦来报社上

① 《列宁全集》（第 23 卷），人民出版社 1987 年版，第 279 页。

访，有关单位的党组织和人士也来信，说明事情的详细经过，认为报道中有不少情节与事实不符，特别是说阻挠商善最出国参加会议，是因为吴增谦等人自己谋求出访未成，这样的结论是不对的。经过近一年的时间调查，《人民日报》于1983年5月28日发表《对一篇短评的更正》："本报去年6月9日转载《解放日报》刊登的《吴增谦等人利用职权谋求自己出访未成，阻挠高级工程师商善最出国参加会议》一稿，并写了短评《可耻的"出国迷"》。去年10月6日《解放日报》刊登《来函照登》，并加编者按，对报道中不符事实的情况作了澄清，本报根据不完全确实的材料写了不公正的评论，是不对的，特向吴增谦同志致歉。"《人民日报》对失实短评进行了更正，尽管挽回了一些不良的社会影响，但确实给当事人造成很大的精神压力，党的机关报的威信也受到影响。不过，它毕竟减少了新闻评论给当事人带来的伤害，抑制了新闻评论负效应的进一步蔓延。

综上所述，在新闻评论的写作实践中，针对可能产生的种种负功能，评论作者要未雨绸缪、防患未然，这才是积极有效的措施。即使是在负功能产生之后，也可以采用适当的补救办法，防止侵害行为进一步扩大。

第二章　新闻评论的源流及发展

"新闻评论"一词原本是我国本土化生成的词汇。马少华先生在名为《如何翻译"新闻评论"》的博文中写道："记得当年我的一些涉及新闻评论的论文的发表时需要把摘要翻译成英文，我曾用过 news comment 或是 commentary，这都是查词典查出来的。但实际上，当外国新闻学院的教师来我学院交流时，我发现这两个词都不能立刻让他们明白我是教什么的，有时我不得不用 editorial（社论）这个更窄一些的概念和 opinion（观点）这个更宽一些的概念来补充，才能让他们明白我教什么。"① 张友渔在 1932 年提到："社论，即英语 editorial 或 leading article，为报纸的论评。"徐宝璜在中国有"新闻界的开山祖"之誉，② 在其所著《新闻学》一书中与新闻评论相关的第九章"新闻纸之社论"，通篇未见"新闻评论"一词。而由美国学者休曼撰写的《实用新闻学》一书于 1913 年在中国被翻译出版，也未有"新闻评论"一词。"新闻评论"一词最早出现在 1941 年张鹤魂所著的《新闻评论》一书之中。1947 年，程仲文在《新闻学之理论与实用》中这样表述："新闻评论，无论为文言文，或语体文，应以优美之文笔，抒发各种之意见，使人读之，既易领会，又饶有兴趣。"

但是，从 20 世纪 60—80 年代初，"新闻评论"一词便在我国公开出版的新闻学资料或著作中缺席了，这或许与"文革"给新闻学教育带来的停滞有关。赵贯东曾这样描述当时的状况："我国新闻评论研究，60 年代前期曾出现繁荣景象，可是'文革'十年，百业俱废，新闻评论研究陷于停滞，研究机构被横扫一空。直至 1978 年 8 月，在筹建中国社会科学院研究生院新闻系的一次会议上，一位中央领导才强调指出新闻评论研究的重要意义。尔后引起了新闻界高度重视，各报先后成立评论部，并组织专人对评论进行研究，中国人民大学和复旦大学新闻系等，分别把原作为编辑或新闻写作附属的新闻评论，单列独立设置课程。"③ 20 世纪 80 年代，新闻评论在高等教育中受到重视，"新闻评论"这个名称才在我国理论界和业界逐渐得到统一的认识。因此，中国学

---

① http://msh01. blog. sohu. com/32065565. html.

② 黄天鹏著：《新闻学名论集·序》，联合书店 1930 年版，第 1 页。

③ 参见赵贯东：《我国新闻评论研究鸟瞰》，见《新闻研究资料》第 43 辑，中国社会科学出版社 1988 年版，第 10 页。

者所指的“新闻评论”与西方的“社论”或“言论”相当，两者既有重合也有差异。[①]

第一节　中西方新闻评论的起源

一、西方新闻评论的起源

西方评论的起源及确立与近代新闻媒体的发生发展密不可分。1640 年英国资产阶级革命后，报纸开始刊登评论文字。当时，英国著名诗人、政论家弥尔顿利用报刊或宣传小册子发表《论出版自由》和《为英国人民声辩》等大量反对君主专制、维护人民权利的政论文章，在社会上引起相当大的影响。18 世纪初，“英国近代新闻之父”丹尼尔·笛福在英国创办了新闻史上第一份政论性期刊《评论》（1704—1713），这份杂志与里查德·斯梯尔主办的《阅读者》，以及阿狄生和斯梯尔合办的《旁观者》并称为“三大评论期刊”，此时，英国正是政党政治确立之时，笛福又编辑出版《雾都日报》，经常在报刊上“以极其动人和极有说服力的文笔探讨各类问题”。笛福把这些小册子的形式加以改造，使之成为社论，笛福因此被称为“社论之父”，从而奠定了现代报刊社论的基础。[②] 18 世纪初，英国报纸开始重视评论文字，到 18 世纪末，即开始建立社论制度，用一定的篇幅登载评论，称为领导文字，尤以《泰晤士报》的信誉最高。

至于美国，政论报纸在独立战争时期达到了顶峰。开始辟评论专栏的报纸是 1800 年创办的《奥罗拉报》，在报纸的第 2 版刊载社论，采用“我们”的第一人称口吻，代表报社说话。美国独立战争后，民主与共和两大政党均围绕着建国的方针展开新的论争，于是就出现了《美国新闻报》（民主党机关报）、《国民新闻报》（共和党机关报）等为数众多的政党报纸。当时由名政论家格里莱斯主持的《纽约论坛报》最为强调新闻评论，曾以反对奴隶制度的言论风靡全美。1831 年，《美洲铁路日报》（后改为《铁路时代》）开始对铁路经营问题展开评论。[③] 美国著名报人普利策于 1883 年接办《世界报》时，同样重视评论，称评论为“报纸的心脏”。但后来由于报业经营者均能超然或独立，不愿做政党论争的工具，新闻评论制度才逐步确立起来，并取代政论本位的评论。

报纸能否批评政府是一个极其尖锐的问题，也是新闻自由的试金石。霍勒斯·格里

---

① 参见张玉川：《对“新闻评论”一词的溯源与考证》，载《国际新闻界》2012 年第 1 期。

② （加）哈罗德·伊尼斯著：《传播的偏向》，何道宽译，中国人民大学出版社 2003 年版，第 123 页。

③ 童兵主编：《中西新闻比较论纲》，新华出版社 1999 年版，第 10 页。

利创办了《纽约论坛报》，他的主要兴趣在于评论，善于撰写评论文章，评论则是《纽约论坛报》的最大特点。格里利的文章和该报的社论为各报广泛转载，格里利和他的《纽约论坛报》的威信与影响也来自评论。奴隶制问题的尖锐化，引起了政党的分裂和改组。内战爆发后，《纽约论坛报》于1861年发表的社论《向里士满进军》和1862年的《两千万人的祈祷》等评论，对废奴战争起了重大的推动作用，特别是后一篇社论，是1862年8月20日以致林肯总统的一封公开信的形式发表的。信中要求林肯立刻解放逃到联邦战线这边的全部黑奴，并让他们参加与军事行动有关的工作。林肯随即发表一篇公开的复信，信中说："我在这场斗争中最高的目标是拯救联邦，而不是拯救或摧毁奴隶制。如果我能拯救联邦，而不解放任何一个奴隶，我愿意这样做。如果为了拯救联邦需要解放所有的奴隶，我愿这样做。如果为了拯救联邦，需要解放一部分奴隶而保留一部分，我也愿意这样做。……在这里我只是根据我所担任的政府职务的理解来陈述我的意图，对于我经常讲到的所有地方的一切人，都应获得自由这个个人愿望，我是决不改变的。"① 因此，格里利和他的《纽约论坛报》对于废奴斗争的胜利起到重要的积极作用。

英国资产阶级革命后，英美各国报业都经历过一个以党报刊为主的时期。究其原因：一是随着议会民主和多党政治体制的确立，不同党派纷纷创办或控制报刊，作为政治斗争工具，宣传政见，争取舆论，甚至党同伐异，激烈论战；二是经济上因报价贵、发行量少，没有广告收入，只好依赖执政党或在野政党的资助。这些政党报刊有如下特点：①政治上有明显的倾向性；②内容上侧重时政新闻和言论；③读者对象主要是政界和上层人士。到了18世纪后期，欧美主要国家先后开始工业革命，给近代报业带来重大影响，各国相继进入廉价报纸时期。廉价报纸是工业革命后各国先后出现的面向社会中下层的通俗小报，因售价低廉而得名。

世界上第一家成功的廉价报纸是1833年由本杰明·戴在美国纽约创办的《太阳报》。《太阳报》的社论所作的声明是当时世界上最重要的观点和意见，但是，要是这些社论写得只能被大学以上文化程度的读者看懂的话，那么它将失去80%以上的读者。继《太阳报》之后，戈登·贝内特主编的《纽约先驱报》、霍勒斯·格里利主编的《纽约论坛报》等廉价报纸相继出现。廉价报纸的特点是：①政治上标榜独立；②经济上自主经营；③读者对象为平民大众；④内容上注重地方新闻、社会新闻以及各种消闲性趣味性的软新闻；⑤形式上文字通俗，可读性强。② 而报纸作为独立的公共部门或机构，其宗旨就是揭露社会弊端，启迪民智，推动进步，维护民主理想。

---

① （美）卡尔·桑德堡著：《林肯传》，云京译，生活·读书·新知三联书店1978年版，第257～258页。

② 张隆栋、傅显明编著：《外国新闻事业史简编》，中国人民大学出版社1988年版，第109页。

法国新闻学者贝尔纳·瓦耶纳指出："按照长期以来的传统做法，各个新闻机构不仅反映社会上的争论，而且相当积极地参与其中，力图表明自己的观点，甚至力图强加于人，它们认为自己的观点是最上乘的，甚至是独一无二的。但是新闻与观点二者有着本质的区别：前者是存在判断，后者是价值判断。也就是说，新闻应当并且必须证明其自身是否准确，而观点则不同，它是一种主观认识，即使某个观点看来比其他观点更合理，它本身也不一定就比人家更可靠。在社会生活中，由于各人的爱好、信仰、隶属及利害关系等都不相同，所以在各种社会问题上一直存在着截然不同的看法。在民主国家，至少在原则上是通过自由辩论来判断各种不同意见的是非：辩论后，那些传播得最广泛、拥护者最多的意见占上风。在辩论中，一开始新闻界就占有重要地位，有时甚至占主要地位。这种作用是有益的，因为它使大多数公民能够参加与自己利害攸关的决定的辩论，如果不是新闻界在一个国家里扩大了原本局限于评议会议的辩论场地，那他们就只能请别人代替自己来参加这种辩论了。"① 因此，普利策认为，煽情新闻可以吸引读者来读报，读者的基础扩大了，报纸的各项社会运动也就有了支持者。他说："《世界报》虽然有许多栏目，但是我的兴趣主要在社论版，因为社论是报纸的心脏。"② 1883 年，普利策以 34 万美元购得《世界报》，10 年后该报资产为 1000 万美元。《世界报》的成功，引起美国各地报纸的模仿。普利策的办报方案，以国内外重要新闻为骨干，大量刊登轻松的、有刺激性的新闻，发动"社会运动"以增加读者对报纸内容的兴趣。且高质量的社论版社论有力地论述、支持新闻栏所倡导的社会改革运动。普利策的兴趣主要是在社论版，这些社论恢复了格里利、鲍尔斯等著名主编的活力，并通过社论版制造健全的社会舆论。这样，西方国家建立起报纸社论制度，当时称之为首席文字，这就是西方现代意义新闻评论的起源。③

二、中国新闻评论的产生

中国新闻评论来源于西方，但它与发端于中国深厚民族文化土壤的优秀政论传统紧密地结合在一起。现代中国新闻评论融合了古代的"论"和"说"。刘勰在《文心雕龙·论说》中指出："原夫论之为体，所以辨证然否。穷于有数，追（或作"究"）于无形；迹坚求通，钩深取极。乃百虑之筌蹄，万事之权衡也。"④ 这里所说的"辨正然

① （法）贝尔纳·瓦耶纳著：《当代新闻学》，丁雪英、连燕堂译，新华出版社 1986 年版，第 27 页。

② （美）维拉德·G. 布莱耶著：《美国新闻事业史》，梁洪浩等译，新华出版社 1988 年版，第 352 页。

③ 张隆栋、傅显明编著：《外国新闻事业史简编》，中国人民大学出版社 1988 年版，第 413 页。

④ 刘勰著：《文心雕龙·论说》，周锋、王运熙译注，上海古籍出版社 2010 年版，第 206 页。

否”，就是阐明对事物（或问题）的看法。那么，怎样才能更好地阐明观点呢？一是“穷于有数，追于无形”，即通过对具体事物（有数）的分析，得出规律性认识或抽象（无形）的结论；二是“迹坚求通，钩深取极”，即围绕着问题的重点或难点（迹坚）进行研究，力求揭示事物的本质（钩深）。在讲到“说”时，刘勰认为：“夫说贵抚今，弛张相随，不专缓颊，亦在刀笔。”① 强调说理要用“弛张相随”的方法，其实是教人如何说理。所以，现代新闻评论和古代的“论”与“说”，都存在着如何说理的问题。

在中国，新闻评论与报纸是同时诞生的，但这只能是就新闻评论的源头而言。从报刊政论到新闻评论的形成，再到社论体制的确立，经历了较长的历史过程。实际上，有关“新闻评论”的产生，有三种观点：一是需求说。该观点认为，在报道新闻时，有些新闻不得不掺杂一些个人意见，这纯属采编业务的需求。二是天性说。该观点认为，中国早期报纸的主办者多是文人墨客，舞文弄墨是文人的天性。他们在写稿和编稿之余，或有感而发，或兴趣所致，就在新闻之中，或新闻之后，写上三言两语，这是新闻评论的滥觞。三是仿效说。该观点认为，中国的现代报业是晚清时期由西方传教士和商人携入的舶来品，它的业务和编辑模式自然是以西方报刊为样本。新闻评论是西方报刊的主要内容之一，因此，中国报刊有评论，自然是仿效西方报刊而引进的。这三种观点探索了中国新闻评论出现的原因。正是由于编写业务上的需求，且文人有议论是非的天性，加上中国现代报刊是从西方传入的，新闻评论便在中国的报刊上产生了。②

鸦片战争后，拐带人口、贩运华工的犯罪贸易十分猖獗。实际上，买卖鸦片与买卖“猪仔”，是当时外国公司在中国最主要的两项贸易。所谓“买卖猪仔”，其实就是拐带人口的代名词。在政治上，《香港船头货价纸》既然无法替唐人说话，它所能做到的，就是在“猪仔”问题上，以“人道主义”的立场大做文章，表达意见。1859 年 2—5 月间，该报先后刊登有关报道与评论，特别是从 1859 年 3 月底— 4 月，该报先后刊登长篇评论《猪仔论》及转载《粤省商民禀帖》，掀起一股反对“猪仔贸易”的舆论攻势，其中最值得重视的是长达 700 字的《猪仔论》，执笔者为该报主笔。该文一开始便指出“迩来省垣远近地方父母寻子、妻寻其夫”、“苦不胜言”的事实，接着揭发外国富商以澳门为根据地，进行拐带“猪仔”的罪恶行为。这篇文章从叙述事实到反对“猪仔”的贩卖与拐骗，并提出具体解决的方案，将它称为中文报纸最早的“社论”也不为过。③ 实际上，现代新闻评论通常首先提出问题，从分析现实生活中的新情况入手，找出事物的本质，提出解决的办法。早期的评论正好相反，一般从古说到今，从远

① 刘勰著：《文心雕龙·论说》，周锋、王运熙译注，上海古籍出版社 2010 年版，第 109 页。

② 王慷鼎著：《新加坡华文日报研究》（1945—1959 年），新加坡国立大学中文系汉学研究中心 1995 年版，第 50 ～ 51 页。

③ （新加坡）卓南生著：《中国近代报业发展史》，中国社会科学出版社 2002 年版，第 143 页。

说到近，从一般道理说到具体事例。如1872年7月21日（阴历）《申报》论说《论治上海事宜》的文章开头说：

昔者郑公孙侨之论政也曰：猛之济宽，宽以济猛。又曰：水懦，弱民狎而玩之，故多苑焉；火烈，民畏而远之，故少死焉。千古以下救敝之政亦如是而已矣。

接着，上海叶太守以此古训治理上海，上海乃大治。论说不过是分析事实、找出事物的规律，从而得出新的结论，这正是桐城“义法”、八股文“代圣立言”。

在《申报》早期的言论中，大多数的评论开头都是以“子曰”、“孟子曰”、“书云”、“古之君子有言”等圣人语录开头，然后引证现实生活一段事例，最后指出圣人之言正确。到了19世纪70、80年代末期，这样的“三段论式”被打破，言论逐步地和新闻事件结合起来，出现了现代意义上的新闻评论。1885年5月4日《申报》上的《论盐枭为患》，论说一开头就提出福建沿海私盐贩子猖獗、严重影响政府的盐税收入的社会问题。接着，文章分析造成盐贩猖獗的原因是政府的盐业政策不当，与民争利。最后，作者得出结论，必须改变盐业政策，才能从根本上解决私盐贩子问题。

《申报》作为中国历史最久、规模最大的中文日报之一，于1872年4月30日创刊，1949年停刊。该报由英国茶商美查、伍华德、蒲赖尔和瓦其洛四人创办，初为双日刊，从第5号起改为日刊，是一份商业性报纸。《申报》虽为外人所办，但创刊后，行政与编务均由中国人负责，首任报社经理（原称买办）为赵逸如，主笔为蒋芷湘。1909年，《申报》股权卖给经理席裕福（子佩），《申报》从此转由华人经营，开创了一个新阶段。《申报》由创刊开始，每一期的第1版都刊发一篇评论文字，题目另立一行，相当醒目。有时署名，有时不署名，但以不署名为通例。初时还没有设置栏目，但版位相当固定，这种情形一直维持到1887年5月22日。戈公振指出：“美查虽为英人，而一以营业为前提，此报乃与华人阅看，故于言论不加束缚。有时且自撰社论，无所偏倚，是其特色也。”①《申报》还“首创社说”，每天一篇评论，且文字排在第1版，实际上是每一天报纸的第一篇文章，这是一种突破，也是编者或报社重视言论的表现，这种体例成为以后报章的一种定格。②《申报》初创时的论说文，和现在报纸上的社论有些类似，但不尽同。那时的论说文，往往把所要论述的事情的原委叙述一番，比较冗长，不像现在报纸上的社论那样简要，这是因为那时的论说文并不是配合新闻报道来写作的。比如，《拟易大桥为公桥议》一文叙述当时上海旧外白渡收取华人渡钱二文的不合理之后，并说倘若仍要收取华人渡资，则华人宁可附近设置免费的渡船，而拒绝走大桥。连叙夹议，连批带评。开创时，《申报》上的论说文，有许多是这样的写法。另外，还有

---

① 戈公振著：《中国报学史》，上海古籍出版社2003年版，第88～89页。

② 徐载平、徐瑞芳著：《清末四十年申报史料》，新华出版社1988年版，第54～55页。

的在论说文之后，附有一段类似现在报纸上的短评或杂文的文字。但初创时的《申报》刊登这种形式的文章的时间不长，也不多见。

《循环日报》1874 年 2 月 4 日创刊于香港，是一份大型日报。这份报纸极力鼓吹变法自强，它不仅是中国报刊史上第一家以政论为主的报纸，而且是这时期知识分子宣扬政治理想的重要载体。其办报思想实为针对当时华人社会流传一种“中国人谈中国事，未免位卑言高，似非所宜”的论调而发的，旨在“纠正华人读者的偏见”，其评论则突出该报的中国人立场问题。它的最大特色，就是每天在第 1 版头条位置发表一篇政论，这些政论大部分为王韬所写，他的变法自强观点就通过这个论坛发挥出来。他的文字深入浅出，言之有物，雄辩而富于感情，开拓新闻史家称誉的政论文体，成为中国报刊史上的第一个政论作家。其特点：一是及时论述时政。王韬对当时国内外所发生的时政大事都及时地一一加以论述，评价其措施，褒贬其得失，使报刊的评论文章，以战斗的姿态介入国内外大事之中，增强了报刊影响舆论的社会作用。二是内容广泛。王韬政论文章的内容，既有国政大事、洋务外交，也有读书随感、新书序跋，还将友人的迎送、学校之创办，都作为政论文章的内容。三是文笔锋利。王韬的政论文章，以战斗及锋利的文笔见称，一扫当时文坛上让人窒息的时文气息，使读者如饮甘泉，耳目一新，受到激励和鼓舞。四是篇幅短小、文字浅显。王韬的政论文章，篇幅短小，论点集中，文字鲜明、浅显。因此，王韬的政论文章对后来新闻评论的进一步发展及社论的定型都产生了极大的影响。

从 19 世纪 90 年代—20 世纪，中国的新闻评论百花齐放，社论最终脱颖而出，成为报章上群言之首，并获得“报章的灵魂”的美誉，从此确定社论在报纸中至高无上的地位。① 这样，由西方人士创办的报纸，深刻地影响到中国的媒体文化。② 在中国，商业报纸对新闻评论不太重视，而政党报纸则相反，政论的地位很高，故有“报中门类，首列论著”之说。但这些政论大多是坐而论道，文人清谈。比如，梁启超开设《国闻短论》专栏，在中国首开结合时政发表见解的新闻评论之风。及至资产阶级革命派，则已把社论摆到报纸十分重要的地位。在新闻评论文体上，也完成了由政论、时评到新闻评论的“三部曲”进程。新中国成立后，中国共产党领导的新闻传播事业重视新闻评论的作用，中国新闻工作领导人之一胡乔木指出：“评论是报纸的灵魂，是报纸的主要声音”③，并强调，“党所以要办报，就是因为要对各种事情发表党的意见，发表评论。所以党报必须有评论，没有评论就不能算是报纸”④。

---

① 王慷鼎著：《新加坡华文日报研究》（1945—1959 年），新加坡国立大学中文系汉学研究中心 1995 年 8 月版，第 50 ～ 51 页。

② 戈公振著：《中国报学史》，上海古籍出版社 2003 年版，第 134 ～ 136 页。

③④ 《胡乔木文集》（第三卷），人民出版社 1994 年版，第 8、9 页。

第二节　广播评论：从“学别人走路”到“走自己的路”

广播评论，是广播媒体对当前发生的具有评论价值的新闻事件、人物或社会问题所发表的意见性信息，它是广播宣传的旗帜。广播媒体是用无线电波或导线传送的声音来表达内容，属于听觉传播工具。因此，广播评论也可称为有声评论，即通过口头播讲或音响来传播的评论。回顾我国的广播评论，它大致经历了“学别人走路”、“自己走路”和“走自己的路”三个时期。

一、“学别人走路”的起步时期（1950—1979）

新中国的广播评论是在继承延安新华广播电台的评论事业基础上发展起来的。1940年12月30日，延安新华广播电台开始播音。当时，电台是新华社的一部分，只广播报纸和通讯社的言论，没有电台自己的评论。1946年6月，新华社将语言广播组扩大为语言广播部，增办了广播评论节目。这个节目除了广播报纸、通讯社的言论外，自己也编写评论。广播评论节目的创办，标志着我国广播评论节目的产生。

新中国成立后，中央人民广播电台只摘编报纸和新华社的评论，忽略了自己的评论。1950年3月，中央台在检查自己的工作缺点时说：“我们始终没有设法克服困难，建立自己的广播评论，某些最好是用广播加以评论批驳的事情，我们默无一言。”① 提出的改进措施之一就是“增加评论节目”。同年4月，中央台增设了15分钟的评论节目。1950年7月，中央台组建了评论讲坛科，负责编播评论和《人民讲坛》节目。这时的评论节目，大部分是改编《人民日报》、新华社以及《世界知识》、《新观察》等杂志上的评论，自己也组织和撰写过少量的评论。1958年，在“大跃进”的形势下，广播评论工作也提出了“跃进规划”。《中央人民广播电台对国内政治广播部门苦战一年的工作跃进规划》（草稿）中说：“把广播评论工作建立起来，这是我们宣传报道工作的灵魂。广播评论不仅要准确、鲜明、生动，而且要短小精辟。目前我们要求是：‘从无到有，多中求精’，从元月起，要做到‘联播节目’每天有评论。”② “大跃进”时期，人们的政治热情高涨，头脑发热，评论“跃进规划”中提出的高指标显然是不切实际的，更无法实现。这一年，中央台的同志写了一些广播评论，在新闻节目和其他节目中播出，但没有建立专职的评论队伍，也没有开办评论节目。1966年5月31日，陈伯达率工作组进驻人民日报社，全面接管报社的工作，掌握报纸的版面，同时也

①② 中央人民广播电台编：《中央人民广播电台台史资料汇编》（1949—1984年），北京广播学院出版社1990年版，第11、15页。

“指导”新华社和中央人民广播电台的报道及评论工作。中央人民广播电台的言论工作基本停止，主要是转播《人民日报》的评论，特别是“两报一刊”社论。

1976年10月，党中央一举粉碎了为害多年的“四人帮”，夺回了被“四人帮”一伙长期操纵的舆论阵地。1978年12月，中国共产党召开了具有伟大历史意义的十一届三中全会。在十一届三中全会精神的鼓舞下，中央电台重新提出“自己走路”的口号，“本台评论”上马了。1979年4月26日，中央电台的《全国联播》节目播出了本台评论员的文章——《改善中越关系的根本办法》，成为广播史上第一篇署名“本台评论员”的文章，由国际广播电台评论组供稿。同年5月，《全国联播》节目播出了本台评论员文章《学习马恒昌小组的经验，加强班组建设》，由新闻部工业组撰写，是中央电台的同志自己撰写的第一篇本台评论员文章。1979年，中央台的《全国联播》节目共播出评论15篇，不仅广播评论的数量少，而且大多数评论题目较小，影响力也有限，但却是一个良好的开端，标志着广播评论开始进入“自己走路”阶段。

起步时期，广播评论处于“学别人走路”阶段。在革命战争时期，广播电台属于新华社的语言广播部，广播稿件几乎由新华社提供，广播评论自然谈不上自我发展。新中国成立以后，广播电台已成为一个独立的新闻单位，胡乔木同志虽然及时地提醒电台“要学会自己走路”，但由于当时的科技和经济比较落后，广播发射的功率和覆盖的面积都非常有限，人们还没有普遍认识到这个强大的现代化宣传工具的作用，认为广播不过是播报几条报纸和通讯社的新闻和评论而已，甚至一些党的领导干部，对党报评论的地位、作用和重要性的认识非常明确，而对广播评论的认识却不够。另外，从20世纪50年代后期开始，中国的政治运动频繁，日益加紧的“舆论一律”，对广播评论工作的开展也起到了制约作用。同时，广播评论的品种少，更谈不上有体现广播特点的广播评论。起步时期的广播评论，主要播出的是报纸和通讯社的评论，品种主要有本台评论、短评、编后等样式，其中，本台评论则是代表广播电台对当前重大新闻事件或问题所表明态度和意见，一般体现同级党政部门的意见，主要通过对重大事件和问题的评论，阐明党和政府的路线、方针、政策，指导当前的工作，它是广播评论中规格最高的一种评论形式。这个时期的广播评论，主要是报章体评论，即从报纸评论移植而来、写法与报纸评论相近的评论。这类评论更短小精悍，更通俗易懂，一般由评论员（包括群众来稿）写稿，播音员播读。

二、“自己走路”的探索时期（1980—1987）

20世纪80年代初，中国的广播评论开始“自己走路”了。所谓“自己走路”，就是广播不再满足于摘播报纸的评论，而是建立自己的评论队伍，培养自己的评论员，发表自己制作的评论。1980年9月，中央人民广播电台从几个部门抽调人员，组建了评论组，曹仁义同志任组长，有5名成员，是中央台的直属组，由新闻部代管，它是中央台历史上第一个正式的评论写作班子，标志着我国的广播评论事业揭开了新的一页。1982年5月，中央广播事业局改为广播电视部。时任部长的吴冷西同志十分重视评论工作，他在中央台的《编播日报》上批示：“最近中央台评论比较活跃，可总结一下经验，提出改进办法。”同年年底，中央台调整机构，评论组正式成为台属组，不再由新闻部代管。1983年3月，吴冷西同志在第11次全国广播电视工作会议上提出：“目前广播电视评论工作经验还比较少，质量还不高，特别要发扬开拓的精神，不断进行探索和改革，要逐步创造有广播电视特点的评论形式，以扩大宣传效果。”1983年，《全国联播》和《新闻报摘》节目共播出评论19篇。

同往年播出的评论相比，1983年的评论具有三个特点：一是重要节日、纪念日均有评论。如“五一劳动节”评论《做有共产主义觉悟的劳动者》、“十一国庆节”评论《发扬时代精神》，不是应景式文章，而是写出了新意。二是配合重大典型发表评论。如配合安珂烈士事件，发表了《学习安珂敢于同坏人坏事作斗争的精神》。三是广播评论开始把自己的触角伸向社会生活的各个角落，抨击时弊，反映人民群众的呼声和愿望，行使了舆论监督的职能。如针对黑龙江省双城车站毁坏运输物品事件，中央台连续广播了《野蛮装卸何时休》等多篇评论，形成舆论强势，推动了问题的解决。同年10月26日，中共中央第37号文件转发了广播电视部党组《关于广播电视工作的汇报提纲》，其中对评论工作提出了要求：“广播电视评论要特别强调针对性，具有新鲜、独到的见解。要就实论虚，虚实结合，力求带有理论色彩，避免专业性太强。要简明扼要，短小精悍，语言生动。”第37号文件明确了中国广播电视评论未来发展的方向。

中央台评论工作的起飞，对地方台（站）起了示范作用。上海电台的评论工作走在地方台（站）的前列，在新闻节目里播出本台评论、广播杂谈、短评、编后等形式的评论，在固定时间里设置了《广播漫谈》、《家常话》等评论性节目，在《听众信箱》节目中设立了《大家谈》、《三言两语》、《读者有感》等栏目。1983年，上海电台播出的广播杂谈、广播漫谈、家常话就有550篇，许多知名人士都是广播杂谈、广播漫谈的老听众，普遍群众也参与广播评论工作之中。1984年9月，浙江人民广播电台在早上15分钟的《浙江新闻和报纸摘要》节目中，增设了一个言论性小专栏《一分钟杂谈》，每周一、三、五播出，一次1篇，250字左右。同类型的栏目还有上海电台的《一日谈》、云南电台的《一分钟论坛》等。这些栏目播出的评论题材广泛，现实性、针对性强，言之有物，播出的密度高，一天或两天一篇，深受听众欢迎。如浙江台《一分钟杂谈》播出的《多干实事，少剪彩》，针对一段时间，一些地方的领导喜做表面文章、剪彩活动接连不断的现象，替群众说出了想说而没有说出的话。而云南电台《一分钟杂谈》播出的《给新领导送句格言》，则针砭了社会上巴结领导、趋炎附势的不正之风。

同时，广播评论在形式上进行了多方面的探索。这个时期的广播评论除了本台评论、短评、编者的话等报章体广播评论外，还有一事一议的广播谈话，请专家、学者、领导干部评论当前问题的广播讲话等。有的记者运用实况音响作论据进行口头评论，有的编辑则坐到话筒前直接面对听众发表评论，这些都是新尝试，从而出现了许多新的评论样式。如1981年11月17日，中央人民广播电台播出的署名评论员文章《以女排为榜样，创造第一流的工作》，把谈话方式引入评论写作，使广播评论开始摆脱“报章文体”的束缚，更符合以听、说为专长的广播评论自身的传播规律；1982年3月11日，中央人民广播电台播出的《关心老年人的精神生活》，是二人对谈式评论；1986年12月26日，辽宁人民广播电台播出的《请您说声“对不起”》，首次把音响引进新闻评论，创造了录音评论这种新的评论形式；同年3月18日海峡之声广播电台广播的《愤慨之余的思索——评台湾发生的造假大陆酒案》，宣告了主持人（评论员）评论这种新的广播评论的诞生。《广播评论》栏目开始出现，如80年代初期，广东电台开播了《德叔时间》这个谈话式评论栏目，它以德叔和德叔的女儿亚芳、珍女以及王记者等几个固定角色，评说当前听众所关心的社会问题，弘扬正气，针砭时弊，很受听众的欢迎。

这个时期的广播评论仍普遍存在“四多四少”的现象，即：距离群众的思想生活远的多，反映与群众息息相关的问题少；语言生硬、居高临下的指示多，生动活泼的谈心少；不痛不痒的空泛议论多，深刻而有针对性的评论少；指导工作、围绕中心的题材多，而指导群众生活、思想以及关注人类生存环境的评论少。正因为如此，在1986年的第四届全国广播节目评稿会上，评论组复评小组组长黄汉充同志就发出感叹：好的评论似乎一年比一年少，各省台送评和获奖稿件的数量也有所下降；当年送评的稿件，有明显缺陷的占了2/5，省级电台送评的评论只有9篇，比上一年减少35%，而且有2/3以上的省台没有推荐评论。另外，探索时期广播评论的影响有限，它没有成为在全国有重大影响的言论中心之一，特别是与《人民日报》相比，差距更大。

三、“走自己的路”的发展时期（1988年至今）

广播评论的发展和整个国家的政治气候密切相关。20世纪80年代末，随着中国社会正逐步趋于稳定，经济快速发展，国家政治生活的民主化日益加快，人民群众的参政议政意识日趋增强，这既拓宽了广播评论的选题范围，也强化了广播评论的喉舌功能和舆论监督功能，广播评论在“走自己的路”上跨出了一大步。所谓“走自己的路”，就是在评论作品中充分发挥广播的特点和优势，按照广播的传播特点创作评论，从而体现出广播评论独特的个性。那么，广播的传播特点是什么呢？广播作为新闻工具，主要用电波传送声音表情达意，以说、听为基本传、受手段。因此，广播的传播特点是建立在以表情达意的声音和电波传送相结合的基础上。它的长处或优点是：用有声语言表情达意，传播的范围广、可能的受众多、表现的能力强。但是，有声语言也有它的短处或弱势，即稍纵即逝，不能或不易保存，选择性差。广播的传播优势，对广播评论有积极的影响，同样，广播的传播劣势也给广播评论带来了传播障碍：听广播评论很难全神贯注，对复杂的推理、演绎和论证不易理解。实践证明，发展广播述评，是让广播评论听懂听好的一个有效办法。述评者，又述又评，说事情，讲道理。在事的身上，凝聚着道理的力量，就是形象化的道理。因此，在广播评论中，让由事入理的评论占主导地位是非常必要的。

从1988年开始，广播评论在“走自己的路”方面取得了不少的成绩，其中录音评论是最能体现广播评论个性特征的评论之一。所谓录音评论，是指评论用来自评论客体的音响，也就是带音响的评论。严格地说，录音评论还不能说是一种评论形式，而是音响在评论中的运用。1988年的广播评论出现了一些优秀的音响评论，如新疆电台的《大瓷盘为什么走俏?》就是一篇抨击时弊的录音评论。大瓷盘为什么突然走俏呢？评论引用了一段谈话录音——乌鲁木齐市贸易中心瓷盘组负责人的谈话：

特别是一尺二的、一尺四的、一尺六的汤盘、平盘，还有鱼盘，都比去年销售得好。拿一尺二、一尺四两种盘子来说，去年只卖了两百多个，今年一下子卖出五千多个。就说六十多元一个的大盘，去年只卖掉两个，今年一下子猛增到一百九十二个。

这段录音说出了大瓷盘走俏的盛况，而乌鲁木齐市西友酒家经理的一席话，则道破了事情的缘由，他说：

其实，我们中盘、小盘并不缺。主要是现在上面有规定，不让（用公款）大吃大喝。可有些单位既想吃喝，又怕违反规定。可是大瓷盘即使装得再多，也算一盘。这样，他们也好交代，我们也合算，所以，我们也多买了一些大盘。

上述两则录音谈话，以无可辩驳的事实揭露了愈演愈烈的挥霍公款、大吃大喝的歪风。这篇广播评论反映的是反腐倡廉这个老主题，但角度新颖，切入点巧妙。作品突破了广播评论开门见山、单刀直入破题的写作常规，采用了曲径通幽的手法，使听众始而莫名其妙，继而恍然大悟，终而拍掌叫绝，构思之巧不能不让人叹服。

发展时期，为了强化新闻舆论的引导，在广东、上海等经济发达的省市，广播评论出现了进一步的繁荣。20世纪80年代末，广东电台的《全省新闻联播节目》就开辟了一个大众论坛式的《长空短语》专栏，每天一篇，每篇200～300字，就社会生活中的问题，一事一议，深受广大听众的欢迎。另外，广东电台在广播系列评论方面也上了一个新的台阶，如评论《市场经济的几个不等式》（1993年4月5—9日播出）共由《市场经济不等于只卖几样产品》、《市场经济不等于只是建几个摊档》、《市场经济不等于人人都要“下海”》、《市场经济不等于不要管理监督》、《市场经济不等于“市侩”经济》5篇组成。这些评论短小精悍，每天1篇，在社会上起到良好的舆论引导作用。这是广东电台推出的最早的一组系列广播评论，找到了广播评论“化大为小”、写好重大题材评论的途径。珠江经济广播电台也在评论创新领域也作了一些新贡献，像《一盅两件》、《早餐快餐馆》就是它独创的一种评论形式，又称“角色评论”或“戏剧化评论”。这类评论通过3个性格各异的固定角色每天早晨聚在一起谈天说地，评说各种社会现象，把新闻性和文艺性结合起来。这种虚拟的人物对话，对社会上百姓关注的热点、难点问题进行评说；鞭挞、抨击不良社会现象，讴歌好人好事，是广播电台发挥广播优势、增强广播可听性和影响力的成功尝试。

上海电台的评论工作继续保持创新和发展的势头。1987年5月，他们创办了评论栏目《今日论坛》。这个5分钟、千字文的评论节目，时效性、“今日感”和“时代感”强，经常反映和回答现实生活中有一定普遍意义的问题，大到当前的形势和任务，小至听众关心的菜篮子和邻里关系等问题。1993年2月10日，上海电台又在其龙头节目《早新闻》扩容改版后，设立了《990新闻快评》，它是在原评论节目《今日论坛》的基础上开设的，要求为当天新闻所播发的快讯、录音新闻、听众热线配发评论。《新闻快评》常对刚刚播出的新闻，在同一播出时段立即作出反应，表明编辑部的观点，通过论述听众关心的问题，为受众释疑解惑，引导社会舆论朝着正确的方向发展。如1995年，中国足球队参加世界杯外围赛，在主场意外地输给也门队。一位球迷在凌晨观看电视实况转播后，对比赛的结果表示难以理解，有些想不通。一早，编辑部接到这个听众的电话后，感到这是观看体育比赛时带有普遍性的问题，于是，在“990早新闻”播出比赛消息的同时，又用最快的速度配发了一篇“新闻快评”《以平常心看输赢》，对听众的思想进行疏导。同年11月28日，上海电台还创办《新闻访谈》评论栏目。该栏目紧扣时代的脉搏，每次寻找一个与上海城市发展、与市民生活密切相关的热点、焦点作为栏目话题，邀请与新闻事件相关的当事人或政府官员、专家学者等担任节目嘉宾，由节目主持人现场主持直播，通过热线电话与听众交流对话。这个直播访谈式评论栏目，让更多的受众走进直播室，发表意见，提出问题，对新闻事件和社会问题进行客观的全方位的评论。

最能反映这个时期广播评论成就的还是中央人民广播电台《新闻纵横》节目的开播。1994年10月1日，中央台在早7点的时段里，开播了一个融深度报道和新闻评论为一体的栏目——《新闻纵横》。栏目敏锐地捕捉新闻事件，深入地分析社会现象，适时地进行舆论引导，并且以每天一期的强势出现，发挥了广播评论应有的“灵魂”和“声音”的作用。另外，《新闻纵横》作为一个新闻评论性栏目，在表达风格上也有所突破。按照传统思路，播出新闻评论应该字正腔圆，以示庄重和权威。但是，《新闻纵横》推出了编、采、播合一的模式，不设主持人，没有播音员，完全由记者采编播评，这既继承了广播传统的手法，又有所创新。同时，《新闻纵横》栏目中的评论分析，不仅由编辑、记者或播音员说，而且把话筒对准社会，包括政府官员、权威人士甚至普通群众，所以这类栏目最大限度地强调了客观性。正因为如此，才使广播评论更具广泛性和权威性，更有说服力，从而收到更好的传播效果，广播评论的影响力也大大增强了。

这个时期广播评论不断创新，广播特色更加鲜明，实现了“自己走路”向“走自己的路”的转变，创造了许多体现广播特色的广播评论。比如，1993 年 3 月，中国国际广播电台推出的系列评论《编辑记者谈盛会》，使谈话体广播评论由“为说而写”开始转变为“以说为主”的评论，是广播评论在表现方式上的一种新尝试。而浙江台的广播评论作品《以实际行动报答大树恩情》，实现了形式上创新。1988 年 8 月，七号台风袭击浙东，席卷杭州，刮倒西子湖畔几乎所有的大树。浙江电台在倡议杭州市民踊跃投入义务救树活动后，又播出这篇呼吁全市人民开展抢救被台风袭击的西子湖畔的大树的关系，语言充满感情色彩。评论先是写大树给杭州人民以绿荫、美景，然后又讲到七号台风击来后，十里西湖“树倒花败”，苏白两堤“面目全非”，绿树在“呻吟”、“哭泣”。接着，又回忆往日游客在大树下“谈情说爱”、“打拳散步”，绿树“抵挡了滚滚热浪”。这些叙事抒情，拨动了听众的心弦，极大地感染了听众。评论熔事、情、理于一炉，以情为主线，形成号召性广播评论，突破了传统广播评论的格局。

四、广播新闻评论的类型及特点

广播新闻评论普遍采用“报章体”评论、录音评论和新闻评论性节目三种类型。

（一）“报章体”评论

即从报纸演化过来、写成文字由播音员播读的传统评论形式。广播评论是用声音符号传播内容的评论，它不像报纸评论那样可以供人反复阅读，仔细玩味，也不像电视评论那样除有声语言之外，受众还可借助于画面语言和文字语言（字幕）理解评论内容；同时，声音符号的传播具有线性传播的弱点：稍纵即逝，不易留存。因此，作为单一通道传播的广播评论，综合而有效地运用人物访谈及现场音响、资料音响和音乐，并辅之以后期制作的解说与议论性语言，可以扩充信息含量，丰富信息种类，增强传播效果。

2000 年 7 月 17 日，中央台《新闻和报纸摘要》创设《每周评论》栏目，每周一播出，该栏目的创立，使传统意义的广播评论有了固定的阵地。《每周评论》的设立，有三个方面的意义：一是重新确立了广播评论的地位，赋予这种新闻文体崭新的时代价值。二是明确了广播评论在中央台舆论宣传中的战略地位。固定栏目的设立，有力地证明广播评论仍是引导舆论的重要手段，中央台仍需要通过它“评论”来传达党和国家的声音，提高广播新闻的权威性，增加广播信息的深厚度。三是引入主播制，增强权威性，打开知名度，这说明这类广播评论也已作为一个品牌，打入传媒市场。而《每周评论》从基调风格上基本保持了中央台传统评论的一贯特点：坚定正确的政治方向、鲜明的主题、庄重大气的文风和高亢的播音风格，但新的时代也赋予其新的特点：①紧跟新闻，针对性加强了，因此在保持言论特性的同时，新闻性大大增强；②注重新闻事实，要求内容具体，避免泛泛而论，增强说理性，在说理中自然而然地产生权威性；③在保持庄重大气的基础上，风格样式有一些新特点。署名制并没有伤害中央台评论的权威性，一定程度的个性化的张扬，反使《每周评论》呈现亲切可触的感觉，加之言之有物，增强了可听性和易受性。比如，2001年6月18日，中央电台播出的评论《信用是本，道德为先》，抓住了近些年来人们普遍关注的诚信问题，论述中联系中华民族的传统美德，结合市场经济条件下出现的新情况，指出诚信在今天必须加以强调的必要性，而且评论的主题针对性强，关注度高，较好地把握了分寸。从这个角度讲，此文的主题重大，意义深远，论述全面，是一篇正确引导舆论又有一定分量的评论。

（二）录音评论

即运用音响实况、人物谈话录音作论据或协助论证。从20世纪80年代开始，广播评论有了一定的独立性，这主要表现在两个方面：一是同等情况下的独立写作。如重大节庆的评论，中央台开始独立撰写，和《人民日报》评论同时播发。起初居其后，后来又居其前，反以报纸评论为辅。这种情况大体延续到20世纪90年代中期。二是广播评论作为一种新闻表现手段，开始独立发挥作用。在改革开放的大环境下，随着广播改革的不断深化，中央台陆续发表了大量针对性很强、新闻性很强的独家广播评论。录音评论的优势表现在能够较好地发挥广播的特点。广播中的声音包括语言、音响和音乐，仅有单一的语言广播已经远远不能满足听众的要求了，特别是由于收听广播的随意性和广播线性传播的特点，使经常处于漫不经心收听状态中的听众不能很好地集中注意力，会造成穿耳而过、效果不佳的窘境。如果广播中出现了丰富的生动的新闻事件的现场音响，人物活动、谈话的音响、悦耳的音乐和歌曲，它们能刺激人们的听觉器官，使大脑兴奋起来，引起听众的注意，而且在录音专访中，采访对象亲自在话筒前现身说法，毫无疑问会使听众感到真实可信。因此，录音评论让广播评论实现了“为说而写”到“以说为主”的跨越。20世纪80年代初出现的广播谈话，无论是一人口播的漫谈式评论，还是两人对播的对话式评论，都是先写出评论文稿、再由播音员口播的“为说而写”的评论，它以谈话的语言、口吻，采用聊天或交谈的手法，力图模仿日常的谈话方式，营造一种与听众平等交流的语境和氛围，以获得更好的传播效果。

广播评论由“为说而写”向“以说为主”的过渡，不仅是评论写作或制作方式的转换，也是评论由单向传播向双向交流的转变，由意见性信息的发布向意见性信息的整合的转变，特别是广泛运用新闻人物或有关专家、权威人士的访谈式广播评论节目。通过这种在了解事实性信息的基础上了解意见性信息的节目形态，由被访者直接谈出对于事件或问题的判断和分析。这种同样“以说为主”的评论，在具有保真性、交流感的同时，可以在一定程度上弥补其他的谈话类节目因即兴式、开放式讨论带来的观点杂陈、权威性不足等缺憾。专家、学者具有个性特征的谈话，也避免了长期以来新闻评论正襟危坐、板起面孔讲大道理的传统弊端。

2001年，辽宁电台播出的评论《“慕马大案”警示录》，获得了中国新闻奖一等奖。沈阳市原市长慕绥新、原副市长马向东等16人集团腐败案件震惊全国。这篇评论从世界观、权力观、用人观三个方面，剖析了“慕马大案”给干部们的警示。作为录音述评，三点警示的论述都有人物谈话录音，边述边评，文字评说与谈话录音紧密结。三点警示剖析明白之后，又以江泽民同志告诫全党的一段讲话录音收尾，使评论增加了力度。整个评论构思清楚，观点鲜明，论点、论据有机连接，语言简洁明快，有气势，有震撼。三点警示均以雄浑的警钟音响引出，这不仅有“让人警醒”之意，而且也是录音评论的一种创新尝试。这篇评论在处理披露事实和评论的关系上，体现了鲜明的个性。作者以沈阳“慕马案件”这一付出昂贵代价铸成的警示教材为反面典型，以犀利的笔触和理性的思考，对“慕马案件”进行了深刻的透视与剖析，揭示了“慕马案件”产生的原因和教训，并对“慕马”等人思想蜕变的心路历程以及整个案件的个性特点和从中暴露的问题，揭示出当前在党风廉政建设中存在的制度建设、选人用人、监管机制不健全、政府职能转变不到位等系列问题。作品在论证方面也很有特色，评论的演绎方式有所创新。开篇亮出观点，再提炼出三点警示统领全篇，使得整个论述清晰透彻，内在逻辑关系清楚。论证上层层递进，环环相扣，具有较强的思辨性。

（三）新闻评论性节目

1994年，中央人民广播电台开播了一个新闻评论性节目《新闻纵横》，它紧跟社会的热点和焦点，融报道和评论为一体。节目宗旨：围绕党和国家的中心工作，依托最新发生的国内外新闻事件、社会现象，就广大听众普遍关心的问题，进行有深度的舆论引导、监督，为听众释疑解惑，在党和人民群众之间架起信任的桥梁。《新闻纵横》设置了固定、非固定栏目十多个，主要有《今日观察》、《热线追踪》、《权威论坛》、《国际风云》、《警方热线》、《曝光台》、《纵横快递》、《周日特别奉献》等，其特色：一是努力塑造并保持锋利、是非分明的节目形象，做党和人民群众的忠实代言人；二是视真理为第一生命，努力做到客观公正，令人信服；三是注重社会效果，参与重于反映；四是突出媒体特色，强化广播特色；五是集典型宣传、热点引导和舆论监督于一身，兼有正面宣传和批评报道的功能。紧随其后，各省电台也相继开办了新闻评论性节目。

1995年5月1日，新疆人民广播电台首次在《早新闻》节目中推出的新闻评论性栏目《每日关注》。1999年1月1日，原《早新闻》节目改版为《新闻60分》，《每日关注》栏目每期节目8分钟，并相应组建“新闻评论组”，使新疆人民广播电台首次实现了新闻评论性报道栏目化和采编队伍的专业化。栏目定位：对受众关心的新闻话题，社会生活中的难点、热点，进行有别于新闻动态的深度报道。2000年，栏目重新定位为热点引导、舆论监督和典型报道，坚持新闻性和导向性的统一，以新闻背景分析、热点观察、话题评说和时政综述等形式，形成了记者采、编、播合一的独特风格。

综上所述，当代中国广播评论的发展历程是与党和国家的命运密切相关的。起步时期，广播评论受到当时的社会政治和技术因素的影响，发展缓慢。十一届三中全会以来，特别是改革开放之后，全国各条战线在治理整顿的基础上，进一步深化改革。在这样的社会背景下，党和政府以及社会对广播事业提出了更高的要求，广播节目的深化改革势在必行，而广播评论的发展与繁荣，在节目改革中占有重要的位置。经过全体广播评论从业人员的努力，广播评论从“自己走路”到“走自己的路”，在社会中的地位和作用不断提高，影响逐步扩大，成为当代社会一个重要的舆论中心。

第三节 电视评论：致力新闻评论的“电视化”

评论的“电视化”，是指突破电视媒体对文字的简单翻版和图解，寻找一种能够充分发挥电视媒体独特表现潜能的评论样式，并探索符合电视传播规律，更尊重电视特性的评论路径。电视新闻评论利用电视媒体声画合一的传播优势、形象化的论证，阐明抽象的道理，因此，是新闻评论与电视传播媒介结合的产物，是电视传播媒介对当前具有评论价值的新闻事件、新闻人物或社会问题所表达的意见性信息。电视新闻评论性节目，是电视台的旗帜和各类节目的核心，也是电视媒介体现其传播功能的重要标志。经过二十多年的发展，我国电视已经有了自己的评论性节目，它们在遵循新闻评论规律、体现新闻评论共同特征的基础上，逐渐成为一个节目形态、表现手法和风格样式独具特色的“大家庭”。同时，透过电视新闻评论性节目的发展演变，还可以看到中国电视业不断演进的轨迹。综观我国的电视新闻评论性节目，它是一个不断探寻新闻评论“电视化”的过程。

一、新闻评论“电视化”的尝试时期（1958—1986）

1958 年 5 月 1 日，我国的第一座电视台——北京电视台正式播出，开始还没有固定的新闻节目。1959 年前后开播的上海电视台、哈尔滨电视台等地方电视台，其新闻节目都处于不规范的状态，随意性强。1978 年 5 月 1 日，北京电视台改名为中央电视台，英文缩写为“CCTV”，同年 10 月 10 日，中央电视台的《新闻联播》开播，出现了真正意义上的电视新闻节目。这个时期的电视评论，基本是将《人民日报》和新华社的评论由播音员口头播出；或者是由记者、编辑写出一篇评论，再由播音员播出，自始至终只有播音员的半身图像。因此，这个时期的电视评论还未摆脱报纸评论模式，究其原因：一是人们对电视评论的认识不足，阻碍了人们创建电视评论的工作。1964 年，在中国广播局的主持下，有关部门撰写了一份《宣传业务整改草案》，其中写道：“中央台和北京电视台（中央电视台的前身）要加强国际形势的述评。”但中宣部分管广播电视的一位领导在审阅这一草案时，把这句话删掉了。当时，广播电视界的一些领导认为："广播电视没有必要自己搞评论"，"搞也搞不过别人"。在这种观念的支配与影响下，评论只是报刊编辑部的事，电视台只播报纸、通讯社的言论就可以了，没有自己的评论。二是技术手段的落后，也妨碍了电视新闻评论的发展。早期电视节目的技术手段十分落后，一些电视新闻节目只是简单粗糙的电视新闻片和新闻电影纪录片的拼凑。因此，这个时期的电视新闻评论不可能运用多种传播符号，将活动图像、同期声、背景资料、字幕与夹叙夹议的主持人评论有机结合在一起，构成形象化的政论。

1979 年初，第 10 次全国广播电视工作会议召开，会议提出广播电视评论"自己走路"的方针。同年，中央电视台成立专题部，酝酿开播一个时效性、政论性栏目《观察与思考》。1980 年 7 月 12 日，《观察与思考》栏目正式开播，它不仅标志着我国电视史上第一个评论性栏目的问世，也标志着一种不同于报刊、广播评论的新型、独特的电视新闻评论节目出现了。另外，《观察与思考》栏目在节目采制上广泛使用了 ENG 技术。所谓 ENG（electronic news gathering）技术，即"电子新闻采集"技术，就是采用一台便携式电视摄像机和一台便携式录像机或一台摄录一体机进行的制作方式。一般情况下，这样录制的内容还需进行电子编辑，即前期拍摄和后期编辑。电视评论采用 ENG 技术，可以充分利用电视技术手段，让采访对象说话，用事实说话，摈弃了"画面加解说"的电影新闻纪录片模式，为电视评论彻底摆脱简单模仿报纸、广播和电影媒介的做法提供了技术保证。

《观察与思考》栏目的宗旨，就是通过对具有普遍意义或群众关心的事件、问题或人物进行检查、介绍、分析和研究，说明某种道理，引起观众的思考，起到影响舆论和引导舆论的作用。它播出的第一期节目题为《北京居民为什么吃菜难》，由粟于钊任编导，庞啸为节目主持人。节目通过现场拍摄的画面，让观众看到了记者直接采访北京市民和个别有关领导，并借助众人之口对问题进行的分析议论，采用同期声分析或评论新闻事实。这样，《观察与思考》的节目融音响、画面、文字于一体，融纪实性与思辨性为一体，开始尝试合乎电视传播媒体特点的新闻评论之路，它的出现，改变了中国电视新闻评论性节目简单模仿报纸、广播媒体的老路，它播出的节目，往往把分析评论的触角深入到社会生活的深处，对新闻事件、新闻人物或问题进行了深度分析评论，引起观众的思考。但由于当时的电视评论节目还处于尝试时期，没有经验可资借鉴，《观察与思考》栏目仍存在着不足：一是栏目设置后，节目播出有较大的随意性，稳定播出的程度不高。二是栏目中播出的选题范围有限，有些节目缺乏深度或层次感，样式也比较单调。尽管如此，《观察与思考》的节目仍然受到观众的欢迎，收到观众的大量来信，以至于不得不在后来的节目中专门回答观众来信。

1983 年 3 月，时任广播电视部部长的吴冷西同志在第 11 次全国广播电视工作会议上，作了题为《立志改革，发挥优势，努力开创广播电视新局面》的报告，提出广播电视"要加强评论工作，提高评论水平"。他又说："搞好评论是新闻改革的一项重要任务。广播电视评论要特别强调针对性，抓住群众最关心的问题，把话说到群众心里。”同时，他对如何提高评论水平表达了自己的意见：“广播和电视都要注意培养有影响的专职评论员，同时要注意邀请有影响的，具有权威的专家、学者、实际工作者、领导干部亲自来作广播电视评论。”① 在此之前，吴冷西同志指出：“广播电视应该有自己的评论”、“要精不宜滥”。② 1985 年，时任中央电视台副台长的洪民生同志在全国电视新闻评论经验交流会上谈到中央电视台新闻改革的重点，就是加强新闻评论工作。他说：“写好新闻评论是加强新闻指导性的重要内容，这方面一直是薄弱环节。”因此，他提出：“中央电视台要大力加强新闻评论工作”，“争取做到每周有一个评论或短评”，“具体办法是全台的同志都来写评论，可在抓好重大典型报道的同时，有针对性地写一些评论”。并要求：“电视评论宜短不宜长，一般为两三分钟，形式要多样化，要有电视特点”。③ 正是在这种情况下，中国的电视新闻评论步入探索时期。

二、新闻评论“电视化”的探索时期（1987—1993）

1987—1988 年，中国的新闻改革进一步深化，以社会热点问题作为观察焦点的新闻评论性栏目在地方台风起云涌。如，1987 年 6 月上海电视台开办的《新闻透视》，1988 年元旦福建电视台开办的《经济半小时》等，都切中时弊，想百姓之所想，发现问题、提出问题、探讨问题，从而引起广大观众的极大兴趣，节目成为当地的名牌栏目。面对地方台的这种改革形势，1988 年 7 月，中央电视台进一步加强新闻评论节目，重新组建评论组，将《社会瞭望》和《观察与思考》合并，充实并加强了评论组的人员力量。同年 11 月 13 日，栏目名称改为《观察思考》，设立了固定的节目主持人肖晓琳，节目每周日晚上固定时间 19 时 41 分播出，每期节目 20 分钟（后改为 15 分钟），栏目的风格与包装也相对稳定，以培养较为固定的收视群体。

重新整理后的《观察思考》，既是《观察与思考》栏目的延续性，又继承了该栏目已经产生的广泛而良好的社会影响。该栏目从开播直到 1994 年 3 月 27 日停播，在 5 年多的时间内，共播出节目 260 期。这些节目既关注新近发生的新闻事件，又重视配合重大节日、纪念日的宣传；既突出社会上的热点、焦点和疑点，又抓住与百姓密切相关在社会上引起共鸣的问题和话题。在表达方法上，采用记者采访与即兴评点、主持人演播室或现场评论相结合的手法，这种形式既增加了评论性节目的纪实性，又强化了报道与评论的融合性。《观察思考》栏目的产生，有其深刻的社会背景。20 世纪 80 年代末，正是市场机制引入新闻传播活动之时，市场经济要求对包括信息资源在内的资源进行优

---

①② 吴冷西：《立志改革，发挥优势，努力开创广播电视新局面》，见《中国广播电视年鉴》（1984 年），人民日报出版社 1984 年版，第 112 页。

③ 洪民生著：《我与电视》，中国国际广播出版社 1990 年版，第 109 ～ 110 页。

化配置。新闻传媒围绕着受众需求发掘和传播各种信息，是新闻传播的根本目标，同时也是新闻改革的唯一正确的方向。《观察思考》传播的是意见性信息，它常常针对人们关心的热点、焦点和敏感点问题，进行合理的引导，而且这种社会舆论的引导体现高效益的原则。《观察思考》提供的思考是具体深入的，又是实事求是的，因此，它对社会舆论的引导有说服力、吸引力和持久力。

探索时期的电视新闻评论，从报社、通讯社沿袭继承了“报章体”新闻评论样式。在电视新闻节目中口播的本台评论、本台评论员文章、本台短评、编前话和编后语等，都能够配合当日重要的新闻事实或事件来阐发观点，表明编辑部的态度。如，1987 年，黑龙江省的大兴安岭地区发生了重大火灾，为配合新闻而播发的两条评论《大兴安岭火灾给人们的启示》、《哪里有火情，哪里就有解放军》，就给观众留下了深刻的印象。1987 年，中央电视台还在《新闻联播》节目中，开办了类似于报纸专栏小言论式的群众性口播评论《观众论坛》，专门邀请领导人、专家、学者、知名人士或群众上电视发表评论。该节目深受群众欢迎，仅第一个月就收到 3000 多封来信来稿。其中播出较好的评论有《婚事不宜大操大办》、《用公款请客送礼之风切不可涨》、《不要把知识竞赛变成滥发奖品的竞赛》等，编辑在编发稿件时，选用一些图片和录像，增强节目的形象感。而各级电视台对新闻评论的“电视化”还处于摸索阶段。据罗弘道同志回忆，1988 年，他应杨伟光同志之邀，在中央电视台《新闻联播》栏目参与评论工作。他亲身感受到：“在声画并茂的屏幕上，插进一段由播音员念的没有图像、没有色彩、没有运动感的评论稿，就像在一个美人的脸上贴上一小块纸花，叫人感到很不协调，甚至可以说在一定程度上破坏了屏幕的统一风格。”① 所以，时任中央电视台新闻部副主任的李海明同志认为：“电视评论应当运用电视传播手段，不能只有写出来的评论稿。”② 在广播电视改革的大潮中，人们对如何搞电视评论的认识确实在变，开始有了新的思路，并将它落实到具体的新闻评论业务实践中。于是，人们意识到电视新闻评论到了需要改革的时候了。一些电视新闻评论节目采用声画结合、镜头组接等方式，开始了新闻评论的“电视化”摸索。

浙江电视台播出的评论《桐乡粪桶畅销给我们的启示》（1990），从塑料粪桶上不上展台这件具体的小事入手，以小见大，以事论理，揭示了市场疲软的根本原因——结构性疲软这一重大主题。节目做到声画结合、解说与图像互为补充，体现了电视传播的特征。“粪桶畅销”的解说词说：“开业的第一天，他们做的最大的一笔生意（60 万元）是不能登大雅之堂的粪桶。”画面推出的是人们把畅销粪桶装上卡车的繁忙景象。解说词分析市场疲软的原因时指出：“一些企业一哄而上，盲目生产，电冰箱生产就出

---

① 参见罗弘道：《广播电视评论工作新起点》，载《中国广播电视学刊》1991 年第 3 期。

② 中央电视台研究室主编：《中央电视台年鉴》，人民出版社 1994 年版，第 41 页。

现过这种情况。”画面展示出成排的电冰箱无人问津的场面。此外，评论还把购买粪桶、小百货等畅销景象和烘干机、排油烟机、淋浴器等冷落场面，按照解说内容有序地组接起来，并且形成强烈的对比，形象地揭示了市场产品结构与消费需求错位这一深刻矛盾。这种新闻评论的“电视化”探索，造就了一批优秀的电视新闻评论作品，也为电视新闻评论步入发展时期准备了物质基础。

同时，电视新闻评论性节目的个性化特征日益显现。随着同一电视媒体不同评论节目之间的竞争和不同电视媒体评论类栏目的增多，电视评论性节目的个性化特征日益受到重视。一些优秀的电视评论开始改变叙述多评论少、把述评混同于深度报道的状况，重视遵循新闻评论的特征，把记者、主持人和各界人士的有声画面语言作为电视评论的主体部分。如陕西电视台播出的评论《从民办企业“招贤”看国营企业“养闲”》(1991)，在论证方法上，用有声的画面语言来论证，做到了剖析有深度，层次分明，条理性强。该节目从一位技术人员的心理状态，剖析了落后运营机制产生的必然结果，又进一步剖析科技人员分配上的“拉郎配”、使用上的“重资历”，提出了建立充满竞争力的用人新机制也是搞活大中型企业的一个重要问题。电视评论的议论必须有典型的新闻事实作论据，节目就抓住一名从国有企业辞职来到民办企业的职工的生动语言：“在原来的单位我最怕有事干，现在是我最怕没事干”作透视点，逐步深入论证，这个切入点选得巧妙，增强了评论的说服力。

另外，一批具有个性特征的电视评论类节目主持人也开始崭露头角。如中央电视台的肖晓琳、敬一丹（主持《一丹话题》栏目）等，在现场采访获取论据时，深入细致，让论据显得充分全面；在邀请各方人士参与评论方面，她俩的采访面广，做到多角度、多侧面地请受众评论同一主题，扩展了评论的深度。而陕西电视台的电视评论节目主持人顾令杨在评论时，分析问题的条理性较强；在展示论据时，交叉使用蒙太奇手法，使两种观点交替出现，让说理显得波澜起伏。还有安徽电视台的汪清、辽宁电视台的金铁明等，都是采、编、评、播合一，个性特征显著的电视评论类节目主持人。

三、新闻评论“电视化”的发展时期（1994 年至今）

1992 年年底，时任中宣部新闻局局长的徐心华同志，找到当时的中央电视台台长杨伟光，传达中央领导同志的意见，新闻媒体要注意抓群众关心的热点问题，并邀请社会各界人士和专家、学者就这些问题发表权威性意见，以引导社会舆论。1993 年 12 月，中央电视台成立了新闻评论部，为电视新闻评论的发展提供了组织保证。

1994 年 4 月 1 日，中央电视台的《焦点访谈》栏目开播，广告宣传词：“时事追踪报道，新闻背景分析，社会热点透视，大众话题评说。”《焦点访谈》同过去的电视新闻评论性节目相比，具有更强的时效性，更生动的纪实手法，更多样的评析方式，更有力的舆论监督；同时，又在中央电视台黄金时段播出和每天一期的高频率，以及关注全国乃至全世界的大视野，使电视新闻评论性节目迈上一个新台阶。统计《焦点访谈》开播初期（1994年4月）的30期节目，其内容构成大致可分四类：一是就政府出台或实施的一系列新政策、新举措所进行的配合性评论，如《'94年国债发行第一天》、《全国从4月1日起实行标准化信封》等；二是有关社会问题的题材，如《关于杭州弃婴的报道》、《游戏机游戏着什么?》等；三是舆论监督的题材，如《乱摊派，何时了?》、《由谁负责：对一起意外事故的追踪调查》等；四是关于国际重大事件的题材，如《专家谈日本首相细川辞职》、《丧钟为谁敲响——南非首次非种族大选在即》等。这些题材，都是社会大众关心的热门话题，也是《焦点访谈》至今仍然坚持的方针。此外，《焦点访谈》采用的记者主持人，是中国第一代电视评论员。《焦点访谈》的定位更趋评论性，这意味着，电视台不仅要培养出自己风格的主持人，而且要有自己的评论员。因此，在筹划《焦点访谈》时，他们提出了"记者主持人"这个概念。第一步先推出记者群，从记者中产生名记者，名记者中产生主持人，从主持人中培养出中国第一代电视评论员，这开创了中国电视新闻评论的新样式。

1995年，中宣部和广播电视部联合发文，要求各省市级电视台设立新闻评论部，开办新闻评论节目。在中央电视台的示范带动下，各省、市级电视台纷纷成立了自己的新闻评论部，改版或开设《焦点访谈》式的电视评论栏目。如自1994年6月19日始，上海电视台的《新闻透视》栏目改版，由每周1次改为每天1次播放5分钟的新闻评论节目，对当天的主要新闻和社会关注的热点、焦点和难点问题实行追踪报道和评论。节目形式也由播音员主持，改由记者、编辑本人亲自出镜采访、主持。这次改版的幅度大，重点提高了《新闻透视》的新闻性和评论性。北京电视台的《今日话题》(1995)、江苏电视台的《大写真》(1995)、河北电视台的《新闻广角》(1998) 等，都是各省市电视台新设的新闻评论栏目。

发展时期，"报章体"的编前话和编后语也在评论"电视化"方向取得了大的发展。中央电视台的《新闻联播》和各省市级电视台的新闻报道经常针对一些有评论价值的新闻事实和新闻事件进行分析议论，其中，编前话和编后语是它们常用的评论形式，也是报纸编者按语中的文前按语和编后在电视中的应用。比如，1996年7月11日，广东省雷州市的渔民出海遇险，但水产局的领导见死不救，致使12名渔民丧生。中央电视台的《晚间新闻》节目披露了这一事件，并对此进行了跟踪报道。在1996年8月8日的《晚间新闻》中，编辑又将有关这起事件的后续报道和当天收到的广州第一军医大学南方医院救死扶伤的报道编排在一起，并配上编后语：

一边是一位已经没有多大抢救希望的农村大嫂，一边是12位随时可能获救的渔民兄弟，南方医院的医护人员和雷州市水产局某些领导的做法竟是如此大相径庭！正因为如此，13个普通人的生命归宿才是这样迥然不同！假如，南方医院在接诊这位呼吸和心跳已经停止了45分钟的农妇时，也像雷州那艘渔政海监船那样要先请示领导；假如医院的领导也像雷州市水产局副局长钟进那样，坚持先交钱再救人，这位农村大嫂还有救吗？新近发生在广东的这两件事让我们清楚地看到了同时在我们期待着广东省对雷州海难事件的查处是对这种丑恶现象的致命打击。

编后语在善与恶、是与非的鲜明对比中，着力批判了“一切向钱看”的拜金主义，颂扬了南方医院的医护人员“救死扶伤”的人道主义精神，而且评论紧扣新闻事实，揭示了问题实质，给观众留下更多的思考。编后语作为一种便捷的评论形式，它依托报道，但又深化报道；同时，它还要求迅速及时、言简意赅。这组报道与评论的编排，明快犀利，画龙点睛，起到了良好的传播效果。它也是各级电视台常用的一种评论形式。

自2009年8月17日始，中央电视台新闻频道推出一档8小时的栏目《新闻直播间》。《新闻直播间》突出时效，强化评论工作，其中有央视评论员为播出新闻所作的及时评论。

四、电视评论节目特点及其对评论传播方式的影响

认识和了解电视传播的特性，只有在充分认识电视与其他传媒共性的基础上，准确把握电视传播的特性，才能更好地认识、发挥电视传播的功能。电视拥有身临其境的现场，具备现场的证实性。电视具有从声画两个方面“还原”新闻现场的能力，观众通过电视了解新闻现场的真实情景，现场性决定着电视新闻必须到新闻现场采访，摄录现场气氛、场景、音响，把当事人的同期声直接传递给观众。现场这个特定的时空有着重要的内涵，它既是新闻事件的起点，也是采访的场所，还是传播过程与事件发生共时性的根据，成为受众关注的焦点。当记者能够自觉地深入现场采访，观察、捕捉事物的瞬态变化，并将其能动地反映出来，便可获取不尽的创作源泉。新闻的主要事实、新闻现场的环境、事件细节和可能在现场猎获的各种信息，都由记者在摄像机前一一道来，这一系列行为都是要发生和完成于新闻现场这个特定时空，一览无余地暴露在观众面前，自然会产生耳闻目睹、身临其境的传播效果。同时，“百闻不如一见”、“耳听为虚、眼见为实”，这些古老格言说明了人们在获取信息过程中对发生信息的现场的信赖。

电视新闻现场的证实性，是指电视画面所传达的新闻现场的视觉因素、证明新闻内容确实无误所产生的心理认同效应，是电视新闻凭借着它独有的画面的直觉性所具有的特性。尽管报纸为视觉新闻、广播有现场录音，但都须经过感觉转换才能传达给受众，因此，与电视相比，报纸、广播这种二传手式的“视觉内容”都黯然失色。

（一）拥有丰厚的现场纪实信息

作为“看”的电视画面，它的直觉优势在于不通过具象与抽象的感觉转换，就能切切实实地证明新闻的原有状况。这正如传播学家施拉姆所言：“非语言的符号……它

们携带的信息常常不需要任何语言来表达，一幅画就是一种完整的传播。”① 电视新闻通过对事物的直接视觉特征的记录，可以传达色彩、明暗、形状特征、空间深度等直接的视觉信息，而且通过这些视觉的作用，还可以传递质感、量感、力感、运动感，以及听觉、味觉和触觉等信息。这些编余信息的综合传播也为人们对某一事物的分析判断提供了最直接的依据。同时，电视传播还具有迅速及时、声形兼备和形象直观等特征，而电视评论则是形象思维和抽象思维相结合的产物。在电视评论中，画面既是基本要素，也是构成单位。同时，画面要用于说理，为说理和论证服务。对于以抽象的逻辑思维和逻辑推理为主要手段的新闻评论而言，电视新闻评论性节目的兴起和发展对新闻评论的传播方式带来了新的冲击和影响。电视思维说到底是一种现场纪实性思维。新闻评论虽然需要创作主体投入较多的理性思辨能力，但是，题材本身若缺乏现场纪实性视听材料，节目仍然等于无米之炊。因此，即便是新闻评论，视觉材料依然是节目的立身之本。

1999 年 11 月 10 日，中央电视台播出评论节目《焦点访谈·吉烟现象》，较好地处理了节目创作中感性与理性思维之间的关系。《吉烟现象》遵从了这样的纪实思路，作者在节目中并不急于评论什么，而是尽可能客观、公正地在现场采访不同身份、不同处境的当事人，让他们在镜头前自己诉说。于是，观众可以看到当地政府部门通过电视传媒对完成“吉烟”任务的宣传与动员，当地报纸对“吉烟现象”的描述与赞扬，还听到一位副县长对“吉烟现象”重要意义的阐释，更看到乡干部、学校干部、村干部对完成这一上级任务所持的无可奈何态度。当然，这期节目中更多看到的是广大市民、村民深受“吉烟现象”之苦的诉说。这些诉说除带有强烈的个性化情感特征外，大都为只言片语却有一语中的的论理色彩，如抽吉烟与爱四平有没有关系、企业遇到困境应找市场还是找市长等。作者身处采访现场，却没有忽略视觉信息。也就是说，在电视新闻评论之中，当事人的诉说固然是节目构成的主体，但声音与视觉的元素要相辅相成。

《吉烟现象》提供了丰富的视觉元素，如堆码在学校教研室和村民炕头的一箱箱一盒盒的吉烟，并排列书写的标语：“人人抽吉烟，天天吉祥”。还有学校老师从麻袋里向外倒吉烟时义愤的抗争表情：“照照，好好照照。”更有老太太抱着孙子提起吉烟的不满，以及大多数市民、村民提起“吉烟现象”的那种无奈的神情，这些当事人诉说时的表情大大地增加了现场同期语言的信息量，且辅之声音更增强了视觉的感染力。同时，《吉烟现象》遵循了以“个别”揭示“普遍”的形象思维规律，但叙事论理的内在逻辑却很缜密，体现了电视评论独特的说理特点。节目大体分为六部分：①交代“吉烟现象”事件；②介绍“吉烟现象”的具体做法；③“吉烟现象”的当地政府评

① （美）威尔伯·施拉姆、威廉·波特著：《传播学概论》，李启、周立方译，新华出版社 1984 年版，第 77 页。

价；④分析“吉烟现象”的实际后果；⑤反驳“吉烟现象”；⑥揭示“吉烟现象”的本质。正是在这种理性思维的严密逻辑框架中，作者自如地运用大量现场纪实性材料层层递进地加以论证，从而收到声画并茂、以理服人的感人效果。因此，理性思维在新闻评论节目中就仿佛是大海航行中的罗盘，离开理性思维的透视，生活中的感性材料将会显得迷茫、散漫无序，而自觉处理好感性与理性的关系，正是《吉烟现象》遵从电视思维、为电视新闻评论节目提供的一个典型范例。①

（二）信息采集和表达方式实现纪实性和思辨性的统一

电视新闻评论具有“视听”兼备的“双通道”特征，以及由电视新闻评论图像本身的局限性所产生的对文字、语言和音响的依赖性，决定了电视新闻评论使用的传播符号是丰富多样的。电视评论的“现场感”和“参与感”比报纸评论具有优势，而这正是报纸评论的劣势，因此，电视评论应该充分发挥“现场感”和“参与感”强的优势，吸引更多的受众，以扩大自身的影响。报纸评论注重意见的阐述，而电视新闻评论则更强调事实的再现。换句话说，报纸评论直接发表意见，电视新闻评论更倾向于“用事实说话”。心理学证明：宣传者与被宣传对象，双方的心理距离与语言的正规化程度呈正相关，而心理距离的缩小又和对接受信息的赞成程度呈正相关。也就是，越口语化，越纪实性，传受双方的心理距离就越接近，即观众对传播的内容越容易接受和赞同。电视新闻评论“用事实说话”，展现或再现事实的发展过程，具有缩小传受双方心理距离的功能。因此，“用事实说话”，既是电视新闻评论的难点，又是其魅力所在。

长期以来，医患纠纷是当今社会管理当中的一个老问题，而第三方调解则是一个新举措。2011 年 8 月 24 日，上海各个区县医患纠纷人民调解机构正式挂牌成立，记者敏锐地观察到，这是上海进行社会管理创新、缓解社会矛盾的新举措，随后，记者进行了一个多月的前期调查和拍摄，在拍摄的三起案例中，选取了最典型的案例，完整地记录了一起医疗纠纷的调解过程，充分采访了医患双方和医调委等机构，对上海医患纠纷调解的新模式进行深入的报道与分析。一是全程记录真实案例，以小见大。作为上海电视媒体，摄制组第一次完整记录了一起医患纠纷的调解全过程，结构完整，很有说服力。更为难得的是，充分采访了医院、患者家属对立的双方，以客观报道有力地阐明观点。二是独家视角，不回避矛盾。在全片的结构上，对专家咨询会的全过程进行了放大，而专家咨询会是第三方调解最关键的程序。同时，没有局限在事件本身，而是提出“医患纠纷的重要原因之一是双方信任的缺失，第三方调解是重建信任的重要平台”，视角独到，观点鲜明。三是特别注意充分展现各方的声音，站在患者的角度提出问题，站在医院的角度展现矛盾。没有为当事双方贴上“对错标签”，调查由浅入深，通过案例分

① 参见张群力：《新闻评论中的电视思维》，《中国新闻奖作品选》（2000 年），新华出版社 2001 年版，第 342 页。

析、数据分析，使报道也力求做到客观公正。节目最后是记者出镜述评：

在采访中，患者家属告诉记者，医患纠纷人民调解让他们体会最深的是沟通方式的不同，和医院谈往往是直奔主题，目的就是分清对错，但是当老娘舅介入后，往往首先是互相倾听，纾解情绪，消除误会，看似多了一道程序，其实是以柔化刚，以退为进，让矛盾双方回归理性，让调解得以继续。我们不能说第三方的出现就能马上治好医患纠纷中的种种顽症，但至少它提供了一个沟通的新渠道，一个重建信任的新平台，一个社会管理的新角度。

面对当前日益突出的医患纠纷，上海广播电视台的电视评论《聚焦医患“第三方”》，以上海各个区县医患纠纷人民调解机构正式挂牌成立为契机，深入调查和拍摄，选取典型案例来纪录医疗纠纷的调解过程，从而阐明第三方调解是上海进行社会管理创新、缓解社会矛盾的新举措，具有普遍的现实意义，这样，《聚焦医患“第三方”》的信息采集和表达方式实现纪实性和思辨性的统一。

（三）群体式论证丰富了新闻评论的传播方式

报纸评论是执笔人，即评论员、编辑部或群众作者的主体意识的传播，是传播媒体或作者个人的观点。但是，电视新闻评论性节目既有记者（或主持人）作为个人或媒体参与的点评，也有普通群众的议论，还有专家、学者的论述。论证的群体由三个方面的人员组成：①记者、主持人的评论；②受众参与的论证；③专家、学者的观点，而且后二者的论证又是通过与记者（或主持人）的双向交流来实现的。联合国国际交流问题研究委员会在一份报告中指出：“一般把读者、观众和听众当作信息情报的被动接受者，负责管理交流工具的人应该鼓励他们的读者、观众和听众在信息传播中发挥更为积极的作用，办法是拨出更多的报纸篇幅和更多的时间，供公众或有组织的社会集团的个别成员发表意见和看法。”① 《焦点访谈》的实践符合电视传播的内在规律，也符合社会发展的潮流。有专家对此评论说：“大众话题报道，大众参与评说，摆出自己的看法和道理，从而将一向视为接受者的观众引入报道中参与传播，这是《焦点访谈》给我们带来的又一种全新的做法。在传统概念中，电视评论是电视台编辑部门的事，直接表达新闻舆论机关的意见和主张，普通记者、普通老百姓是谈不上上屏幕发表见解的。如今，这种旧的观念已经破除，话题是大众最关心的，评论是大众自已的，接受对象是最广大的观众。评论再也不是高高在上的言论。”② 它改变了传统评论的视角，使电视评

① （美）肖恩·麦克布赖德著：《多种声音一个世界》，天一译，中国对外翻译出版公司 1981 年版，第 124 页。

② 袁正明、梁建增主编：《用事实说话——中国电视焦点节目透视》，上海人民出版社 2000 年版，第 320 页。

论充满了新鲜和活力，这样，电视新闻评论性节目的群体论证既维护了受众在传播媒体中的表现自由，又保障了公民参与和使用传播媒体的权利，同时也对电视新闻评论性节目的制作提出了更高的要求。电视评论强调群体式论证的逻辑性和条理性。群体式论证涉及的人物较多，事件比较复杂，需要做好节目的总体安排；而且随着采访的深入，提炼主题思想，“层层剥笋”似的分析，也需要形成计划。在后期制作阶段，更需要通过剪辑来增加述评的条理性。后期剪辑时要把现场采访、专家讲述以及记者（或主持人）的评说有机地组织起来，使之形成一个整体，这就要求主创人员要紧扣主题，把说明主题的论证采访，按照一定的内在逻辑关系紧密地聚合成篇，让图像、访谈和专家讲述都为论证观点服务。

（四）增强评论的“现场”效应

心理学研究表明，如果人们参与观点的形成过程，那么，他们对这些观点的接受就要比消极地听到别人讲解容易得多。电视新闻评论因其固有的“现场”因素，不仅能使受众看到观点的形成过程，而且还能将受众从荧屏前拉入镜头中参与观点的形成，缩短镜头内外的距离。电视新闻评论拥有自己的优势：一是长镜头纪录。不管是片首的开宗明义、片尾的概括总结，还是片中的现场采访、调查事件发起原因、发展过程以及不同人士对事件的看法，无不是客观的纪录。这种追根溯源的长镜头记录，既满足了观众的求真心理，又满足了观众的参与欲。受众在观看节目的同时，也伴随着记者采访提问、论证论题，直至观点的形成。二是同期声保证了电视新闻评论声画时空方位的同步。电视新闻评论离不开现场采访，采访对象的图像与声音，采访现场的自然形态与音响，都同时诉诸受众的视觉和听觉，保证了声画在时空与方位上的完全对位。同时，采访对象丰富生动的表情和神态、强烈真切的语气和情感，则增强了电视新闻评论的真实感、现场感和情感魅力。真实感、现场感和情感魅力的综合作用，打破了镜头内外的界限，拉近了受众与评说者的距离，充分显示了电视新闻评论的“现场”效应。三是深化主题。现代传播学研究证实，任何信息的报道，某些事实的描述如不加专门的解释和评论，对人们的定式几乎不能产生任何影响。在电视新闻评论中把客观报道与主观见解相互补充，将思想本身作为一种客观存在融入报道之中，已经成为人们的共识。电视新闻评论虽然很强调“用事实说话”，但毕竟评论是推理逻辑系统，以论证为基本手段，它所传达的是意见性的信息。在用足够的新闻事实做铺垫后，现场评论就像迷途中的路标那样，引领着观众的思维进程。

比如，中央电视台播出的《难圆绿色梦》节目，当记者讲述徐治民老人因为亲手培育的林子被砍伐而伤心的场景时，镜头中老人一边用拐杖敲击树墩，一边仰天叹息，老泪纵横，这时，一个写意的镜头从树墩摇向天空中阴云遮盖的太阳。接下来记者进行了现场报道和现场评论：

观众朋友，这座纪念碑是1986年达拉奇人民政府为徐治民老人建造的，这上面的碑文记载着老人一生治沙植树的业绩。但现在我们看碑的正面，这上面三个字没有了。据说有人在林子里砍树，徐治民老人制止他们，他们就把这三个字打掉了。可这三个字恰恰是最要命的，“林”没了，“治沙”不要了，那我们的家园又怎样了？

接下来是风吹沙走、漫天飞扬、直逼家园的镜头。在这段节目时间里，前半部分的现场报道为后半部分的评论进行了必要的铺垫和事实的展现，后半部分的现场评论又为前半部分的现场报道画龙点睛，起到升华主题的作用。因此，电视新闻评论性节目不仅扩展了新闻评论的外延，而且对新闻评论的内在特质和表现手法等带来了新的变革。

第四节　电视评论栏目的品牌战略

在电视众多的新闻评论节目中，栏目牵引着播出稿件归属到各自的位置。栏目是大众传播媒体的路标，更是受众、作者、编辑之间连接的纽带。无疑，栏目化是大众传播媒体成熟的标志，而办好名栏目更是大众传播媒体构建品牌战略的具体表现。那么，栏目又是什么呢？狭义的理解，栏目是电视节目中专门集中播出有某种共性内容的组织单位和划分形式，一般以栏目名称、特定的标识、图像和音乐等与其他节目部分区分开来。栏目具有规范节目内容和提供内容识别的功能；同时，还有稳定的播出时间、播出长度和内容定位，以便受众选择收看。电视栏目脱胎于报纸专栏，其编排原则和方法也与报纸专栏大体相近。

《观察与思考》的出现，标志着中国电视史上出现新闻评论这种栏目形态，经过30多年的发展，中国电视新闻评论栏目推陈出新，涌现出很多优秀电视评论栏目。这些电视评论栏目，是以电视化手段针对新近发生的或者发现的具有普遍意义的事件、问题或社会现象进行评论，为公众提供意见性信息。但一个普遍现象是，多数评论栏目的生命周期较短，少数周期较长的栏目，收视率和美誉度也常有不同程度的降低，影响力也在下降。因此，在新的社会环境和媒介生态里，探索电视新闻评论栏目的可持续化发展，是一个值得关注和探讨的命题。

一、电视新闻评论栏目的类型

（一）以深度报道为基础、叙议结合的电视栏目

1980年7月12日，中央电视台开播的《观察与思考》栏目，是这类栏目的代表，它以深度报道为载体，以评论点睛，如《焦点访谈》、《新闻调查》、《经济半小时》和《新闻透视》等。

但是，这类以“舆论监督”为特色的评论性节目存在着两个难题：一是题材以对抗性为特色，很容易引起被报道对象的反弹，难以持续，如1998年，《焦点访谈》舆论监督内容占到47%，2002年，这一比例下降到17%。① 二是因为题材难以持续和突破，导致这类栏目逐渐出现题材重复，且“只拍蚊子不打老虎”的现象开始显现，观众的收视疲劳已经形成。

（二）以重大新闻事件或社会现象为背景进行评论的栏目

这类栏目是纯粹意义上的评论节目，以某一新闻事实或社会现象为评论对象，在具备时效的同时，追求“透过现象说本质”。如凤凰卫视《时事开讲》就是代表，包括中央电视台新闻频道的《新闻1+1》、财经频道的《今日观察》、央视财经评论、《第一财经》等。这类财经评论需要逻辑严密，层层递进，但难免枯燥，曲高和寡。

（三）以报纸为信源、主持人短评的读报栏目

凤凰卫视的《有报天天读》，曾经引领风气之先，此后被竞相模仿，如中央电视台财经频道的《马斌读报》、《第一时间·微财经》，广东南方电视台的《马后炮》，以及广州电视台的《新闻日日睇》等众多地方电视台的读报栏目。这类栏目制作成本低，只要几份报纸和一个边读边评的主持人。《有报天天读》的成功，主要是凤凰卫视所处区位带来的话语空间优势，决定它可以借助境外报纸的差异化内容，再辅以杨锦麟个性十足的读报与评论。

（四）以社会新闻为依托、主持人点评的民生栏目

2003年，当民生新闻在全国热播之后，这些社会新闻有主持人辛辣直接、或笑或骂的适时点评。比如，江苏电视台《南京零距离》的“光头孟非”、浙江电视台《新闻楼外楼》的“愤怒主持人”万峰、南方电视台的“马后炮”马志海等。

（五）鼓励观点交锋的辩论性栏目

这类电视栏目深谙观众的收视心理，以激烈观点交锋为包装，是电视新闻评论栏目冲击力最强的节目之一，如《一虎一席谈》、《大家看法》和《对话》等。这类电视评论栏目避免了观点“一边倒”现象，让电视成为一个容纳多元意见、履行公共责任的传播平台。

二、电视评论栏目实施品牌战略的必要性

1988年11月，中央电视台《观察与思考》栏目改名为《观察思考》后，吸引了很多观众，在全国比较有影响。1993年5月，中央电视台的早间杂志型节目《东方时空》设置了一个有深度、带评论性的栏目《焦点时刻》，它主要是通过追踪热点和难点

① 参见刘畅：《〈焦点访谈〉舆论监督：有记者安全威胁》，载《中国青年报》2004年3月29日。

问题吸引观众。同年底，中央电视台在原《观察思考》节目组的基础上组建了新闻评论部，并对《观察思考》节目进行了改造和重新包装，1994 年 4 月推出新的电视评论性栏目——《焦点访谈》。《焦点访谈》比以往的评论性节目具有更强烈的时效性、更生动的纪实手法、更多样的评析方式、更关注社会热点的话题，同时又在中央电视台每天“黄金时段”播出，使中国的电视评论性节目产生了前所未有的品牌效应。因此，自《观察与思考》到《观察思考》，又从《焦点时刻》到《焦点访谈》，在历经 30 多年的发展之后，其社会影响力经久不衰，其中蕴涵着的品牌战略更值得人们探讨。

品牌原本是一个经济学概念，指用来识别某个销售者或某群销售者的产品或服务，并使之与竞争对手的产品或服务区别开来的名称及其标志。品牌又是一个集合概念，它包括品牌名称和品牌标志两部分。品牌名称是指品牌中可以用语言称呼的部分，也称“品名”。品牌标志也称“品标”，是指品牌中可以被认出、易于记忆但不能用言语称呼的部分，通常由图案、符号或特殊颜色等构成。而战略则是“主要涉及组织的远期发展方向和范围。理想情况下，它应使资源与变化的环境尤其是它的市场、消费者或客户相匹配，以便于达到所有者的预期希望”①。从字面上理解，“品牌战略”是对物质产品经营而言的。但是，如果把新闻评论栏目当作特殊的精神产品来看待，借用到评论栏目的评价体系中，那么，对评论栏目实施品牌战略就自然可以理解了。因此，评论栏目的品牌战略，就是在相当长的一段时间里，评论栏目借助一系列手段，生产出众多的精品，构建自己的品牌形象，在突出社会效益的同时，也提高了经济效益，从而推动新闻传播事业的发展。正因为如此，实施评论栏目品牌战略很有现实的必要性。从评论栏目构建品牌战略的实践来看，实施评论栏目的品牌战略可遵循以下程序和思路。

（一）明确栏目的受众

信息传递总要针对一定的对象，评论栏目更应该考虑它的对象问题。在信息需求多样化的今天，受众的类型和选择是极其多样化的，这样就形成了不同的受众群。任何栏目均无法有效地吸引和集聚所有的受众，因此，新闻评论栏目必须寻找对栏目信息感兴趣的受众，作为自己生存和发展的“土壤”。要明确栏目的目标受众，一是了解栏目所面对的受众的年龄、性别、职业、文化程度等社会特征，这样才能在有明确对象的情况下组织或制作自己的栏目，同时，还应随时把握现有受众与自己所寻求的“受众”之间的情况，对栏目作相应调整和改变，以便吸引那部分栏目本来想要吸引但实际上尚未吸引的人也成为自己的受众。二是要了解栏目观众的收视目的、兴趣和习惯，安排好栏目的内容比例和结构，最大程度地满足观众的需求，为他们提供信息服务。三是要密切关注受众的信息反馈，发现自己的专长以及真正为受众所喜爱的特质，找到那些自我感

① （英）格里·约翰逊、凯万·斯科尔斯著：《公司战略教程》，金占明、贾秀梅译，华夏出版社 1998 年版，第 7 页。

觉良好但公众并不以为然的问题，进而提高自身的应变能力。

（二）栏目要有切实的内容

栏目的内容要充分满足受众的信息需求。关于媒体（信息）选择行为，美国传播学家威尔伯·施拉姆提出过一个著名的或然率（即概率）公式，那就是（受众的）选择或然率取决于报偿的保证与费力的程度。在这个公式中，分子“报偿的保证”是指媒体（栏目）能够满足受众需要的程度，分母“费力的程度”是指受众选择媒体（栏目）所需付出的代价大小，包括财力负担、精神负担和时间损耗等，即受众选择哪一种媒体（栏目），与媒体（栏目）提供的报偿成正比，与受众为此而费力的程度成反比。换而言之，报偿越大，费力越小，媒体（栏目）被受众选中的可能性就越大；反之，就越小。据此可以明白，新闻评论栏目需要在内容与表达技巧两个方面下功夫。只有内容丰富、表达技巧高超的新闻评论栏目，才能满足受众的需求。但是，评论内容和表达技巧的地位和作用是有区别的。从电视观众收看电视新闻评论性节目的调查情况来看，观众更注重的是节目的内容，即节目要有一个正确的、能吸引观众的思想。[①] 经验证明，要抓住这样一种思想不是很容易的。平心而论，尽管电视节目的表达技巧很重要，但是，新闻评论作者把握思想观点的思考能力比它的表达能力更为重要。传播内容贫乏、只有语言躯壳的新闻评论，纯粹是浪费观众的时间。新闻评论必须向观众提供切实的内容，否则就不值得发表。一个评论节目（或一篇评论作品）应有所分析，应当评价问题，并且进一步阐释新闻事件。总之，新闻评论要有切实的内容，它的表达技巧只是为了更好地展现内容服务，这是一个永恒不变的真理。

（三）栏目要有个性

个性就是新闻媒体的栏目品质和感性特征相结合所形成的一组整体的、鲜明独特的识别标志，是一个栏目区别另一个栏目的重要标志，同时也是栏目本身的外在表征。一个栏目品牌战略的构建包括三个方面的内容：

1. 栏目的市场定位。根据美国广告大师艾·里斯和杰·特劳特的定义，定位是指企业根据消费者的某种产品属性的重视程度，为产品制定培养一定的特色，以满足消费者的某种需求和偏好。评论栏目的市场定位，就是寻找品牌在观众心目中一个合适的最佳位置，以确定品牌的热点和卖点，实质上就是评论栏目创造和培养自己的特色和个性，树立一定的市场形象，以满足观众的某种欲望和偏好。在激烈的媒体市场竞争中，一个没有特色和个性的品牌是无法立足的。比如，《新闻调查》栏目是中央电视台最有深度的大型新闻评论栏目，在 CCTV 收视率排行榜上仅次于《焦点访谈》，拥有广大的观众，其广告语：“正在发生的历史，新闻背后的新闻”，节目市场定位就是揭露性和

① 喻国明：《北京观众给电视新闻评论节目打分》，见《中国新闻年鉴》（1998 年），中国社会科学出版社 1999 年版，第 404 页。

调查性，即通过记者的调查揭示事件真相，发现新闻背后的新闻。《新闻调查》的市场定位，符合现代人们渴望探寻事物深层因素的特征，也适合现代受众的信息需求。

2. 栏目的形象设计。形象包装是强化栏目个性和特色的重要手段和环节。一个富有个性和特色的品牌形象包装，往往能使观众产生丰富的联想，强烈地刺激观众的收视欲望。比如，《焦点访谈》栏目的品牌设计，就生动地体现了栏目的个性和特色：一是简洁醒目、易读易记。心理学家的调查分析表明，人们接受到的外界信息，83%的印象通过眼睛，11%的借助听觉，3.5%的依赖触摸，其余的源于味觉和嗅觉。基于此，为了便于观众认知、传诵和识别，品牌设计的原则是简洁醒目、易读易记。适应这个要求，不宜把过长和难以诵读的字符作为品牌名称，也不宜将呆板、缺乏特色感的符号、颜色、图案用作标识。《焦点访谈》作为栏目名称，做到了简洁明快、易读易记。二是构思巧妙、暗示属性。一个与众不同、充满感召力的品牌，在设计上应充分体现品牌所标示的节目优点和特征，暗示节目的优良属性。《焦点访谈》的片头是一个矗立在地平线上的简洁的城市楼群，一只由红、绿、蓝构成的大眼睛标志从中升腾而出，这只引人注目的大眼睛寓意着《焦点访谈》作为中央电视台的一个栏目，每天时刻注视着观众，又关注社会。三是富蕴内涵、情意浓重。品牌大多都有其独特的含义。富蕴内涵、情意浓重的品牌，能唤起观众的美好联想。《焦点访谈》大眼睛标识，与栏目"用事实说话"的口号相呼应，既体现了《焦点访谈》的理念，又反映了栏目的方针，也展示了栏目独特的思想寓意和深刻内涵。

3. 精办节目。一个栏目要有自己独特的个性和特色，精办节目最重要。办精品节目要有精品意识，粗制滥造的节目不可能成为品牌。一两个精品节目支撑不了一个品牌，但一两期粗制滥造的节目却能毁掉一个品牌。因此，创栏目品牌，要从最基础的节目做起，即多出精品。事实证明，精品不等于品牌，但二者有着密切的关系。单个精品无法形成品牌效应，只有精品成批量生产并成规模地播出，才是品牌形成的必要条件；精品借助品牌栏目播出，收视率和赞誉度高，节目也就收到最佳的传播效果。

二、电视评论栏目创新与稳定

（一）创新

"创新"概念最早由著名美籍奥地利经济学家约瑟夫·熊彼特在1912年提出，并将其定义为"企业家对生产要素重新组合"。相对企业而言，评论栏目的创新就是新闻工作者对新闻要素的组合。栏目的品牌经营，需要有较强的创新能力，这种创新能力表现在各个环节，并伴随节目制作和播出的全过程。栏目之间相互模仿，形式陈旧，手段贫乏，就是缺乏创新。具体地说，栏目的创新具有两大功效：一是栏目常办常新，能使栏目以新、快、活的多变性吸引观众，不断增强品牌地位和市场地位，巩固栏目在观众中已建立起来的收视习惯；二是栏目的创新活动有助于推动栏目的发展，栏目的创新活动促进栏目的个性和特色的形成，增强栏目的竞争优势，能为栏目的发展创造条件。

1994 年 4 月，《焦点访谈》栏目开播，其基本框架为："时事追踪报道，新闻背景分析，社会热点透视，大众话题评说。"栏目既追时事、抓热点，又有精辟的分析、评说；既注重新闻性、时效性，又追求和体现节目的深刻和厚重感。① 但是，到了 2000 年 4 月，即《焦点访谈》栏目开播六周年后，《焦点访谈》栏目用了新的定位语："用事实说话"。以"事"说话，是电视新闻评论在制作理念上的变化，也就是电视新闻评论不用概念说话，不说空话，不说套话，不说假话。同时，它也准确地概括了《焦点访谈》节目对事实的尊重态度和事实在节目中的作用。2013 年 1 月 1 日，开播 19 年的《焦点访谈》首次进行改版。新版时长增至 17 分钟，每期不再拘泥于一个焦点，或可关注两个乃至多个热点话题。节目更加贴近民生、贴近新闻、贴近热点。强化主持人"有深度，有锐度"的评论功能。从当晚播出的第 1 期看，新增主持劳春燕亮相节目，全程站立播报，她的开场白提示观众："我们的包装和以前不一样了，节目时间比以前长了，内容也增多了。"随后在新年第一天带领观众们梳理了 2012 年实施的新法新规，第二部分新增环节百姓"连连拍"把录像机交到老百姓手中，通过让普通人采访普通人的形式回顾 2012，同时展望 2013。除劳春燕新加盟《焦点访谈》，并增加了白岩松、杨禹两位评论员等。除内容外，其包装形式也有创新，并以流行歌曲《常回家看看》作为背景乐插入，烘托敬老主题；节目内容加入了 flash 动画，还有郭德纲的相声出现，这是以往《焦点访谈》没有过的。《焦点访谈》栏目正是做到节目常办常新，并坚持自己独特的个性，巩固了自己在观众当中建立起来的收视习惯。从 1994 年开办至今，它的收视率稳定在 30% 左右，全国每天有 3 亿多观众收看这个节目。而且，它也得到了中央领导同志的赞扬，朱镕基总理称他"每日必看《焦点访谈》，从中可以得到第一手的材料"，甚至还说："（《焦点访谈》）是中央工作的一部分"，"（它）在促进国家的改革和建设方面发挥重要作用，也是对我们社会主义民主法制的一个建设"。②

（二）稳定

创新的目标是形成自己的风格，强化自己的品牌形象。风格是栏目成熟的重要标志，在一定时期具有稳定性，因而就要注意保持这种稳定性。在处理变与不变、创新与稳定的关系时，应该注意三个方面的问题：

1. 注意栏目的继承性和稳定性。一个栏目的观众经过一段时间的收看，与该栏目会形成一种类似契约的关系。调整栏目时间，变动栏目名称，改变传播方式等，都应充分考虑观众的收视习惯；而保留什么，创新什么，对观众应有足够的尊重，要注意栏目

① 李东生、孙玉胜主编：《焦点访谈精粹》，中国人民大学出版社 1998 年版，第 30 页。

② 袁正明、梁建增主编：《用事实说话——中国电视焦点节目透视》，上海人民出版社 2000 年版，第 235 页。

定位、节目形态的继承性和稳定性。比如，1987 年 7 月，上海电视台创办一个集深度报道和新闻评论为一身的杂志型节目——《新闻透视》，其栏目定位是从“新”字上选题，在“透”字上下工夫。它共有《纵与横》、《长焦距》、《当代人》、《社会广角》、《观众中来》和《快节奏》6 个板块，30 分钟。1994 年 6 月，《新闻透视》改版，定为每天播放 5 分钟的新闻评论性节目，在节目形态上摒弃了原有播音员主持的形式，改以记者、编辑本人亲自出镜采访、主持，对新近发生的重要新闻和社会关注的热点、难点问题进行追踪报道和评论。这次改版的幅度很大，但是，它继承了原《新闻透视》的品牌效应，又极大地提高了新《新闻透视》的时效性和评论性，使节目引起社会更为广泛的关注。据 1999 年的收视情况调查，《新闻透视》的知名度达 98.0%，美誉度评价也高居榜首，35.9% 的观众认为它是上海办得最好的新闻节目。①《新闻透视》在创办和发展的过程中，正是注意了栏目的继续性和稳定性，才取得如此骄人的成绩。

2. 重视栏目的 CI 战略，即强调统一规范、长期保留。一个栏目的视觉识别系统的基本要素一旦确定下来，就应该成为栏目理念和形象的标识，不可轻易变动和更改。比如《焦点访谈》的大眼睛，这是《观察思考》栏目的标识，历经十几年一直沿袭使用，形象、深刻地表达新闻评论性节目的理念。

3. 创新不必“猎奇”，更不能“创掉”栏目的特色和风格。如美国哥伦比亚广播公司（CBS）的《60 分钟》节目，创办于 1968 年 9 月，至今已有 40 多年的历史，依然保持旺盛的生命力，并且维持着较高的收视率。它的报道内容多变，但已经形成了独特的、基本固定的节目框架，即节目介绍、具体报道、安迪·鲁尼的评论，以及并非每期都有的观众来信选播，其节目形式和风格 30 年不变。既然一些名牌栏目的形式和风格已为广大观众所喜爱和接受，就不必老想着求新求异。一个品牌栏目，一旦风格、特色改了，就等于抛弃了品牌，而再从头开始创新品牌，这需要付出很大的代价。品牌栏目的创新主要是在内容上下工夫，新的栏目只有不断提高质量才有可能成为新的品牌，已经有了一定知名度的品牌栏目也只有保证质量，才能保证品牌形象。

综上所述，从中央电视台的《观察与思考》栏目算起，我国电视新闻评论栏目已有 30 多年的发展历史，就目前的现状而言，电视新闻评论的节目形态完整，思维方式日渐成熟，舆论监督的社会角色把握得较好，但是，冷静地观察，就会发现，一些县、市（地、州）、省级电视台的新闻评论节目水平不是很高，特别是在当前舆论导向重要、节目竞争日趋激烈的大环境里，需要强化电视新闻评论栏目的品牌意识。因此，电视新闻评论栏目实施栏目的品牌战略具有重要的理论和现实意义。

---

① 袁正明、梁建增主编：《用事实说话——中国电视焦点节目透视》，上海人民出版社 2000 年版，第 163 页。

第五节　公共领域的微评论

当代社会，随着3G手机牌照的发放，迎来新技术主导的移动互联网时代，微博传播空前繁荣。据微博用户使用的微博功能统计，排名前四名的功能："评论"占69.8%、"关注"占60.9%、"热门话题"占57.2%、"转发"占39.7%，体现信息获取与发布的功能。① 微博是微型博客的简称，是基于Web 3.0平台兴起的一类开放互联网社交服务。当今社会，"你微博了吗"这句标志性的语言，已经渗透到中国社会的各个阶层。从方舟子微博打唐骏"学历"的假，到宜黄"血拆"的微博救助、金庸在微博上"死而复生"、女儿微博救父、故宫错别字风波、甬温线铁路特大事故、上海地铁事件、孔融让梨我不让等事件……让人们见证了在网络时代的背景下，微博评论在公共领域发挥着神奇的传播力和影响力。

根据哈贝马斯的解释，"所谓'公共领域'，我们首先意指我们的社会生活的一个领域，在这个领域中，像公共意见这样的事物能够形成。公共领域原则上向所有公民开放。公共领域的一部分由各种对话构成，在这些对话中，作为私人的人们来到一起，形成了公众。那时，他们既不是作为商业或专业人士来处理私人行为，也不是作为合法团体接受国家官僚机构的法律规章的规约。当他们在非强制的情况下处理普遍利益问题时，公民们作为一个群体来行动；因此，这种行动具有这样的保障，即他们可以自由地集合和组合，可以自由地表达和公开他们的意见"②。在哈贝马斯看来，公共领域的存在必须具备三个条件：一是由私人组成的公众，他们具有独立的人格，能够理性地就普遍利益问题展开辩论；二是拥有自由交流、充分沟通的媒介；三是能够就普遍利益问题充分自由地辩论，进行理性批判并达成共识，从而形成公共舆论。③ 因此，微评论是适应微博传播而发展起来的一种言论形式，并形成特有的信息传播方式和生活方式。

一、微评论定义及特征

（一）微评论的定义

微评论就是微博用户发表的意见性信息，它是通过移动通信网与互联网的联姻，并

---

① 参见DCCI互联网数据中心：《中国互联网微博与社区调查研究报告》，http://wenku.baidu.com/view/64b9a12f0066f5335a812164.html。

② （德）尤根·哈贝马斯著：《公共领域的结构转型》，曹卫东等译，学林出版社1999年版，第205页。

③ 参见汪晖：《公共领域》，载《读书》1995年第6期。

借助自身强大的传播优势而迅速地发展起来的。微博具有评论、转发、粉丝、微群、字数限制、基本功能、实名认证等基本功能，国内代表性的微博有六家。

（1）新浪微博，由新浪公司推出。2009 年 8 月开始内测，口号是“随时随地分享身边的新鲜事儿”，定位为大众提供娱乐休闲生活服务的信息分享和交流平台。新浪微博的基本功能包括@、私信、评论、转发、微群、粉丝、实名认证等具有代表性的功能，字数限制为 140 个汉字。新浪微博普遍采用加 V 的符号方式对公众人物、政府机关、知名企事业单位等实行身份认证。

（2）腾讯微博，由腾讯公司推出。2010 年 4 月 1 日始启动测试。腾讯微博的口号：“与其在别处仰望，不如在这里并肩。”腾讯微博整合了腾讯的优势 IM（即时通讯）平台，可以通过网页、短信、手机版、QQ 客户端发布信息，其实名认证是用黄色的“√”标志。

（3）搜狐微博，由搜狐公司推出，2010 年 4 月 11 日开放公测。搜狐微博利用搜狐产品线的矩阵优势整合博客、视频、相册、圈子等产品，口号：“来搜狐微博看看我”。搜狐微博可通过网页、短信、手机版访问和发布，并可关联博客，也采用“√”标志进行实名认证，具有发送和接受“纸条”功能。但搜狐微博不限字数，非注册用户也能查看微博内容。

（4）网易微博，由网易公司推出。于 2010 年 1 月 20 日内测，其口号：“记录我们的微生活”，定位为“简单的分享”。网易微博可通过网页、短信、手机版访问和发布信息，坚持草根路线而未推出名人认证类功能，直至 2011 年年初，首次启用身份识别认证，推出“i 达人”计划。网易微博的实名认证不局限于现实生活中的名人，而是所有在特定领域有专业影响力的用户都可成为达人。网易微博字数限制为 163 个汉字，用户注重人际拓展。

（5）人民微博，由人民网自主研发。于 2010 年 2 月 1 日正式对外开放公测，它是中央重点新闻网站推出的第一家微博。人民微博的实名认证为“人民认证”，通过认证核实后，相关微博旁将显示“人”符号。人民微博在内容上与强国论坛等人民网互动社区的内容互通，并设立《民意通》、《记者圈》、《牛媒体》等栏目。

（6）新华微博，于 2011 年 4 月 19 日上线公测。新华微博将用户分为有趣用户、社区版主、知名网友、微博新星、专家学者、明星艺人、媒体记者、新华社、组工干部、大学生村官和机构组织等。新华微博每条限制 140 字，但它有一个独特的功能，那就是“偶像”与“粉丝”的功能。新华微博集纳微博广场、找人、话题、投票、微直播、短消息、通知、邀请、搜索、标签、收藏、热门排行以及评论、转发等主流微博平台所具有的功能。网友无需注册就可以在“微博广场”浏览最新的微博内容；通过“微博头条”可以观看到当前网民关注的焦点话题；通过“微直播”参与新华网对重大事件和大型活动的现场直播；通过“微访谈”随时与访谈嘉宾在线交流。通过“收听”成为他人的“听众”，把自己喜欢的人设置为“偶像”成为对方的“粉丝”，同时也成为评论的发布地。比如，2013年2月，因贪污受贿入狱的前山西省委副书记侯伍杰提前出狱了，当地官员、富商争相列队欢迎，以鲜花簇拥，侯伍杰回家后门庭若市，其礼遇犹如英雄凯旋。侯伍杰虽然入狱中断仕途，却因为在当政时帮助一些人升官，出事后也没爆出这些有问题的官员与富商，因此，让一些人对他“念念不忘”。于是，新华社质问山西贪官出狱受欢迎事件，并发表系列微评。① 原文写道：

1.【新华微评】侯伍杰提前出狱被当地官员和煤老板远接近迎，此事存两点疑问：一、侯当初因贪污受贿被判11年，何原因减刑至几乎原刑期一半？是否存在刑法规定的六种重大立功表现？二、此时欢迎侯之人，应为当年重要利益往来者，他们中是否有侯案中漏网之鱼？（刘阳）

2.【新华微评】网曝一副省级贪官近日提前出狱受到煤老板护送礼遇。贪官违犯党纪国法，违背公序良俗，受到查处法办罪有应得，理应全民唾弃。贪官未被查处时为啥有人爱贪官？或因攀附贪官可分享权力和利益。贪官重获自由时为啥有人爱贪官？是重义还是报恩？没有无缘无故的爱，这恩这义从何而来？（记者黄冠）

侯伍杰是中国官场中“带病”提拔的典型官员，劣迹斑斑，包括曾因到北京与女下属开房偷欢被警方逮个正着，但仍然升官至山西省委副书记，直到2004年12月出国考察登机时才被中纪委扣下“双规”，两年后被北京中级法院以受贿88万元判处有期徒刑11年。侯伍杰出狱出现“荣归故里”场面让人震惊，他在狱中有何特殊表现？又为何可以减刑，不足7年就恢复了人身自由？这两篇新华微评就山西贪官出狱受欢迎事件发出质问，在极力倡导反腐败的当代中国，着实让人思考。

（二）微评论的特征

公共领域的核心价值乃是公民精神的独立性，也是意见的独立表达。哈贝马斯对以广播和电视为主导的电子传媒时代的公共领域的可能性相当悲观，甚至持一种完全否定的立场。他说：“大众传媒影响了公共领域的结构，同时又统领公共领域。”② 这反映出哈贝马斯具有深刻的社会洞察力与理解力。在网络技术诞生之前，公共领域只是在相当程度上被权力集团和精英阶层所控制利用，草根阶层的声音或者被湮没，或者被压制，即使被倾听，那也只是精英阶层选择的结果，这样一个自我形成的、以批判为特征的公共领域，逐渐沦为一种体制化的和被操纵的伪公共领域。但随着网络技术的迅猛发展，

---

① 刘阳：《新华社质问山西贪官出狱受欢迎事件：刑期因何减半》，http://news.ifeng.com/mainland/detail_2013_02/17/22200371_0.shtml。

② （德）尤根·哈贝马斯著：《公共领域的结构转型》，曹卫东等译，学林出版社1999年版，第210页。

草根阶层开始有了发出自己声音的平台，微博的出现，使得草根的意见不仅获得真正表达的机会，而且得到广泛传播的可能。那么，微评论文体究竟存在着哪些特征呢？为何如此般地受欢迎呢？

1. 微评论文体存在着不规范性。新闻文体作为新闻的样式，是新闻事实在新闻报道中呈现出的信息内容、表达特色和结构方式的整体形态。在传统媒体中，新闻文体如消息、通讯、评论等的特征比较明显，格式比较固定，操作往往程式化。但微博新闻文体并不像传统媒体那样存在着消息、通讯、特写与专访等的差异，其文体特征保持着模糊化、融合性，并存在着不规范性。微博客充分体现 Web 3.0 信息聚合与共享的原则，即每个用户既是传播的主体也是受众，同时也是传播媒介。信息传播已不再是专业媒体机构的特权，体现出信息传播的去中心化、个性化，开创了新闻传播的新纪元。正是由于人人都可以享用微博，不需要像新闻专业人员那样需要经过采访和内容的严格审核，因此，微评论的不规范性显而易见。

2. 微评论增强受众的参与性。微评论的三言两语可记录现场，发感慨，晒心情，无需长篇大论。这种简单的记录方式契合着当代人们快节奏、快餐化生活特点，尤其符合当前那些文字能力正逐步蜕化的年轻人的胃口。正因为文字简短，微博无需投入太多时间和精力，随时随地都可以写作，可以利用工作间隙，按动手机就能发布微博。越是简单的，就越意味着所有人都有参与其中的可能，微博的流行预示着全民参与到网络时代。英国广播公司（BBC）全球新闻部主管理查德·塞姆布鲁克一语道出这种微博新闻写作的社会意义，那就是“观众进场了”①，这个进场，其实就是传播者与受众对新闻现场的共同参与和拓展。当文字、图像、视频、音频共同报道新闻现场时，以前作为沉默螺旋的受众，现在随时都可以拿起手机，敲打键盘，参与其中，既接受现场信息，同时又能表达个人意见，成为理所当然的信息传播者。这种“观众进场”，尤其让人们感受到自由表达的愉悦和价值，从而进入个人表达的公共化。这应该是大众传播的真正普及，个人已不再是被动而无所作为，而是公共生活的积极参与者和亲历者。因此，这种“观众进场”，就是人们进入新闻的现场，并深入到社会生活的方方面面、角角落落。

但是，微评论的受众参与毕竟有限，不能高估其影响力。微博一直重塑着中国的公共讨论平台，人们对它的了解仍然微乎其微。比如，中国人气最高的新浪微博经常被描述成是一个虚拟的城市广场。在这里，国民能够以中国其他地方所没有的自由度公开地讨论从政治家到当红明星等众多话题。但香港大学一项新的研究证明，这个广场远没有看起来的那么人山人海，而是由少数直言不讳的用户主导议题。该研究由香港大学研究人员进行，旨在研究一个约 3 万名用户组成的随机样本，考察哪些人在使用新浪微博。

---

① 胡泳著：《众声喧哗》，广西师范大学出版社 2008 年版，第 271 页。

其中57%的研究对象在调查期间内没有发过微博，表明他们要么是非活跃用户，要么是所谓的“僵尸账户”中的一员，是营销机构为真实账户操纵关注者数量而创建的账户。在这个为期7天的时间段内，研究人员还发现，有86.9%的用户没有发过原创帖，有88.9%的用户未转发过别人的原创帖。相比之下，有0.5%的用户在7天的时间里却发了20篇以上的微博，另有0.5%的用户在同一时间段内转发了40多篇不同的微博。①

3. 微评论实现传播符号的多样化，增强评论表达的丰富性。互联网的出现的确给新闻文体带来历史性的变革，尤其是微博新闻超文本特性让其表达更加丰富。所谓超文本，一是信息的形式是以多媒体形式存在与表现的；二是通过超链接使信息之间产生联系。互联网的超文本特性，一方面，使新闻文体跳出了单纯以叙述为主的格式，表现为多种手法并用的写作范式；另一方面，在报道一个新闻事件的过程中，同时采用多种不同类型的新闻文体和资料，促进整合型文体的出现。新闻文体总是为了满足受众的需要而产生发展的，由于微博客对用户的发布状态没有过多的限制与要求，用户表达更随意、更自由，这种状态往往会导致用户的表达缺乏节制与约束，很容易完成个人的表达，其文本的个人化、私语化的叙事特征更为明显。这种状态既满足用户的表现欲，也满足用户的窥视欲。通常，微评论会以视频、音频、图像、文字等表现形式，甚至综合运用多种手法来传播信息，它们或叙事，或评论，或三言两语，是以传递想法、看法为满足，以参与为快乐。

总体而言，微评论繁荣，是中国社会转型期的一种特殊现象。转型期，刺激了一些公众对公共事务的过度参与；不安全感增强，则产生了信息饥渴症。中国人又是集体行动者，社交话题主要围绕公共事件，如不关注似乎就会产生社交障碍。因此，人们更倾向于关注社会话题，这就促进了微评论的迅速发展。

二、微评论的价值

在当今的社会里，人们用于信息消费的时间越来越短，专注型受众日益减少，更多的是浏览型受众。为了降低受众获取新闻信息的费力程度和阅读成本，信息的易读性已成为制作与传播新闻产品的要诀。而且微博新闻只报道一个事件、一个情境、一个观点，这样的新闻略显琐碎，信息量不足。所以，微博新闻通常为文字、图片、音频和视频等多种表现手段的综合运用。在表现手法上，则以叙述为主，辅之以抒情、描写、议论，且篇幅比较短，既有叙述，也有抒情、描写和议论。这些文字、图片、音频、视频等多媒体传播手段，能够将文字、图片、视频、音频等传播元素融为一体，突破了传统媒体只依靠单一或几种表现手段的局限性。比如，打开新浪微博的发布页面，就可以看到，除了能发布表情和图片，页面上还写着这样一句提示语：“可以直接输入音乐或视

① 《港大研究显示　少数用户主导新浪微博讨论》，载《联合早报》2013年3月14日。

频的 URL 地址”①，即除了文字、图片，还可以在微博中插入视频或音乐；所以，微博有音频、视频、链接等功能。因此，微博的新闻报道功能仍有可供人们挖掘的空间。比如，2011 年 8 月 8 日，人民网的新浪官方微博正式上线。在上线一周年之际，人民网与人民日报评论部联合推出《人民微评》栏目，这个栏目旨在通过 140 字的精彩短评，激扬文字，与各位粉丝第一时间探讨时事热点，碰撞思想火花，畅享信息时代的多元与睿智。《人民微评》首篇为《刘翔没跨过的那道栏，我们跨过去了》，文章透过体育竞技观察国人心态成长。原文这样写道：

【人民微评：刘翔没跨过的那道栏，我们跨过去了】2004，2008，2012。雅典，北京，伦敦。一个人的命运跌宕，13 亿人的喜乐悲欢，我们曾把太多东西寄托在他身上。从狂喜、质疑到释然，110 米，一个民族 8 年的心路，体育竞技折射国人心态成长。金牌不是唯一，跨过这短短的距离，我们收获了什么？（via 微博 @ unknown）在 2012 年 8 月 7 日的“伦敦碗”内，刚刚起跑正跨向第一栏的刘翔，意外摔倒，众人皆惊，随后，艰难爬起来的他，单腿跳跃跑向终点，在亲吻属于他的最后一栏后泪洒赛场。这一连串镜头，赢得早已站到终点的对手的尊敬，让全场观众在震惊之后给予热烈掌声，更令千万早早守在电视机前的国人目瞪口呆、惋惜不已。微博在瞬间被潮水般的“刘翔摔倒”话题淹没，像姚明、郎朗、崔永元、刘国梁、韩乔生等众多名人第一时间表达了敬意。当然，在这种议论声中，照旧是毁誉参半。

同时，人民网新浪官方微博还推出《观点联播》栏目，并在其微博感言说：

@人民网：【致粉丝】去年今天，我们满怀诚意而来。在这个人人都有麦克风的时代，我们有幸与粉丝们并肩而行，评说时事热点，见证社会成长，分享凡人感动。问真假、断是非、论利害，其间固有怀疑、争论抑或迷茫，我们亦未敢有丝毫懈怠。衷心感谢 140 万粉丝的支持！而今，我们步履坚毅，踏实前行，因为 E 路有你！②

那么，这些在公共领域的微评论具有哪些价值？又发挥着怎样的社会效应呢？

（一）微评论实现公共领域的话语转移

话语是指人们说或写出来的语言。话语是对真实事件或人物的一种再现过程，但它不是对客观世界真实的反映，而是使用程序化的规则，对社会现象进行局部性解释，是一种典型的编码过程。福柯认为，话语中存在着主体控制原则，这种控制规则规定，“谁在说话？在所有说话个体的总体中，谁有充分理由使用这种类型的语言？谁是这种

① URL，英语 Uniform Resource Locato 的缩写，也称网页地址。

② 参见《人民网联合人民日报评论部推出“人民微评”》，http://news.163.com/12/0808/11/88CP2EKE00014JB6.html。

语言的拥有者?"① 也就是说，话语领域并非对所有人同样开放。换而言之，话语受说话主体的影响，它有其特定的应用条件，是在一个复杂的限制系统中传播。话语主体的控制表面上是对说话者类型的控制，实际上是对话语传播的控制。这正如福柯所说："诚然，话语是由符号构成的，但是，话语所做的，不止是使用这些符号以确指事物。"② 在微博中，一人"喊话"、众人"围观"，一人爆料、众人求证的现象比比皆是。比如，2011 年 7 月 23 日，震惊全国的温州动车追尾事件发生了，微博让广大公众发出了他们自己的声音。列车追尾，一开始官方给出"遭受雷击"、"调度系统失灵"，甚至"司机疲劳驾驶"等理由。于是，有微博网友追问道："在这么长时间内，铁路部门都做了些什么，或者什么都没做吗?"甚至还有神童蒋方舟填词一首："君坐动车头/我坐动车尾/昨日动车撞动车/同做动车鬼/贪腐几时休/独裁何时已/官无道德禽兽多/和谐你妈个腿。"这些言词直截了当地表达了人们的愤怒与不满。这些微博以其特有的丰富性和信息整合功能，在短时间内聚集了社会的注意力和关注度，表达了民众的正当诉求，最终推动温州动车事故调查报告中对事故起因作"责任事故"的定性。然而，对于这个调查报告，许多网友并不买账，纷纷在微博中发表看法："温州动车的事故报告搪塞了事，还大言不惭经得起历史考验。看来是别人信不信你不管，反正你自己信了就行。""感到很坑人，也的确坑死了很多人……"这些意见表达，在以往是根本不可能实现的。正是通过微博评论，公众的情绪可以自由舒畅地表达出来。

福柯说过："我们生活的这个世界完全是被话语所标示，与话语相交织。话语是指被说出的语言，是关于被说出的事物的话语，关于确认、质疑的话语，关于已经发生的话语。在这个意义上，我们生活的这个历史世界不可能脱离话语的各种因素，因为话语已经扎根于这个世界而且继续存在于这个作为经济过程、人口变化过程得到的世界中。"③ 在福柯看来，话语在权力的各种运作方式中体现得最为显著，也最难识别，它支配着生活的各个领域，也制约着主体的形成，话语就是权力的传播者和替代品。在权力关系的纵横交错中，就会产生新的话语，一种新的知识形式。德里达认为，话语是一种纯粹的符号组织，它与外在的一切都没有任何联系，既不指涉他物，也不受他物的干涉，只是在话语系统内部存在着接连不断的冲突。而"话语内部在不断地进行数学上的运算而不会发生一种质的化学变化，从能指到能指，从符号到符号，从文本到文本，这即是德里达的话语运动"④。

（二）微评论发挥公众话语的集散地效应

曾几何时，哈贝马斯把大众传媒当做公共领域的重要组成部分。他说，人们可以借

①② （法）米歇尔·福柯著：《知识考古学》，谢强等译，三联书店 1998 年版，第 62、81 页。

③ 莫伟民著：《主体的命运》，上海三联书店 1996 年版，第 157 页。

④ 参见汪民安：《话语的冲动抑制与权力之争》，载《文艺评论》1995 年第 1 期。

助传媒，“共同讨论他们所关注的公共事务，形成某种接近于公众舆论的一致意见，并组织对抗武断的、压迫性的国家与公共权力形式，从而维护总体利益和公共福祉”①。而且，大众传媒在现代社会扮演着积极的、重要的角色，人们对它的主要期待是它的公共性。一方面，公共领域是民众参与的途径和前提；另一方面，公众参与也是公共领域得以形成和扩展的条件。公共领域是介于市民社会和国家之间进行调节的领域，在这个领域中，有关利益问题的公共讨论能够得到体制化的保障，形成所谓的公共意见，以监督国家权力并影响国家的公共政策。公共领域原则上需要向所有的公民开放，它由各种对话或讨论构成，在这种对话和讨论机制中，个人意见自由地集合到一起，形成了公众意见。换言之，公共领域是非强制地参与，在体制化的保障之下自由、公开和理性地讨论普遍利益问题。微博如此受到公众关注和追逐，是“沉默的大多数”在微博上寻找到展示自己的舞台。特别是由于“微”的限制，精彩只停留于灵光一现的论点、角度、比喻、对比、铺陈或反讽，并没有深入分析和严密推理。比如，有这样的一条微评论：“上帝欲叫谁灭亡，必先使其疯狂。欲先使其疯狂，必先使其买房。我问一个在深圳工作多年的朋友：‘如果你死后，墓志铭打算写点啥？’他说：‘我解决了住房问题’。”这种精彩的评论以俏皮辛辣的反讽语言表达了人们对“房价高企”的不满情绪。优秀的新闻评论，不仅需要写得既有逻辑又有文采，更要击中要害。

同时，微博的信息传播是一种主动的人际传播，通过微博的关注功能，用户自由选择某些特定的信息源，成为其他人的关注者或粉丝，用户选择的内容会自动聚集到阅读器或者页面上，实现用户页面的个性化定制；而用户对一些信息源的选择意味着对大量的未关注信息源的放弃，这样，无效信息就不会自己送货上门，关注功能大大提高信息的选择性和主动性。因此，它既是信息发布者，又是信息接受者，还是一个信息中转站，这就使得任何一条信息都可能通过这条路径传播。一是信息一旦发布，所有关注者的页面都能够在第一时间自动显示该信息；二是一旦有一位关注者转发或者评论某条信息，其他关注者也同样可以实时接收该信息，当传播和转发路径相互交叉相互作用时，信息的传播速度和传播范围呈几何级倍增，这就是微博信息的裂变式传播。它是信息传播的飞跃，每一个微博用户发出的任意一条信息，只需要六次点击就可能传递到任何一个微博用户的界面；而一条热门信息被转发六次的时间只在几秒钟之内完成，微博的这种超乎寻常的裂变式的信息传播方式，使人们对其在公共领域的作用寄予厚望。哈贝马斯指出，公共领域原则上是向所有公民开放，当他们在非强制的情况下处理普遍利益问题时，公民们作为一个群体，可以自由地集合和组合，可以自由地表达和公开自己的意

① （德）尤根·哈贝马斯著：《公共领域的结构转型》，曹卫东等译，学林出版社 1999 年版，第 249 页。

见。[1] 因此，微评论创造出一个阶层、职业、文化程度、社会背景无差异的公民共同参与的公共空间，并真正成为多元话语的集散地。

三、微评论的意义

微评论不是传统评论的终结者，而是一个有益的补充。哈贝马斯指出："公共性原则的功能转变立足于公共领域作为一个特殊领域的功能转变。这种转变可以从公共领域最典型的机制——报刊的转型文献中看得清清楚楚。一方面，随着报刊逐渐商业化，商品流通和社会成员交往这二者之间的界限越来越难以确定；公共领域与私人领域在私人天地里越来越没有明确的界限。但是，另一方面，由于某些政治条件能够保障公共领域各种机制保持独立。因此，公共领域再也不是私人领域的一个部分了。"[2] 当前，微博正以迅猛发展的势头颠覆着传统媒体的话语领域。在微博时代，信息的当事人、传者和受众的边界不仅被完全打破，且相互变换，这样的分享与发现功能已不再是少数人或机构的特权了，而是成为人人可能享有的权利，这种权利可以在很短的时间内演变成为一种超乎寻常的舆论力量，且必然会在公共领域产生巨大的影响。因此，公共领域的评论写作不容小觑。

（一）微评论是现代社会犬儒主义情绪蔓延的真实反映

从统治与被统治的角度分析，现代犬儒主义分为"在上者"和"在下者"两种表现。对于"在上者"即在权者，犬儒主义是一种对付普通老百姓的手段。如"高铁体"，其实是官员对民众的一种敷衍交代。对于"在下者"而言，面对社会的不公平和权力的强势，他们没有公开对抗的力量和手段，冷嘲热讽和玩世不恭便成为他们以滤泄怒的主要表现形式。因此，现代犬儒主义是"以不相信来获得合理性"。"现代犬儒主义的彻底不相信表现在，它甚至不相信还能有什么办法改变它所不相信的那个世界。犬儒主义有玩世不恭、愤世嫉俗的一面，也有委曲求全、接受现实的一面，它把对现有秩序的不满转化为一种不拒绝的理解、一种不反抗的清醒和一种不认同的接受。"现代犬儒主义的重要特点表现为对政治的不满、抗议和无可奈何。但不管怎样，"犬儒主义毕竟表现了大众某种独立的自我意识"。而相对于网上众多玩世不恭、愤世嫉俗的嘲弄，"小悦悦"事件的"撑腰体"则多了积极的元素，[3] 它反映出中国社会在小悦悦事件中刺心的道德痛感，实质上已介入我们的社会生活之中。它敢于直面道德困境，积极寻求

---

①② （德）尤根·哈贝马斯著：《公共领域的结构转型》，曹卫东等译，学林出版社 1999 年版，第 22、218 页。

③ 2011 年 10 月，北京大学副校长吴志攀说了一段鼓励校友扶起摔倒老人的话："如果中间发生风险，比如扶起摔倒的老人被起诉，北大无偿提供法律支持。如果败诉要赔偿，北大出 20 万，多出的由校友募集支持。"这段话后被网友大量转发，被称之为"撑腰体"。

解决之道，彰显了转型期中国社会的道德自觉，真诚地呼唤着社会成员的道德践行。相对于抱怨环境、企望他人的论调，“撑腰体”的一个鲜明特点就是自觉、自救、自为，试图唤起广泛的自我觉醒，激发普遍的道德践行，主动去改变社会现实、提升道德水准，更深刻地提示社会不缺向善的渴望，缺少的是如何为良善提供有力的后援。

（二）微评论可以视为虚拟化社会的真实表达

一般来说，“虚拟是对现实的超越，这种超越是有等级和层次的，按照由低级到高级的序列，虚拟可分三种形式：一是对实存事物的虚拟，即对象性虚拟或现实性虚拟；二是对现实超越性的虚拟，即对可能性或可能性空间的虚拟；三是对现实背离的虚拟，一种对现实而言是悖论的或荒诞的虚拟，即对现实的不可能的虚拟。”① 微博文本的戏仿存在三种形式：一是对象性虚拟。如“撑腰体”中模仿高校校长口吻发表言论。二是可能性的虚拟。即在蓝精灵体中对各行各业的苦逼现状进行想象描述。三是对现实不可能的虚拟。如“撑腰体”中的各种承诺，尽管是各位“校长们”的拍胸口承诺，但这仅仅是一种善意的谎言，却比那些血淋淋的社会现实更让人觉得温暖。因此，戏仿的微博文本不乏人文关怀的温情和道德审视的深切思考，因为微博文本的许多内容是与自己本身以及生活小圈子有关的事情，又以情感、生活和工作方面内容居多，即便是对社会上的某一种现象进行评论，也大多是从自身的角度出发，所以微博文本非常注重个人的内心体验，这与“饥者歌其食，劳者歌其事”的原初创作状态距离更近。

厨川白村在他的《苦闷的象征》中提出，创作产生的原因，是生命力受了压抑而产生排除苦闷懊恼的要求。生命力就是个性的表现、创造生活的欲求、改造社会与人生的热忱，“自己生命的表现，也就是个性的表现；个性的表现，便是创造新生活罢了”②。而这种苦闷与懊恼，则来自“人类创造生活的欲求和从社会机体来的强制压抑之力相冲突”，是由客观外界造成的种种不满，在人们心理上形成的一幅苦难的图景。微博中的部分文本即是现实中人们遇到不称心、不如意的事情而及时把这种情绪发泄释放出去。当然，更多的文本是快乐的分享，一句简单的话，甚至一个表情，即可愉悦自我，特别是微博中适时显示和随时刷新的被关注数量，也会让人感觉到自己的发言有人在倾听，大大提高了自我的心理满足感，获得一种精神抚慰。比如，在2012年11月出现的玛雅体，便是最重要的网络文体之一，它源于网友关于玛雅历法中“世界末日”的疑问。据传说，美洲古文明中的玛雅人曾预言2012年是“本次太阳纪”的最后一个周期，其间一切都将面临净化和更新，从另一个意义上讲就是世界末日。随着传说中的玛雅历法世界末日的临近，“请问玛雅人靠谱吗？”玛雅体造句开始走红微博，引发网友疯狂模仿造句。“请问玛雅人靠谱吗？”由新浪微博微话题发起之后，网友各种吐槽，

① 参见喻国明：《解读新媒体的几个关键词》，载《广告大观》（媒介版），2006年第5期。

② （日）厨川白村著：《苦闷的象征》，鲁迅译，人民文学出版社2007年版，第9页。

“玛雅体”造句就迅速走红。文体句式为：“请问玛雅人靠谱吗？要是靠谱我就……”

1. 请问玛雅人靠谱吗？如果靠谱的话，我就抓个男人上鼓浪屿私奔去！

2. 我想问玛雅人靠谱吗？靠谱的话我就把卡里的钱花完了啊？

3. 玛雅人靠谱吗，要是靠谱的话，我现在就摔桌不干了，天南地北享受生活去了。

4. 我想问下玛雅人靠谱吗？要是靠谱的话，下月我就不做项目报告，不来上班，不收邮件，不上微博，不还信用卡，不挤公交地铁了！！！

5. 我想问一下玛雅人靠谱吗？要是靠谱我就每天都睡觉睡到自然醒，想吃什么就吃什么！！！

……

这样，网民们在世界末日畅所欲言，表达他们的真实的心理与愿望。

（三）微评论的兴起，体现当代社会的碎片化特征

当下社会，生活节奏快，空间转换频繁，时间被无限地分割，人们日常的24个小时被分割成无数个细小的部分，这种社会状态被称之为“碎片化社会”。碎片化包括三项内容：一是碎片化是与整体性相对立的，之所以形成碎片化，根本原因还是社会的时空凝缩，而时空意识的转变动摇人类传统的生活世界。碎片化首先是指生存变得不确定、不完整。二是碎片化象征着现代文化的多元化以及理解和解释现代文化的多种可能性，它是全球化的必然结果。这诚如卢克所说：“全球的碎片化暗示出一种对世界阐释的增殖状况，而正是这种增殖是全球话语历史的特殊的内容。”① 这展现出现代社会交流的增强和冲突的加剧，是碎片化社会的双面性。这正如黑尔德所说：“全球化能同时制造出碎片化和统一性的强力来……全球化还能呈现出一种政治差异的意识，就如同呈现出普遍身份的意识来；被增强了的国际交流能够强化利益和意识形态的冲突，而不仅仅是消除互相理解的障碍。”② 碎片化使现代人的生存经验变得支离破碎。三是碎片化与现代人的生存观念的改变密不可分。现代世界是一个技术化的世界，舍勒形容这样的世界“不再是真实的、有机的‘家园’，而是冷静计算的对象和工作进取的对象，不再是爱和冥思的对象，而是计算和工作的对象”③。这就意味着人的存在已从传统形而上学的本质存在或本体论式的价值存在，转变成为形而下的或经验性的存在，人不再以整体性的人格概念为基础，而“只被视为各种自然生理和历史社会因素的总和”。④ 在微评论中，碎片化表达俯拾皆是，而出现这种现象的根源，在于现实社会的碎片化。

碎片化原意为使完整的东西破碎成诸多零块，系指传统的社会关系、市场结构和社

①② 转引自黄升民、杨雪睿：《碎片化背景下消费行为的新变化与发展趋势》，载《广告研究（理论版）》2006年第2期。

③④ 刘小枫著：《现代性社会理论绪论》，上海三联书店1998年版，第20页。

会观念的整体瓦解，代之以利益群体和“文化部落”的差异化诉求，以及社会成分的碎片化分割。① 现代中国正处在社会转型期，经济改革带来了中国社会阶层的重新分化。越来越多的人已从农村走向城市，他们的利益诉求不同，对社会关注的重心不同，也就导致价值观念的差异巨大。价值体系的多元化，是碎片化社会的基础。同一时间、同一地点、不同的人对同一事件的看法也不尽相同，因此，碎片化是社会转型的特点。但是由于现代社会空间移动越来越快，人们“等候时间”的机会不断增加，时间被分割成各个不同的小块，分散在不同的场合。物质利益的获取占据着人们大部分的时间和精力，而精神享受则显得时间紧、渠道少，人们再也无法花费更多的时间精力来书写，他们不得不以碎片化书写代替从前的书写状态。于是，人们在排队或者塞车时，通过微博文本书写，糅合了琐碎的小块时间，把碎片化的、无效的时间变成有效的时间。微评论的这种碎片化表达，一方面体现为，在任何情况下，只要可以上网，都可以记录；另一方面，记录的文字载体大部分只是只言片语。这些只言片语通常很简要地交代事情发展的要素，很含蓄地说明自己的心情状态，很精练地对事件进行点评。

综上所述，进入微博时代以来，自媒体这个舆论场和传统媒体的舆论场之间，不是谁替代谁的问题，而是相互激发的关系。传统媒体，无论是报纸还是电视、广播和网络，主要就是拼现场和立场两个“场”。微博虽然能反映新闻现场，但只是碎片化的拼接，需要传统媒体的介入来展现更完整的现场，展示和现场背后更深层的联系。微博上的立场和态度很庞杂，这就更需要传统媒体拿出自己的“立场”和观点。

① 参见喻国明：《解读新媒体的几个关键词》，载《广告大观》（媒介版）2006 年第 5 期。

第三章 受众为本：评论写作的原则

任何评论作品，都有所谓的“受众效应”（audience effect），即写作评论时，心中要有受众，才不会完全依作者的喜好而为所欲为。传播学家克劳斯指出，受众按其规模可分三个层次：第一层次是特定国家或地区内能够接触到传媒信息的总人口，这是最大规模的受众；第二层次是对特定传媒或特定信息内容保持着定期接触的人，如报纸的定期读者或电视节目的稳定观众；第三层次是不但接触了媒介内容且在态度或行动上实际接受了媒介影响的人，对传媒而言这部分人属于有效受众，在他们身上体现了实质性的传播效果。① 受众是读者、听众和观众的集合。同时，受众既是大众传媒服务的对象，又是依靠的力量。新闻评论作为新闻传播媒体的重要内容之一，它的受众作为传者发送信息的对象，是一个比较特殊的群体，这个特殊的群体具有某些特定的需求和爱好，即个别性，因此，认识和了解新闻评论的受众，是改进传播方式、优化传播效果必不可少的前提。

第一节 从“传者本位”到“受众本位”

“受众”一词是从英语“audience”翻译过来的。如果仅就广播、电视和网络的传播对象而言，通常译作听众、观众，报刊媒介则称为读者，或互联网新闻的点击者。但是，如果就大众传播的对象而言，它则译作受众，也译作受传者、传播对象、阅听人或传媒大众等。受众是大众传播信息接受者的总称。在新闻信息传播活动中，受众是新闻信息流程中的终端，也是新闻传媒及其承载信息的消费者，又是对于新闻传媒、新闻信息和新闻传播者本身的检验人，他们是新闻信息的受传者，又是反馈信息的发布者。就“受众”的外在特征而言，其特征如下：①人数众多。②分散。③混杂。年龄、职业、地位、收入、文化水准等各不相同。④匿名。⑤流动。⑥隔离。包括媒介与受众之间的隔绝，以及受众之间互不相识、互不来往。⑦无共同背景。⑧无组织。受众以个人身份

---

① R. Clauge. The Mass Publi at Grips with Mass Communication. *International Social Science Journal*, 20（4），1968，pp. 625－643.

参与大众传播过程，受众缺乏参加群体的明确意图，受众相互之间并无直接的接触交流和协作，而且它的结构很松散。⑨个人行为。受众不是一种社会职务分工。受众作为社会角色，其角色表演主要是一种对大众传媒的视听活动。此种活动指向何种具体的传媒完全是个人的自由行为，因此他们对传媒、对传播者并不承担社会责任。①

一、西方受众

1922年，李普曼在《舆论学》一书中说："对于所有的听众来说，完全相同的报道听起来也不会是同样的。由于没有完全相同的经验，每一个人的领会也就有不同，每个人按照自己的方式去理解它，并且掺入他自己的感情。"② 实际上，受众的多寡仅仅是一个数量问题，而他们的满意度才是最重要的。把受众作为新闻传播活动中积极能动的行为主体是中西方新闻事业的共同认识，它经历了一个历史的演变过程。③

在西方，自19世纪以来，写作就开始商业化。在大众化、商业报纸时代，读者对象则是普通民众，报纸成为赚钱谋利的工具。这时，报纸销售主要依靠读者，广告推销也依靠读者，没有读者青睐的报纸就会关门大吉。约斯特在《新闻学原理》一书中说："一个有价值的报纸，必须拥有读者，且拥有继续不断的读者。要得到这些读者，它必须有吸引力，使读者乐于购阅，而且乐于继续不断地购阅。一份人们不愿读的报纸，当然不会有销路，也不会受人尊敬，这种理论已经屡试屡验。" 他又说："没有销路就没有读者，没有读者就没有效用，不管新闻事业的动机如何高尚，这个失败的公式是永远可以应用的。"④

世界上第一份售价低、面向社会中下层读者的廉价报纸，是1833年由本杰明·戴在美国纽约创办的《太阳报》。《太阳报》和过去的政论报纸有所不同：一是它把报价降为1美分，价格低廉，普通民众能够消费得起；二是它排除了政治性议论，提供了许多群众关心、爱读的新闻和文章；三是它拥有刚刚登上历史舞台的城市劳动群众，作为其读者；四是报纸发行面向群众，销路猛增。西方媒体重视发掘读者意见。为了防止议题及写作源泉枯竭，在该写什么或如何写的问题同时，不断地充实自身，他们不仅关注社会，关注报道，也会关注读者信件。比如，这篇名为《圣诞老人真的存在吗？——回答孩子提出的问题》，是100多年前美国一篇很有名望的社论，它体现强烈的读者意识。该社论由一篇小孩来信引发，发表在当时的《纽约太阳报》上，虽然已经整整过

① 张国良著：《现代大众传播学》，四川人民出版社1998年版，第188页。

② （美）沃尔特·李普曼著：《舆论学》，阎克文、江红译，华夏出版社1989年版，第114页。

③ 参见童兵：《在上帝与仆人之间——解读中西受众观》，载《新闻记者》2002年第2期。

④ （美）斯伯·约斯特著：《新闻学原理》，王海译，中国人民大学新闻系1960年版，第142页。

去100多年了，但在美国，每当圣诞节来临，各地的报纸、杂志或网站总要重新刊载一次。在日本，有人将它翻译过来，出版过一本装帧精致的小书，自1977年面世，直到1985年已是第41次印刷，改版后，也已印刷百余次之多，大人小孩都在读。原文写道：

纽约太阳报社最近收到下面这样一封来信。立即用社论的方式予以回答。

发出这封信的人，向我们提出了这么重要的问题；是对我们的信赖，我们全体记者感到非常高兴。

记者先生：

我8岁。

我的朋友里边，有的小孩说："圣诞老人是没有的"。

我问爸爸，爸爸说："去问问太阳报看，报社说有，那就真的有了。"因此，拜托了，请告诉我，圣诞老人真的存在吗？

帕吉尼娅·欧汉劳恩
纽约市西95街155号

文章针对读者的提问，作出自己的回答，这是有问必答。原文这样写道：

帕吉尼娅，让我们来回答你的问题。

你的朋友说没有圣诞老人那是错的。

在那个孩子的心中，肯定是形成了现时流行的什么都怀疑的习性。

什么都怀疑的人，只相信眼睛看得见的东西。

什么都怀疑的人，是心地狭窄的人。因为，心地狭窄，不懂的东西就很多。

虽然那样，还断定自己不懂的事情都是谎话。

不过，人的心这个东西，大人也好，小孩也好，本来是非常小的啊！

在我们居住的这个无限广阔的宇宙里，我们人的智慧，就像一条小虫那样，是的，就像蚂蚁一样。

要想推测广泛的、深奥的世界，就需要能够理解所有事物，了解所有事物的巨大的、深邃的智慧。

是的，帕吉尼娅，圣诞老人是有的，这绝不是谎话。在这个世界，如同有爱、有同情心、有诚实一样，圣诞老人也确确实实是有的。

你大概也懂得，正是充满这个世界的爱、诚实才使得你的生活变得美好了，快乐了。

假如没有了圣诞老人，这个世界该是多么黑暗、多么寂寞！

就像没有你这样可爱的孩子，世界不可想象一样，没有圣诞老人的世界，也是不可想象的。

没有圣诞老人，减轻我们痛苦的孩子般的信赖、诗、爱情故事也许全都没有了。我们人类能体味得到的喜悦，大概只剩下眼睛能看到的、手能摸到的、身体能感觉到的东西了。并且，儿童时代充满世界的光明，说不定也全都消失了。

怎么说没有圣诞老人呢？

不相信有圣诞老人和不相信有精灵是一样的。

试试看，圣诞节前夜，让爸爸给你雇一个侦探，让他监视一下全纽约的烟囱怎么样？也许能抓住圣诞老人噢！

但是，即使看不到从烟囱里出来的圣诞老人的身影，那能证明什么呢？

没有人看见圣诞老人。可是，那不能证明没有圣诞老人。

因为，这个世界上最确实的东西，是孩子的眼睛、大人的眼睛都看不见的东西。

帕吉尼娅，你看到过精灵在草地上跳舞吗？肯定没有吧。虽然如此，也不能说精灵是胡编的瞎话。

这个世界上某些看不见的东西，不能看到的东西，绝不是人脑在头脑中创造出来的、想象出来的。

我们能分辨婴儿的哗啷棒，看它的声音是怎样出来的，里面是怎样组装的；但是，眼睛看不见的覆盖着世界的大幕，不管有多大力气的人，不，即使全世界的大力士一起上，也是拉不开的。

只有信赖、想象力、诗、爱情，才能在某一个时刻，把它拉开，看到大幕后面的、无法形容的、美好的、闪闪发光的东西。

那样美好、闪光的东西，难道是人们编造的瞎话吗？

不，帕吉尼娅，那么确实、那么永恒的东西，就存在于这个世界之上。

说没有圣诞老人？

哪儿的话！让我们高兴的是，圣诞老人的确存在。不止如此，他大概永远不会死亡。一千年以后，一百万年以后，圣诞老人也会同现在一样，让孩子们的心高兴起来。

1897年9月21日，《纽约太阳报》发表的这篇答疑式社论，回答读者提出的系列提问，恰好体现了报纸的大众视角和大众姿态。这也是一篇对孩子进行爱的教育、美育教育的美文，无论何时都不会过时，直至今天，作为一篇社论仍有其不朽的生命力。不难发现，该社论与读者亲切交谈的对等关系，平和、真挚、坦诚，它的主要特色是灵动而充满美感，想象丰富，语言清新简洁，文笔含蓄奔放，非常适合普通读者的认知与接受心理。尤其值得称道的是，它具有通过信息传播引发的受众审美反应认知，融入人们日常生活的方方面面。该社论文章写得含蓄而奔放，适合广大读者的口味和心理。尤其值得称道的是，它所揭示的真善美，实在是让人感到温馨、舒畅，沁人心脾。

西方的政治与新闻体制是多元化的，包括政党、劳工组织、企业集团、宗教和社会团体等各不相同的利益团体，都有自己主办或控制的新闻媒介；即使是相对独立的媒介，也自有政治、经济、社会事务等观点以致文化价值观念上的倾向性，这就形成了媒介彼此之间在报道、评论诸方面的激烈竞争。经济的压力也促进了带有企业性质的媒介对受众的争夺，因此，客观的环境使得报纸评论不得不注重读者的政治倾向、利益要求及阅读趣味，但是，这种注重早已不是简单的甚至无原则的迎合。尤其一些严肃报纸的评论，更着眼于对读者的帮助、引导和思想上的启发，试图通过确立自己的良好形象来赢得读者的拥护，更重要的是，媒体把"以读者为中心"上升到自觉的理性要求。李普曼认为："我们每个人都是生活、工作在这个地球的一隅，在一个小圈子里活动，只有寥寥无几的知交。我们对具有广泛影响的公共事件充其量只能了解某个方面或某一片断。和那些起草条约、制定法律、颁布命令的显要人物一样，被要求接受条约的约束、法律的规范和执行命令的人们，也是些实实在在的人。我们的见解不可避免地涵盖着要比我们的直接观察更为广泛的空间、更为漫长的时间和更为庞杂的事物。因此，这些见解是由别人的报道和我们自己的想象拼合在一起的。"①

把读者置于"上帝"地位，以满足"读者需要"尤其是"社会底层成员需要"为办报方针，这是大众化报纸的特色。在西方，受众既是媒体的财富之源，又是大众媒体的权力之源。大众媒体号称"第四势力"，无论是政界还是商界，各行各业都不能无视传媒的力量。这并非媒体自身有什么了不起的权利，而是媒体背后拥有庞大的受众，是舆论强大的影响力。西方号称为民主制度，民众是任何政府不敢小视的力量，无论是政府主要官员上台、议会议员的当选，还是政府的重大举措，民众手中的选票具有最后的发言权。而且，西方各国的社会结构一般都是以中产阶级为基础的市民社会，中产阶级一般占据着全国 60% ～ 70% 的人数，他们的舆论力量便构成了社会的主流意见，足以对政府造成强大的钳制力。西方各国的媒体并不依赖政府，它们的生存依赖是以中产阶级为主的公众，所以，西方媒体宁愿得罪政府，也不敢对抗社会的主流意见。西方的大众传媒，尤其是那些主流媒体总是顺应并力图代表、反映主流意见，并以此来获得它们对政府、大企业的影响力。因此，西方媒体强调以受众为中心，实际上是基于西方各国政治制度、社会结构和新闻媒体的基本性质所决定的。② 当然，受众对媒体的忠诚不是由任何契约来规定的，唯一能够每天判断读者是否忠诚的就是读者自己。

二、中国受众

近代中国的新闻事业是从西方传入的。梁启超等人则把受众视作需要他们这些先知

---

① （美）李普曼著：《公众舆论》，阎克文、江红译，上海人民出版社 2002 年版，第 65 页。

② 李良荣等著：《当代西方新闻媒体》，复旦大学出版社 2002 年版，第 136 ～ 137 页。

先觉者唤醒、教化的“废疾者”。梁启超在《论报馆有益于国事》中写道：“觇国之强弱，则于其通塞而已……去塞求通，厥道非一。而报馆其导端也……其有助耳目喉舌之用，而起天下之废疾者，则报馆之为也。”① 中国近现代政党办报，也将读者视为自己的宣传对象。孙中山在《民报》发刊词中说：“惟夫一群之中，有少数最良之心理能策其群而进之，使最宜之治法适应于吾群，吾群之进步适应于世界，此先知先觉之天职，而吾《民报》之所为作也。抑非常革新之学说，其理想输灌于人心而化为常识，则其去实行也近。吾于《民报》之出世觇之。”② 但是，这些读者仅为社会的特定阶层，数量有限，报刊更强调的是“耳目喉舌之用”。

对象问题十分重要。在中国，大凡政党报刊，均把读者作为自己的宣传对象。毛泽东在《对晋绥日报编辑人员的谈话》中有这样一段著名的论述：“我们的政策，不光要使领导人知道，干部知道，还要使广大的群众知道。有关政策的问题，一般地都应当在党的报纸上或者刊物上进行宣传。我们正在进行土地制度的改革。有关土地改革的各项政策，都应当在报上发表，在电台广播，使广大群众都能知道。群众知道了真理，有了共同的目的，就会齐心来做……报纸的作用和力量，就在它能使党的纲领路线，方针政策，工作任务和工作方法，最迅速最广泛地同群众见面。”③ 他又说：“射箭要看靶子，弹琴要看听众，写文章做演说倒可以不看读者和听众么？我们和无论什么人做朋友，如果不懂得彼此的心，不知道彼此心里面想些什么东西，能够做知心朋友么？做宣传工作的人，对于自己的宣传对象没有调查，没有研究，没有分析，乱讲一顿，是万万不行的。”④

刘少奇在谈到报纸与读者的关系时，从两个方面来分析这个问题：一方面，党报是党的领导机关向读者、广大人民群众宣告政策的喉舌、讲坛；另一方面，党报又是党的领导机关听取读者、广大人民群众的情况、意见的耳目、渠道。刘少奇强调，新闻工作者要拜读者为师，老老实实接受读者的监督。他说：“你们写东西是为了给人家看的，你们是为读者服务的。看的人说好，你们的工作就是做好了。看报的人从你们那里得到材料，得到经验，得到教训，得到指导，你们的工作就是做好了。”⑤

这些思想在1956年前后的中国大部分报纸和广播电视的新闻实践中得到了充分的体现。比如，1956年，《人民日报》社论《致读者》用相当明确的语言表达了要热心为读者服务、充当群众讲坛的鲜明立场和良好愿望。社论说：“《人民日报》是党的报

---

① 参见《时务报》(第1册)，1896年。

② 参见《民报》第1期，1905年11月26日。

③ 《毛泽东新闻工作文选》，人民出版社1983年版，第149页。

④ 《反对党八股》，《毛泽东选集》(第四卷)，人民出版社1972年版，第837页。

⑤ 《刘少奇选集》(上卷)，人民出版社1981年版，第396页。

纸，也是人民的报纸，从它创刊到现在，一直是为党和人民的利益服务的”，“我们是生活在一个充满着变化的世界，各种不同的读者要求从不同的方面了解这个变化着的世界。尽量满足读者的多方面的要求，这是我们的天职”，“我们的报纸名称叫作《人民日报》，意思就是说它是人民的公共的武器，公共的财产。人民群众是它的主人。只有靠着人民群众，我们才能把报纸办好”。①

20 世纪 80 年代，《人民日报》发表了编辑部文章《我们的心愿——就〈人民日报〉改版三十周年致读者》。文章指出：“改革和开放，正在迅速地改变着我们国家的面貌。从报纸工作来说，如今所面临的形势，别说与三十年前，就是与几年前，也有很大的变化。广大读者，比过去任何时候更加需要从报纸上获知各个领域的新信息、新事物、新问题，以及党中央对这些新事物、新问题的看法；比过去任何时候更加需要从报纸上获得现代化所需要的新观念、新知识、新技术；比过去任何时候更加需要在报纸上交流思想和经验；比过去任何时候更加需要从报纸上知道世界上发生的新事情。现在，国内各种报纸、期刊数以千计，广播电视日益普及。在这种情况下，作为党中央机关报的《人民日报》，如何发挥自己的优势，最大限度地满足读者需要，而且从内容到形式，都办出自己的特色来，使读者感到可读、可信、可亲，真正成为他们的益友和知音，这就是我们决心在探索和改革中加以解决的问题。”② 特别是 20 世纪 90 年代末期，随着中国新闻改革的进一步深化，新闻评论与现实生活关系更是密不可分。如何体现现实生活中的各种问题和矛盾，评论家怎样做到“关心人民的衣食住行，知道群众的种种想法”（林放语），选择“大多数人最关心最焦虑的问题”（邹韬奋语），体现的是新闻评论的现实针对性，而现实针对性即新闻评论不能只是一般性地接触现实，更要注意与受众休戚相关的问题。

当前，随着我国社会主义市场经济改革的不断深入，新闻传播业已走向市场，那种单纯依靠行政命令的单一的受众消费模式不复存在。市场经济鼓励产品的竞争，不仅同一种类的媒体内部存在着以占领更大的市场为目标的近乎白热化的竞争，而且不同类型媒体如广播、电视、报纸和网络都在争夺受众，在这种情况下，谁不以受众为本位进行传播活动，谁就有可能失去受众，进而失去其自身存在的价值。

那么，究竟是谁在带动中国传媒市场的发展呢？深入挖掘下去，主要有四大因素在起作用：①国民变得富裕；②迅速城市化；③三大增长地区形成；④富裕阶层出现。换句话说，当聚焦中国传媒市场的时候，需要特别注意 4 个人口数字。第一个数字是 13 亿的全国人口。2003 年中国人均国内生产总值为 1090 美元，与 1994 年相比，10 年之间增长了 1.6 倍。如果 8% 的年增长率继续保持下去，2010 年中国国民收入达到 2000

① 参见《人民日报》1956 年 7 月 1 日。
② 参见《人民日报》1986 年 7 月 2 日。

美元。第二个数字是5.2亿的城市人口。2003年中国的城市人口比1995年增加了1.7亿，这对消费市场的影响是巨大的。中国城市化速度加快始于1996年前后，1996年之后城市人口每年增加了2000万人。中国城市地区较好地贯彻了“独生子女政策”，因此这增加的2000万人并非城市地区人口的自然增长，而主要是因为工业化的进展和迅速城市化，农村地区人口向城市进行了大迁徙。第三个数字是三大增长地区的3亿人口。在中国，随着经济的高速增长，出现了富裕阶层较为集中的三个地区：香港和与之相邻的珠江三角洲（广东省）、长江三角洲（上海市及其周边地区）以及渤海湾地区（北京，天津、大连，青岛及其周边地区）。这些地区的人口共约3亿人。2003年，人口在100万以上、人均国内生产总值超过3000美元的中国城市有24个，其中21个集中在上述三大增长地区（珠江三角洲六市、长江三角洲九市、渤海湾地区六市），这三大地区本身就是巨大市场。第四个数字是8000万的中等收入阶层人口。到2020年，7亿中国人步入中等收入阶层，人均年收入最高可达2.3万美元，他们大部分分布在中国东南沿海等经济发达地区，且呈现不断增长的势头。①

与此同时，中国的社会分层开始多元化，受过良好教育且拥有一定财富的阶层迅速扩大。而大学就是“中等收入阶层”的“孵化器”。2004年7月，中国社会科学院推出的《当代中国社会流动》研究报告指出，未来8～10年，中国社会中间阶层将有一个跳跃式扩大，中小私营企业主、乡镇企业家、外资及高新技术人才将发展成为中国的中等收入阶层。这些人口数字的改变将会影响传播对象的变化。正是基于中国观众的新变化，新闻评论需要强化自己的地位和作用。但需要强调的是：新闻传播的受众本位，并不意味着媒介一味被受众牵着鼻子走，绝不意味着媒介的庸俗化、商业化。

综观中外的新闻传播活动，都经历了从传者中心论到受者中心论的转变，前者称为“传者本位”，后者则称“受众本位”。“传者本位”流行于20世纪60年代，这种受众理论以媒介施加影响、受众承受影响为根本取向，即所谓传者本位。但从60年代起，新的受众理论认为，受众是传播的主动者，媒介则是被动者，受众并不是消极地接受信息，而是积极地寻求信息为自己所用。这种突出受众在传播中主导地位的理论即所谓的受众本位。这一理论因1964年鲍尔写出《固执的受众》一书而闻名于世。鲍尔认为：以往的问题是“信息如何作用于受众”，而现在的问题是“受众如何使用信息”。按照施拉姆的理解，受众参与传播犹如在自助餐厅就餐，媒介在这种传播环境中的作用只是为受众服务，提供尽可能多的令受众满意的饭菜（信息），至于受众吃什么，吃多少，吃还是不吃，全在于受众自身的意愿和喜好，媒介对此是无能为力的。因此，受众对媒介的积极使用实际制约着整个传播过程，而受众使用媒介是基于自己的需求，都是为了

① 参见《2020年7亿中国人步入中等收入阶层》，载《人民日报·海外版》2012年11月15日。

满足自己的愿望。[①] 正是基于受众的重要性，决定新闻评论必须重视自己的受众。

第二节　尊重和了解受众

写作新闻评论，要认识和了解受众的需求与偏好。根据世界研究所发布的《2004年世界状况》报告，中国已经加入了“消费阶层”，即他们的交通工具以及生活方式达到了20世纪末欧洲、北美和日本的水平，有2.4亿人已跻身“消费阶层”。属于“消费阶层”的消费者是指那些使用电视机、电话和因特网，并接受这些媒介传播的文化和理念的人。文化消费的增长有助于满足基本生活需求和创造就业机会。但人们的消费需求过度膨胀，随着进入21世纪，过度消费对人类赖以生存的自然环境造成了相当大的危害，并且使得全世界的穷人们更难以维持基本的生活。在世界变得越来越复杂的今天，人们不仅需要信息，而且需要关于信息的分析和解释，不是一般的分析和解释，而是权威的分析和解释。权威的分析和解释一定是实事求是的，摆事实、讲道理的，因此新闻评论必定能起到引导舆论的作用。但是，用简单的灌输来引导舆论是单向的传播行为，效果常常不佳。研究表明，舆论的引导应是一种双向沟通，也就是传播者应触摸到传播对象的脉搏，了解他们的需求和对信息的接受能力，检验传播的效果，及时调整传播策略。

一、报纸评论受众的偏好

据美国报业联合会《1995年度报纸有关情况》数据显示，美国成人阅读（周日版）社论的百分比是78%，仅次于普通新闻，略高于娱乐和体育。[②] 但如今，社论的读者越来越少。据日本新闻协会在日本东京进行的报纸信赖程度调查的统计，社论的阅读率——“经常读”的人为22.8%（其中男性为31.8%，女性为13.8%）。同社会版或广播、电视版的“经常读”的比例（各占72.5%）相比，社论的阅读率未免有些太低了。尽管如此，还是有1/5以上的读者能每天阅读社论，也相当了不起了。然而，这些数字到底能多大程度地反映社会现实，还是一个问号。不言而喻，社论的读者必须对社论中涉及的国内外的问题有一定程度的关心和理解，从这个意义上说，社论不一定是以全体读者为对象的。同20世纪50年代相比，在读者的文化水平扶摇直上的今天，社

① （美）威尔伯·施拉姆著：《传播学概论》，李启、周立方译，新华出版社1984年版，第109页。

② （美）康拉德·芬克著：《冲击力：新闻评论写作教程》，柳珊、顾振凯、郝瑞译，新华出版社2002年版，第80页。

论读者层的范围比以往任何时候都更加广泛了。当然，伴随着人类教育水平的提高，这里也有价值观的多元化。但是，除去这些因素，实际上，社论读者的范围不但没有扩大，反而越是年青的一代，读者越少。这是因为，在信息化时代的今天，随着信息交流媒介的多样化，读者日常生活中所能接触的信息无论在质与量上都有所增加。一般地说，新闻评论拥有相对稳定的受众。受众与他们所选择的内容相互影响：一方面，报纸的新闻评论培养着受众的信息需求；另一方面，读者的信息需求又孕育着评论未来的发展变化，因此，研究报纸评论的受众具有越来越重要的意义。

（一）受众喜好的评论类型

1982 年 6 月 8 日至 8 月 6 日，由北京市新闻学会发起，中国社会科学院新闻研究所、《人民日报》、《工人日报》和《中国青年报》参加的北京新闻学会调查组，对北京市居民读报、听广播、看电视的情况进行了一次抽样调查，其中，《人民日报》读者的构成与分布情况，从性别上看，男性多于女性；从年龄上看，26 ～ 60 岁的读者占了 80% 以上；从文化程度上看，中学至大学文化水平的人占了 90% 以上；从职业上看，干部科教人员是热心的读者，占了 40% 以上；从户口种类上看，城镇人口占 90%，远远高于农村人口。① 这次调查发现，在《人民日报》读者喜欢的专栏中（可选择两项），新闻评论栏目有 4 个，占调查栏目的 27% 左右，而且排序比较靠前，分别居第一、第三、第四、第九位，可见当时《人民日报》这些新闻评论栏目在读者心目中的地位。《国际札记》是《人民日报》第 4 版国际新闻版的一个有关国际问题的言论专栏，《今日谈》是第 1 版中的群众性言论专栏，《市场随笔》是第 2 版有关经济论题的言论专栏，《农村漫谈》则是第 5 版有关农村问题的言论专栏。上述专栏评论有一个共同的特点：篇幅短小，语言生动活泼；题材的针对性强，勇于批评，针砭时弊；群众性新闻言论，即作者多为群众，即使有些作者是编辑、记者或领导人物，但此时都是以普通群众的身份说话，并且所评论的事件或问题，大多发生在群众之中或与群众密切相关。调查中还遇到这种情况，“许多读者对《今日谈》、《市场随笔》等栏目津津乐道，有的虽已看过很久，仍然能说出它的内容”②，这说明，言论短的优势十分明显，它增强了报纸评论的可读性。试想，一篇内容空洞、洋洋洒洒数千言的评论作品怎能让人读完呢？

1. 短。短，是提高文章可读性的一个重要因素。在传统上，特别是一些中央级的大型传播媒体，由于社论的题目一般较为重大，所以篇幅也较长。直到 20 世纪 80 年代以后，随着新闻改革和改进文风的呼声，社论的篇幅才降下来，一般在 2000 字以内，但三四千字的长篇大论仍时有所见。在现代社会中，新闻竞争日趋激烈，社会生活的节

①② 北京新闻学会调查组编：《北京读者听众观众调查》，工人出版社 1985 年版，第 45、122 页。

奏也不断加快，在这种情况下，人们接受新闻信息以速读为主，而那种鸿篇巨制的社论确实越来越没有市场了。你文章写得再好，道理再深刻，但洋洋洒洒几千字的篇幅令人望而生畏，也只好敬而远之了。为适应现代社会快节奏生活的新需求，把社论尽力写得简短是一个重要的课题。当然，把社论写短并不容易，长而空不行，短而空也不行，因短而产生内容上的片面性更不行。事实上，评论写长容易写短更难，因为要写得短，又要把问题说清楚，就要精练，就要花大气力去概括、去组织，这需要很深厚的功力。

要在确保全面、深刻的前提下把社论写短，主要应在几个方面多下工夫：一是论题要相对集中。由于社论的选题一般比较重大、宏观，涵盖的内容非常广泛，因此在确定题目时就需要注意不要赋予一篇社论太多太重的任务。有时为了把一个大的题目说深说透，可以分成几篇来写，形成系列社论，每篇谈一个重点问题或一个侧面。当然，这只限于少数非常重大的选题，对于一般的选题，要想用一篇社论解决问题，就更要在集中上下工夫。二是切题要快。有的作者总是怕读者什么都不知道，摆述事实、讲道理，非要从“开天辟地”说起，把大量的篇幅浪费在讲述人尽皆知的一般化的道理方面，有时写了几百上千字，读者还不清楚这篇社论到底要讲什么，这样写肯定就短不了。总之，把评论写短，是作者清晰的思维能力和高超的表达能力的综合体现。莎士比亚说，“简练是智慧的灵魂”，把这句话借用到评论写作上，也是非常贴切的。

2. 有棱角。评论写得简短，这是受众的基本要求。另外，受众还希望评论写得要有“棱角”。1996 年，河北大学新闻系对河北省“两报两台”（《河北日报》、《河北经济日报》、河北人民广播电台、河北电视台——笔者注）进行了受众调查。受众对《河北日报》4 个言论栏目（《杨柳青》、《群言堂》、《百家言》、《纵横谈》）的喜好程度相加达到 41.5%，这一方面有力地证明了《河北日报》具有较高的理论水平和吸纳言论作者的能力，另一方面也说明了读者的阅读兴趣有所改变，由喜好“甜”、“软”转为喜好“辣”、“硬”，反映出人们对党报加强思想引导、解疑释惑的企盼。① 新闻评论的“辣”和“硬”，是指评论写得要有“棱角”，即指评论讲真话、实话、新话，避免新闻写得圆滑、柔软，盲目求稳，不敢“闯”，不敢“冒”，不敢说新话。因此，要让党报评论具有强烈的现实针对性，发挥它的战斗力。《羊城晚报》原总编辑许实同志曾用“微音”的笔名在该报《街谈巷议》专栏发表署名评论，微音的新闻评论在广东以至全国的新闻界都颇有影响，屡受好评。他的评论大多是配合当天或隔天的新闻而写，所评之事，且褒之有力，贬之有度。② 究其原因，就是要掌握好批评的“尺度”。微音指出：“现在社会风气不好，哪些该揭，哪些不该揭；哪些允许揭，哪些不允许揭；批评揭露的‘度’如何掌握；揭露了能否解决问题，发表后社会效应怎么样……此外，宣传纪

① 《中国新闻年鉴》（1998 年），中国社会科学出版社 1998 年版，第 405 ～ 406 页。

② 参见微音：《〈街谈巷议〉纵横谈》，载《新闻战线》1995 年第 3 期。

律也必须遵守。所有这些，都不能跟着个人感觉走，‘天马行空’随意挥洒，而必须‘左顾右盼’、‘瞻前顾后’，进行理性思维。‘上什么山唱什么歌’，写评论，特别是写批评性言论，就要考虑国情、省情和市情。要‘眼观四面，耳听八方’……你批评某种消极现象，就要避免‘攻其一点，不及其余’，总要力求讲得全面一些，所以有时讲点套话，也是在所难免的。读者是理解的，只要写得不太生硬，不让读者看见了反感就行了。故此，每当我落笔批评一种腐败现象前，我总先掂量掂量这个问题的敏感程度怎样，如果确认是‘红灯’，我便得绕道走；如果明知是个‘雷区’，我就决不会越雷池半步。‘你胆小如鼠’啊！这点，我就不逞英雄了，笑骂由他。”微音说他写评论就力求掌握好“尺度”，又突出重点，力戒面面俱到。他又说：“面面俱到，无异面面不到。文章要突出重点，就要像锥子扎在木板上那样，一扎就扎出个洞子来。这样，文章给人的印象就鲜明了，也深刻多了。”① 因此，评论文章要追求“短平快”，关注社会问题，对时弊批判入木三分。

（二）受众对报纸评论的评价

从某种意义上说，受众对报纸评论的评价，也反映了受众的一种偏好。1987 年 8 月，《人民日报》又一次对自己的读者进行了调查，读者对报道内容的态度排名顺序（前 10 名）。在排名前 10 名的报道内容中，新闻评论仅有社论和评论员文章二项。其中，《人民日报》社论是代表党中央和人民日报社，就国内外的政治、经济、思想、文化领域中的重大问题，进行的分析评述，它及时表明党的立场和态度，阐释党的路线、方针和政策，提出解决问题的指导思想和措施，并指出今后的任务和奋斗的方向。而《人民日报》的评论员文章，则是《人民日报》根据党的路线、方针和政策，就当前生活和实际工作中的某一方面所进行的分析和评论，它的广泛性和重要性仅次于社论。《人民日报》的社论和评论员文章体现了党报的旗帜作用，具有一定的权威性。

但是，如果认为既有权威性，读者自然会重视它，并自觉去读它，不必再花工夫增强可读性，那就错了。正因为它有权威性，人们对它的期望和要求也就特别高，倘若写得不好，引不起读者的注意和兴趣，那么，人们的反感和失望也就会更大。从这次读者调查的情况来看，《人民日报》的社论和评论员文章的排序分别列第四和第七位，反映了它们在读者的心目中是有一定地位的，这与它们在《人民日报》的地位和作用是相称的。特别是在读者的态度一项中，读者的不喜欢比率，社论为 9.5%，评论员文章为 11.0%，这两个比率属偏高的，这也说明，《人民日报》的社论和评论员文章需要不断改进。那么，各级省委党报的读者对其评论的喜爱程度又将如何呢？从 1996 年夏季开始，历时两年，国家社科基金项目《省报舆论作用调查与分析》完成了对苏（江苏）、粤（广东）、川（四川）、冀（河北）、黑（黑龙江）省（区）委机关报的读者调查，

① 参见微音：《〈街谈巷议〉纵横谈》，载《新闻战线》1995 年第 3 期。

其中，六省党报综合平均数据显示，新闻评论在读者心目中的喜爱程度居第四位，但各省的情况又不一样，如江苏省的《新华日报》占人数的58.0%，仅次于重大典型报道，居第二位；《黑龙江日报》占人数的38.3%，居第七位，也是最后一位，低于六省综合平均数，它反映了六省党报评论发展的不平衡。以上情况是《人民日报》和六省区党报的读者对新闻评论的喜爱程度，那么，《人民日报》的读者对其新闻评论的评价又如何呢？1986年8月，《人民日报》在全国18个省（市）自治区的30个市（县）进行观众调查，读者对《人民日报》言论的评价较高，除“多种声音”一项外，“善于提出问题”、“论述全面”、“可信”几项评价指标好和较好的人数均在六成以上。同时，还有一个值得注意的现象，文化程度高尤其是大专以上文化程度的读者，对《人民日报》言论的“多种声音”评价不高，这说明读者的文化程度越高，越需要表达多种声音，《人民日报》的言论在这方面与读者的需求有一定差距。①

二、电视评论观众的兴趣和特征

中国的电视事业始于20世纪50年代，80年代是初步发展阶段，到了90年代才进入全面发展时期。电视新闻评论的命运，与整个电视事业的发展休戚相关。20世纪80—90年代，电视新闻评论的收视率也经历了一个由低向高的发展过程。

在1982年由北京市新闻学会发起的北京市居民读报、听广播、看电视的抽样调查中，《观察与思考》的收视率在所调查的14个电视栏目中居第11位。同时，《观察与思考》节目的收视情况显示：女性观众多于男性观众，城镇居民多于农村居民；从职业构成来看，以教员、待业人员、学生、工人、国家干部和科技人员为主；从年龄上看，以中青年为主；从文化程度看，以中学、大学为主。

《观察与思考》节目的收视率低，具体原因有两个方面：一是20世纪80年代电视机的普及率低，观众有限。据统计，1982年，我国电视人口覆盖率为5.7%，电视机社会拥有量2800万台，平均每百人拥有电视机约2.7台。当时，北京市人均占有的电视机数量少，不少人还需离开家庭，到集体场所去收看电视，这当然会给人们的收视行为带来许多不便，人们只能收看很少的一些节目。二是节目播出时间不稳定，随意性强，观众不易见到。从第一次节目的播出单上看，《观察与思考》栏目是插在《世界各地——泰国风光》和故事片《南海的早晨》之间，于19：15分播出，没有栏目自身固定的节目播出时间。这种情况一直持续到1983年提倡栏目化后才有所改观。另外，这个栏目组的成员仅有10人，人力有限，而评论性节目需要较长的制作时间。所以，早期的《观察与思考》栏目显得较为随意，基本上一周一次，节目多时，就隔天播出。整个20世纪80年代，中国电视新闻评论的收视率偏低，但是，这种情况到了20世纪

① 《中国新闻年鉴》（1987年），中国社会科学出版社1987年版，第405页。

90 年代却发生了根本性的变化，特别是在 1994 年 4 月 1 日以后，中央电视台开播了新闻评论性节目——《焦点访谈》，它在 1994 年的月平均收视率达 23.1%，稳居中央电视台各专题栏目的首位。电视新闻评论节目的效果必须通过受众来实现。了解受众的状况对于以传播意见信息为目的的电视新闻评论的传播效果至关重要。因此，一篇电视新闻评论要想达到理想的传播效果，必须了解节目的观众，并知晓他们的兴趣所在。

（一）电视观众喜欢怎样的评论节目

1997 年 8 月，中国人民大学舆论研究所在北京地区进行了电视新闻评论性节目的受众调查，寻找观众评价电视评论性节目的质量标准和重要程度的关系。北京的电视观众对电视评论性节目的形式、包装及制作水平似乎不是特别在意，而是更为重视评论节目的题材内容。一方面，人们要求大众传播媒体密切关注自己的生活实际，要求其传播价值取向向着与自己有关、对自己有用的方向倾斜；另一方面，又要求大众传播媒体以一种客观、公正的方式报道事实、论述观点，并充分发挥其舆论监督的职能，针砭时弊，匡扶正义。凡是能够在内容和形式两个方面为人们提供一种高质量的满足，这类电视评论性节目就能广泛受到欢迎，并在激烈的传播媒体竞争中取得优势。因此，"贴近百姓生活实际、密切关注现实生活、报道客观公正、勇于针砭时弊"，将成为观众评价电视评论性节目的第一标准，这在安徽的电视观众中也有体现。据河北大学新闻学院的调查，安徽观众常看《焦点访谈》播出的舆论监督节目，在他们的印象当中，中央电视台的《焦点访谈》栏目对"贪污腐败"事件批评最多。在我国，大多数电视评论性栏目都承担着舆论监督的重任，观众经常从这类电视评论性栏目收看舆论监督节目。在安徽，《焦点访谈》的收视率最高，其次是中央电视台的《新闻调查》，然后是安徽电视台的新闻评论性栏目《新闻聚焦》。①

（二）电视新闻评论性节目的观众存在着地域性差异

这包括两个方面含义：一是中央电视台的《焦点访谈》在全国各地的收视率差别明显；二是一些省市的新闻评论性节目在当地拥有广大观众。据 1998 年中央电视台对新闻节目情况的调查，《焦点访谈》在一些地区的收视率如表 2－1 所示：②

表 2－1 《焦点访谈》部分地区的收视率

地 域	全国	北京	上海	广州
收视率	30.1%	23.2%	8.6%	3.7%

① 参见乔云霞、都海虹：《安徽省舆论监督状况的调查分析》，载《中华新闻报》2002 年 3 月 12 日。

② 参见刘克忠、徐瑞青、张传玲：《1998 年中央电视台新闻节目收视情况》，见《中国新闻年鉴》（1999 年），中国社会科学出版社 2000 年版，第 399 页。

调查显示，《焦点访谈》节目在全国各地收视率差别很大，呈现出地域差异。在全国大部分地区，尤其是部分省会城市，《焦点访谈》栏目的收视率达到30%以上。而在上海和广州地区，《焦点访谈》的收视率很低，上海为8.6%，广州为3.7%。究其原因：一是由于上海和广州地区属于我国沿海的开放城市，人们的收视取向和北京及全国其他地区观众有一定差异；二是上海和广州地区的地域文化特征明显，它们地处我国南方，当地节目由于更具地域特色，和观众口味更接近，也更符合观众的实际需求，因此，地方台节目分流了一部分观众。如上海电视台的评论性节目《新闻透视》，据2000年7月的调查统计，观众收视率是20.18%，居上海地区各类节目的首位。① 但是，在北京地区，《焦点访谈》和北京电视台的评论节目《今日话题》的收视率相差无几，反映了这两个评论节目在观众的心目中几乎具有同等重要的地位。②

（三）了解电视新闻评论节目“目标受众”的特征

所谓“目标受众”，是指新闻评论性节目所要满足的受众，也就是新闻评论性节目拟为之服务的受众群。那么，我国电视新闻评论性节目的“目标受众”有些什么样的人呢？据1997年8月中国人民大学舆论研究所的调查，北京地区电视新闻评论类节目的“目标受众”有：女性；49岁以下者；高中以下文化程度者；在校生及“蓝领”以及党政机关、企业领导或管理人员；公司职员；科教文卫人员等“白领”阶层。③ 又据1999年上海尼尔森公司对上海东方电视台的新闻评论性节目《东视广角》的调查，它的观众学历以初高中文化程度为主，年龄以中老年观众为主。④ 这两组调查对象是北京、上海地区的观众，但从全国的范围来看，其结果同样具有参考价值。

另外，尽管电视评论性节目的观众包含各种层次，但从北京、上海两地的调查情况可以看出，电视新闻评论的“目标受众”还包含着那些文化层次比较低、理解能力相对较差的观众。依据“着眼于多数观众”的原则，电视新闻评论应该是一个大众化、平民化的节目。所以，电视新闻评论性节目面对这群“目标受众”，一方面，除节目的选材应密切关注现实生活，有强烈的针对性外；另一方面，电视评论性节目要用通俗化的电视语言来表达。

比如，《观察与思考》栏目开办伊始，就提出：“电视言论节目不能高高在上，以教深奥的语言解释深奥的观点，将视为失败”，因为这样做，“观众会更换频道”。同

---

① 袁正明、梁建增主编：《用事实说话——中国电视焦点节目透视》，上海人民出版社2000年版，第276页。

② 参见喻国明：《北京观众给电视评论节目打分》，见《中国新闻年鉴》（1998年），中国社会科学出版社1999年版，第404页。

③ 参见喻国明：《北京观众看电视评论》，载《中国青年报》1998年4月20日。

④ 参见张怡：《〈东视广角〉的收视分析》，载《广播电视新闻研究》2000年第1期。

时，要充分认识到受众的多样性与新闻评论的多面性，受众的这种多样性，决定了他们对同一新闻或新闻评论的认识、感受可能很不相同。所谓新闻评论的多面性，是指新闻评论可以反映社会生活的各个方面，或者说从各个方面反映社会生活。但这里所要说的新闻评论的多面性，指的是大量新闻和新闻评论有那样一种特点：它们不是只有一个平面，而是有两个或两个以上侧面的多面体，或者说，这些新闻和新闻评论所携带的信息所蕴涵的思想不是一种，而是两种或两种以上。多样性的受众与多面性的新闻评论相遇，产生多样性、多面性的反响是可想而知的。常言道："仁者见仁，智者见智"，这点在受众与新闻评论的关系上表现得十分突出。如果再考虑时间的因素，如形势的变化、时机的不同，那么同一条新闻或新闻评论在同一个受众群体中所引起的认识和感受也可以是很不相同的。总之，一篇新闻评论在受众中引起何种反映，整个过程的确很复杂，需要认真研究。

三、评论本地化

2012 年 11 月，奥巴马为了竞选连任美国总统，举行了 4 场电视辩论。在这 6 个小时、7 万多个英文单词的文字记录中，可以隐约窥见美国人的偏好。如果以为当下美国人在地球上最关心的是中国，或者拥有核弹头最多的俄罗斯，那就错了。这 4 场电视辩论提到中国仅 67 次，俄罗斯 25 次。美国人也不甚关心自己的邻居，两位候选人在能源问题上提到加拿大 5 次，而墨西哥仅仅被提到 2 次，一次是罗姆尼在谈论移民问题时深情回忆："我的父亲出生在墨西哥的一个美国家庭"，另一次则是他质问奥巴马，为何成千的枪支流入墨西哥毒贩的手中。如果单纯按国别来统计，两位候选人提及最多的国家是美国，318 次。其实，美国人更关心的的确是国内议题。在这 4 场辩论中，候选人提及"移民"21 次，"教育"54 次，"能源"69 次，"赤字"72 次，"医保"91 次，最让人揪心的话题显然是"税"。双方围绕如何减税、为谁减税等议题反复攻防，"税"被提及 277 次！如果将镜头拉伸到世界范围内，作为唯一的超级大国，美国人的确关心全球很多事务，但美国人并不关心气候变化。在这四场辩论中，"气候变化"被提及的次数是 0。① 总体而言，美国人最关心本地或与他们生活密切相关的国内事务，中国的情况大概也是这样的。有鉴于此，新闻媒体如果要考虑评论选题的覆盖范围，就一定要关注当地人的兴趣和问题，使得评论议题能够本地化和生活化。

新闻评论接近受众最好的办法是做到本地化与生活化。说起评论本地化，搜狐网星空主编赵牧同志在一篇题为《天边的大事与身边的恶》的文章中说："身边的恶虽'小'，制止却难；天边的事虽大，表达义愤却很容易，也没有人身危险。"为此，新闻的异地监督现象很是常见。赵牧指出："在这一点上，现在的时评其实要比新闻的地位

① 张哲、苏嘉鹏、谢佳熹：《美国人的世界观》，载《南方周末》2012 年 11 月 9 日。

还不如。‘地方新闻’的分量，今天日益增加，但大多数时评却仍在走着‘胸怀全国’的路子。也就是针对本地媒体针对地方问题的时评不多见，即使有，外省市媒体也没有转的欲望。”① 有的地方报纸设置了时评版，但是里面的评论文章却多是“隔山打牛”，外地的事评得精彩，对本地的负面新闻，评论均保持沉默。实际上，评论的异地化与舆论环境有着很大的关系。有的媒体为了免遭麻烦，大多对本地新闻不敢发表批评性的评论，取而代之的是隔岸观火，甚至玩起了“远攻近交”的游戏。但是，评论的监督功能最大限度地在本地发挥作用，则是地方报纸的读者所期望的，如果一味地隔岸观火，远攻近交，读者最终不会买账。正如《纽约每日新闻》社论版编辑古德温所说：“指望无名小镇和布鲁克林忙碌的读者费力地读完一篇分析法国工人罢工的长篇大论，这不仅是在浪费时间和版面；这是彻头彻尾的愚蠢。”②

实际上，地方报纸评论本地化是由地方报纸的使命所决定的。卡尔·马克思说过：“报刊按其使命来说，是社会的捍卫者，是针对当权者的孜孜不倦的揭露者，是无处不在的耳目，是热情维护自己自由的人民精神的千呼万应的喉舌。”③ 因此，作为报纸评论的撰稿人，理所当然地应当拿起评论的武器，为它所在地的公众利益服务。西方媒体在其社论方针里，总忘不了要说他们的社评首要考虑的是“本市和本地的最大利益”，这里说的是社评本地化的问题，不应该用狭隘的地域观念看待它。从这个意义上说，隔岸观火就是怯懦，等待外地报纸的评论就是失职。只有评论本地化，才能让当地的公众最大程度地参与评说，从而促成社会的进步。因此，地方报纸只有实现评论本地化，才能最大限度地展示评论的力量。特别是针对一些独家报道的社评，可以使报道和社评互动，使新闻更深入，更有价值。

同时，评论本地化最能够贴近读者。人们在比较《亚特兰大日报》和《亚特兰大宪法报》后发现，日报社论的当地视角明显多于宪法报。为什么同是在亚特兰大的报纸会有这样的区别？道理很简单，宪法报是一份晨报，经由黎明前车辆稀少的高速公路，分发到乔治亚州全境及以外更大的地域市场，因此它的社论有着更广阔的视野；而日报发行时，白天拥挤的交通状况决定它只能把自己的读者和评论视角更多地限定在核心区域。这个例子说明，一家报纸必须十分清楚地界定自己的读者区域，社论也是如此。一件新闻距离自己的读者有多远，这应当在撰写评论时予以足够的重视。一份地方报纸的市场总是有限的，读者群也是相对固定的，这些读者有自己独特的呼声和愿望。

---

① 赵牧：《天边的大事与身边的恶》，http://zhaomu. blog. shoucom/42595828. html。

② 转引自李天伦：《时评本地化漫谈——〈南方都市报〉社评的启迪》，载《新闻记者》2006年第12期。

③ 马克思、恩格斯：《〈新莱茵报〉审判案》，《马克思恩格斯全集》第22卷，人民出版社1965年版，第89页。

为此，地方报纸的新闻评论必须主要聚焦于该地域市场范围内的事情，这样才能有最大程度地贴近性，更多地赢得读者。毫无疑问，地方报纸的评论也应当满足这种地域性带来的贴近性。①

评论本地化一条行之有效的途径，就是对发生在别处但本地公众相当关注的新闻进行本地化处理，并对此作出评论。比如，2003年“孙志刚事件”之后，全国《救助管理办法》出台，《西部商报》为此发表了一篇评论，文章开头就说：“行走在兰州大街小巷的乞讨者、流浪者，再也不用担心随时被强制收容了……”这样的本地化处理很快就吸引了读者的目光。此外，评论中所选的材料、论据如果与本地有关，也可以实现评论的本地化。② 但是，尽管新闻媒体的评论本地化必须关注受众的观点和思想，但当受众觉得媒体是根据民意测验结果而把他们认为是受大众欢迎的东西报道给社会时，最有可能会使媒体失去受众的尊重。因此，最重要的是，新闻媒体必须独立思考，有主见，要勇敢。

思蒙·鲍维亚精辟地分析了人们在亲密的关系中所要寻找的一切。思蒙认识到，人们渴望对方以他们想要被看到的方式来反映自己，但同时他们也需要对方有自己的主见，否则，带有阿谀奉承色彩的反映是没有意义的。如果他们怀疑对方只是一面用来投其所好的镜子，那么，他们绝不会尊重对方的观点，这种亲密关系也随之消失。③ 媒体和社会的关系也是如此。除非人们相信媒体是独立的、有主见地作出评论，而不是投社会公众所好，否则，受众对媒体的喜爱最终会丧失殆尽。④ 因此，为了吸引受众，扩大新闻评论的社会影响，西方评论界对选题进行深入研究，确定了如下原则：①接近性。评论员必须把主要精力放在与读者切身利益相关的问题上，地方报纸评论（首先指社论）的选题应当优先考虑当地事务。②向读者提供参与的条件。仅仅告诉读者“这件事与你有关”是不够的，不少国际、国内问题的评论不受欢迎，往往是由于读者觉得无关痛痒。评论只是就事论事地进行评论，告诉了读者许多事情，就是没有说明读者可以为此做些什么事情，或应当持什么态度。1975年，美国《时代》周刊发表了33篇关于越战的评论，其中一些重要篇章从不同角度分析美国的政治体制、社会观念与越战的关系，隐含着“出路何在”的答案，受到欢迎。③时间性。评论主要是对新闻事件的分析与评判，有时间性的要求。评论在分析事物发展趋势时，应该做到及时；评论将交

① （美）康拉德·芬克著：《冲击力：新闻评论写作教程》，柳珊、顾振凯、杰出瑞译，新华出版社2002年版，第31～33页。

② 参见李天伦：《时评本地化漫谈》，载《新闻记者》2004年第10期。

③ （美）思蒙·鲍维亚著：《第二性》，郑克鲁译，现代图书馆1968年版，第67页。

④ （美）杰克·富勒著：《新闻的价值——信息时代的新思考》，陈莉萍译，新华出版社1998年版，第94页。

付审议通过的政策性程序等时，则应当保证适当提前。④重要性与趣味性的平衡。按传统的看法，评论是讨论重大、严肃问题的。但越来越多的言论版把选题范围扩展到家庭生活、子女教育、文化艺术甚至个人兴趣爱好等领域。⑤广泛性。考虑到不同读者的不同兴趣，选题面应当与读者的需求保持一致。政治、经济、科学、外交、社会等经常轮换，一段时间内的出现次数需做到均衡。①

在本地化处理的社评里，绝大部分是把报纸的新闻、竞争对手的本地新闻或外地报纸的本地新闻作为评论由头。社评本地化行之有效的途径，是对发生在别处且本地公众相当关注的新闻报道进行本地化处理，并对此作出评论。这样的本地化处理，能够很快地吸引读者的目光，评论中所选的材料、论据如果与本地有关联，也可以实现社评的本地化和生活化。其实，许多受众并不太关心与他们无关的所谓大事，他们更关心自己身边和生活中的小事情。评论作者如果能适时地反映这类小事情，同样能赢得受众的赞许。像安迪鲁有关劣质航空食品之类小事情的评论，就是一个极好的例证。安迪鲁作为美国一位“60 分钟”节目幽默作家和辛迪加专栏作家，他完成有关劣质航空食品这篇评论的时期，正是各要闻版以及社论版、专栏版和所有的专栏作家都在关注白宫白水丑闻调查的那段时期，而安迪鲁则独辟蹊径对引人恼火的航空食品大感兴趣，于是，他在《亚特兰大宪法报》写下了名为《并非饼干丑闻》的专栏评论文章，其中的一段这样写道：

上一周，我从纽约乘一班大清早的三角航空公司的飞机到辛辛那提去。三角公司的飞机掐着点儿降落了，你能从他们的锱铢必较看到这一点。飞机上的“早餐”是咖啡和一塑料包饼干——有一块口香糖的三分之二那么长、两倍那么厚。标签上说重十六分之五盎司。你知道一盎司是多重吗？而这还不足一盎司的四分之一。并不是一顿热情丰盛的早餐。三角航空没有提供炒蛋、烤面包和腊肉，甚至没有烙饼和带有糖浆的香肠。

毫无疑问，这篇全国性辛迪加的专栏文章紧紧抓住了受众的眼球。因为太多的受众也是许多此类航空“膳食”的受害者，于是引发成千上万的受众对生产那种饼干的公司刨根问底，以致其后几天里，许多受众只对安迪鲁享用吝啬早餐的这篇评论印象非常深刻。②

四、评论人格化

受众是影响信息生产与传播的重要因素：一是传媒组织需要吸引受众，而为了达到

① 李良荣等著：《当代西方新闻媒体》，复旦大学出版社 2010 年版，第 279 页。

② （美）康拉德·芬克著：《冲击力：新闻评论写作教程》，柳珊、顾振凯、郝瑞译，新华出版社 2002 年版，第 129 页。

这一点，他们必须迎合受众；二是更加复杂的方面则是由于社会因素的影响。因此，传媒组织必须重视“受众对于信息的制作所起的决定性的作用”①。《批判性思维与交流：论说中的推理应用》一书指出，论者与受众之间存在着三种关系：一是“强奸”说。作者认为：“不论我们是否愿意承认，论说强奸行为是一个普通行为，许多人身处其中，可连想都没有想到过这一点。但是，我们生活在一个对抗性的社会里，一个人的胜利往往意味着另一个人的失败。只要是胜利，无论以什么样的代价取得的，总要比失败好得多。对于论者而言，‘强奸’他们的接受者是容易的——尽管他们自己也许意识不到这种行为。”② 二是“诱惑”说。作者写道：“诱惑者与强奸者一样，他也把与对象的关系看做是单向关系，尽管他也许对受害者的态度并不是侮辱性的，但是他同样对他人的特性与完整性毫不顾惜。所不同的是，强奸者强迫对方接受，而诱惑者则迷惑或者哄骗对方接受。有许多办法可以哄骗受众，不同类型的谬误制造的错误看起来就像是很有道理很可以相信一样。狡诈的论说者通过使用谬误可以使受众相信一个错误的观点。同样，控制部分信息，半真半假的陈词，使论据脱离开它所依赖的语境、虚构论据，还有其他一些欺骗术，都可以成为论说者愚弄受众的工具。”③ 三是“情人”关系。他说：“论者与受众的第三种关系是情人。论说者作为情人致力于通过论说增强受众的力量，使受众耳聪目明。”④ 按照作者的说法，情人需要的是“力量均等”，在这样的关系中，论说者与受众平等地分享与交流。与强奸者和诱惑者同对方处于对立的关系中不同，作为情人的论说者是要在与他同等人之间建立起双向的关系。在作为情人的论说者关系把论说中的论证过程看成是一个以人为中心的事业，其中心原则用托马斯·尼尔森的话说：“无论什么，只要发展、增强、推动人类个体，就是好的；只要限制、贬低、伤害人类个体，就是坏的。”这意味着论说者应该总是给其受众有意义的选择。这意味着给予受众的信息，要由他们自己得出结论。因此，传者要从人性出发，致力于改进和改善新闻传播技巧，提高受众接受信息的能力。

人类社会的全部交往活动都是以人为核心的。在新闻评论之中，经常有一些宏观的内容、一些抽象的事物，不知从何处落笔，才能写得让一般的读者明白、关注，且令他们感到有兴趣阅读。有经验的作者常用的办法是注入人的因素。美国学者麦尔文在《新闻报道与写作》一书中提到：“应该从人的角度来写新闻报道，要在报道中注入人的因素，从对卷入事件或受事件影响的人物写起，通过描写人的遭遇的戏剧性的情节代

---

① （美）塞伦·麦克莱著：《传媒社会学》，曾静平译，中国传媒大学出版社 2005 年版，第 56 页。

②③④ 转引自马少华：《新闻评论的伦理责任和伦理问题》，载《国际新闻界》2005 年第 3 期。

替生硬的叙述。"① 有人称这种报道为人格化新闻。评论写作也是如此。从生活的角度切入，可以让宏大主题的文章与每个读者熟悉的生活联系起来，从而产生一种击中人心的力量。美国学者康拉德·芬克曾提到过一种"角度切入"的例子，就是通过人性化的"你"，把巨大复杂的事物简化为可操控的简单事物。西方评论作者非常清楚，撰写评论最具有挑战意味的是要拉近与读者的距离，要把评论中涉及的复杂或抽象的事物具象化，或化作可操作的简单事物，以便受众能够理解。于是，他们尝试各种手法写作，收效非常好。以下是发表在《今日美国》上的一则评论，原文这样写道：

你想尝试用每年8840美元养活一家吗？

那就是联邦最低工资法案让你在52个40小时工作周里打扫办公室、提供饮食或照看小孩所挣得的钱——比一个单亲和一个小孩的贫困线收入还要少1135美元。

对于这基本的不公平的愤怒，最终带来了大范围的改变。这改变并未发生在华盛顿（那里的国会，自1991年起就让最低工资卡在每小时4.25美元上面），而是那些对联邦的迟迟不动产生厌倦的社区和州。

可见，这种人性化手法具有两个明显的优势：一是对你——读者——说话，把一个模糊的、遥远的问题加以人性化的处理。它邀请你参与聊天，令人感到亲切自然。二是把关于美元数字的这么一个抽象词被简化为8840美元，这是每位读者都容易把握的数字，而且你几乎可以听到读者的反应：不！我可不愿意尝试靠每年8840美元来养家糊口。当然，并不是所有的新闻评论都适合采用这种表达方式。运用这种模式必须精确才是。如果受众不容易辨认出评论中的"你"，那么，受众就不会愿意看这篇评论了，评论作品就会在仓促之间失去受众的信任。②

西方新闻界经常用人性化手法写评论，以增强评论文章的生动性和吸引力。比如，1964年10月20日，约翰·哈里森在《盖恩斯维尔太阳报》发表了名为《麦金尼备忘录》的社论。文章写道：

肮脏的道路上，黑人小男孩因重压在他肩背上的大木桶而疲惫不堪。他从喷泉到这儿走了两个街区，每周这个孩子都要走3～5次。

这个孩子和其他3人居住在一个长24英尺、宽18英尺的房子里。

好几扇开着的窗子上没有玻璃。

没有前门。

---

① （美）麦尔文·曼切尔著：《新闻报道与写作·序言》，展江等译，华夏出版社2002年版，第1页。

② （美）康拉德·芬克著：《冲击力：新闻评论写作教程》，柳珊、顾振凯、郝瑞译，新华出版社2002年版，第88页。

屋顶的两处破漏使阳光透射进来。

这孩子的一家与另外一家共用后院的外屋。

房中不仅没有洗手间，也没有自来水、淋浴或热水供应。

房子的侧面已腐烂，烟囱需更新，地基高出地面。

当孩子跨上台阶进房子的时候，水从桶边溢出。

现在，麦金尼市长，让我提醒你，这是这家人一周用水量的1/3～1/5。

而且是用来饮用的水。

这家人居住在佛罗里达州盖恩斯维尔市区内的东北区，周租金5美元。这是佛罗里达"大学区"，该州的科技、教育和医疗中心。

这篇社论首先从一个黑人小男孩悲惨的情景描写开始，然后是一个强有力的诉求，并戛然而止。文章接着批评说：

现在，麦金尼市长，请你再次对我们说，如同你去年8月所说的那样，住房问题无需顾虑。请再一次告诉我们，如你上周所说的那样，最低住房标准有待讨论。毕竟，自1955年来，妇女选民会和盖恩斯维尔居民住房委员会在调查研究的基础上，已把没有室内供水及管道饮水系统的房子列了出来。

最后，作者发出了强烈的呼吁：

10年了，市长先生。

请你对那个在肮脏的道路上背负饮用水的孩子说，实施最低标准住房是不必要的。

在我们的心中，我们愿意用爱默生的话来抚慰那个儿童："上帝总是仁慈的。有失必有得。世界，正如你心中意愿，自我调节。任何秘密都将昭示于天下，任何美德都将有善报，任何恶行都会有恶果。毋庸置疑。"

社论《麦金尼备忘录》有效地推动了社区居住条件的改善，从而获得普利策奖，以表彰哈里森在公民问题上的热诚态度以及卓有成效的工作。这篇评论最大的特点，就是采用情境化、直接诉诸情感的评论方式，给读者以强烈的感染和冲击力。社论的角度、语气贴近读者，少空话、套话、官话，作者以盖恩斯维尔市存在的住房问题为背景，无情地抨击了盖恩斯维尔市市长在公众住房问题上的裹足不前，并直接推动了问题的解决，进而有效地改善了该市社区居住条件。这是一篇典型的人格化评论。

综上所述，新闻评论强调以受众为本位，一是了解读者，要为读者提供准确的事实，不要给读者留下问号。为读者写作，就要了解读者，读者对象不同，写新闻评论的目的和方法也应有所不同。所以在评论写作之前，首先要明确为谁写的问题。一个厨师给人做菜，需要了解食者的口味，如果不了解，做出的菜很可能人家不喜欢吃。评论写作也是这样，由于读者对象不同，评论写作的内容、结构、语言应有区别。从内容来说，凡是读者知道了的就不写或不多写，读者不知道而又需要知道的，就可以写甚至多写。即便同一内容，由于读者对象不同，评论写作的角度和侧重点也不能相同。二是要改变那种居高临下“说教受众”的态度，平等地对待读者。新闻评论要把握读者的文化程度和兴趣，力求叙述生动、通俗明白、深入浅出，绝不可咬文嚼字、华而不实。①

第三节　评论写作：追求理性与情感的融合

在西方，评论作品可分为理智与感情两种类型，前者是指正式、严肃、有重要性的话题，一般采用社论、读者投书、特约专论（特约专访）及大部分的辛迪加专栏文章和署名专栏发表议论，它们所涉及的议题主要事关公众利益。感情型评论讨论的问题通常只同一部分人的利益、兴趣或情感有关；写作中不那么严格尊重事实，且往往有所保留地迎合读者的偏见；形式不那么正规，而是自由多样；特别是它的观点或多或少存在片面性。当然，在实际的评论写作中，不大可能出现那种纯理智型评论文章，严肃评论当中通常会夹杂一些感情型评论的写作，区分两者的标准是看它们如何处理与本文观点相悖的事实和见解。在普利策奖评选历史上，有关社论风格的意见多次反复、意见不一。从1917年起，社论奖曾几度空缺，这是由于这些社论的写作“缺乏激情”，且一些社论文章“像拧干了水分的海绵一样枯燥”②。这种批评有其合理性，但也不能矫枉过正，因为每个人对写作中的激情都有自己个人的评判标准。如果只用那些增加心跳和升高血压的词句来调动读者情绪，使读者忽喜忽悲，尽管能活跃文风，但也可能形成党派色彩，而这是与普利策的新闻专业主义精神根本相悖的，就会导致失去读者和远离真理。因此，那种多些理性、少一些激情的社论更有吸引力、更有生命力。

一、理性受众

这里可以用一件简单的事例来说明人类的理性选择行为。假设两家仅一墙之隔的饭馆开业了，每个潜在顾客都要从中选一家就餐。这些顾客可能会透过饭馆窗户向内张望一番，然后决定哪一家比较好些，但这样判断并不会太准确。第一位顾客在选饭馆前，只是看了看这两家空荡荡的饭馆，然后根据他所看到的情况作出选择。但下一位就不但能以他所看到的饭馆门面（自己判断而得出的信息）为基础做决定，还可以看看第一

① 李良荣等著：《当代西方新闻媒体》，复旦大学出版社2010年版，第272页。

② （美）沃尔特·李普曼、詹姆斯·赖斯顿著：《新闻与正义》，展江译，中国人民大学出版社2009年版，第1页。

个顾客是在哪家吃饭来做选择，这就是第一位顾客发出的有关如何选择的信息。如果第二位顾客选择和第一位一样的饭馆，那么，第三位顾客就会看到那家饭馆有两个人在吃饭，最终的结果很可能就是所有顾客最后都在同一家饭馆吃饭。但由于在对这两家饭馆进行观察后，没有真正对得到的综合信息细致考虑过自己选择的合理性，所以，最后选的很可能是那家比较差的饭馆。

如果所有人都能把他们的第一印象集中汇总，然后大家一起进行一下讨论，也许就能推断出哪家饭馆比较好。但在假设的这种情形中，人们在跟随别人的判断时并没有把自己的信息透露给他们，因而无法对彼此获取的信息加以利用。饭馆的例子说明，没有人真的在进行表决，他们反而是在很理性的选择上不去费时间、自己下工夫做判断。这种不能把信息传播给他人的情况可归结为完全理性的行为，没有智力的限制，只有披露信息的限制。但是，应该了解人类行为的特征，了解人们处理信息的特点和限制。① 因此，从人类理性的特点出发，新闻评论写作要满足人们的理性和情感需求。

（一）理性的概念

"理性"一词，最早来源于希腊文的逻各斯（λoros）和努斯（nous），具有规律思想和言词等含义；但到了柏拉图那里，它又成为理念、主意和观点，即一种最高层次的、客体在主体中反映的观念。在资产阶级思想启蒙时代，"理性"则成为正义、理想、价值的别名，并将真善美的统一作为其最高追求。因此，理性原有的物之"理"、事之"理"，以及一种涵盖心与物的普遍性，日益被价值化和伦理化的意义所冲淡，这时，理性已成为一种主体的价值判断。具体地说，理性是人的一种精神能力，它是一种不同于感觉、情感、经验、激性、意志和想象的直观产物，并用概念来进行抽象思维和演绎推理的一种能力。"理性向来就存在"②。

但在传统的理论看来，"人被看作主要是一个有道德的有理性的人，他倾向于寻求真理，服从真理"③。广义的理性在三个意义上是无限的，即：①它不表现为科学具体的认识对象，而能作为哲学的思考对象而言，与一切具体的认识对象处于完全不同的层次，它处于无限的层次，是一个外延无限延伸的思维对象。而且由于它的无限性，人类理性对于具体事物认识的可能性也是无限的。②它不是一个具体的对象，而是从一个历史的视界而言，它也是无限的，永远只能为人类部分地领悟和把握。③它是人类在任何

① （美）罗伯特·J. 希勒著：《非理性繁荣》，施红敏译，中国人民大学出版社 2001 年版，第 136 页。

② 《马克思恩格斯全集》（第一卷），人民出版社 1956 年版，第 417 页。

③ （美）弗雷德里克·S. 西伯特等著：《传媒的四种理论》，戴鑫、展江译，中国人民大学出版社 2008 年版，第 87 页。

时候和地方都具有的东西，并且与人的存在同源同在。① 法国新闻学者贝尔纳·瓦耶纳指出："人们在观念上由理性权威取代了话语的权威，因为理性非个人私有，所以一切事实务使众所周知，各种观点可以自由流传，以便人人都能作出自己的选择。"②

（二）理性思考

人是理性的动物还是感性的动物呢？关于人类认知的普遍认识是：它是完全理性的；每个人都尽力做到不犯错误，坚持正确的观点和信念。理性思考至少需要两个前提：一是思考者能够获得准确、有用的信息；二是思考者拥有无限的、可用于加工生活数据的资源。考虑到人们有限的信息加工能力，人们总是试图采用简化复杂问题的战略，人们可以用下述方式实现这个目的：①通过忽视一部分信息以减少我们的认知负担；②过度使用其他信息以避免寻找更多的信息；③接受一个不尽完美的选择，因为这已经足够好了。③

受众是作为理性人而存在的。经济学家假定人是理性的，追求利益最大化，但事实上，这个标准不是很高的，它的真正意义在于：人们会选择较为喜欢的内容，而不会去选择不喜欢的项目，而即使是不正常的人或动物都能达到此标准，经济学家已经做了很多实验来证实此项结论：④

（1）人类是疯狂的，但又是理性的。人们在同精神病人打交道时发现，即使是精神病人，仍然会以理性的方式行动。如在一个相当精巧的实验中，不同商品的价格在不公布的时间间隔中作改变，一般而言，病人正如理性假定要求的那样，增加购买那些降价的东西，减少购买那些提价的东西。温克勒曾长期与一群女精神病人在一起工作，他把奢侈品和必需品分开以测定病人对物品价格的变化有何反应，结果他的结论是：对必需品的需求无价格弹性，对奢侈品的需求是有价格弹性的。

（2）老鼠的理性。H. Kagel John 和 C. Battalis Raymond 对老鼠做过一个实验：让老鼠在笼子里推动一根横木，横木是老鼠所作的"支付"，这会导致电脑把一点麦根啤酒、樱桃可乐或此实验所选择的东西给老鼠。在一个实验中，每一次推动横木所传递的麦根啤酒量均保持不变，但每一次推动横木所传送的樱桃可乐的量却有了改变。结果却发现当推动一次横木的报酬是 0.025 cc（1 cc = 1 cm^3）的樱桃可乐时，老鼠每天只消费 0.1 cc 多一点。当价格下降时，让老鼠推动一次可得 0.5 cc，它便会消费 6.5 cc 的量，

① 张汝伦著：《海德格尔与现代哲学》，复旦大学出版社 1995 年版，第 294 页。

② （法）贝尔纳·瓦耶纳著：《当代新闻学》，丁雪英、连燕堂译，新华出版社 1986 年版，第 16 页。

③ （美）埃利奥特·阿伦森著：《社会性动物》，郑日昌等译，新华出版社 2001 年版，第 116～119 页。

④ （美）理查德·麦肯齐著：《经济学的新世界》，鄂丽燕译，（香港）桂冠图书股份有限公司 1985 年版，第 377 页。

若每一次推动 1 cc，它便会消费 20.0 cc 的量。这只老鼠同时改变了麦根啤酒的消费量。

尽管人类已经有像以上的诸如此类的实验都证明人类的理性行为，但不能直接推导出每一个人在其日常生活中都是有理性的结论，而只是想说明假定人是有理性的，对人只是一个并不很高的标准，人类完全有能力去选择他们认为是最好的东西。伏尔泰认为，理性的价值就在于在实际中发挥作用，使人们看到在何种场合可为，何种场合不可为，这不仅是一种智慧，而且是一种道德修养。他说："人生来就是为了奋斗的，就像火焰向上冒石头向下落一样的自然，清净无为，忘身物外，对于人生奋斗是一码事。人是一种具有想象力和智慧的动物，人活着是不会没有幻想的，但在实际中碰了壁，他的幻想就破灭了，因此，人生中充满着苦难和痛苦，人生来就是为了在忧虑的激荡和烦恼的麻木中生存的。"① 社会责任理论是在 20 世纪发展起来的，它反映了现代社会学和现代思想对于人类理性的怀疑。但是，"这一新兴理论并不否认人类的理性，虽然它远不如自由主义理论那样地相信人类理性，可是它似乎否认人类天生地有一种动力去寻求真理和服从真理。在社会责任理论下，人只是被看作不是那样冥顽不灵的没有理性。他能够运用他的理性，但是他厌倦这样做。结果，他就变成了野心家、广告商以及那些为达到自私目的而操纵他的人们的俘虏。由于思想上的懒惰，他就沦于无所用心的盲从状态。他的智力已经变成可笑的愚蠢，并且有退化的危险。如果一个人要想保持自由，他必须依靠理性来生活，而不只是被动地接受他所见、所闻和所感觉的东西。所以社会上的明智之士，就激励他运用理性。要没有这样的激励，人是不会被推动去寻求真理的。使得他不运用推理能力的疲惫感也侵蚀到公共讨论上去了。人类的目标不是寻求真理，而是满足他的直接需要和欲望"②。

人类的力量，是在忧虑和烦恼中获得一种平衡，获得一种超脱的境界，获得了这种超脱的境界就达到了智慧的顶点。狄德罗强调理性与实际的结合，他认为，很多纯理性的东西一遇到实际，往往会像鸡蛋碰石头一样，被撞个粉碎，因此，实际中得出的理论往往比纯思维性演义要坚实得多。他说："数学家的领域是一个理智的世界，其中为人们看做严格真理的东西，当它们被拿到我们的地球上来时，就绝对地失去这样的好处了。人们曾由此得出结论说：应该由实验的哲学，来改正几何学的计算，而这一结论甚至曾为几何学家们所承认。"③ 人们头脑中的一切概念性的东西，只有和实际生活联系起来时，它才是真实、可靠和有价值的。而一切缺乏实际基础的抽象逻辑和空洞概念只不过是空中楼阁，经不起实际的检验。他说："我们可以把在自然中没有任何基础的概

① （法）伏尔泰著：《哲学通信》，高达观等译，上海人民出版社 2005 年版，第 109 页。

② （美）弗雷德里克·S. 西伯特等著：《传媒的四种理论》，戴鑫、展江译，中国人民大学出版社 2008 年版，第 87 页。

③ （法）狄德罗著：《狄德罗哲学选集》，江天骥等译，商务印书馆 1983 年版，第 53 页。

念，比之于北方的森林，其中的树木都是没有根的。只要一阵风，一件轻微的事实，就把整个树木的森林及观念的森林推倒了。”①

二、非理性受众

美国学者贝克尔把人类的非理性概括为冲动和惰性两种基本含义，前者与概率问题相联系，后者则受过去选择的影响。通过对这种冲动模型和惰性模型的深入考察，贝克尔得出了这样一条重要结论：非理性单位（厂商、家庭或个人）因机会的变化往往被迫做出理性的反应。② 同时，经济学中典型的“最后通牒博弈”研究与磁共振技术联系起来，研究人员就能够在参与者做出决定时观察他们的脑部活动。这是一场情感与理性之间的较量，当情感占据上风时，决策者通常会失去报酬。因为，规则早已向参加者说明：不能讨价还价。“提议者”只能出一次价。假如“接受者”同意，那么他们就能照此分钱；假如不同意，那么甲乙双方都拿不到钱。研究人员还发现，在接受者就某一个不公平的提议作斗争时，其大脑中与厌恶和其他消极情感有关的前脑岛部分，以及与记忆和慎重思考有关的背外侧前额叶区域都很活跃。提议越不公平，那些拒绝提议的人大脑的情感区域越活跃；而接受提议的人则慎重思考的区域更为活跃。但并不是所有的人都会提出这种不公平的提议。事实上，人们一般都会把钱平分，说明人们常常会选择互惠，这与传统的经济理论不一致。如果给这个游戏起不同的名字，那么也会对参加者的选择产生影响。有一个相似的实验，两组人都进行这个游戏，但游戏的命名不同——名字是“社区游戏”的那组人比“华尔街游戏”的那组人更倾向于合作。因此，维持社会中普遍认同的互惠感是至关重要的。同时，上述游戏表明，情感因素在社会决策中起到决定性的作用，以及科学家有了绘出大脑内部斗争的能力。

总体而言，诉之以理，抑或诉之以情，这二者所能达到的传播效果大不相同。理性所导致的态度改变比较持久，而情感所导致的态度改变却比较强烈。美国心理学家哈特蒙曾做过一项实验，采用三种不同的方法进行竞选宣传。在第一个选区散布的宣传材料，具有强烈的情绪色彩；第二个选区的宣传材料写法不同，偏重说理；第三个选区作为对比选区，没有散布宣传材料。选举结果，第一个选区获得的选票最多，但竞选活动结束后过了一个多月，再对选民进行调查，发现第一个选区的选民已记不太清楚宣传材料的内容，而第二个选区的选民则对宣传材料记得比较清楚。这项实验证明，情绪因素对人们的态度的影响比较强烈，但不持久；而理性因素所达到的效果则正好相反。情与理的传播效果与受众心理水平和文化水平也密不可分。通常，心理发展水平和文化水平

① （法）狄德罗著：《狄德罗哲学选集》，江天骥等译，商务印书馆 1983 年版，第 58 页。

② （美）加里·S. 贝克尔著：《人类行为的经济分析》，王业宇、陈琪译，上海三联书店、上海人民出版社 2008 年版，第 109 页。

比较低的受众更容易受传播中情感因素的影响，而对于心理发展水平和文化水平比较高的受众来说，理性因素对态度的影响相对说来要更为显著。

美国学者史蒂夫·威尔斯坦指出："我们现在生活在言论时代。"新闻评论需要表现一种强烈的热情或愤怒，它需要传递一种情感。① 实际上，动之以情，能够激发和培养受众的情感，让受众产生一种深刻的内心体验，从而感受到改变原有态度的需要。而动之以情的关键，是传播者要在传播中融入自己的真情，而不只是冷冰冰地叙述。传播者的真情不仅可以使传播富有感染力，而且可以消除受众对传播者的隔阂，达到心灵的交流。传播学者施拉姆说过："大量的实验表明，感情的呼吁较之逻辑的呼吁是更能导致态度的改变。然而，在实际上是很少把这两者分开的……亚里士多德是主张感情的呼吁和逻辑的论据两者兼用的。有经验的律师是尽可能作法律的论辩，但他们并不排挤唤起感情的作法。"② 梁启超在《中国韵文里头所表现的情感》一文中写道："有一类的情感，是要忽然奔迸一泻无余的，我们可以给这类文学起一个名，叫做'奔迸表情法'。例如碰到意外的过渡的刺激，大叫一声或大哭一场或大跳一阵，在这种时候，含蓄蕴藉，是一点用不着。"梁启超阐述的这种思想感情直截了当的宣泄，毫不遮掩的坦露，表现出的就是奔放、率真的美。因此，"凡这一类感情突变，一烧烧到'白热度'，便一毫不隐瞒，一毫不修饰。……所以这一类我认为是情感文中之圣"。③

实际上，在新闻评论中如果没有感情，没有感性，全是逻辑推理和纯粹的概念论证，这样的评论是没有人喜欢阅读的。但由于远离了人类的日常情理，失去了情感这个介质，缺乏基本的人文关怀和社会情怀，即使说得再接近真理，也难以产生社会的共鸣。评论并不排斥情感，排斥的是那种不必要的激情和过于亢奋的情绪。著名评论家李普曼说过："在自己正确的时候，要克服那种不必要间产生某种关系，你的判断建立在某种基础上，靠的就是逻辑的力量。"④ 比如，2001 年 7 月 16 日，《人民日报》在申奥成功之后抢发了《祖国的骄傲，人民的光荣》的评论，这是一篇情理交融、格调高雅的思想评论。文章第一段，作者用散文诗一般的语言，激情满怀地描述了申奥成功的不眠之夜：

申奥成功之夜，置身长安街，我们才真正体验了什么是如潮的人流，什么是欢乐的海洋，什么是沸腾的城市。也就在这个时候，我们也产生了许多不会：不会以恰当的语

---

① （美）史蒂夫·威尔斯坦著：《美联社体育新闻报道手册》，郑颖译，中央编译出版社 2004 年版，第 57 页。

② （美）施拉姆著：《传播学概论》，李启、周立方译，新华出版社 1984 年版，第 228 页。

③ 梁启超著：《中国韵文里头所表现的情感》，见《梁启超学术论著集》（文学卷），华东师范大学出版社 1999 年版，第 103 页。

④ 曹林著：《时评写作十讲》，复旦大学出版社 2010 年版，第 174 页。

言形容此刻的心情，不会完美地描绘首都人民欢乐的场面，不会尽情抒发对更加美好的明天的向往……

中奥成功，这是伟大祖国的骄傲，是首都人民的光荣，是海内外中华儿女的光荣！

为了这一夜，多少人奋斗了一生，贡献了毕生！

为了这一夜，华夏儿女经历了多少艰难，多少奋斗，付出了多少汗水，多少青春！

作者并没有满足于只沉浸在这狂欢的人流中，而是面对此情此景作了一种深沉的理性思考，把感性认识推向一个又一个极致：从申奥成功意味着世界对中国的信任，对中国强盛的认同，到依靠的是祖国和人民的力量，再到这是一座历史的丰碑，也是一个新的起点——国际奥委会交给北京的是2008年奥运会的举办权，对于中国人民来说，真正意义远超出一次国际体育盛会的举办，它是世界对中国的信任，对北京“绿色奥运、科技奥运、人文奥运”理念的肯定，是世界对中国的信任，对中国经济发展、民族团结、社会稳定、人民安居乐业、综合国力增强的认同。

三、动之以情，晓之以理

人类是理性与非理性的混合体，因此，理性与感性的结合，是一种最好的说服技巧。有一个心理学的试验可以证实这种结论：一个社区准备用投票的方式来决定是否要在自来水里加进氟化物防治龋齿。支持加氟者开展了合乎逻辑、富于理性的宣传活动，主要包括知名牙科医生的陈述（介绍了氟化物的优点和自来水加氟地区龋齿减少的事实），以及医学专家和其他医疗保健权威人士对氟化反应无害的陈述。反对加氟者则运用了感情色彩浓厚的宣传方式。比如，在宣传单上画上一只丑陋无比的老鼠，旁边写道：“别让他们把灭鼠药投到你喝的水里。结果，支持加氟者遭到了彻底失败。当然，这个事件并不能完全证明感性宣传更具优越性，因为该事件不是在严格控制下所进行的科学研究。我们丝毫不知道，如果不散发这些宣传品，人们会怎样投票决定加氟问题，也不知道看到反对加氟宣传品的人是否更多，反对加氟者印制的传单是否比支持加氟者的宣传材料更通俗。在这个问题上，虽然这一领域的实际研究远未达到可以下结论的程度，但有证据支持以感性为主的宣传。”①

新闻评论需要强化理性与情感的融合，这样才能达到满意的传播效果。比如，西安事变是中国现代史上的一个重大转折点。张学良、杨虎城的爱国义举促使蒋介石改变政策，从内战转向抗战。《大公报》在西安事变期间，每天发表一篇社评，阐述其拥蒋反共斥张、杨的观点。1936年12月18日社评《给西安军界的公开信》集中代表了《大

① （美）埃利奥特·阿伦森著：《社会性动物》，郑日昌等译，新华出版社2001年版，第83～89页。

公报》的立场观点，这篇由张季鸾撰写的社评把蒋介石捧为唯一的领袖，责备张、杨错了，并以中央下了讨伐令为恫吓，要张、杨立即无条件地恢复蒋介石自由。国民党命大公报馆把这一天的《大公报》加印了好几万份，用飞机散发到西安。下面是《给西安军界的公开信》的原文：

陕变不是一个人的事，张学良也是主动，也是被动。西安市充塞了乖戾幼稚不平的空气，酝酿着，鼓荡着，差不多一年多时间，才形成这种阴谋。现在千钧一发之时，要釜底抽薪，必须向东北军在西安的将士们剀切劝说。我们在这里谨以至诚给他们说几句话。

主动及附和此次事变的人们听着！你们完全错误了，错误的要亡国家，亡自己。现在所幸尚可挽回。全国同胞这几天都悲愤着，焦灼着，祈祷你们悔祸。

东北军的境遇大家特别同情，因为是东北失后在关内所余唯一的军团，也就是九一八国难以来关于东北的唯一活纪念。你们在西北很辛苦，大概都带着家眷，从西安到兰州之各城市，都住着东北军眷属，而且眷属之外还有许多东北流亡同胞来依附你们。全国悲痛国难，你们还要加上亡家的苦痛。所以你们的焦灼烦闷格外加甚，这些情形是国民同情的，你们大概听了许多恶意的幼稚的煽动，竟做下这样大错，你们心里或者以为自己是爱国，那知道危害国家再没有这样狠毒严重的了！你们把全国政治外交的重心，全军的统帅羁禁了，还讲什么救国？你们不听见绥远前线将士们突闻陕变，都在内蒙荒原中痛哭吗？你们不知道吗？自12日之后，全国各大学各学术团体以及全国工商实业各界谁不悲愤？谁不可惜你们？你们一定妄信煽动，以为有人同情，请你们看看这几天全国的表示，谁不是痛骂！就是本心反政府想政权的人，在全国无党无派的大多数爱国同胞之前，断没有一个人能附和你们的。因为事实最雄辩，蒋先生正以全副精神领导救国，国家才有转机，你们下此辣手，你们再看看全世界震动的情形，凡是同情中国的国家，没有不严重关心的。全世界的舆论认定你们是祸国，是便利外患侵略，因为这是必然的事实。蒋先生不是全知全能，自然也会有招致不平反对的事，但是他热诚为国的精神与其领导全军的能力，实际上干成了中国领袖，全世界各国都以他为对华外交的重心。这样人才年资望，再找不出来，也没有机会再培植。

你们制造阴谋之日，一定能预料到至少中央直属的几十万军队要同你们拼命。那么你们怎样还说要求停止内战？你们大概以为把蒋先生劫持着，中央不肯打你们。现在讨伐令下了，多少军队在全国悲悔焦虑的空气中正往陕西开。你们反抗拒是和全国爱国同胞挽拒，这样死了，叫全国同胞虽可怜而不能见谅。你们当中有不少真正爱国者；乃既拼了命而祸了国，值与不值？这几天全国各地的东北同胞他们都替你们悲痛，盼望赶紧悔悟，你们还不悔还不悟吗？

西安事变时，张季鸾亦在《大公报》撰写的社评《给西安军界的公开信》，是“帮蒋”帮得最肉麻的评论作品。文章开头便说：“陕变不是一个人的事，张学良也是主动，也是被动。”这是张季鸾惯用的笔法：概括凝练，云山雾罩。那么，张学良的主动要求是什么呢？无非是要求坚决停止内战，一致抗日，这是尽人皆知的，但是张季鸾避而不谈、避重就轻。接着，文章重点又放在“捧蒋”和“劝降”上，他认为，只要张学良去见蒋介石请罪，“这一场事变就立即逢凶化吉，转祸为福了”。原文写道：

所幸者，现在尚有机会，有办法，办法上极容易，在西安城内就立刻可以解决。你们要从心坎里发愤认错，要知道全国公论不容你们，要知道你们的举动充其量要断送祖国的命运，而你们没有一点出路。最要紧的，你们要信蒋先生是你们的救星，只有他能救这个危机，只有他能了解能原谅你们。你们赶紧去见蒋先生谢罪吧！你们快把蒋先生抱住，大家同哭一场！这一哭，是中国民族的辛酸泪，是哭祖国的积弱，哭东北，哭冀东，哭绥远，又多少年来在内忧外患中牺牲生命的同胞！你们要发誓，从此更精诚团结，一致的拥护中国。你们如果这样悲悔了，蒋先生一定陪你们痛哭，安慰你们，因为他为国事受的辛酸，比你们更大更多。我们看他这几年在国难中常常有进步，但进步还不彀，此次之后，他看见全国民这样悲忧，全世界这样系念，而眼前看见他所领导指挥的可爱的军队大众要自己开火，而又受你们的感动，他的心境一定是自责自奋，绝不怪你们。从此之后，一定更要努力，集思广益，负责执行民族复兴的大业，那么这一场事变就立刻逢凶化吉，转祸为福了。你们记住几点：（一）现在不是劝你们送蒋先生出来，是你们应当快求蒋先生出来。（二）蒋先生若能自由执行职务，在西安就立刻可以执行，你们一个通电，蒋先生一个命令就解决了。几时出西安，是小问题，谁不是他的部下，谁不能作卫队呢？（三）切莫要索保证，要条件，蒋先生的人格，全国的舆论、就是保证。你们有什么意见，待蒋先生执行职务后，尽可以去贡献。只要与国家民族有利，他一定能采纳，一定比从前更认真去研究。（四）蒋先生是中央的一员，现在中央命令讨伐，是国家执行纪律，但我们相信蒋先生一定能向中央代你们恳求，一定能爱护你们到底。

接着，文章以第一人称“我们”的口吻来说出自己的愿望和想法：

我们是卖报吃饭的，谁看报也是一元法币一月，所以我们是无私心，我们只是爱中国，爱中国人，只是悲忧目前的危机，馨香祷告遣凶化吉，求大家成功，不要大家失败。今天的事情，关系国家几十年乃至一百年的命运，现在尚尽有大家成功的机会，所以不得不以血泪之辞，贡献给张学良先生与各将士，我想中华民族只有彻底的同胞爱与，至诚能挽救。我盼望飞机把我们这一封公开的信快带到西安，请西安大家一看，快快化乖戾之气而为祥和。同时请西安的耆老士绅学生青年，都快去求张先生杨先生们，照这样做，这是中国的生路，各军队的生路，也就是西安二十万市民的生路。全世界全中国，这几天都以殷忧的目光，望着西安阴郁的天空，赶紧大放光明吧！

万万不要使华清池西安等地在中国历史上成了永久的最大的不祥纪念，我们期待三天以内就要有喜讯，立等着给全国的同胞报喜。

这是张季鸾一篇得意之作，自称是“血泪之辞”。在文章结束时，他说：“我盼望飞机把我们这一封公开的信快带到西安，请西安大家一看，快快化乖戾之气而为祥和。”后来，国民党南京政府果然用飞机到西安上空散发这篇社评。时任国民党的“中央日报”社社长的程沧波评价这篇文章说：“对蒋委员长脱险咸认有‘旋乾转坤’之作用。”张季鸾沾沾自喜，那是无需多说了。徐铸成在《〈大公报〉三“巨头”》一文中说：“事后，他还去南京、北平、西安等地转了一圈。据说，就是为了去听听恭维话的。张季鸾是帮蒋的，也是爱国的。他是知日派，又是抗日派。”①

新闻评论既要诉诸理智，又要诉诸情感。新闻评论作为一种说服性活动，是采用“诉诸理性”，抑或“诉诸感情”，也就是以什么方式来打动受众呢？人们通常采用两种做法：一是通过冷静地摆事实、讲道理，运用理性或逻辑的力量来达到说服的目的；二是主要通过营造某种气氛或使用感情色彩强烈的语言感染对方，以谋求达到特定的传播效果。这就涉及“诉诸理性”与“诉诸感情”两种传播技巧。在宣传战史上，曾经有人对这两种方法的有效性做过比较。1936 年，精神分析学家 H. H. 哈特曼等人利用德国议会选举的机会进行一次实验。哈特曼设计两种号召选民支持社会党的宣传小册子，一种采取“诉诸理性”的方法，内容以介绍社会党的纲领政策为主，试图以政策的合理性来说服选民；另一种则采用“诉诸感情”的方法，强调如果社会党败北，会“给德国带来可怕的危机”，试图用一种“赴国难”的气氛来感染选民。实验以向居民散发小册子的方式在三个选区进行，其中一个区为对照区，未散发任何小册子。最后的选举结果是，在散发“诉诸感情”小册子的选区社会党选票增长率最高，而散发“诉诸理性”小册子的选区增长率居中，在未散发小册子的选区增长率最低。②

类似的研究还有美国在第二次世界大战期间关于“战时超额利税”宣传的一项调查。同哈特曼一样，调查人员设计了“诉诸理性”和“诉诸感情”两种宣传品分发到调查对象手中，翌日再登门面访征求人们对实施该税的意见。这次实验的结果也是“诉诸感情”的效果要好于“诉诸理性”。尽管如此，学者们对哪种方法更为有效仍没有一致的结论，究其原因是，两种方法的有效性因人、因事、因时而异，有些问题只能依靠“诉诸理性”的方法来解决，而有些问题采取“诉诸感情”的方法可能更有效；在日常的思想教育活动中，将两者结合起来的“动之以情、晓之以理”的方法则更能

---

① 徐铸成著：《徐铸成回忆录》，生活 · 读书 · 新知三联书店 1998 年版，第 15 页。

② （日）饱户弘著：《传播：对话与说服的科学》，李颖秋译，筑摩书房 1972 年版，第 43 页。

收到良好的效果却是不争的事实。同时，心理学研究证明，由于每个人的性格、经历、文化水平不同，其行动受理性和感情支配的程度也有明显的差异，有些人易于接受道理的说服，而另一些人则更容易受情绪或气氛的感染。因此，无论使用哪种方法都是正确的，不存在孰是孰非的问题。①

同样，普利策获奖的评论作品强调理性与激情的融合。普利策获奖评论作品风格多样，有的大气磅礴，有的精巧细致，有的义正词严，有的幽默诙谐，有的冷静理性，有的热情洋溢……比如，《百愁公寓》（1925）的评论风格冷峻、老练，别出心裁，以见闻的形式和电报式短句子，深情地描述一群圣诞节最需要帮助的人；查尔斯·里克曼在《来自内布拉斯加的先生》（1930）中则以幽默的方式分析政治现象，满含尖锐抨击和嘲讽，是获奖社论中最为辛辣的作品；威廉·德威尔（1971）善用“犀利的思维，鞭辟入里”的评论，文章行文清晰，主观视角宏大；玛丽·麦克罗里（1975）是“富于形象且分析有力……写作富有穿透力，报道充满激情”；吉米·布雷斯林（1987）以其“充满激情的文章捍卫小人物的利益，抨击了富人、强权人物和腐败现象”……实际上，在普利策奖评选史上，有关评论风格的讨论曾几经反复，其评选标准极其严格，特别要提及的是，普利策本人建立起的为他人难以企及的社论写作高标准，影响了普利策新闻评论奖的参评标准。

普利策认为，除了坚持独立性、克服党派之争外，冷静分析、说话负责、有根有据和高度理性也是必不可少的。在坚持评论应当诉诸理性分析为前提的原则下，激情成分究竟应占多大比重，引起了业内人士的思考：“像拧干了水分的海绵一样干燥”的社论缺乏激情，读者一定不爱读；反之，激情澎湃、言辞过激的评论又极容易形成明显的党派色彩。最终，普利策奖评委会折中二者，求取平衡。所以，今天人们看到的获奖评论多是激情与理性的融合，用令人信服的分析表达观点的评论作品。同时，理性与激情的融合，还满足了受众的认知需要和阅读时的情感需要。美国新闻评论界认为，有个性的评论不只是“真”的，还是“善”的，是“美”的。唯有如此，人们才会爱读言论，言论也才有说服力和鼓动性，才会积极地引导舆论。正是基于这样的理念，评论作者往往出色地表现其写作个性。在获奖评论作品中，完全凭借其独到的“创意”或“新意”而入选。比如，《谁造就了柯立芝?》（弗兰克·巴克斯顿，1923）虽有批评者说他的文章思想肤浅、形式单一，但还是凭借结构清晰而新颖，正确地分析了柯立芝登上总统宝座的三大原因而获奖。正是这种高度的言论鉴赏力和开拓精神丰富了普利策新闻奖的内涵，这是普利策奖能够长久不衰的重要原因。②

① 郭庆光著：《传播学教程》，中国人民大学出版社 2011 年版，第 187 页。
② 参见金梦玉、薛丽娟：《普利策新闻奖评论类奖项透视》，载《现代传播》2004 年第 4 期。

第四章　选题与立意

一位拥有十多年评论写作经验的人曾披露他在两三小时内完成一篇2000字左右的社评的要诀：①确定题目。②确定立论的主旨。③将与主题有关的观念，无论正反都写在一张纸上。④以主旨为中心，将这些观念加以组合排列，成为一个大纲。⑤再依大纲写成一篇文章。⑥撰写好文章的顺序：A. 简单叙述问题的来源或性质；B. 提出各方面对这个问题的看法与解决途径；C. 提出（自己）的意见并说明（自己）的理由；D. 作一个简短的结语。⑦表达方式：直接方式为针对主题，将意见平铺直叙写出来，多半用于赞同、鼓动一类的评论上。间接的则是避开要评论的主题，仅表达自己的意见，实际则写反对别人的意见，多半用在驳斥别人的意见的评论上。[①] 那么，应当怎样写评论呢？不同的作者，其方法千差万别。写分析评论文章，是一种创造性活动，而创造性活动很难用一个公式来概括，但是，大略的过程还是有的。

柴尔顿·布什在他的《社论的构思和写作》一书主张社论写作要有四个步骤：一是"辨明论题"。确切地说，就是你在社论里想要讨论或者解决什么问题，那儿有些什么东西需要分析和阐发。二是"研究解决问题的方案"。作者一旦抓住了适宜写社论的问题，为了挖掘各种可以解决问题的方案，他就要凭借其经验、知识以及所能利用的资料来源具体地展开研究。三是逐个审查论述的方案。对每一种可能运用的方案进行严格的考察，看看它们能否经得起现实的检验。有的方案漏洞很多，可马上舍弃；有的方案研究后感到较为可取，就初步保留下来，以备精选。四是经过更进一步的选择，把不适用的方案统统舍弃，而把最恰当的方案肯定下来。然后，再把它组织起来向读者或听众进行论述。[②] 然而，一篇优秀的评论作品，仅仅选题好显然是不够的，作为评论，既要选题好，还要议论好。普利策对新闻工作作过一个形象的比喻，他说："倘若一个国家是一条航行在大海上的船，新闻记者则是站在船队上的瞭望者。他要在一望无际的海面上观察一切，审视海上的不测风云和浅滩暗礁及时发出警告。"[③] 普利策的这个比喻有

---

① 程沧波著：《评论写作》，台湾新闻记者公会出版1976年版，第121～122页。

② 转引自（美）约翰·赫尔顿著：《新闻工具的评论写作》，王琼译，美国纽约大学出版社1973年版，第21页。

③ 参见《新闻界人物（3）》，新华出版社1983年版，第76页。

助于思考怎样才能使新闻评论的论点有新意。

第一节 选题要新

新闻学家郭步陶曾提出新闻评论写作“新、确、普遍”的三个标准。他解释说：“因为事情一陈旧，时效已失，社会中已无人念及，纵有好文章，也不会为人所重视了。评论的对象是事实，空虚的理论固然没有用处，而事实偶然错误，也可使所作的评论，全篇无一是处。至于新、确两点，均已完备，或事实所关系的方面少，也不能选作评论的题目，因为关心的人不多，事实本身已失了评论的价值，随便作文，便是浪费笔墨。”① 康拉德·芬克举例说：“如果写税收，你就会触动每一个美国人；写玫瑰栽培，那么你，只会赢得相对较少人的关注。”② 显然，这涉及评论写作“普遍”的选题标准。总体而言，一篇评论作品的成败，关键在于选题。能否正确地选准、选好论题，直接关系到评论的指导作用和影响到写作程序的进行，这是因为：一方面，写作评论的目的是为着解决实际工作中存在的各种认识问题，对读者思想和实际工作起积极的引导作用，所以作者对所确定的将要论述的基本思想是否正确和切中时弊，直接关系到这篇评论的根本价值。另一方面，评论写作的其他一些环节，诸如论题的分析论证、文章的谋篇布局、语言的运用等，也只有在论题确定之后，只有在作者对评论要提出什么问题、解决什么问题，做到心中有数后，才有所依据，比较有把握地写好文章。赞扬和鼓励那些生活中的美好事物；与揭露批判丑恶的阴暗面同样重要，文章必须提供多角度、多方位的观点，这样就能够避免落入“为批评而批评”的陷阱。因此，新闻评论的选题需要做到以下几点。

一、角度求新求异

清代作家李渔在其《闲情偶记》中写道：“新也者，天下事物之美称也。而文章一道，较之他物，尤加倍焉。”③ 选题对写好一篇评论既然如此重要，究竟从何入手呢？一篇评论作品的质量如何，主要看它是不是言之有物，有的放矢，能否提出和解决当前最需要解决的实际问题。而要做到这一点，就要深入实际，深入群众，调查研究党的路线、方针、政策在实际执行中的情况和问题，了解群众的思想、意见和呼声。也就是，

---

① 郭步陶著：《编辑与评论》，商务印书馆 1933 年版，第 173 页。

② （美）康拉德·芬克：《冲击力：新闻评论写作教程》，柳珊、顾振凯、郝瑞译，新华出版社 2002 年版，第 48 页。

③ （清）李渔著：《闲情偶记》，浙江古籍出版社 1985 年版，第 210 页。

评论的选题题应该从“上头精神”和“下头情况”的结合中去找，从实际工作中去找，从现实生活中去找，要把群众关心的问题，群众迫切需要解决的问题，列入评论选题范围。因为群众关心的问题，就是党关心的问题；群众迫切需要解决的问题，也就是党和政府应该解决的问题。诚如我国杂文家、评论家赵超构（笔名林放）所说：“（评论选题）没有什么窍门，只要平常多看，多听，多想，题材有很广的。而最重要的，是深入生活，了解社会，关心人民的衣食住行，知道群众的种种想法。”① 因此，胡乔木同志在总结评论选题经验时说：“我们不是为评论而评论，评论是为了解决群众提出的和迫切希望加以解决的问题。”并且说：“报纸不能要求自己的评论是不朽的，而要有使评论和所指出的缺点‘同归于尽’的精神。”②《人民日报》评论员米博华说过：“当我们构想一篇作品时，主题的确立不可以大而话之。这就犹如射击，只晓得向哪个方向射击还不够，还要找到明确的目标。目标既是研究某一事物的正确路径，也是我们讨论某一话题的角度。不论长文还是短文，必须有讨论的重点，而重点越集中越好。换言之，一篇文章最好只有一个‘文眼’。”③ 这两位评论行家所说的写作技巧，实际上就是从大问题的某一个侧面选定论题，使论题具体集中，有鲜明的针对性。同时，也要学会小题大做，善于从一看似极普通的事件中，找出其背后存在的具有普遍意义的大问题，深入发掘，写出大主题，从而在社会上引起巨大的反响。比较下面这两篇评论：

例 1

察潮流　顺民心　天下定

——为庆祝党的 76 诞辰与 97 香港回归而作

清　明

7 月 1 日，是一个彪炳史册的日子。

76 年前的今天，是中国共产党在神州大地光荣诞生的伟大时刻；76 年后的今天，是中华民族洗雪百年耻辱迎来香港回归、长民族志气振国家声威的喜庆时刻。这绝不是偶然的巧合，而是历史发展的必然结果。海内外炎黄子孙在抒发百年期盼愿望一朝实现的喜悦之情时，不能不由衷地歌颂我们的党洞察潮流，顺应民心，圆满解决香港问题所立下的丰功伟绩。

庄严的历史时刻，必然引起人们对这一重大历史现象的深刻思考。

为什么清朝政府会在《南京条约》这一“卖身契”上签字画押，使香港变成一个

① 中国晚报工作者协会主编：《赵超构新闻奖作品选》，宁夏人民出版社 2007 年版，第 109 页。

② 《胡乔木文集》（第三卷），人民出版社 1994 年版，第 14 ～ 15 页。

③ 米博华：《当前新闻写作的几个问题》，《今传媒》2008 年第 1 期。

深深触痛每一位爱国者自尊心的地名？为什么英帝国主义霸占香港地区一个半世纪以来，从清朝到民国为收复失地所作的努力都遭到失败？为什么无数志士仁人为了拭去“东方明珠”蒙受的尘垢而抛头颅、洒热血，只有在今天——我们党诞生76周年纪念日，才能看到香港回到祖国的怀抱而含笑于九泉？历史揭示了一个朴素的真理：合乎潮流者昌，顺应民意者胜，民心归向而天下定。

人们不会忘记，当年广州三元里和附近一百多个乡的数千群众面对英帝的坚船利炮，无所畏惧，奋起抗争，以大刀、长矛为武器，杀得侵略者丢盔弃甲，丧魂失魄。然而，腐败无能的清廷大员“靖逆将军”奕山，竟派广州知府为之解围，使英军得以狼狈逃窜……

中国共产党以全心全意为人民服务为唯一宗旨，以人民高兴不高兴、人民满意不满意、人民赞成不赞成为考虑一切问题的出发点和归宿，解决香港回归问题也是抱定这样坚定的立场和宗旨的……

得民心者得天下，顺民心者安天下。以江泽民总书记为核心的党中央高举邓小平建设有中国特色社会主义理论的伟大旗帜，成功地、创造性地实践了这一伟大理论。从新中国的诞生到社会主义事业的日新月异，从“一国两制”伟大构想的提出，《香港特别行政区基本法》的诞生，解决收回香港的一系列方针、政策的制定，到构想、方针、政策、法规的顺利实施，150多年夙愿的最终实现……

察潮流，顺民心，天下定。这就是今年7月1日的历史现象给予人们的启迪。

7月1日，将放射出永不熄灭的光芒！

（《福建日报》1997年7月1日）

1997年是中国不平凡的一年，全国众多新闻媒体围绕着香港回归、党的十五大召开等几件大事，发表言论，体现新闻工作者高度的历史责任感。获中国新闻一等奖的评论《察潮流顺民心天下定——为庆祝党的76诞辰与香港97回归而作》，就是抓住上述重大的历史事件而撰写的一篇富有自己特色的力作，和其他同类文章相比，它“技高一筹，文采风流”。香港回归，举世瞩目，福建毗邻香港，无论从人缘、地缘，历史、现实的角度，福建人民在感情上对这件事都特别关注。作者出于高度的政治责任感，但是如何落笔呢？是不是就“回归”谈“回归”呢？那么，怀念邓小平同志，纪念党的76诞辰，迎接党的十五大召开呢？经过作者反复周密的思考，作者抓住两个“七一”，即党的诞辰与香港回归同一日，“这绝不是偶然的巧合，而是历史发展的必然结果”这一重大的历史现象，把三件大事融为一体，从而形成了这篇题材重大言论的特色，即立意集中在三件大事的结合点上。而在一篇言论之中，揭示了三件大事所蕴涵的深刻题旨，既有对党的热情歌颂，对邓小平同志的深切怀念，又有对香港回归的热烈庆祝。

文章开头第一句话：“7月1日，是一个彪炳史册的日子”。接着说到两个“七一”

的巧合，随后便针对这一重大历史现象，提出三个值得“深刻思考”的“为什么”？即为什么清朝政府会在《南京条约》上签字？为什么以往收复失地的努力都遭失败？为什么无数志士仁人为恢复香港主权而抛头颅，洒热血，至今才能圆了梦？作者笔端饱含激情，回顾了当年广州三元里群众的抗英斗争，描绘了当年邓小平与撒切尔夫人会谈时提出中国一定要在1997年收回香港的坚强决心和气壮山河的态势，赞颂了“全球各个角落”同庆香港回归的热烈盛况。在与读者亲切交谈、抒发情感之际，揭示了“合乎潮流者昌，顺应民意者胜，民心归向而天下定”这样一个朴素的真理。作者以“潮流”、“民心”、“民意”为题旨，道出“民心思归，民心思定，民心思富，民心思廉，是香港同胞和海内外全体中国人民的共同心愿”，埋下伏笔，寓意善于体察民情的中国共产党，不仅有能力领导中国人民收回香港，而且“有能力使香港更加繁荣与稳定”。弦外之音，犹响耳旁，含意颇深。这篇文章行文流畅，不乏神来之笔，且富于思辨性与哲理意味，不愧是一篇有思想、有感情、有文采的优秀评论。①

例2

中华民族的百年盛事

——热烈庆祝香港回归祖国

1997年7月1日零点，全世界都在谛听从东方响起的庄严钟声。它响彻寰宇，向五洲四海郑重宣告：中华人民共和国政府恢复对香港行使主权的时刻到来了！中华民族洗雪百年耻辱、扬眉吐气的时刻到来了！

以中英两国政府完成交接仪式，香港特别行政区宣布成立为标志，圆了中华民族期盼了一个多世纪的香港回归梦，实现了几代人的夙愿。这一天，举世瞩目，永载史册。

香港回归，百年盛事，普天同庆，举国欢腾。在960万平方公里国土上，热血沸腾的中国人民，以千歌万曲、千言万语表达着自己欢乐、自豪、振奋的感情。

在欢庆香港回归的时候，我们决不能忘记，为了这一天，中国人民走过的不平凡的道路：

——为了这一天，无数中华民族的英雄儿女御外侮、争主权、前赴后继，同殖民统治进行不屈不挠的斗争，充分显示了维护民族尊严和国家主权不可动摇的信念，表现出崇高的爱国主义情怀。但是，由于当时的祖国积弱积贫，由于当时的政府腐败无能，斗争是壮烈的，结局是悲哀的。一代又一代仁人志士壮志难酬。

——为了这一天，新中国成立后，我国政府多次庄严申明，香港自古以来是中国领

① 颜振有：《立足大事深化主题》，《中国新闻奖作品选》（1997年度），新华出版社1999年版，第53～54页。

土不可分割的一部分，不承认英帝国主义强加给中国的三个不平等条约；对于这一历史遗留问题，将在条件成熟的时候通过和平谈判解决；未解决之前维持现状……

——为了这一天，中国政府以统一祖国的大局为重，以保持香港繁荣稳定的大局为重，按照“一国两制”的构想，为解决香港、澳门、台湾问题，最终实现祖国的完全统一，提供了一条现实可行的途径。实践表明，“一国两制”、“港人治港”、高度自治的基本方针，符合香港的利益，符合全民族的根本利益，得到了广大香港同胞和全国各族人民的拥护，也得到了国际社会的赞同。这是一个高瞻远瞩的伟大创造，是人类文明进步史上的一个创举。

在欢庆香港回归的时候，我们深切怀念敬爱的邓小平同志……

在欢庆香港回归的时候，我们更加深刻地体会到，没有中国共产党的领导，没有祖国的日益强盛，没有改革开放的伟大成就，没有新中国三代领导人的不懈努力，特别是没有邓小平建设有中国特色社会主义理论的指引，就不可能有今天的香港回归。这就是一百多年历史写下的庄重结论。

香港回归，是落实“一国两制”方针的第一步。

……

现在，在党的基本理论和基本路线指引下，在以江泽民同志为核心的党中央的坚强领导下，我们国家政治稳定，经济发展，民族团结，社会进步。世界将看到，中国的明天会更好，具有五千年文明史的中华民族在新世纪的征途上，将向着现代化的宏伟目标昂首阔步前进，中国的完全统一、中华民族的全面振兴，将成为辉煌灿烂的现实。

（《人民日报》1997 年 7 月 1 日社论）

1997 年，香港回归祖国，洗雪了中华民族的百年耻辱，华夏儿女，炎黄子孙，无不为之欢呼，为之振奋。社论《中华民族的百年盛事》记载下了这一具有重大历史意义的盛事，表达了亿万中华儿女的心声，抒发了强烈的爱国主义情感。这篇社论强调一个“情”字——爱国主义感情。文章一开头，便表达了因香港回归祖国而生的自豪感，因百年耻辱得以洗雪而生的痛快感；接着，一连采用了三个排比句式“为了这一天……”，抒发了人们对无数“中华儿女御外辱、争主权、前赴后继，同殖民统治进行不屈不挠的斗争”的崇敬之情，讴歌了老一辈国家领导人为实现中国统一大业所做的努力。文章还重点抒发了对提出“一国两制”伟大构想的邓小平同志的怀念之情。通篇文情并茂，情理交融，使读者由接近而贴近，进而产生感情的共鸣。

比较上述两篇评论，它们反映的题材相同，但各自的切入点却大不相同。其中，例 1 的评论把香港回归同党的 76 诞辰巧妙地结合在一起，角度新颖，让作品富有新意。而例 2 的评论则抒发了作者的爱国热情。在现实社会，真理是由无数个闪闪发光的事情件组成，新闻评论也应该五彩缤纷，但有一点是肯定的：新闻评论与冷漠无缘。只有那些以饱蘸激情的笔书写出的篇章，才会有生机和活力。而评论的情，就来自作者对生活的思考，对人类命运的深切关注。

二、帮助读者认清事实真相

新闻评论的选题，应该追求“后篱笆原则”。“后篱笆原则”描述了这样一个真实的故事。美国的一位电视新闻制片人询问编辑：一天工作结束时，两位主妇倚在后院的篱笆上聊天，她们会谈论什么话题？他以20世纪80年代三个大新闻为例：英国与阿根廷之间的福克兰群岛之战、中东战争和英国戴安娜王妃生王子。那位制片人假设这三大新闻发生在同一天，他断定，这两名主妇多半会谈论王妃生王子，所以，电视新闻就该把王妃生王子作为最重大的新闻加以突出报道。这个例子说明，“后篱笆原则”就是要把电视镜头对准人们最感兴趣的任何事件，不管该事件的重要性程度如何，只要能引发人们的兴趣，只要能把人们吸引到电视机前，只要能成为人们茶余饭后的谈话内容，那就是今日要闻。电视新闻这样，评论作品的选题更应如此。实际上，许多人从不读评论，且公开承认这点，也就是他们是有意不读的。分析其中的原因，选题是个大问题。为了吸引读者，从而在根本上扩大评论的影响，因此，评论选题要遵守如下原则：

1. 接近性。评论员必须把主要精力放在与读者切身相关的问题上，地方报纸评论（首先是社论）的选题应当优先考虑当地事务。不少报纸热衷于谈论大问题，比如中东局执、俄国改革，有时是一种手法，它不会冒什么风险，也不至于招致批评，因为不大可能触犯当地读者的利益和信仰，或引起地方当局等的不满，但不可能吸引广大读者的关注。所以，评论作品必须把同读者密切有关的问题作为第一选题。

2. 向读者提供参与的条件。仅仅告诉读者“这件事与你有关是不够的”。评论只是就事论事地进行评论，告诉读者许多事情，这样读者就可以判断为此做些什么，或应当抱什么态度。

3. 时效性。评论主要是对新闻事件的分析与评判，有时间性的要求。

4. 重要性与趣味性的平衡。一般来说，评论是讨论重大、严肃的问题。但这个观念已经发生了变化，越来越多的评论作品把选题范围扩展到家庭生活、子女教育、文化艺术甚至个人兴趣爱好方面，开辟了随笔一类的栏目。虽然它们只能是“配角”，却对读者的吸引力更大。

5. 广泛性。考虑到不同读者的兴趣差异，选题面应当与读者的需求保持一致，政治、经济、科学、外交、社会等经常轮换，一段时间内的出现次数需做到均衡。①

比如，2012年10月7日上午，广州地铁4号线车厢内发生一场斗殴事件，一个20多岁的小伙子与一位年近70的老人，因为上车的时候推搡发生口角进而演变成在车厢

① 李良荣等著：《当代西方新闻事业》，复旦大学出版社1997年版，第321～324页。

内相互厮打。涉事双方称，67 岁的陈伯曾是广州天河区红十字会医院卫防保健科医生，而 28 岁的小吴则是一名工人。在接受媒体采访时陈伯承认事发当日在地铁 4 号线车陂南站候车时没有排队，其间小吴拦着陈伯要求他排队，从而引发口角，上车后双方因排队一事继续打“口水仗”。当时是陈伯在车上口角时突然上前打了小吴一拳，小吴立即还手，一脚朝老人踢去。刚开始曾有人阻止，但殴斗双方毫不相让，扭打到一起。陈伯事后承认当时咬了对方耳朵一口。同年 10 月 18 日，新加坡《联合早报》发表了一篇名为《抢了再说?》的文章，并进行了深入的分析与评论：

地铁打架事件引发中国舆论思考文明素质问题。有人批评中国社会部分人素质不够，总是为一点小事就开打；更有人疾呼，频繁发生此类事件凸显社会的道德缺失。但又是什么致使人们丢失道德价值观，选择遗忘敬老尊贤、遵守秩序等耳熟能详的教诲?

在地铁上起摩擦，多半都是因为推挤、抢位或插队，这其中，都围绕着一个“抢”字。“抢”字在中国人的日常生活中几乎无处不在，不论是买东西或上厕所，总有人会假装不知长长的人龙是在排队，插到你面前。

公共资源不足，有需要的人确实不得不抢。但为了抢而不顾社会秩序，不顾是否伤害他人权益，才是最大的问题。

靠关系、权力和金钱就可以在职场上一帆风顺，甚至在生活中罔顾王法，已成了一部分中国人对社会固有的印象。被这种缺乏公平和公正性的环境包围，任何的机会和福利，人们都只有靠自己想办法去抢，因为只是守秩序、靠实力已不足够。

文章针对现实生活中人们无处不在的抢位和插队现象，突出了“抢”字在中国人的生活中的作用。文章接着分析说：

插队、抢位等生活上的不文明举止，实际上也不过是这种心态的“衍生品”。对不公平现象的担忧被带到生活中，看似再微不足道的事也都是“抢了再说”。在不受公平制度保护的环境里竞争，人们只能硬生生地放下所有是非感、价值观，因为不抢就得不到。①

文章一语中的，指出这种现象产生的原因，是把社会不公平现象的担忧带到现实生活中。强调在不受公平制度保护的环境里竞争，人们只能硬生生地放下所有是非感、价值观，因为不抢就得不到，深刻地揭示了这种现象产生的社会根源。这篇评论很有深度，也有新意。

① 参见黄慧敏:《从“抢”看中国的不公平》，载《环球时报》2012 年 10 月 19 日。

三、适时

《墨子闲诂》说过这样的一个故事：墨子有个学生叫子禽。有一次，子禽问墨子："多说话到底有没有好处？"墨子回答说："虾蟆蛙蝇，日夜而鸣，舌干檘，然而不听。今鹤鸡时夜而鸣，天下振动。"然后，他说："多言何益？唯其言之时也。"也就是，话不在多，贵在说得适时。新闻评论的发表也要正当其时。评论的生命力正在应时而评，与时事结合紧密。美国新闻学者休曼认为："论说有五要：论当其时，一也。凝练肃括，二也。于一事之情实，无不周知，三也。词达可诵，四也。见理透彻，造语奇警，五也。要而言之，不伤于繁碎。"① 讲究时效，把握时机，对于评论写作至关重要。强烈的时效性，决定了它一定要以现实生活中的新人物、新事物、新风尚、新问题、新动向作为主要评述对象，力求做到：当拥有无限生命力的新事物正在萌芽的时候，就要满腔热情地为它的成长擂鼓助威、鸣锣开道；同样，当错误思想、错误倾向起于青萍之末的时候，就要主动进行劝导，激浊扬清，扶正祛邪，以防患于未然。这种快速反应、及时发言的评论往往富有新意，给人以新的启迪。因此，评论作者要经常研究客观形势的变化，了解当前存在的问题，分析下一步可能发生的情况，这样才能把握时代的脉搏，见微知著，掌握评论工作的主动权。

《新闻联播》既是中国电视新闻的一种晴雨表，也是中国社会政治与文化生态的一个风向标。联播中出现的变化，会引起全社会较大的关注。2013 年 1 月，央视《新闻联播》开播 35 年来首次引入评论员。在这期电视节目中，央视评论员杨禹出现在与主播郎永淳的连线中，他们就近期社会集中关注的"舌尖上的浪费"问题进行直播评论，认为刹住浪费之风，关键是要从公款、公务人员和公众的三"公"入手。虽然评论员在新闻频道已不算新鲜，但郎永淳在《新闻联播》中连线杨禹却是节目开播 35 年来的第一次。② 随后，央视通过官方微博称："新闻联播：直播评论员点评将常态化。"《新闻联播》一直都有短评、述评等评论形式，这些评论作品大都由央视新闻中心联播编辑部的评论组负责撰写，由联播的主播播报。

央视评论的呈现方式通常有两类：一种是评论员直接坐在主播台上，和主播面对面谈话；另一种是双视窗连线，评论员在另一评论台上对着摄像机做评论。这两种方式各有所长，也有局限性。联播评论和日常在其他时段里的评论存在着三点差异：一是评论的题材重大。联播新闻本身就具有重大性，需要配评论的，要么是重大时政，要么是有社会高度关注的热点。二是联播评论对时间的要求更严格，无论新闻片子还是主播播报，都有稿子，可以准确控制时长。三是在题材与时长的特殊要求下，给评论内容、表

---

① （美）休曼著：《新闻学》，见《新闻文存》，中国新闻出版社 1987 年版，第 191 页。

② 参见《央视〈新闻联播〉首次加特约评论员》，载《成都商报》2013 年 1 月 24 日。

达都带来新要求。因为联播评论的重大性，评论员的基本立场、观点与具体表达，都要求更鲜明、精准、得体。因为在这有限的两分钟时间里，表达要求更简洁、直白，不能绕弯子、做铺陈，语言要求平实、生动、自然。①

一般来说，新闻评论应该及时发言，要特别注意时效性。但是，对于有些新闻事件或新闻事实，特别是对人的思想认识问题，需要把握好时机，否则，贸然地进行评论，常常会引不起人们的共鸣，减弱新闻评论的影响力，甚至会适得其反，因此，时效和时机是一个对立统一的范畴。比如，2003 年春夏之交，中国南方部分地区暴发“非典”，疫情是从广东地区开始滋生的，后扩散至全国其他的一些省市地区。相关消息最早由手机短信和网络迅速传播开来。我国主流新闻媒体在相当长时间内对此却保持沉默。不仅丧失了对社会舆论的反映和引导作用，促使小道消息流传，并由此还引发社会动荡。同年 2 月，广东的《南方都市报》、《广州日报》等新闻媒体进行相关报道，使疫情逐步透明化，从而初步稳定人心。4 个月之后，中央新闻媒体打破沉默，对此进行了充分而突出的报道，不仅逐日公布疫情，介绍有关非典型性肺炎的知识，且对我国人民在党和政府领导下奋起抗击非典型性肺炎病魔的斗争进行了翔实而生动的报道，从而提高了广大人民群众的科学认知水平，缓解了恐慌情绪。有一天，作者在兰州市大街上，见到一位穿着时尚的女孩，同样是一个大大的口罩遮住她的大半个脸。但在雪白的口罩上面，却画上一条向上弯曲的弧线，那是一张微笑的嘴。那个大口罩没有遮住她的美丽，而那张微笑的嘴却使她更加动人：我不知道她是谁，与她也只是擦肩而过，但她以及她所构成的画面却给作者留下了深刻的印象。于是，作者的大脑立刻闪现出言论的主题——一天，作者收到一条手机短信，内容是：“SARS：Smile And Retain Smile（微笑，并保持微笑）”，“SARS”是非典型性肺炎的英文缩写，这种充满智慧的“释词”，让作者眼前突然一亮。原文这样写道：

不久前，一位朋友发来一条手机短信，用 4 个英语单词对“SARS”进行了全新的解释：Smile And Retain Smile。并注明它的意思：“微笑，并保持微笑。”无独有偶，5 月8 日《南方周末》上的一则公益广告，其主题内容正是这 4 个英语单词和这一行简单的汉字。

在“非典”肆虐的紧要关头，这种不乏幽默的“另类释词”，不仅表现了一种智慧，也传达出老百姓在抗击“非典”过程中的生活态度和精神状态。

“非典”是一场突如其来的灾难，微笑是一种司空见惯的表情。“非典”不是微笑的唯一理由，却使微笑更具魅力。

医生的微笑是一种坚定。

---

① 参见祖薇：《〈新闻联播〉首引评论员》，载《北京青年报》2013 年 1 月 28 日。

这篇评论发表在2003年5月22日的《甘肃日报》。当时，正值“非典”肆虐中国、人们谈“非”色变的时候，作者结合当时的这一形势特点，抓住了生活中的一个有价值、有积极意义的典型细节，及时地作出评说、阐释、铺陈、演绎，阐明观点、作出引导，用一个“微笑”，极大地缓释当时紧张的社会氛围。文章的写作和发表可说是正当其时。文章接着写道：

著名摄影家解海龙曾为希望工程捕捉了一双充满渴望的“大眼睛”，在“非典”时期，他又“捕捉”了一双饱含微笑的大眼睛。《北京青年报》5月10日发表了解海龙拍摄的北京佑安医院传染科主任孟庆华在抗“非典”前线的特写照片。孟庆华戴着大口罩，戴着护士帽，能看到的只有一双大眼睛。但眼睛中所流露出的微笑，是那么的不经意，又是那么的深情；是那么的从容，又是那么的坚毅。

……

突如其来的“非典”改变了我们的生活，但非典时期的日常生活中，仍然处处荡漾着微笑；“非典”时期的内心世界中，仍然需要一片宁静的天空。

“赠人玫瑰，手有余香。”微笑的感染力是互相的，也是无限的。不吝微笑的人，必将从微笑中得到更多。

我们应该多问问别人，也多问问自己：“你的心情，现在好吗？你的脸上，还有微笑吗？”（一首流行歌曲的歌词）我们应该多提醒自己，也多提醒别人：“让我们把手洗干净，然后握得更紧；让我在十八层口罩后面，看看你微笑的眼睛……”（一则正在流行的“民谣”）微笑，并保持微笑。

在那段特殊的日子，经历着“非典”，人们都有各自的人生感想，但要战胜“非典”，人们的认识却是一致的，那就是“万众一心，众志成城”：所有的人都知道“非典”来了，才可能编织起一道坚固的心理防线，构筑起一道必胜的精神长城。所以，“非典”时期，作者就一直想着要写一篇言论，鼓舞国人的士气。新闻评论要求注重时效，要求紧密结合当时当地的客观实际和形势及其变化，及时地提出问题，不失时机地对重要事件、重大问题作出反应或表明态度；与此同时，还要求选择恰当时机，适时地发表意见，以期取得最佳的社会效果。而它的选题立论的针对性要求评论的内容要有评论价值，是有迫切的现实意义的，要针对当前重要的新闻事件、重大的社会生活问题、群众普遍关注的热点、难点问题，有的放矢地发表评论，引导社会舆论。

中国自古就追求“文以载道”的文化使命。诗人白居易在《与元九书》中说过：“文章合为时而著，歌诗合为事而作。”说的都是作文论事的针对性问题。这篇获奖评论正是具有这样的特点和功效的优秀作品。它针对当时紧张的社会状态，以及人们普遍的恐慌心理，以“微笑”的心态、“微笑”的情绪、“微笑”的方式，与人们平等地谈心、交流、沟通，引导人们以积极的精神风貌，以“微笑”勇敢地面对灾难，以“微笑”积极地战胜灾难，从而引导了舆论，引导了人心，引导了人们继续前进的方向。①

第二节 讲究立意

评论写作，与选题同步的是立意。立意，就是确定文章的主旨。古人有“意在笔先”之说。如李腾芳在《山居杂著》中写道：作文须先立意。唐代杜牧在《答庄充书》中说过：“凡为文以意为主，气为辅，以辞采章句为之兵卫……是以意全胜者，辞愈朴而文愈高；意不胜者，辞愈华而文愈鄙。是意能遣辞，辞不能成意。”明末清初思想家王夫之在他所撰的《姜斋诗话》中说：“无论诗歌与长行文字，俱以意为主，意犹帅也。无帅之兵，谓之乌合。”可见，立意对于一篇文章是何等的重要。那么，如何确定新闻评论的立意呢?

（一）新

明代唐顺之在《答茅鹿门知县》中写道：立意要“洗涤心源，独立物表”，意思是要把人云亦云的意见从脑海中洗干净，在一般人的意见之外，提出自己的独特感受。清代薛雪在《一瓢诗话》中说得更具体、更明确。他说：“若蹈前人之意，虽字句稍异仍是前人所作，嚼饭喂人，有何趣味?”只有新颖、深刻、重要的主题，才能给读者留下难以磨灭的印象。

（二）深

写文章要“义深意远”。怎样做到这一点呢?古人云：“要洞察幽微。”也就是进行透彻的分析研究，拔掉事实中无用的“羽毛”，抓住事实的灵魂，提炼主题。

（三）精

用简洁的文字表达一个主题，这正像清代刘熙载在《艺概·经义概》中所说：“……主脑既得，则制动以静，治繁以简，一线到底，万变不离其宗，如兵非将不御，射非鹄不志也。”据说，清代郑板桥画竹，多用简笔，在一枝一叶、三竿二竿之中传神写意。古人写文章反对“意多乱文”。同样，新闻评论的主题思想要鲜明、突出，给人留下深刻的印象。

写新闻评论，落笔之前要立意，同时还要做到“意新”。那么，何谓“意新”?明代黄子肃在《诗法》篇中写道：“大凡作诗，先须立意。意者一身之主也。”清代李渔主张“意新”，就是不蹈前人的主张。元代陈绎在《文说》中说：“凡作文发意……精意也，方可用之。”这“意新”和“精意”，从新闻评论的角度来看，就是新闻评论的

① 参见徐兆荣：《散文化，别样评论显奇效——评第十四届中国新闻奖获奖言论》，载《新闻战线》2005年第3期。

立意要新鲜、精辟。

一、立意要站在时代的高度

写评论，若不能从大局着眼，则难免就事论事，只见树木不见森林；若不能一点着笔，则难免泛泛而谈，肤浅平庸。古人云："立片言以居要，乃一篇之警策。"其中的"片言"即是文章的立意。论点是一篇评论的核心，一篇评论能否站得住脚，是否准确，在社会上能否产生积极影响，首先是看它的论点，可以说，一篇评论成功与否，论点是关键。因此，在写评论之前，要把论点考虑好，想一想这个论点在当前政治生活和经济生活中有什么意义，是否准确，是否鲜明，提倡什么、赞扬什么、批评什么、反对什么，要达到什么样的舆论引导作用。论点选得准、选得好，选得有分量，评论文章就成功了一半。

评论的立意除了遵循一般文章提炼主题的要求，如正确、深刻、新颖外，还要做到对全局宏观把握，反映时代精神。那么，评论怎样才能提炼反映时代精神的主题呢？一是要站在时代的高度，分析人物、事件的深层内涵和时代意义；二是要回答人民群众所关注的问题，要反映他们的愿望和呼声，为人民鼓与呼。这样的立意才具有时代的特点，为人民群众所欢迎。

评论的立意要站在时代的高度来反映时代之精神，这就需要作者有系统思考问题的能力。① 比如，1942 年 8 月 19 日，重庆《大公报》发表《我们在割稻子》的社评，未署名，实为王芸生执笔。《我们在割稻子》表达了抗日军民不屈的意志和乐观的精神，文章生动地描写了农民面临敌机轰炸，依然从容不迫收割稻子的情景，显示了中国民众面对强敌的镇定自若和坚毅果敢精神。原文这样写道：

早稻已熟，农村正忙收割。今春本有旱征。入夏连得透雨，迄今乃获丰登。正在这时候，敌机频频来轰炸我后方城市。据敌人广播，自上月以来，内地天气不良，迄本月八日据报内地天气恢复，于是乃于昼间或月光之下，空袭重庆数十次云云。如此说来，敌机来袭与天气的良劣有直接关系。就在敌机袭扰重庆最繁之时，市民们每天的大部时间在防空洞内生活，我们曾问过一个市民："下雨好吗？"他连连回答："要不得！要不得！我们在割稻子！"这匆促之间的答复，真是理智极了，也是正确极了。重庆市民的理智是：宁自己忍受防空洞里的避难生活，而不希望老天下雨。因为雨天虽能阻止敌机来袭，而田中待割之稻却不免因霉湿而发芽。就在最近的十天晴明而敌机连连来袭之际，我们的农人，在万里田畴间，割下了黄金之稻！

① （美）彼得·圣吉著：《第五项修炼——学习型组织的艺术与实务》，郭进隆译，杨硕英审校，上海三联书店 1994 年版，第 6 页。

这篇社评在提出问题之后，接下去就扣紧“割稻子”展开论述，阐明其对抗战的重大意义、对敌寇的沉重打击——“事实证明，敌机尽管卖大力气，也只能威胁我少数城市，并不能奈何我广大的农村；况且我少数城市所受的物质损害，较之广大农村的割稻收获，数字的悬殊何啻霄壤?”这番辩证的分析、鲜明的对比，更是开阔了人们的眼界，坚定了人们的信心。在扫除人们的悲观情绪之后，社评又采用一大段文字，揭露日寇“疲劳轰炸”的实质并不表明其强大，而正暴露其虚弱，也就是“政治的帮闲，军事的自杀”。接着，文章又落笔到城市，说明重庆市民也在用实际行动坚持抗战。最后回到“割稻子”的形象，并满怀激情地鼓动：“让无聊的敌机来肆扰吧！我们还是在割稻子，因为这是我们的第一等大事。”有力的鼓动，往往是凭借具体的生动的事实进行的。社论要有鼓动力，就不能光靠说道理，而必须有事实，有形象，有例证。在这里，“我们在割稻子”经过分析、论证，已成为一种象征，成为百折不挠地在各自岗位上用实际行动抗击日寇的中国老百姓不可战胜的潜力的象征，成了一个鼓动人们团结抗战、坚持到底的形象化口号。“敌机尽管来吧，请你来看我们割稻子!”这是怎样的信心，怎样的魄力，一篇社论能够产生这样的影响和鼓励效果，在《大公报》的历史上是并不多见的！文章接着写道：

在这一段空袭期间，东京各报大肆宣传，以为是了不起的战绩。然事实证明，敌机尽管卖大力气，也只能威胁我少数城市，并不能奈何我广大农村；况且我少数城市所受的物质损害，较之广大农村的割稻收获，数字的悬殊何啻霄壤？由福建两广赣湘黔滇以至四川，这广大区域的早稻收获，敌机能奈之何？所以我们还是希望天气晴朗，敌机尽管来吧，请你来看我们割稻子！抗战至于今日，割稻子实是我们的第一等大事，有了粮食，就能战斗！

敌寇真是无聊！它原是小本经营，侵华四年，已甚蚀本，现在又入轴心之伙，想做大生意。它为了配合盟兄的需要，于是占越南，窥泰国，作南进之势，以牵制英美；调兵东北，作北进之势，以威胁苏联。但经英美警告，止于顿兵泰边；苏军在西线既能力阻强德，它的北进之师亦遂趑趄不前。那么，它将全力侵华吗？其实它已将较强的部队抽调出去，去点缀南进北进的姿态，而把国内老弱预备役调来中国填防，所以也没有进攻的力量。近来各战场之无大战事，就是这种原因。如此说来，敌寇南进不得，北进不成，西进也无力，那不是吊起来了吗？敌人的确吊在这种景况之下。但是它要表示还有力量，还在作战，就只有调遣这些架烂飞机来空袭重庆及其他后方城市，藉此作东京登报的材料，以欺骗人民，夸耀国际。所以我们说敌人这一向的空袭攻势，是“政治的帮闲，军事的自杀”。就这一有限的本钱，为点缀场面而消耗，看它将来怎了？

讲到敌机对于城市的威胁，说穿了也不过这么一回事。敌人说它这次空袭重庆是“疲劳轰炸”，我们是生活在重庆的，经过敌机三年轰炸，还不照样在做我们的工作?

最近的所谓“疲劳轰炸”，的确疲劳了体质较弱的妇孺，有的妇人堕了胎，有的小孩着了凉，更有许多平民失掉了住居。残暴而无耻的敌人，你们给我们的损害不过如此而已！至于一般壮汉，他们谁也未曾少做了一丝半点的工作。三年来的经验，已使重庆人学会怎样在敌机空袭中生活，人们既不曾因空袭而停止呼吸，而许多工业照样在防空洞中从事生产。就拿本报的情形来说，在我们的防空洞内，编辑照常挥笔，工友照常排版，机器照样印报，我们何尝少卖了一份报？

话说回来，让无聊的敌机来肆扰吧！我们还是在割稻子，因为这是我们的第一等大事。食足了，兵也足；有了粮食，就能战斗，就能战斗到敌寇彻底失败的那一天！

1941 年 7 月 8 日，正值抗战时期，中国大地天高气爽。王芸生探望正处病重的张季鸾，其间谈起日机轰炸之事。张季鸾说：“芸生，你尽管唉声叹气有什么用？”王芸生回答：“敌机来了，我们却毫无抵抗力。”张季鸾沉思一阵后突然拥被而起，便十分兴奋地说：“你今天就写文章，题目叫‘我们在割稻子’。就说，最近十几天，天气晴朗，敌机连连来袭。而我们的农夫在万里田畴割下金黄的稻子。”这篇社评发表之后，“割稻子精神”就成为激励大后方人民抗击日机轰炸的一种精神力量。把“谣言”化成了有血有肉的具体事实，选择了十分巧妙的角度，用中国农民“割下黄金之稻”的坚强群像，使日夜来袭的日寇机群如田间噪蚊尸般黯然失色！社评一开始就摆出“农村正忙于收割”与“敌机频频来轰炸”的矛盾，然后通过一个市民之口，引出“宁自己忍受防空洞里的避难生活，而不希望老天下雨”的句子，因为“我们在割稻子”。接着，社评以充满感情与自豪的笔调写道：“就在最近的十天晴明而敌机连连来袭之际，我们的农人，在万里田畴间，割下了黄金之稻！”这真是“山重水复疑无路，柳暗花明又一村”的境界。针对日寇的“疲劳轰炸”，当局既“毫无抵抗”，“空言”又无济于事，似乎是“山穷水尽”了，作者却笔锋一转，从城市跳到农村，从“割稻子”这不起眼的凡人小事，却看到抗战最深厚的基础——人心的向背和人民的力量。你炸你的，我割我的，“有了粮食，就能战斗”。可见，“割稻子”这个题目看似平凡、简单，甚至可以说“缺乏文采”，其实却从很巧妙、新颖的角度，以小寓大，包含着精细的构思与深刻的意义。这是在系统思考问题的前提下，体现时代精神的优秀评论。

二、立意要有胆有识

任何一篇评论作品，都是由思想内容、组织结构、语言表达三方面的因素构成的。一篇优秀的新闻评论，则是三者的完美统一，其中思想犹如灵魂，结构有似骨架，语言好比血肉。所以，写评论首先要讲立意。立意正确、深刻，才能有益于受众，有益于社会。比如，《华盛顿邮报》突出社论重于新闻。它经常邀请政治家撰写社论，这些社论作者或者是学者，或者是专家，都是一些眼高于顶、口衔烟斗的文人。《华盛顿邮报》

认为，记者只是等着去拿新闻的“报腿子”而已。当时，别家报纸都有大批记者采访首都新闻，《华盛顿邮报》只有一个记者兼管白宫和国会。《华盛顿邮报》采取这个政策，并不是没有理由的，他们认为，找个写国际问题的政论家比派驻外国记者便宜。以政论权威李普曼为例，正是秀才不出门，畅谈天下事。

《华盛顿邮报》认为，报纸的作用就是告诉读者你的政见是什么。《华盛顿邮报》始终代表自由主义。麦耶做了《华盛顿邮报》老板之后，经常旁敲侧击地告诉该报的社论委员们：我麦耶有的是钱，不怕赔本，你们写社论时要大胆地写，谁也不要怕。有一次，麦耶邀请美国财政部部长吃饭，吃完饭大家坐在一起喝咖啡的时候，这位报社老板点起一支大雪茄，吞云吐雾目中无人。这时，财政部部长的助手对麦耶说：“先生，我们的部长不喜欢别人抽烟，我们从来不在他的办公室里抽烟。”麦耶反唇相讥道：“你不能在他的办公室里吸烟，可是现在是在我的办公室里啊!”麦耶这样做，无非是为了给他的社论委员们打气，间接地告诉他们，不要有顾虑，大胆地撰写你的文章吧!① 当然，评论的思想并不像“天马行空”那样凭空而生，而是产生于作者对所反映的客观事物的观察、认识和理解，它是以客观事物为基础的。离开了客观事物，文章的思想就成为无源之水、无本之木。因此，文章的思想总是同其内容紧密相连，如影随形，如响依声。

不管写一篇怎样的评论文章，下笔之前，首先要考虑的是，写什么内容，体现什么样的思想和观点，这是最关键的步骤。许多作者早就认识到“立意”的重要性。元代学者程端礼说过：“作文，以意为将军，转换开阖，如行军之必由将军号命。”② 意为文章之“意”，犹如指挥三军的统帅。所以，古代文人强调“意在笔先”。笔先有了“意”，才好对全篇作通盘考虑：如何开头，如何叙写，如何过渡，如何结尾；哪儿详写，哪儿略写；怎样疏密相间，怎样前后呼应。实际上，思想锻炼好，生活阅历深，知识积累多，更有助于文章的“立意”，但并不等于就一定可以立意高远，还有赖于下笔之前对所写的事物所作的认真观察、仔细分析。

晋代陆机《文赋》中说他自己作文，“恒患意不称物，文不逮意”，总是担心文章的“意”不能确切地反映客观事物，担心文辞不能确切地表达文章的“意”。所以鲁迅说：“对于任何事物，必要观察准确、透切，才好下笔”。他又说：“不要看了就写，观察了又观察，研究了又研究，精益求精，那怕是最平凡的事物，也能创造出它的生命力来。”③ 这样的眼力，同作者的思想锻炼、生活阅历和知识积累是分不开的；这样的眼力，就是古人所说的“识”。20 世纪 90 年代，中国的经济和社会发展进入一个关键时

① 赵浩生著：《漫话美国新闻事业》，北京出版社 1980 年版，第 46 页。

② 程端礼：《程氏家塾读书分日程》，姜汉椿校注，上海书店 1997 年版，第 1021 页。

③ 唐弢编：《鲁迅全集·补遗续编》，上海出版公司 1953 年版，第 459 页。

期，改革开放也面临许多新的亟待解决的问题。1991 年 3 月 2 日，《解放日报》发表由皇甫平撰写名为《改革开放要有新思路》的文章。这篇评论在全国较早地提出了要解放思想、防止新的思想僵化，以改革开放的新思路，开创经济建设新局面这一重要问题。原文这样写道：

国家主席杨尚昆在今年上海市春节团拜会上，向我们提出了浦东开发要搞得更好、更快、更大胆的要求；根据中央领导同志的指示精神，朱镕基同志在团拜会上也强调：要更高地举起改革开放的旗帜。

文章首先引用国家领导人的言论作论据，从而强化作者的观点。接着，文章分析说：

更快、更好、更高、更大胆，就是要求我们在贯彻落实党的十三届七中全会精神、完成现代化建设第二步战略目标的过程中，在振兴上海、开发浦东的宏伟事业中，思想解放要进入新境界，改革开放要开拓新思路，经济建设要开创新局面。

在党的十三届七中全会前后，理论界和实际工作部门的同志，已经就深化改革、扩大开放，提出了一系列引人注目而又实实在在的新思路。

例如，著名经济学家刘国光提出了要突出“机制转换”的改革新思路。他认为，80 年代我国经济体制的第一轮改革偏重于放权让利和物质刺激，这在当时是必要的；90 年代新一轮深层次的改革则应把重点转到经济机制的转换上来，形成同社会主义有计划商品经济相适应的竞争机制、淘汰机制和高效率的宏观调控机制。否则，什么破产法、分税制、政企分开、两权分离统统都无从谈起。

又如，上海市浦东开发办公室副主任黄奇帆提出了“三个先行”的扩大开放新思路。他强调，浦东开发并不是前 10 年崛起的 5 个经济特区和 14 个开发区开发模式的翻版，它要从上海的实际出发，围绕局部再造城市功能，着重抓好金融、贸易、基础设施“三个先行”，推动资金融通，商品流通，城市交通的超前发展。有外电评论：这些做法将“使浦东开发一下子站到按现代化国际经济规律运作的高起点上。”……

这些新思路，有的是前 10 年未曾涉及过的新领域，有的则反映了改革由浅层次向深层次的转换和拓展，有的则是对前一轮改革中某些已见成效的发展模式的升华。新思路的不断提出，反映了人们对更深层次改革开放的探索和思考……

研究新情况、探索新思路，关键在于要进一步解放思想……

实践证明，凡是思想解放的地方、部门和单位，工作就打得开新局面；凡是思想不解放的单位，就缺乏生气，工作就很难搞上去。

邓小平同志说过：“干革命、搞建设，都要有一批勇于思考、勇于探索、勇于创新的闯将。没有这样一大批闯将，我们就无法摆脱贫穷落后的状况，就无法赶上更谈不到超过国际先进水平。

最后，作者提出自己的期待，文章表达了自己的愿望：

我们希望各级党委和每个党支部，都来鼓励、支持党员和群众勇于思考、勇于探索、勇于创新，都来做促进群众解放思想、开动脑筋的工作。”

让我们以此作为座右铭，在社会主义现代化建设的漫长征途上，在振兴上海、开发浦东的伟大事业中，不断解放思想，永远开拓奋进！

此文获得中国新闻奖一等奖。评论写作有识是有胆的前提。文章立论高瞻远瞩，观点大胆新颖，被时人赞誉为“犹如滚滚春雷，催人惊醒，促人深思”，文章在社会上引起强烈反响，受到国内外舆论关注。尽管这篇文章主题重大，但作者并没有不着边际地大发宏论，说一些大而无当的话，而是从上海和全国的实际出发，以具体的事实为依托，夹叙夹议，阐明道理，使人感到既开窍，又实在。写评论贵在有胆有识。胆即胆量，有胆就是要敢于把自己的新思想、新观点公之于众，敢于发表“异见”。识即见识，有识就是能了解事物的状态、性质、发展规律，对所要评述的对象有独到的看法。

写评论，没有胆固然不行，但仅仅有胆也不行，还必须有识，可以说，有识是有胆的前提。一个人若对事物的来龙去脉都搞不清，又如何能说出振聋发聩的“一家之言”呢?《改革开放要有新思路》的“胆”，实际上是建立在“识”之上的。这就是文章强调的“计划经济不等于社会主义，市场经济不等于资本主义，计划和市场只是资源配置的两种手段和形式，而不是划分社会主义和资本主义的标志”。尽管这篇评论主要是传播了邓小平的思想，但在当时人们仍然讳言市场经济的条件下，敢于最先把这一思想公之于众，确实是需要有胆有识的。而要具备这样的胆识，就需要深厚的理论功底、洞察时势的能力和敢为天下先的勇气。

同时，评论的立意要做到实事求是。列夫·托尔斯泰在谈到自己的文学创作活动时，曾经说过这样一句话：“为了使艺术作品深刻，就得把它提炼，使它在艺术上完美。”这位伟大作家的经验之谈，同样值得评论写作借鉴。因此，在提炼评论主题时，要真正避免片面性和绝对化，必须弄清和认真把握好这样的三大关系：

（1）现象和本质的关系。任何事物的本质都离不开现象，它必须通过现象来表现。正如列宁所说的：“现象是本质的显现。”但是现象绝不等于本质。提炼评论主题时，满足于对现象的一般了解，不去挖掘事物的本质，便会造成主题思想肤浅。所以，在提炼评论主题时，一定要弄清事物的现象和本质的关系，才能捕捉到事物的“灵魂”，写出的评论才能力透纸背，撼动人心，及时而有力地回答现实生活中的问题。

（2）个别和一般的关系。个别是指单个事物，可以说是事物的特殊性；一般则是指同类事物中存在的共同性，也就是事物的普遍性。一般存在于个别之中，从这个意义上说，没有个别即没有一般。可是，一般是个别的概括，从这个意义上讲，一般又高于个别。提炼评论主题要实事求是，就应当既要看到个别和一般的辩证关系，又不能把个别当作一般，或者用一般代替个别，而是要在一般的指导下，对具体问题进行具体分析，如实地反映事物的本来面目。因此，在提炼评论主题时，切忌“以点带面”，一定要处理好个别和一般的关系，坚持实事求是的原则，否则，写出的评论可能会造成这样一种后果：具体的事例是真实的，但主题思想被夸大或失实了，这也是违反新闻评论必须客观公正这一基本原则的。

（3）集中和全面的关系。新闻评论要求全面，是针对片面性而言的，并非要求面面俱到。集中也不是抓住一点，不及其他，全面和集中是统一的。有时看到一些稿件，主题选得过大过宽，似乎很全面，可是这类稿子写得既冗长又眉目不清，更谈不上把问题讲透了。其毛病在哪里呢？用一句话来回答，就是主题不集中。新闻评论要写得精粹些，主题的集中和突出是一个很重要的环节。鲁迅曾说自己的文章虽然短，但却是“绞了许多脑汁，把他锻炼成精锐的一击”。这就是动手写评论时要经过头脑的思考作用，把自己想表达的许多意思加以提炼概括，集中到最重要的、最精锐的一点上，从这一点生发开去说深讲透，而不是贪大求全，东说一点，西扯一点，结果是一点也没说清楚，更不用说反映深刻了。因此，评论的“立意”既不能贴标签，也不能用概念套，必须深入基层、深入群众、深入实际，进行艰苦的脑力劳动，付出必要的心血。只有善于思考问题，敢于提出问题或者回答问题，才能使一篇评论的主题思想深化。

第三节　立 意 方 式

著名科学家爱因斯坦说过一句名言：“提出一个问题往往比解决问题更重要更困难。在现实生活之中，显而易见的答案常常是无效的。”这是一则古老故事的现代版，过路人遇到一位醉汉在路灯下，跪在地上用手摸索。他发现醉汉正在地上寻找自己房屋的钥匙，便想帮助他。问道：“你在什么地方丢掉的呢？”醉汉回答是在他房子的大门前掉的。过路人问：“那你为什么在路灯下寻找？”醉汉说：“因为我家门前没有灯。”其实，有灯光才易寻找，因此醉汉也不追究钥匙真正掉在哪里，看到灯光便开始寻找。在日常生活中，应用熟悉的方法来解决问题，好象最容易，因此，人们往往固执地使用自己最了解的方式。虽然有时候钥匙确实是在路灯下，但是也经常掉在暗的地方。当我们努力地推动熟悉的解决方案，而根本的问题仍然没有改善，甚至更加恶化时，就极可能是“非系统思考”的结果。[①] 正是因为显而易见的答案无效，所以，评论作品的立意应该采用一些特别有效的方式。

一、头脑风暴法

头脑风暴的英文单词为 brain storm，原意是突发性的精神错乱，引申为要求每个与会者进入兴奋心理状态，快速地构思，闪电般构思，不断地迸发思维火花，提出超越常规的思路和想法。头脑风暴法最初是由美国著名的 BBDO 广告公司创始人 A. 奥斯本提出的一种激发创造性思维方法，它是为集体举行献计献策会议而设计的，即以会议的形式，引导与会者针对某个问题自由地思索，提出各自的设想，这种会议要求每个与会者进入一种兴奋状态，闪电式、突击式独创性地提出解决问题的思路。由于这种方法对提高创新设想的数量和质量具有促进作用，因而被广泛采用。头脑风暴法包括三个环节。

（一）准备阶段

即问题提出者明确需要解决的具体问题，选择合适的会议主持人，主持人与问题提出者一起详细分析所要解决的问题，确定参加会议的人员，并适当提前把所要解决的问题与相关资料送达与会者。在确定人数方面，以 5 ～ 12 人为宜，以确保气氛热烈。另外，与会者人员最好来源于不同学科、不同背景，从构成上确保与会人员看待问题的多角度化，提出不同的见解。而且在这个阶段，需要营造宽松、自由、热烈的会议气氛，明确需要解决的问题，强化与会者对目标的认同感，引导与会人员进入兴奋的心理状态，思维渐入高潮状态。

（二）讨论阶段

即每位与会者明确需要解决的问题与开会目标后，结合自己的独特理解，对问题的实质和解决方法提出各种各样的看法，自由地开展讨论，相互启发，使会议气氛逐渐活跃起来。经过初步的讨论之后，与会者应引导公众克服心理障碍，充分调动自己的潜意识活动，使头脑处于正常与发疯、理智与非理智、成熟与幼稚的状态，结合他人意见，通过运用发散、联想、类比、想象、直觉、灵感和顿悟等手段，尽可能多地提出新奇观点，各抒己见。头脑风暴法的气氛强调轻松自由，不是辩论会，不允许批评他人的设想，提倡无拘束地自由联想，自由思考，自由发言。头脑风暴法要求与会者尽量多提出有新意的观点，或者结合他人见解提出新的思路，而不是简单地附和他人的意见。

（三）整理阶段

即把与会人的主要观念聚集起来，加以优化选择和科学地组合、改进，形成解决问题的创造性方案。头脑风暴法召集若干人开会并要求大家提出不同看法，是为了最终寻

---

① （美）彼得·圣吉著：《第五项修炼——学习型组织的艺术与实务》，郭进隆译，杨硕英审校，上海三联书店 1998 年版，第 124 页。

找到解决问题的最佳方案。所以，强调彼此相互启发，彼此改进，经过“风暴思维”整合之后，形成最优的创造性设想。①

在西方，社论主要代表媒体的意见和观点，社论的选题与立意通常采用集体讨论式的“头脑风暴”法。比如，2001 年 8 月 13 日，《芝加哥论坛报》社论委员会举行选题会议，会议讨论的议题主要是研究讨论社论文章的选题，共涉及 6 个选题。第一个是关于移民问题，第二个是巴以冲突，第三个是俄罗斯削减核武器问题，第四个选题是关于（8 月 15 日）日本投降纪念日，大家都同意应当发一篇社论。主编多尔德说，当天《纽约时报》报道了日本首相参拜靖国神社的消息，建议大家考虑这篇社论应该涉及的重要问题。有人建议文章阐述日本为何迄今不公开就“二战”所犯战争罪行向被侵略国家道歉，有人建议要写日本与中国、朝鲜两国目前的关系问题，等等。第五个选题是关于公立大学教育及管理质量普遍下降。这个选题也得到多数人的赞同，且大家各抒己见，讨论很热烈。与会名分别谈到公立大学基金不能全部到位而被州政府分享、公立大学内部管理上的官僚主义、师资力量有所下降等内容。

而且社论委员会会议开得很活跃，大家自由地发表意见，有时也会就某个问题产生争议，依然说话幽默、态度友好，气氛十分融洽。社论委员会会议的主要目的，是就各类选题产生一个意向性的意见，就一些有意义的选题提些建议，同时大家可以自由地沟通信息，讨论未来的选题线索。原则上所有社论都会经过这个会议，会后，主编会根据会上的意见和自己的思考通知大家确定的选题。对一些重大的选题，主编还要请示发行人其至集团公司，选题一旦确定，评论员或专栏作家即投入紧张的写作阶段。社论委员或评论员，每人都有明确的分工，各管自己的领域，他们必须对自己所管领域负责，保证就某些热门话题及时做出反应。社论是否正确，要看它们是否对社会有益。社论部的责任，就是为社会公众的利益表达自己的意见，对一些不利于社会公众利益的做法会旗帜鲜明地给予批评，这从一个侧面证明《芝加哥论坛报》已成为一份值得公众信赖的社会公器。②

二、直觉

新闻评论写作需要直觉意识，而直觉意识源于人们的灵感。在现实生活之中，无论是科学家还是商店售货员，无论是机械师还是新闻记者……人们都会以同样的方式思考：从自己的经验出发，上升、跳跃到某种结论。爱因斯坦说，这种跳跃无逻辑可循，“只有直觉”。经验越丰富，理论和预感的洞察力也就越深刻。③ 比如，郭光东的经典名

① 何修猛编著：《现代广告学》（第四版），复旦大学出版社 2002 年版，第 81 ～ 82 页。

② 辜晓进著：《走进美国大报》，南方日报出版社 2002 年版，第 221 ～ 223 页。

③ （美）梅尔文·门彻著：《新闻报道与写作》，展江等译，华夏出版社 2003 年版，第 424 页。

篇《国旗为谁而降》，就是这样由问题意识触发的选题，他后来回忆这篇评论的选题过程时说："1998 年的 9—10 月，我作为华东政法学院的一名三年级法学硕士生，为挣点零用钱，正利用课余时间为自考生讲授宪法学课程，有节课就专门讲国旗、国徽、国歌。那节课上，当他讲到对于严重自然灾害造成重大伤亡时，也可以下半旗志哀的一瞬间，脑子里突然联想到当时最大的一个新闻事件——抗洪救灾，对呀，九八洪灾死了几千人之巨，国家难道不该按照《国旗法》的规定为他们下半旗吗？讲《国旗法》时，突然联想到眼下的洪灾，进而想到'国旗为谁而降'的话题。"① 因此，许多评论选题，似乎都是像这样"突发灵感"而产生的。其实，这不是什么不可捉摸的灵感，因为有了对《国旗法》的了解，有法律敏感，才形成了模糊的问题意识，当想到眼下的洪灾时，便会激发出某种选题灵感。实际上，人类大脑就是一极其复杂而深奥的"黑箱"，它不但在意识的显现层次上反映客观世界，而且也在潜意识这个潜在层次上反映客观世界，因此，人的大脑是蕴藏着极为巨大的潜能的。弗洛德把人的精神世界比喻为一座浮在水上的冰山，意识只是浮在水面的 1/6 的山顶部分，而浮在水路的巨大山体部分是潜意识，占了整个意识的 5/6。要研究的直觉，则主要发生在奇妙的潜意识中。

著名科学家钱学森谈到过灵感的产生过程。他说："所谓灵感，就是人在实践中在大脑里积累起来了一些东西，在需要解决某个问题时，在人没有意识到的情况下，大脑中处理信息取得结果，而后又突然接通了意识，从非意识到有意识了。这时，你感受到结果出来了，但却不知道结果是怎么出来的。所以，灵感的基础还是人的实践。道理很简单，3 岁的娃娃不可能有灵感，只有生活了多年的人才会有灵感。"② 灵感的结果就是顿悟。在心理学研究中，发现高等动物也有顿悟现象，这可见于 W. 柯勒对大猩猩行为的实验。1917 年，他出版了《人猿的智力测验》一书，初次提出了"顿悟"说。他观察了一只叫苏丹的饥饿的黑猩猩。在苏丹的笼子外面放上香蕉，而给苏丹的两根棍子都不够长，但它们可以对接。苏丹分别使用它们都够不到香蕉；苏丹又用一根棍子推另一根棍子，虽然碰到了香蕉，但还是拿不到。在几乎放弃希望时，苏丹偶然把棍子接上了，终于把香蕉拿到了手，这就是顿悟体验。柯勒的实验对说明人类顿悟的起源是有意义的：顿悟实质是对联系的迅速理解。人类的顿悟有更加广泛而深刻的含义。人类不仅能对事物的现象联系产生顿悟，而且能对事物的本质、事物内在的必然联系产生顿悟。灵感→顿悟是非逻辑的，它主要是人的内省活动。从灵感→顿悟的发生过程看，它没有一番判断、推理的逻辑推演，而是如雷掣电闪，稍纵即逝的意念突现。逻辑的推演、理性的思考发生在灵感→顿悟产生之前与之后。如果把这种逻辑的、理性的意识活动也作为灵感→顿悟，或者试图将灵感→顿悟纳入理性的轨道，显然是没有道理的。实

① 罗强烈主编：《向我们的处境发问》，中国青年出版社 2000 年版，第 305 页。

② 参见钱学森：《自然辩证法要与科学技术同步发展》，载《理论月刊》1988 年第 1 期。

际上，灵感→顿悟的发生是意识无法控制的、身不由己的无意识活动。灵感、顿悟是人在长期思维活动和无意识活动之后产生的，是一种非理性的意念冲动，这样，直觉、灵感、顿悟在人的精神世界中是一些具有神奇光彩的机能。

立意高，首先视点要高。视点，是指作者在观察、思考问题时所处的主观位置。俗话说，站得高，才能看得远。视点要高，也就是作者对于所要评论的事物，要能跳出该事物的圈子，而在较高的方位俯瞰它、观察它、研究它，这样才有利于看清事实的全貌，看清此事物与彼事物之间的联系；分析问题，才能表现出相当的前瞻性与预见性。高的视点，是社论作者博大胸怀与高超见识的体现。当年，张季鸾在重病之际，能从万里田畴上农民在割稻子的景象中，感悟出中华民族坚决抗击日寇的决心与力量，并在临终之前完成了《大公报》的社论杰作——《我们在割稻子》的立意，表现了他的精神世界的独具匠心以及不同凡响之处，同时，也是作者在直觉意识支配下所产生的结果。

但在实际的评论写作过程中，各人的立意方法却是千差万别的。著名美学家朱光潜先生在被问及动笔前的运思时说："我个人所采用的是全用腹稿和全不用腹稿两极端的一种折中办法。在定了题目之后，我取一张纸条摆在面前抱着那题目四方八面地想。想时全凭心理学家所谓'自由联想'，不拘大小，不问次序，想得一点意思，就用三五个字的小标题写在纸条上，如此一直想下去，一直记下去，到当时所能想到的意思都记下来了为止。这种寻思的工作做完了，我于是把杂乱无章的小标题看一眼，仔细加一番衡量，把无关紧要的无需说明的各点一齐丢开，把应该说的选择出来，再在其中理出一个线索和次第，另取一张纸条，顺这个线索和次第用小标题写成一个纲要。这纲要写好了，文章的轮廓已具。每个小标题，成为一段的总纲。于是我依次第逐段写下去。写一段之先，把那一段的话大致想好，写一句之先，也把那一句的话大致想好。这样写下去时，像上面所说的，有时有新意思涌现，我马上就修改。一段还没有写妥时，我决不把它暂时摆下，继续写下去，因此，我往往在半途废去了很多稿纸，但是一篇写完了，我无须再誊清，也无须大修改。这种折衷的办法颇有好处，一则纲要先想好，文章就有层次，有条理，有轻重安排，总之，就有形式；二则每段不预先决定，任临时触机，写时可以有感到笔随之乐，文章也不至于过分板滞。许多画家作画，似亦采取这种办法。他们先画一个大轮廓，然后逐渐添枝补叶，显出色调线纹阴阳向背。预定轮廓之中，仍可有气韵生动。"① 朱光潜先生说过的这番话很有趣，也很有道理。个人不同，其提笔运思的方法各异。同样，这也是评论立意多姿多彩、千差万别的重要因素。

① 朱光潜著：《美学文学论文选集》，湖南人民出版社 1980 年版，第 265 ～ 267 页。

第四节 选题与立意注意事项

毛泽东同志在《反对党八股》一文中说："一篇文章或一篇演说，如果是重要的带指导性质的，总得要提出一个什么问题，接着加以分析，然后综合起来，指明问题的性质，给以解决的办法。"① 这段话对于认识选题与立意在新闻评论中的地位、作用和意义有着重要的指导性。为此，写作新闻评论需要注意或防范下列情形。

一、防止"刻板成见"

据《兰登书屋韦氏大学词典》的解释，"刻板成见"是指"一个社会群体所共同抱持的对某人、某群体等的简单化和标准化的认知或印象"。沃尔特·李普曼在其《公众舆论》一书中曾多次使用这一术语。由于李普曼认为人们头脑的机能中存在着一种"固定的成见"，所以，他认为，即使是目击者也带不回真实的报道来的。他说，经验证明，不管是谁，总是带着一些成见到现场去的，他带回来的多半是掺杂了他的想象的已经改观了的报道，而不是真实的情况。在现实生活之中，社会歧视、"固定的成见"可以说是无时不在、无处不有。借用英语 stereotypes 来说明人的成见普遍存在，这是李普曼的一个"创造"。stereotypes 原本是印刷上的术语，意思是浇铸的铅版。李普曼认为有一种类似铅版浇铸的"固定的成见"在形成舆论中起着极为重要的作用，李普曼把它用来作为"成见"的代用词，意思是指这种成见不同一般，就像浇铸的铅版一样牢固而一成不变。用李普曼的话说："一旦我们牢固地产生了这种成见，就很难解脱它。"② 而且，这种浇铸成铅版似的成见能够成为人们认识上的一种模式，使得人们把对类似事物的认识都纳入这种一成不变的模式之中。

李普曼在《公众舆论》一书中阐述了"固定的成见"的基本观点，并把"固定的成见"作为一种广泛存在的观念而传播。戈登·奥尔波特在其名著《偏见的本质》一书中写过这样一段对话：

X 先生：犹太人的毛病就是他们只顾及自己的团体。

Y 先生：可根据福利基金会的记录，从捐款人数与捐款数量的比例看却表明他们比非犹太人更慷慨。

---

① 毛泽东：《反对党八股》，《毛泽东选集》（第三卷），人民出版社 1991 年版，第 109 页。

② （美）沃尔特·李普曼著：《公众舆论》，阎克文、江红译，上海人民出版社 2002 年版，第 66 页。

X 先生：那正表明他们总是力图用钱赢得别人的好感，用钱跻身于教会事业，除了钱他们什么也不想，怪不得犹太银行家这么多。

Y 先生：但新近的研究表明银行界中犹太人的百分比是微不足道的，比非犹太人所占的比例小多了。

X 先生：正是这样，他们不从事令人敬佩的业务，只干点电影业或开夜总会之类的事。

这段话比一大套定义更能说明偏见的本质。实际上，带有偏见的 X 先生是在说："不用劳烦你给我摆事实、讲道理，我心意已定。"他不去批驳 Y 先生提出的资料，而是歪曲事实，为憎恨犹太人找出支持依据，或者不假思索地脱离这些事实，从新的方面发起攻击。一个怀有很深偏见的人会对与其持有的刻板印象相反的信息具有免疫力。奥利弗·温德尔·霍尔蒙斯曾经说过，"改变一个固执己见的人就像让阳光照人瞳孔——瞳孔会本能地收缩起来"①。按照李普曼的阐述，这种"固定的成见"包括通过报道和各种渠道如家庭、学校和社会的影响在人们头脑中储存的印象、先入之见和偏见，一旦形成了这种"固定的成见"之后，它就会反过来影响你的注意力。"在我们观察世界以前，已有人告诉我们世界是什么样的了。对于大多数事物，我们是先想象它们，然后经历它们。……看到一点儿熟悉的东西，就像是很熟悉，有点儿生疏的东西，就像是非常陌生。"特别值得注意的是，"先入之见形成以后，旧的形象就会淹没新的视野，并影射到记忆中重新出现的世界中去"。②

李普曼在谈到"固定的成见"的特点时说："它在运用理智之前就已存在的是观念的一种形式，在形成理智以前，它就对我们的意识施加了一定的影响。"而"许多固定的成见带着偏爱，充满了喜欢或不喜欢，附有恐惧、强烈的愿望、自豪和希望"。他还说："对于大部分事物我们并不是先查看而后解释，而是先解释然后查看的。在非常嘈杂混乱的现实世界中，我们领会我们的文化已经为我们作出了解释的东西，我们倾向于接受我们的文化已经对我们形成了固定的成见的东西。"他还认为，"一旦我们牢牢地产生了成见，就很难解脱它"，"而对'固定的成见'进行任何干扰，无疑就像是对于这个宇宙的基础进行了袭击"。③ 从李普曼的表述来看，他所讲的"固定的成见"是一种观念，是人们对某一类事物所抱有的一种定型的看法，这种观念或看法带有一定的偏见和一定的情感，它不是建立在对客观事物全面、正确的考察和分析的基础上，而是先于人们的理智而存在，并在人们对事物真正了解之前就已经对人的意识发生了作用。在

① （美）埃利奥特·阿伦森著：《社会性动物》，郑日昌等译，新华出版 2001 年版，第 302 页。

②③ （美）沃尔特·李普曼著：《公众舆论》，阎克文、江红译，上海人民出版社 2002 年版，第 67、68 页。

认识事物的过程中，固定的成见往往使人们对事物进行考察之前，就以其早已形成的一种概括而笼统的刻板印象进行解释，使人们根据自己头脑中已有的对某一类对象的个别认识来感知所有的事物；而且“固定的成见”根深蒂固，几乎不能改变。为此，李普曼总结说：“真正的空间、真正的时间、真正的数字、真正的联系、真正的分量都丧失了。观点、背景和行动的范围都在固定的成见中受到修剪和凝练。”① 由此可见，李普曼把“固定的成见”的作用看得有多么大，他既指出了评论是受固定的成见影响的，又强调可以主动利用读者的“固定成见”，通过刊登与读者固定的成见相符合的评论，吸引读者，从而达到影响舆论的目的。

李普曼还认为，“固定的成见”的产生有遗传的因素和民族传统文化的影响。尽管他也承认没有任何科学的迹象证明人们生来就带有他出生的国家的政治习惯，但他仍认为，“一种固定的成见可能那么连贯地和有权威地几乎像生物学上的行为那样从父母代代相传给孩子”，这就把作为一种观念的“固定的成见”与生物学上的行为几乎等同起来。他还把民族文化乃至衣着都与成见联系起来，认为各国各民族都有自己文化传统影响下的“固定的成见”。② 因“固定成见”而发表歧视性评论的不乏其人。比如，在1996年亚特兰大举行的奥运开幕式上，美国全国广播公司评论员鲍勃·科斯塔斯在现场直播中，公然散布了关于中华人民共和国运动员的谣言。他说：

中华人民共和国的人口为全世界人口的1/5。在奥林匹克运动会上，他们出类拔萃，他们在巴塞罗那奥运会上获得64枚奖牌，名列第四。中华人民共和国直到1984年才参加奥运会。在此之前的30年里，中华人民共和国没有参加奥运会。他们在体育运动方面出类拔萃。但是，有一些怀疑，特别对于他们的田径运动员和游泳女选手，他们可能使用提高成绩的药物。在巴塞罗那奥运会上，一个也没有抓到。但是，在那以后，已经抓到了几个。

科斯塔斯这些不负责任的和挑衅性的言论，引起许多中国旅美学生的不满和抗议。1996年7月26日，中国旅美学生和华人团体联合发表致美国全国广播公司的公开信，强烈要求科斯塔斯或美国全国广播公司公开道歉。迫于压力，NBC体育新闻和特别节目部副主任马基专门复信表示：“科斯塔斯先生并不打算对中华人民共和国或对其公民有任何不尊重。这些评论不是根据全国广播公司的信念作出的。全国广播公司从来没有人想伤害任何人的感情，我们对显然已发生的这件事感到遗憾。我们为由此造成的任何感情上的伤害表示道歉。”③ 这是典型的“固定成见”在作怪。

---

①②（美）沃尔特·李普曼著：《公众舆论》，阎克文、江红译，上海人民出版社2002年版，第70页。

③　尹明华著：《美国新观察》，上海文艺出版社1998年版，第24页。

二、避免先入为主

先入为主效应广泛地存在于现实社会。美国社会心理学家埃利奥特·阿伦森指出："显著的事物可由先入效应引发。先入的过程基于这样一个认识：最近或经常被激活的想法最有可能被大脑捕捉到，因而会被用来解释社会事件。实验证实，先入因素在对他人印象的形成过程中所起的作用。在这个实验中，被试人参加了两个'不同'研究项目：一个是善于感知觉的实验，另一个是关于阅读理解的实验。第一个实验的目的是测试先入为主对性格特点的影响。一些被试人被要求记住一些关于性格的正面词汇，如敢作敢为的、自信的、独立的、坚持不懈的等；而另一些被试人被要求记住一些负面词汇，如鲁莽的、自以为是的、孤僻的、顽固的等。5 分钟后，作为'阅读理解'研究的一部分，被试人朗读了一段关于一位叫唐纳德的假想人物的语义含糊的文章。

该段落描述了唐纳德的所作所为，这些行为既可以解释为敢作敢为，也可以解释为鲁莽；既可以解释为自信，也可以解释为自以为是；既可以解释为坚持不懈，也可以解释为顽固……然后研究者让被试人用自己的话来描述唐纳德，并且让他们评价对他的喜爱程度。结果显示，先入的信息影响他们对唐纳德的印象。当负面的个性描述先入时，被试人用负面的词汇来描绘唐纳德；与正面的个性描述先入的情况相比，他们认为唐纳德更加不惹人喜爱。"① 他又说："先入效应对社会判断的影响不仅限于实验室中的实验。先入效应能够且确实对许多人的态度和行为产生很大的影响——甚至那些经验丰富的专业人员，在真实世界里面对生死抉择时也是如此。"②

曾任《人民日报》总编辑、社长的邓拓解释说："认识事物的程序，首先要客观地观察事物。事物本身是非常丰富的，不能只观察一些枝节就认为满足了。我们党的许多文件和毛主席的许多著作中经常用的方法，就是从大量的客观事物和材料中，举出最一般的、最典型的和最有代表性的例子。他们常常做了很多很多的调查，然后加以概括，写成文章。我们对客观事物应该观察清楚，要防止武断，同时要防止'先入为主'。有些人看问题有个'先入为主'的观点在那里，这是错误的。如果是'先入为主'或者只抽出个别的事实来观察，那就一定会作出错误的判断。有了'先入为主'的观点，就常常只抓个别的事实，牵强地去证明他的结论，这是违反唯物辩证法的。"③

不尊重客观事实，采用"先入为主"方式撰写新闻评论，这在中外报纸评论中并不鲜见。第一次世界大战结束前，奥匈帝国由于没有力量打下去，便倡导和议。美国《纽约时报》立即发表一篇响应奥匈帝国和议的社论，结果却引起各方的责难，《纽约

---

①② （美）埃利奥特·阿伦森著：《社会性动物》，郑日昌等译，新华出版社2001年版，第122、125页。

③ 参见《马克思主义哲学和新闻工作》，载《新闻战线》1959年第9期。

时报》几乎因此关门大吉。那么，当年《纽约时报》为什么会发表这样论点的社论？原因是多方面的，其中之一是论点的提出者没有考虑到当时战争的实际情势以及和平条件是否具备，而是“先入为主”地从个人主观愿望出发，妄下结论。① 又如，1999 年 5 月8 日，以美国为首的北约至少用 3 枚导弹悍然袭击我驻南斯拉夫大使馆，至少造成 3 人死亡，1 人失踪，20 多人受伤，馆舍严重毁坏。但是，《纽约时报》混淆事实，“先入为主”，误导舆论。在 5 月 17 日，它发表了题为《停止道歉》的评论，其中说道：

江泽民主席指责我们蓄意谋杀在贝尔格莱德的中国记者，整整一周他都在以此煽动人民对美国的仇恨。此后，他终于屈尊接听了克林顿总统的电话。

这是第五次，克林顿总统道歉，表示遗憾，哀悼死者，叩头作揖，卑躬屈膝，请求中国人相信我们并非有意轰炸中国使馆。

但是应该得到道歉的是美国。一次偶然的事故之后，我们被诬控为恶意谋杀中国人，那是对我们的极大侮辱。在警察的支持下，一群乌合之众还被运送进城，故意捣毁我们的使馆，以示抗议。

事情的真相是，北京的领导人担心下个月天安门大屠杀 10 周年纪念日的游行，因而充分利用这次误炸做宣传。这些敏感的统治者谎称我们是蓄意谋杀，压制有关我们迅速作出道歉的报道，从而把人民的愤怒从他们自身转移到我们头上。

通过要求我们调查此事，中国得以冲淡国会日前进行的有关中国核间谍活动的调查——在我们的实验室和政治生活中，都渗透着他们的力量，而这一切绝非偶然。

通过让克林顿请求原谅，中国得以取消人权领域的对话，同时却得到美国在贸易方面做出的新让步。这就是他们的牌：克林顿在中国加入世贸组织的请求上屈服时，他们就会接受克林顿的道歉。

在这篇新闻评论之中，明明是以美国为首的北约炸死了中国驻南联盟的 3 位记者，引起了中国人民的抗议，却要中国向美国道歉；而且黑白颠倒，说“事实的真相”是：中国领导人利用这次“误炸”企图转移民众将会在“六四”10 周年发生的愤怒。如此地玩弄、混淆事实，真是令人惊讶！这不是先入为主、黑白颠倒，又是什么呢？②

三、克服意识形态的干扰

意识形态最初由 18 世纪末的法国哲学家德·特拉西在其著作《意识形态原理》中首先提出，它是力图通过抑制人的偏见，并以理性至上的思想武装人，最终达到服务人、拯救人的目的。意识形态是一种世界观或对一种生活方式的信奉，它并不限于某个

① 《新闻采访的理论与实际》，台湾商务印书馆 1977 年版，第 231 页。

② 李希光著：《中国有多坏?》，江苏人民出版社 1998 年版，第 325 页。

阶级和集团，而是普遍存在的、包含着一整套对世界的看法和理解。① 作为一种统治工具，意识形态是代表统治阶级根本利益的情感、表象和观念的总和，其根本特征是自觉或不自觉地用幻想的联系来取代并掩饰现实的联系。② 贝尔在《意识形态的终结》一书中写道："意识形态最重要的潜在功能是开启情感的阀门，而不像宗教能起疏导情绪能量的作用。宗教使用象征手法把情绪能量从现世引向祈祷、礼拜、圣餐、启示、艺术，并把它们消耗殆尽，而意识形态是这些能量的导火索，并把它们引向政治。"③

意识形态主要包括描述性、贬义和褒义三种含义④。意识形态要表达的是维护和支持处于统治地位的群体的利益，压制处于从属地位的群体的利益。从这个意义上说，意识形态使居支配地位的意义的形成具体化了，使其成为自然的、合理的秩序，因此，意识形态对统治结构起着保障作用，它服务于统治阶级的利益，而且符合社会各阶层的利益。意识形态之所以服务于统治阶级的利益，并不是因为统治阶级的意识形态专家创造了这些意识形态，而是因为掩饰矛盾本身客观上有利于统治阶级的利益。吉登斯把意识形态归纳为三项功能：①把局部利益表现为整体利益；②对矛盾存在的否认或对其进行演变；③通过具体化使目前的状态合法化。第一项功能涉及意识形态为具体群体的特定旨趣下定义的过程，它把这些旨趣看作具有普遍的意义。

托马斯·弗里德曼是美国新闻界鼎鼎有名的外交问题专栏作家，先后三次获普利策奖，现为《纽约时报》著名国际政治评论员和《外交事务》专栏作家。他因准确、全面分析"9·11"事件的恐怖主义根源而获得普利策新闻评论奖。1999 年 5 月 8 日炸馆事件之后，托马斯·弗里德曼对该事件进行评论。他在 5 月 18 日《纽约时报》的《中国学生一边准备进入美国大学之前的英语考试，一边朝美国使馆扔石头》一文中声称："北约导弹袭击中国驻南大使馆后，作为报复，中国人用石头袭击了在北京的美国使馆，这让我们看到了一个真实的、不断变化的、多面性格的中国。美国已不再是中国对抗苏联的盟友，而是当今世界的主宰，美国时常告诉中国能做和不能做什么，因此，今天的美国既令中国的年轻人向往，又令他们感到嫉妒和仇恨。中国政权煽动这种混合着自信和民族主义的情绪，转移人民对于自身问题的关注。"弗里德曼还对中国的政治、经济和社会等其他层面展开了全面的批评，显示出其鲜明的意识形态色彩。如关于中国未来经济发展问题，1996 年，他引用《伊索寓言》比喻俄罗斯为"民主乌龟"，经济

---

① 俞吾金著：《意识形态论》，上海人民出版社 1993 年版，第 129 页。

② （法）雷蒙·阿隆著：《知识分子的鸦片》，吕一民译，译林出版社 2005 年版，第 201 页。

③ （美）丹尼尔·贝尔著：《意识形态的终结》，张国清译，江苏人民出版社 2001 年版，第 240 页。

④ （美）丹尼斯·K. 姆贝著：《组织中的传播和权力：话语、意识形态和统治》，陈德民等译，中国社会科学出版社 2000 年版，第 97 ～ 99 页。

即将起飞；中国是“独裁兔子”，前途堪忧；香港回归中国“不仅把西方的一片还给了东方”，也把“未来的一片还给了过去”；台湾是“顺者历史风向”的未来，中共政权则是“逆者历史风向”的过去。① 弗里德曼的意识形态根深蒂固，其反华意识昭然若揭。

同时，新闻评论能够建构起虚幻的意识形态，其社会危害巨大。美国学者弗·杰姆逊认为，当代意识形态呈现一种两极现象：一方面，它是特定社会集团根据自己所处的有限地位而创造的一些思想体系，这些体系满足他们解释自身处境的要求，并指导着实践，因而意识形态起着安定社会和文化结构的作用；另一方面，意识形态对现实社会的解释又必定仅仅符合特定经济效益的需要，它以貌似统一的观念掩盖了实际存在的、无法解决的矛盾，从而阻遏这一集团真正看到自身处境的历史必然性。意识形态是一种“阻遏策略”，亦即阻遏人们的认识现实社会真相的各种无形的思想的策略。② 弗洛姆指出：“意识形态既不是真理也不是谎言，或者说，既是真理，又是谎言——人们真诚地相信这些意识形态，就这个意义而言，它们是真理；以另一个意义来讲，即就这些被合理化了的意识具有掩盖社会和政治行动的真正动机这一点而言，这些意识形态又是谎言。”③

“文革”时期的报刊评论正是典型的意识形态载体。比如，1968 年 2 月 2 日《人民日报》发表的一篇短评《发动群众，围剿派性》这样写道：“毛主席教导我们：‘把口头上的马克思主义变成为实际生活里的马克思主义，就不会有宗派主义了’。我们某些同志之所以不能坚定地和资产阶级、小资产阶级派性作斗争，就是因为他们没有像觉悟的工人和贫下中农那样，怀着深厚的无产阶级感情活学活用毛主席的最新指示，还没有把口头上的马克思主义变为自己实际生活里的马克思主义。一旦我们把毛泽东思想化为自己的行动，那么我们的眼界就会空前开阔，敌我界限就会泾渭分明，同志之间就会紧密团结，派性就会迅速消除。”文章没有事实，没有论据，同社论一样是口气大得吓人。如此不能实事求是的评论，你可以说它正确，也可以说它是胡言乱语。这样，“文革”新闻评论的语言带有鲜明的意识形态色彩，完全脱离了评论文章应有的公允、公正的原则。这种语言的意识形态化，更是当时新闻评论的一种常用手段；而且，“文革”新闻评论语言意识形态化还从个别词句中阐述微言大义，上纲上线。比如，邓拓

---

① 参见李金铨：《建制内的多元主义：美国精英媒介对华政策的论述》，载香港中文大学中国文化研究所《二十一世纪》双月刊，2002 年 2 月号，第 71 ～ 82 页。

② （美）杰姆逊著：《政治无意识》，转引自伍晓明等：《历史—本文—解释》，载《文学评论》1987 年第 1 期。

③ （美）埃里希·弗洛姆著：《在幻想锁链的彼岸》，张燕译，赵鑫珊校，湖南人民出版社 1986 年版，第 139 页。

有一篇杂文《“放下即实地”》，由头是明代刘元卿《应谐录》中一则盲人过桥的笑话。桥下并非深渊，也无溪水，瞎子看不见，过桥时失足，两手攀着桥楣不敢松开。别人告诉他，不要怕，放下即实地。他还是不信。等失手坠地，才松了一口气，说：“早知是实地，何必自找苦吃。”寓意深刻啊！

邓拓在文章结尾写道：“我们对于任何崎岖艰险的道路，都要有胆量走过去，因为我们做着空前伟大的事业。我们是革命者，难道我们害怕危险就不革命吗？我们在工作中，只要了解实际情况，即便偶然坠地，也不会心慌，因为自己完全知道‘放下即实地’啊！”很显然，邓拓的这篇文章，谈的是调查研究，说的是革命的胆识，无可指责。但经姚文元一上纲上线，竟然说邓拓这篇文章的“中心是要党‘放下’社会主义建设总路线，讽刺抓住不放的人是‘瞎子’，是‘自讨苦吃’。他要求党尽管放心大胆地撒手，让自己跌下去，跌到所谓‘实地’即资本主义的土地上去”①。文章将一个文学典故牵强附会地完全政治化、意识形态化了。因此，意识形态原本就是一个宏大而多维的文化观照视野，它对新闻评论写作的影响是复杂而隐秘的。

四、防范简单、片面思维的影响

所谓片面性，即人们在认识事物时，不能全面客观公正地分析具体事物的矛盾性，抹杀了事物所固有的共性与个性、绝对与相对的辩证关系。这种认识常常会使人们陷入一种只见树木、不见森林，只见局部、不见整体，只见个别、不见一般的认识误区。新闻评论应该特别防止片面性。由于有了片面性，人们在分析评论事物时，可能只说其一，没说其二；只讲所长，没讲所短；只说个别，没说全体；只讲眼前、不讲长远；等等。这种文章或许有时也很深刻，但它背离了认识事物的基本原则，有可能起到误导受众的作用。实际上，片面性的产生有两种情况：一是主观有意。持这种片面认识的人，不是不知道他的认识是片面的，而是由于个人的情感因素或立场因素或利益因素的影响，他在作出分析判断时，有意地作出了片面性的结论。二是知识的欠缺或信息的阻塞。正确、全面地认识事物，需要一定的知识和经验。在当今时代，信息骤增，瞬息万变，由于知识特别是一种新知识的欠缺，产生对一种事物的片面性认识是有可能的。不要说知识浅薄者需要学习，就是经验丰富者也需要不断地补课。另外，信息在传递过程中，因为种种原因被阻塞和变异，评论作者未能掌握全面而真实的信息，以致产生片面性。

在人们的思维之中，常常有这种情形，当一种意见出现后，就会出现另外一种与此截然相反的意见，以为这样才是争鸣，才是研究，这实际上是一种思维错误。世界上的事物是复杂的，复杂的事物并非都是非此即彼的表现状态，如不是好就是坏，不是高就

① 范荣康著：《新闻评论学》，人民日报出版社1984年版，第158～159页。

是低，不是长就是短，不是美就是丑，等等。这种思维的二元化趋向，常常表现为一种简单机械的认识误区。大千世界，变化多端，事物并不都是相向而成的。简单化、两分法的思维是不利于人们认识世界的，一分为二，一分为三，一分为多，才能正确把握世界的思维方法。那么，这种简单、片面的认识又是怎样形成的呢？

一是“非此即彼”的思维方式。人们经常认为，现实世界仅有这两种可能性，而实际上却有一系列的可能性。日常生活中的语言加强了这种趋势，这是因为在描述一种情况时通常只有两个相反的词可用，如夜和昼，黑和白，对和错，等等。这诚如心理学家厄尔·凯利所说：“当我们了解周围的事物时，我们是根据我们过去的经验和我们的目的有选择地，而不是随意进行的。”① 当代著名作家杰克逊·布朗在其编著的《父亲的智慧》一书中写道：“我们不是按事情的原状看事情。我们是按我们的想法看事情……我们藏在眼睛背后看，所看见的会继续进入我们的脑海中，进入我们的神经。我们所见的即我们对所看事物的反应。”②

人类习惯于用“非此即彼”的思维方式来简化自然和社会的现象或问题，这也可以得到心理学的证实。美国内华达大学研究心理学的琳达·约翰逊曾向一些实验对象描述了两个虚构的人，然后问他们这两个人是什么样子。她对这两个人的描述是：

A先生。此人热心，正直。富于幽默感，聪明，不带偏见。负责，自信，举止文雅。

B先生。此人残忍，野蛮。非常敌对，脾气暴躁，傲慢专横。以粗鲁和庸俗闻名，是一个飞扬跋扈和冷漠无情的人。

对A先生的描述是很肯定的，对B先生的描述是很否定的。预料他们会是什么样子呢？接受实验的人很容易地回答了约翰逊小姐提出的问题，答案很接近，下面是其中的一些答案：

	A先生（肯定）	B先生（否定）
他会直接看你吗？	直视	避开月光
他通常是向上还是向下看？	向上	向下
他的眼睛是瞪大的还是眯缝着的？	瞪大	眯缝
他的眉毛皱起还是舒展？	舒展	皱起
他的鼻孔放松还是扩张？	放松	扩张

①② （美）梅尔文·门彻著：《新闻报道与写作》，展江译，华夏出版社2002年版，第48、99页。

他的嘴角是向上还是向下弯？　　向上　　向下

这个实验强调的是，人们已经学会猜测“好人”和“坏人”的形象。这项实验之所以能够引起人们的广泛兴趣，不仅是因为它表明非语言的提示正在获得成功，而且还因为它表明这样的简单化有着多大的潜在危险。即使在小说里，漂亮的坏人也往往能使女主人翁产生错误的印象。①

二是“非黑即白”或“非对即错”的思维方式。这种思维方式在阶级斗争激烈的革命年代是必要的。所以，毛泽东同志说：“谁是我们的敌人，谁是我们的朋友，这个问题是革命的首要问题。”② 但是，社会生活并非总是这样处于二极对立之中，尤其是在和平时期，利益的多元化是常态，于是，科学家们创造了一种“灰色理论”。正是这种不同程度的灰色，才代表了现代社会的真实面貌。一些新闻报道或新闻评论总是在二极建立的思维中徘徊，好就好得不得了，坏就坏得不行。

要转变这种“非黑即白”或“非对即错”的思维方式，就需要多侧面、多角度地展现复杂事物。威廉·莎士比亚说过：“世上本无所谓好与坏，而是想法使然。”同时，人们也要摒弃那种“满意模式”的思维方式，它是指分析思考问题时，选择锁定看起来最有可能属实的假定，也就是看起来对形势最准确的估计、解释或描述。然后，他们再根据自己的推测来收集和组织材料，如果假设似乎与材料相符，那就予以确认。换言之，分析人员最有可能在不知不觉间组装“最有可能的”状况，而不是寻找事实证据来弄清真相。比如，2013 年 1 月 22 日，《金融时报》刊发凯瑟琳·希勒撰写的评论《中国鹰派高兴了!》。原文写道：

多年来，西方一直敦促北京增加军事现代化和战略意图的透明度。北京如今倒是更直截了当了，却没多少人喜欢。简言之，中国在大谈战争。

上周末，中共中央军委副主席许其亮对军队表示，“要做到一切工作向打胜仗聚焦”。这只是最新的此类训话。近几个月来，中共和军方领导及官方媒体已不谈和平、改讲打仗了。

退役将领们总喊动武，这并非新闻。过去 10 年里，大多数时候此类言论与官方口径截然不同。北京总是小心翼翼地将中国与外部世界打交道的政策称为“和平发展”。2010 年，一些邻国抱怨北京在地区海域咄咄逼人，中国防长坚称中国不对任何人构成威胁。

---

① （美）威尔伯·施拉姆、威廉·波特著：《传播学概论》，李启、周立方译，新华出版社 1984 年版，第 78 ～ 79 页。

② 毛泽东：《中国社会各阶级的分析》，《毛泽东选集》（第 1 卷），人民出版社 1991 年版，第 103 页。

但事情起了变化。中共十八大号召建设“与中国国际地位相称的强大军队”。

去年12月习近平总书记首次离京出访，选择视察广州军区并对驻军表示，能打仗打胜仗是强军之要。公允地讲，军队的职责就是在必要时能打仗。若从担心军内腐败及和平时期自满懈怠的背景来看，这种讲话不算好战。但新领导人讲到战争，透露出的绝不仅仅是从严治军的信息，它是与常被用来激发民族主义的话放在一起的：实现中华民族伟大复兴，是中华民族近代以来最伟大的梦想。可以说，这个梦想是强国梦，对军队来说，也是强军梦。此类讲话有面向中国国内的考虑。中共对如何解决该国日益增多的问题分歧严重，民族自豪感和自信的立场有助于凝聚人心。

鹰派高兴了。一名退役海军将领最近表示，中国应利用军事现代化恐吓毗邻小国，令其就范。另一名鹰派评论家撰文，呼吁中国“丢掉和平主义和浪漫主义”，打造强大军队，让人不敢冒险对华开战。最近的海上争端表明，中国已开始这样做了。在与日本的对峙中，北京加大了对相关海域的巡逻，起初用船只，之后派出民用飞机，然后动用战机。

对付中国后院的许多国家，这种威慑策略也许会成功，或从中国角度讲是成功的。但北京将在另一条战线败北。长期以来，北京着力平息“中国威胁”论。若按目前的路走下去，地区其他国家没法不把中国的崛起视为威胁。

在这篇社论中，明明是日本、越南和菲律宾陆续侵占中国在南海地区的大片领土，却妄言中国“威胁”他人，这完全是黑白颠倒，是非不分，这是典型的意识形态在作祟。更为恶劣的是，评论只是选取部分、简单的事实，然而，他们罔顾历史，妄下结论，有简单、片面的嫌疑。

第五章　论证：怎样说理

论证，就是如何撰写新闻评论。不管是写新闻评论，还是写其他文章，包括说话，能不能讲出道理是一回事，能不能精彩地讲出道理，也就是用严密的逻辑和无可辩驳的事实论证自己的观点正确和对方的谬误，又是一回事。没有道理的新闻评论，是荒谬的新闻评论；有理讲不出来，只会强调如何正确，是空洞的新闻评论。一篇优秀的新闻评论作品，首先要有引人注目的论点，再就是要有一针见血的说理技巧。

第一节　立　论

所谓立论，就是从正面直接阐明客观事物的真理，以证明作者提出的观点和主张。无论是评论作品，抑或古代的说理文，均是凭借某一由头而进行议论和说理的。前者源于近代，是对某一新闻生发议论；后者盛行于古代，一般是对某一事件评断说理的。新闻评论和古代说理文的基本要求是言之有理。不过，仅仅“有理”是不够的，还要言之成理。作者还要说服读者，使之信服论点：提出一个论点可谓易如反掌，而论证一个论点就不那么容易了，这是对一位作者知识积累、生活积累、逻辑思维、论证手法等多方面素质和能力的综合检验。著名报人兼评论作家徐铸成在回忆他是怎样开始写新闻评论时说：“1932 年春，……我开始细读《资治通鉴》，并推及《史记》、《汉书》等前四史及《晋书》，以后，还逐篇读了王船山的《读通鉴论》和《宋论》，从而理解到，这些书籍是新闻工作者的必修科目，因为历史知识，也像地理、国际、政治、科学知识一样，是记者知人论世必备的常识。而且，历史，是昨天、前天的‘新闻’，史论，则是对昨天、前天‘新闻’的评议，和新闻工作更有密切的关系，并可从中借鉴，吸取他们推理、论断的方法，学习他们精炼的笔法。”①

中国近代的政论写作学习并借鉴了西方逻辑的传统。1914 年 5 月，章士钊在日本创办了主张朴实说理的政治性综合杂志《甲寅》，这些以《甲寅》杂志为阵地的政论作家，其政论写作坚持以法律为思想武器、以西方的形式逻辑为论证手段，语言则是中国

---

①　徐铸成著：《徐铸成回忆录》，三联书店 2010 年版，第 210 页。

古文和西欧文法的混合物。如章士钊的代表作《帝政驳义》（《甲寅》1915年9月），是驳斥袁世凯的御用工具筹安会的复辟主张的，全文2万多字，可分两大部分，第一部分反驳论点：复辟帝制能够长治久安；第二部分反驳论据：中南美洲搞共和演成国内大乱，中国国情与此相同，共和不适宜中国。其中第一部分的反驳其推理过程是这样的：

长治久安必须排除革命（大前提）
复辟帝制必然引起革命（小前提）
复辟帝制必不能长治久安（结论）

第二部分则把中南美洲各国分成上、中、下三等，上、中如智利、巴西等，实现共和后长治久安了，下等如墨西哥。文章重点分析该国是由于实行个人独裁引起混乱，与共和制无关。结论：凡真正实行共和的，国内必然安定。文章论据充足，逻辑严密，运用的形式逻辑知识娴熟。

胡适十分推崇章士钊的这篇文章。他说："他的文章有章炳麟的谨严与修饰，而没有他的古僻，条理可比梁启超，而没有他的堆砌，与严复最接近，但不用典故，有点倾向欧化。"① 就评论写作技巧而言，这话是很有道理的。但甲寅派文章的致命弱点是没有感情，没有义正词严、令人激奋的议论，没有形象的比喻，更没有讽刺和幽默，好像一泓平静的池水，没有起伏的波澜，甚至连涟漪也没有。他们的文章往往从定义、西方的法律条文出发，把定义、西方的法律条文当作论据，在概念上做文章，按照形式逻辑的阵式亦步亦趋，形成所谓的"甲寅派的义法"，文章显得单调呆板，缺乏生动性。

论证，也就是摆事实，讲道理，以理服人。要能把道理讲得让人接受，让人折服，说理的过程必须要符合人的认识规律，也就是要合乎逻辑。在某种程度上说，论证的过程就是逻辑推理的过程；从逻辑学来讲，就是"用已知为真的判断去确认另一个判断的真实性或虚假性的思维过程"。虽然社论的论证与单纯的逻辑推理有区别，但它必须符合逻辑的一般规则，并能有意识地运用这些规则。符合逻辑，首先是符合形式逻辑，才能保证论证过程的严密性和科学性，才能保证所论述的问题正确无误。同时，论证也是揭示论点和论据之间的逻辑关系。

比如，2003年2月14日是西方情人节，长沙街头玫瑰价格猛涨，很多人彻夜狂欢；2月15日是元宵节，街头平静地亮起红灯笼。中西节日的对垒让人深思，联想到洋节的泛滥，传统节日的观念在人们心目中正在淡化，作者通过分析判断，认为洋节充其量不过是商家的节日，是炒出来的，无法在有着五千年文明史的中国落地生根；而中国的传统节日，是民族文化的重要组成部分，捍卫民族的传统文化，是媒体的职责。于是，在2月15日夜，作者李万寅一气呵成写出《中国人过中国节》，文章发在一版头

① 胡适著：《胡适文集》，北京大学出版社1998年版，第105页。

条，体现党报的舆论导向功能。原文这样写道：

前日才闻玫瑰香，昨日又吃元宵坨，今日该说点什么了。

先说玫瑰。按“国际惯例”，“情人节”是要送玫瑰花和巧克力的。据媒体报道，前日的“情人节”之夜，长沙街头火辣辣的玫瑰闹哄哄地开，更有一朵据说是产自荷兰的玫瑰之王“蓝色妖姬”，被某先生以2368元的高价买走，很有些“爱情恒久远，一朵永流传”的豪气。每年此时，玫瑰花便身价倍增倍倍增，就像前几天被许多不明真相的人追捧的板蓝根。结果，当然是花店老板微笑堪比玫瑰灿烂。

文章立足现实社会的一些现象，针对性强。文章接着分析说：

我一直以为，是精明的商家成就了诸如“圣诞节”、“情人节”之类的舶来品——借洋节之壳，行促销之实；炒洋节概念，做买卖文章。尽管改革开放二十多年，中国在现代化建设的征途中穷追猛赶，但东西方文化的巨大差异，注定了洋节可以成为年轻人的时尚，却无法在这个有着五千年文明史的泱泱大国里真正落地生根。一个最简单的事实是，每当洋节临近，商家用横幅、彩灯、圣诞树、玻璃墙喷绘圣诞老人像等手段营造节日氛围时，又有几个中国老百姓家庭用圣诞老人像取代过关公图？因此，洋节在中国，只能是商家的节日。尽管外面热火朝天，但在老百姓眼里，那依然是大洋彼岸的事，因为殉道的耶稣似乎远不如殉难的屈原来得真实和亲切。

文章的层次十分清楚，先分析了西方的“情人节”，再写到中国的传统节日“元宵节”。文章接着分析道：

再说元宵。中国的传统节日其实积淀了民族的传统文化。如元宵观灯、端午竞舟、中秋赏月，更不用说春节了——为了回家，为了团聚，不管千里万里，不顾舟车劳顿，可谓极大地张扬了中国人的人性之美！其隆重，其庄严，其寓意，其诗情，均不在洋节之下！

近些年来，我们有一个明显的感觉，便是“吃”节日的气氛淡了，“节”已越来越不像个“节”了。要探究这个问题，需从“吃”字入手。中国人曾经遭遇过太多的穷困之苦和饥寒之累，因此只有在传统大节里才能一解嘴馋，于是，吃几乎成了节日的全部，遑论什么文化！在饥饿的年月，中秋圆月远不如烧饼让人向往。现在，日子殷实了，“餐餐像过节”、“吃节日”现象的消失，正是人民生活的进步。节日里吃什么或怎么吃既已不重要了，一度被掩盖的文化精髓便张扬开来，传统节日的文化氛围便日见复苏。君不见，昨夜元宵烟花起，满城争看红灯笼！

民族的传统节日是民族文化的重要组成部分。只有民族的才是世界的，节日也莫能例外。窃以为中国人过中国节，那才真正是按“国际惯例”，与“国际接轨”。

文章以中华民族传统节日为切入点，针对当前洋节日泛滥、人们盲目跟风的现状，发出了“中国人过中国节”的强音，文章立意新颖、高远。针对“端午节”被别国抢注的风波，其警示意义更是不言而喻。文章针砭时弊不放空炮，理性分析深刻有力，文字热辣激情澎湃，语言朴实而又不乏文采，有理有据有情，发人深思，具有较强的思想震撼力，甫一发表，立即引起巨大的反响，国内多家网站予以转载。它合乎国情的倡导，有眼光，也有胆量，导向正确及时，在情人节、愚人节、圣诞节之类洋节之风不断扑面而来的时候向国人提了个醒，难得！这篇评论员文章文风也好，语言朴实而不乏文采，没有讲套话，也未打官腔。

实际上，新闻评论的论证方法多种多样，没有固定的程式。这里介绍比较常见的喻证法、比较论证、因果论证和例证法四种论证方法。

一、喻证法

喻证法，即比喻论证。古人说过：“喻巧而理至。”喻证法是用比喻来阐明事理的方法，即用同一类型的通俗、浅显、人们容易理解的事理，来论证比较深奥、复杂、人们不易理解的事理。清代文章家陶曾佑说得好：“举凡宙合之事理，有为人群所未悉者，庄言以示之，不如微言以告之；微言以告之，不如婉言以明之；婉言以明之，不如妙比以喻之。”① 有的问题道理比较抽象，直接说明不容易把问题讲清楚，这时如果用一个恰当的比喻，即用人们容易理解的浅显的事物或道理来说明，那么，“喻巧而理至”，就能生动地把道理讲得深入浅出，给人以鲜明的印象。

“喻巧而理至”，是评论作者对事理融会贯通的结果。正因为对事理融会贯通了，才能由此及彼、同中见异、异中见同、触类旁通，才能利用事理之间的相似关系把所要表达的论点寓于读者最易感知的事物中，由近及远、由易及难、由浅入深地娓娓道来，同时，它也是增强评论作品可读性的重要技巧。读者不容易了解、不容易接受的比喻，不能算是巧喻，也说不上理至。孟子经常针对不同的对象来设喻，比如梁惠王好战，他就以战比喻；齐宣王好乐，他就言乐，这也是他的论证有说服力的原因之一。比如，2004 年 12 月 17 日，美国《波士顿环球报》刊发专栏作家 H. 格林韦撰写的评论《皇帝的新装》。

从前，有一位皇帝曾被人篡夺了皇位长达 8 年之久。后来篡位者离去，这位皇帝公告天下，过去 8 年中发生的一切都是错误的，今后只有正义永存。

与此同时，他扔掉了所有让他回忆起篡位者的皇袍，开始四处为皇室寻找一家新衣店。

---

① 邵华泽著：《同研究生谈新闻评论》，人民出版社 2010 年版，第 172 页。

他将切尼、沙拉比和沃尔福威茨组成的“巴格达裁缝店”钦点为自己的正式制衣商。这些裁缝向皇帝承诺，他只需穿上本店生产的服装，整个巴格达都会落入他手中，甚至整个阿拉伯半岛都会拜倒在他脚下。获得解放的地区会接受皇帝的信仰，帝国将获得这些地区的石油和军事基地，而所有新臣民都会欢欣鼓舞地争先赞扬皇帝的新装。

这位皇帝最重视的是忠诚。“巴格达裁缝店”的提议让他感到满意。他命令裁缝为他的宰相做一套相同的衣服。

宰相是内阁中最强大最有影响力的人物，也是皇帝的战争大臣。但老奸巨猾的裁缝们解释说，只有正直的人才能看到他们的新衣服，那些不够高尚的人什么都看不见。

衣服按时做成了。皇帝召集了他的全部朝臣，正式展示他的新装。大部分朝臣热烈鼓掌，称赞新衣服式样大胆美丽，象征着帝国的伟大。有些朝臣颇为惊讶地发现自己看不见衣服，但他们不想被视为不够高尚，因此三缄其口。

后来，整个巴格达的确落入皇帝手中。裁缝很高兴，皇帝也很高兴。但最高兴的是宰相，因为他的对手们开始失势。

但随后事态急转直下。首先，皇帝的新臣民并不俯首称赞皇帝的新装。他们开始拿起武器反抗皇帝。日复一日，局势一步步恶化。宰相似乎永远拿不出解决问题的合理方案，而维持新装的费用却在不断上涨。

有一天，宰相决定前往科威特犒劳为保卫帝国而流血牺牲的士兵。据说，他穿着华丽的长袍出现在他们面前，将军、上校和上尉们都鼓掌称赞衣冠楚楚的宰相。但随后，一名年轻的士兵对宰相说：“但是长官，您没有穿衣服啊！”结果怎样呢？

这并非安徒生的童话。即使有人戳穿了“皇帝的新装”，但真相大白的日子并没有到来。除了沙拉比离开了裁缝店之外，其他人又在忙于为皇帝制作另一套新装了。这次的衣料来自伊朗。

《皇帝的新装》是丹麦著名作家安徒生笔下的童话故事。这篇评论作品借用《皇帝的新装》，巧妙地立意，形象地说理，用通俗、浅显、人们容易理解的事理，论证了比较深奥、复杂、人们不易理解的事理，从而达到了幽默且生动的效果。

二、比较论证

有比较才能鉴别，才有发言权。比较作为认识事物和说明事物的好办法，就是把具有相同特征的事物，或同一事物在不同的时间、地点、条件下的不同表现进行比较，以有力地证实某个论点的正确或错误。因此，这是论证问题时常用的一种有效方法，它有类比和对比两种类型。

（一）类比

所谓类比，就是将不同时间、不同地点的一类事物的某些相同方面进行比较。在进行这种历史的类比时，要注意具体的历史条件，防止简单类比的错误，否则，不仅无助于确立正确的论点，反而会妨害论点。评论作者可以采用类比法。这种论证方法是将类似情况作比较，并由此推论：既然这种情况产生某种结果，类似情况也应当产生同样的结果。类比法是通过比较进行推理的方法。两个事物假如在重要方面相同，就可以推论它们在别的方面也可能相同。检验类比法运用得是否恰当，一个重要尺度就是看它对人或事物相似点的比较是否属于重要方面。只有当类比中的相似点属于重要方面的时候，其进一步推论才有意义。但是，即使原来的类比能够站得住，其所作的结论也不一定很有力。因为这中间还包含着一个推理的步骤问题，如果“跳跃”得太厉害，读者接受不了，那么这样的说理就不可能合理、有力。此外，即使所作类比属于相似点，而且据此而作的推理读者也能领会，那么他所作的类比仍有可能没有什么价值。

布什指出：“检验主要的不同点，可以帮助我们发现不正确的类比。在任何比较中，都有它的相似点和不同点。类比的合理性，就是要看相似点和不同点之间哪一个更重要一些。无论什么时候，只要不同点的重要程度超过了相似点，那么，为着论证需要而采用的类比就失去作用。”① 比如，2005 年 1 月 16 日，《纽约时报》刊发戴维·罗森鲍姆的专栏文章《美国总统：第二任期是灾难》就是一个类比的典型例子。原文写道：

尼克松总统的白宫办公厅主任霍尔德曼在日记中写道，尼克松在 1972 年以压倒性胜利赢得连任后的第二天说：“第二个任期对大多数美国总统来说是个灾难”，但他“决心打破这一惯例”。

这句历史性的评论一语破的：尼克松想在第二个任期内避免灾难的愿望落空了，数周后，“水门”事件曝光，这使得他在第二个任期只持续了 18 个月的时候就被迫辞职。

现在，布什总统正在为他的第二次就职典礼做准备，虽然人们很难了解他如何看待前人的经验和教训，但他第二个任期的前景相当黯淡。

得克萨斯大学历史系退休荣誉教授、《现代美国总统职位》一书的作者刘易斯·古尔德说，在近 100 年中，多数连任的美国总统“没有一个好的第二任期”。

总的来说，美国总统在他们的第二个任期内要么是江郎才尽，再也拿不出什么好政策来；要么是过分自信，为自己定下过高的目标。

伍德罗·威尔逊总统无法说服参议院批准《凡尔赛和约》，没能实现让美国加入国际联盟的梦想。

罗斯福总统没有完成让他的政策拥护者入主最高法院的计划，并且在 1938 年的中期选举中也没能肃清国会中反新政的民主党人。

---

① （美）约翰·赫尔顿著：《新闻工具的评论写作》，中国人民大学新闻系译，中国人民大学出版社 1978 年版，第 41 页。

艾森豪威尔总统在冷战时期的几次危机中表现不佳：1957 年苏联成功地发射了首枚人造地球卫星，而他事先竟没有察觉这一计划；他还试图用拙劣的手法掩盖在苏联境内被击落的 U－2 侦察机的间谍活动。

尼克松总统因为“水门”事件被迫下台；里根总统因为“伊朗门”丑闻和其下属遭指控而声誉受损；克林顿总统在竞选经费问题上被调查，还因为和白宫见习生的性丑闻而遭到弹劾。

……

或许布什总统能打破“第二任期是灾难”的惯例。但即使他失败了，他也应该感到欣慰：那些在竞选连任中失败的总统下场更惨，想想胡佛、卡特和老布什吧。

2005 年 1 月 20 日，美国东部时间 20 日中午 12 点（北京时间 21 日凌晨 1 点），美国总统布什在国会大厦西门外举行第二个任期的总统宣誓就职仪式，正式就任美国第 55 届总统。19 日晚，在白宫南面的椭圆形大草坪上，一场名为“庆祝自由”的晚会将连续多日的就职典礼庆祝活动推向高潮，布什在晚会上致辞时表示，在第二个总统任期内，他将努力把一个政治分歧严重的美国团结在一起。但是，最新的民意调查表明，多数美国人并不相信布什能够在他的第二个任期内做得更好。据《纽约时报》和哥伦比亚广播公司（CBS）联合进行的民意调查显示，布什的支持率仅有 49%，远远低于前总统克林顿和里根开始第二个任期时的民意支持率。75% 的美国人认为，布什如果拿不出明确的从伊拉克撤军方案，4 年后，美军仍将深陷伊拉克泥潭。在布什下一任期内着力解决的社会保障问题和财政问题上，大部分被调查者也持悲观态度。

实际上，美国民众在对布什看法上的严重分歧将表现在 1 月 20 日他的就职大典上。数以千计的示威者正在从全美各地赶到华盛顿特区。与以往不同的是，今年可能出现一场别开生面的抗议形式：一个名为“背对布什”的组织正在筹划利用手机短信指挥协调它的 400 多名成员，当布什经过时他们一致地转过身去，以示对这位总统的不满和抗议。于是，作者把布什总统的第二个任期和历届总统的第二个任期进行了简单的类比，却没有一个好的第二任期。

（二）对比

对比是将两种性质截然相反或有差异的事物进行广泛的对比，它是把事物、现象和过程中矛盾的双方，安置在一定条件下，使之集中在一个完整的艺术统一体中，形成相辅相成的比照和呼应关系。运用这种手法，有利于充分显示事物的矛盾，突出被表现事物的本质特征，加强文章的艺术效果和感染力。

当然，这种比较论证法需要防范两种倾向：一是停留于赘述同类故事来代替说理或罗列种种现象来取代分析；二是满足于用几句结论性的语言，用抽象的原则道理去代替对具体事物的具体分析。克服这两种倾向的关键，就是获取典型而充分的论据。因此，评论作者的构思阶段，材料要多多益善，以十当一；考察的对象要尽量多些。对象考察愈多，就愈有可能使论点建立在有充分根据的基础之上。而在表述阶段，论据要力求少而精，以一当十；不要把归纳看成了简单枚举，使用什么论据，要对前提和结论进行内在、因果联系的分析。

三、因果论证

（一）因果论证的形式

在评论写作中，揭示原因和结果之间的联系，也许是最常用的论证方法了。许多社论或者专栏评论，假如对它们抽象概括，“浓缩”到最后，人们可以看到这样的“公式”：“X 是 Y 的原因”，或者是“A 已经发生了，B 在不久也一定会出现”。因果论证有两种表现形式：①从目前的结局出发，去追溯形成它的根源。这是从结果到原因的证明方法。②从已知的原因出发，去推测它将产生的后果这是从原因到结果的证明方法。

（二）因果论证的特点

因果论证，无论是从结果追溯到原因，还是由原因推测到今后的结局，最重要的一点是要有内在联系。火车发动了，向火车站外驶去，一位旁观者声称火车的前进，是由于他用力晃动的缘故，那当然是滑稽可笑的，因为两者之间并没有必然联系。评论作者要防止这样的毛病。以总统竞选为例。评论作者无论是论断候选人之所以失利，是由于这一步或那一步的失策；或是根据竞选运动中出现的种种征兆，进而预言某一候选人可能落选。不管是哪一种情形，论证中出现的因果联系，必须是合乎逻辑、合乎情理的。

格雷夫斯和奥尔特西在《从事实到判断》一书中提到的约翰斯·图尔特·穆勒的两项规则，它有助于评论作者检验他进行的因果论证是否正确。

穆勒的第一项规则：当某一现象产生之前，如果只有一个先行情况，那么，这个先行情况就是产生某一现象的原因。但是，如果在某一现象产生之前，有两个或两个以上的先行情况，就无法断定哪个先行情况是产生某一现象的原因。这时，可以对产生相同结果的几个不同场合的先行情况进行对比，从而确定产生某一现象的原因是什么？其公式可表述如下：

（1）A，B，C 和 D 是产生 R（结果）的先行情况
（2）A，F，C 和 G 是产生 R（结果）的先行情况
（3）B，K，C 和 L 是产生 R（结果）的先行情况

在这三种场合，C 是 R（结果）产生之前唯一每次出现的先行情况。因此，C 一定是一个必要的先行情况，而且是产生 R 的原因。拿穆勒的话来说，它“或者是产生结果的原因，或者是产生结果的部分原因”。

穆勒的第二项规则：在第一种情形下，产生了某一结果，在第二种情形下没有产生

某一结果。在两者的先行情况中，有这项先行情况不同，这项先行情况肯定就是产生不同结果的原因。用公式表述如下：

第一种情形，A，B，C和D是先行情况，产生了R（结果）。

第二种情形，A，B和D是先行情况，没有产生R（结果）。

两种情形相互比较，可以看出C必定是产生R（结果）的原因或部分原因。①

正是鉴于上述情形，因果联系具有三个特点：

（1）相继性。由于原因与结果有引起和被引起的关系，所以原因总是在前，结果总是在后，二者在时间上是前后相继的。但是，并不是所有在时间上先后相继的两个现象之间都具有因果关系。如闪电在雷鸣之前，但闪电并不是雷鸣的原因。

（2）确定性。从质的方面说，在同样的条件下，相同的原因会产生相同的结果；从量的方面说，原因发生了一定量的变化，结果也会发生相应的变化。

（3）多样性。因果联系有一因一果、多因一果等多种表现形式。一因一果就是只有某一个特定的原因，才能产生某一个结果。多因一果又有两种情况：一是由多种原因共同起作用才能引起某种结果的多因一果；二是由多种原因单独起作用就能引起某种结果的多因一果。

比如，2009年，在金融危机的背景下，国企频繁制造“地王”，房价一路高歌猛进。8月5日，保利地产又在苏州以19.9亿元制造了新“地王”。在此背景下，记者又将其放在转型升级的历史进程中思考，把敏锐的触觉延伸到问题的深层，通过评论的体裁达到了为听众解惑的目的。同年8月6日，苏州市广播电视总台播出《国企频繁制造“地王”，为转型升级埋下“地雷”》，获得第20届中国新闻奖评论一等奖。原文说道：

出录音：我们过去的这些依靠外部需求，依靠投资拉动的增长模式，在新的国际经济环境中，碰到了非常大的困难。这个时候迫使我们思考，如何去改变我们的增长模式。

国企拥有多种发展的优势资源，本应成为转型升级的领跑者。可是，它们却挟巨资频繁的制造“地王”，这必将阻碍居民消费、加大金融风险，更是为转型升级埋下了“地雷”。

该评论以土地拍卖现场为切入点，两家国企的激烈争夺、由点到面的背景资料补充，使国企频造“地王”的新闻更有张力。文章接着分三个层面进行了分析：

第一，国企频繁制造“地王”，推动房地产价格进一步上涨，埋下了一颗阻碍居民

① 谷振诣著：《论证与分析——逻辑的应用》，人民出版社2000年版，第141～145页。

消费的“地雷”。

如今，高房价要消耗两代人甚至几代人的积蓄，房贷还款占据收入的一大部分，使许多人成为“房奴”，日常开销只能节衣缩食。来自湖北的吴晓云和爱人在苏州工作了近3年，眼看着房价一天天上涨，他们却居无定所。于是，双方父母拿出全部积蓄，他们贷款购买了一套90平米的二手房。

出录音：父母支持十几万吧，家里全部积蓄吧！现在可能只是供房，有了小孩的话压力就更大了。

贷款买房的人为了还贷，不得不压缩日常开支；无房户为了买房，又要节衣缩食攒钱。有房没房都在为房奔忙，过高的房价已经成为抑制居民消费的重要原因。国家统计局公布的数据显示，2008年我国居民消费率仅为35.3%，不仅远低于美国的70.1%，也低于同属发展中国家印度的54.7%。

……

第二，国企频繁制造“地王”，将使更多的资金沉淀在房地产业，埋下了一颗加剧房地产泡沫化的“地雷”。

房产租售比是衡量一个地区楼市运行是否良好的关键指标，其判断楼市泡沫程度的警戒线，国际公认的标准是1∶300。以购买苏州工业园区的一套100平米住宅为例，总价约为80万元，而目前市场上的月租金仅为2000元，需要400个月才能收回投资，租售比为1∶400。而北京、上海、深圳等一线城市的租售比就更高了，地产业的泡沫端倪已经显现。中国社会科学院金融研究所博士易宪容表示，这和上世纪80年代末的日本极其相似。

出录音：一个是房价涨得比日本要快，房地产的各项指标都要高很多，中国的房地产泡沫要比日本高得多。

易宪容进一步指出，信贷的过度助力推高了房价，也积聚着金融风险。据银监会统计，房地产开发贷款已经占全部贷款总额的20%，仅上半年全国金融机构新增个人住房按揭贷款就近6000亿元，这相当于前十年的总量的1/4。而一旦房地产泡沫破灭，风险将转移给整个金融体系。

……

第三，国企频繁制造“地王”，违背了中央为国企设定的主辅分离做强主业的初衷，埋下了一颗丧失核心竞争力的“地雷”。

背景资料：加入世贸组织后，我国将在更深层次上融入经济全球化。2002年，原国家经贸委等八部委联合下发了《关于国有大中型企业主辅分离实施办法》，对国有大中型企业实施主辅分离、辅业改制提出具体操作办法和措施。近年来，中央加快了国企改革的步伐，要求国企充分利用主辅分离、辅业改制的政策，做强做优主营业务，提高企业核心竞争力，增强参与市场竞争的能力，强化为国民服务的能力。

国企作为国民经济的支柱，只有坚持主业的技术、产品、商业模式的创新，才能在本行业做强做精。全球金融危机倒逼产业结构调整的时间窗口稍纵即逝，国企只有看准方向、积极行动，才能在转型升级中抢得先机。就在这个的关键阶段，国企却偏离了主业，进入高风险的房地产业。许小年认为，国企把大量资金和精力放在非主营业务上，尽管暂时获取了利润，也拉动了经济快速回暖，却失去了发展战略性新兴产业的宝贵机会。

出录音：短期内GDP数字的好转，将为中国经济的长远发展带来巨大的成本。

这种“不务正业”还将延缓中国经济结构的调整过程，错失转型的良机。

这些行文犹如剥笋，由表及里，由浅入深，直至触及问题核心，回答论点，得出结论。全文的逻辑严密，论证性强，既发人深思，又让人信服。最后，作者总结说：

众所周知，国企属于全体国民，其发展的根本目的是造福百姓。但是，一些国企却拿着保增长、保民生的钱，炒高房价加重百姓的负担，这显然违背了国企的使命。因此，是时候要给“不务正业”的国企套上“紧箍咒”，念一念责任经，督促其回归主业。唯有如此，才能杜绝国企与民争利，才能让百姓分享国企发展的成果。

这篇评论凸显其前瞻性，具有较高的评论价值。本文在论证上，巧妙地将“地王”比作转型升级路上的“地雷”——阻碍居民消费、加剧房地产泡沫化、丧失核心竞争力的三颗“地雷”。这篇广播评论深入浅出地从三个方面进行分析与思考，使这一复杂而专业的经济问题变得非常通俗易懂，它所讲的问题，是针对刚刚发生的新闻或自己开始播报的新闻，其突出的特点是“当下”，是现在进行时，是当即发问。

（三）因果论证的逻辑错误

新闻评论借助逻辑推理来增强说服力，有时也会滥用因果关系。佛经《百喻经》中有这样一个故事：国王新生一女，令医师找“速长药”，使她快快长大。医师说，我去远方求药，要走很久，回来之前你不能与女儿见面。12年后，医师带着公主来见国王，说她服下自己找来的速长药，立刻长大了。国王大喜，称赞医师的药灵。这里国王相信女儿长大是因为吃了速长药，就是犯了“因果关系”逻辑错误。而现实生活之中，这种基于“虚假原因”的推论屡见不鲜，它包括：①把“在此之后”错认为“因此之故”。如一项决定做出后发生了某些突发事件，硬将两者联系起来解释。②把“与此有关”错认为“是此原因”。如断言某人是好父亲、好丈夫，必定能成为好领导。③把“原因之一”错认为“唯一原因”。④把“间接原因”错认为“直接原因”。等等。①

① 李良荣等著：《当代西方新闻媒体》，复旦大学出版社2010年版，第281页。

四、例证法

（一）例证法的概念

例证法，又称引证法，即事理论证。它是运用演绎推理形式论证问题的一种方法，其特点是用已被证明的、公认的道理、原则或理论，来论证未被证明的、个别的、具体的论点和道理，也可以说是用大道理来论证小道理。这是运用归纳推理进行论证的一种方法，是由个别到一般的方法，它通过列举典型的具体事例，证明自己论点的正确性，在新闻评论中用得比较普遍，具有较强的说服力。

事实和意见，是评论的材料，有人分别称之为事实性材料和意见性材料。材料是评论的论据。评论在论证中为了阐明论点，要摆出事实和引用材料。有些论点要靠事实去论证，评论论证的过程虽然是个逻辑推理的过程，是个讲理的过程，但有些理是很难靠理说清的，善于摆出事实，可以使看起来相当复杂的问题迅速简单化，使抽象的论点具体化。有些论点，很难摆出事实去阐明，只有引用意见，以理论理。一般来说，论证的过程，往往既摆事实，又引意见，有实有虚地阐明论点。

2013 年 1 月，中国中东部地区由于冷空气较弱，多地气温回升，雾霾天气大范围伺机而入，大雾给这些地区造成严重的空气污染。中国环境监测总站的全国城市空气质量实时发布平台显示，北京、河北、山东等多地空气质量达严重污染，PM 2.5 指数直逼最大值。大范围雾霾天气触发一系列的“连锁反应”，包括交通受限、航班延误、病患增加等。同年 1 月 22 日，英国《金融时报》刊发了名为《中国不应再忽视空气污染》的社评。原文这样写道：

本月笼罩在中国上空的有毒雾霾突显出无序发展带来的高昂成本。上上周末，北京的空气污染指数达到 4 年前开始编制该指数以来的最高水平。上周二，浙江省一家工厂失火，但由于火情笼罩在浓厚的大雾中，起火后三小时才被人发现。雾霾还蔓延到中国境外：韩国的空气污染也达到了危险水平。

反常的天气状况可能对有毒雾霾起到了推波助澜的作用。然而，污染的根源却在其他方面。到处都在烧煤，汽车尾气排放量也在激增，这都是中国经济奇迹带来的有害后果。此外，中国政府在环保执法方面的记录也很糟糕。

当然，西方在历史上也经历过数十年的污染。在工业革命时期，爱丁堡的绰号“老烟城”绝对名副其实。伦敦则被称为“雾都”，市民们经常遭遇所谓的“peasouper”（黄绿色浓雾，颜色像豌豆汤）。近代史上最黑暗的日子是在 1952 年，当时伦敦的“大烟雾”导致 1.2 万人死亡。

然而，这些悲剧也迫使各国政府着手解决空气污染问题。在英国，1956 年出台的《清洁空气法》禁止部分城市区域的家庭使用煤炭生火，并规定发电厂要在远离城市的地方设址。在美国，宾夕法尼亚州多诺拉市的致命烟雾促使华盛顿方面在1955年通过了《空气污染控制法》。中国应效仿这些国家的做法。

民众的不满是推动环境改善的有力因素。但即使从经济方面考虑，中国也应该采取行动。世界银行数据显示，2009年，空气污染带来的成本相当于中国国民收入的3.3%。这些成本包括心肺疾病、交通事故以及航班取消发生率的日益上升。雾霾笼罩的天空影响了经济发展和人类生活，我们不应听任这两者在雾霾中毁掉。

文章引用历史上英国城市污染严重的事例，说明当今中国整治环境污染的迫切性与重要性，同时也介绍了英美国家治理污染的成功经验和教训。从论证方式上看，作者所用的是归纳论证，它是由一个个具体事物推出一般性结论，这符合人们认识事物的规律，因为人们认识事物总是由具体到抽象、由个别到一般的。但因为在进行归纳时不可能穷尽所有的事，这就要求所选事实具有典型性和代表意义，正是本文的成功之处。

（二）例证法的使用要求

运用引证法论证时需注意几点：①引证的原理必须正确，不要断章取义；②不要引证过多，以别人的观点代替自己的论述；③要注意具体分析，不可简单推理。在运用例证法时应注意：引用的事例只是一种论据与证明，不要求“五W—H”（时间、地点、人物、事情经过、原因与怎么样）等新闻事实要素全部讲述清楚，只需选取主要的事实要素概括明了即可。而重点应放在分析、归纳与说理。这种论证方法在具体运用时，可以先列具体事例，然后总括起来，作为论点；也可先写出论点，然后列举事实，证明论点。所列举的事实，必须典型而确凿，与论点有着必然的联系，表述时一定要注意高度概括，留主干，芟枝蔓。总体而言，逻辑论证有其基本规律，也就是人们进行思维时必须遵守的最基本的共同要求。离开了这些要求，人的思维就不能正常进行，违背这些要求会出现谬论或诡辩。因此，在新闻评论写作中要保证论证真实可靠，必须确保两个基本条件：①推理的前提必须真实；②推理的形式必须正确。

（三）例证法的注意事项

1. 引经据典，断章取义。新闻评论以说理为其特征。既然是要说理，就少不了要运用一些社会科学和自然科学方面的理论知识，包括引用一些理论家、领导人和经典著作的讲话或文章。所有这一切都要为论述所用，而不是为了拉大旗作虎皮，装腔作势，故意吓唬人。但在现实的新闻评论写作之中，却时常能见到这样的情景：为了证明自己的观点正确或有力量，常常在文章中引用一些革命导师、领袖人物、权威人士的讲话或文章。他们在引用时，有时并不了解被引用文章的历史背景和真正含义，只从表面上领会；有的引用还犯有断章取义的毛病，不了解引用断落在整篇文章或著作中的完整意思，曲解了作者的思想；也有一些作者，以为写评论就要引经据典，好像谁引用得多，谁的评论就有说服力。一篇评论除了引用大量别人的语录和文章外，完全没有自己的东西。新闻评论的论证当然可以引用一些经典著作和文章，用得好，还能深化评论，或起到画龙点睛的作用，而大量地、生搬硬套地引经据典却是评论写作中的大忌。

2. 罗列事实，取代分析论证。新闻评论时常要用事实说话，在实际的评论写作中，为了说明观点，作者不仅列举大量的事例，在引用时，又不厌其烦地详细介绍事实的过程，这样的文章事实或许是清楚的，情感也很丰富，就是没有说理的成分。精心挑选过的事实都是为论证服务的，在论证时，一定要将蕴藏在事实中的道理点出来，说清楚，只有这样，才能达到事实胜于雄辩的效果。这样的事实是经过认真挑选的，事实中蕴涵着深刻的道理，经过作者的论述，比单纯的逻辑演绎的效果要好。试想，一篇新闻评论如果仅是简单地罗列事实就能说清道理，还需要论证干什么呢？在论证中，事实与事实之间也是有联系的，先列举什么事实，后列举什么事实，也是有讲究的，用大量的罗列事实来代替分析论证，是新闻评论写作中的又一个大忌。因此，写好一篇新闻评论作品，必须走出两个误区：一是防范理论运用上出现认识偏差；二是对事实在评论中所起作用的理解有误。①

第二节 驳论

一、什么是反驳

（一）反驳的含义

所谓反驳，就是用一个或一些真实命题确定某一证明的论题或论据虚假，揭露某一证明的论证方式无效。反驳和证明有共同点，两者都属于论证，但它们又有区别，即所起的作用不同。证明用于确定某一命题的真实性；而反驳则用于揭露对方证明中的论题或论据的虚假性。鲁迅说过："历举对手之语，从头至尾，逐一驳去，虽然犀利，而不沉重。这种方法是不可取的。应正对论敌之要害，仅以一击给与致命的重伤。"② 美国两党总统候选人的电视辩论可提供有益的启示。2012 年 3 月，美国两党总统候选人的第一次电视辩论，共和党候选人罗姆尼全面击败现任民主党总统奥巴马。辩论结束后，CNN 即时民调，67% 的被询问者认为罗姆尼胜了辩论，觉得奥巴马赢的只有 25%。在这场"商人与教授的对决中"，本来是教授和律师出身的能言善辩的奥巴马，居然大幅输蚀，其辩论技艺值得评论写作学习与借鉴。美利坚合众国原本是一个工业民族，他们谈辩论，不扯什么"摆事实、讲道理"或"真理越辩越明"之类缺乏可操作性细节的

① 赵振宇著：《现代新闻评论》，武汉大学出版社 2005 年版，第 278 页。

② 鲁迅、许广平著：《两地书·原信》，中国青年出版社 2005 年版，第 203 页。

套话、空话，而是周详地罗列出一步一步可以操作的具体程序。这些辩论的程序大同小异，通常有三点：

1. 简述对方要点（acknowledge the question）。在发表看法之前，大致复述一下自己要反驳的对方某一观点，使听众知道你接着的看法所针对的具体对象。这听着简单，却能限制讨论范围，并使单方面发泄主观感觉的牢骚变为引动双方的交流。

2. 肯定对方长处（give the credit）。肯定对方观点中可以接受的部分。一方面，这是礼貌，尽力创造良性互动的气氛；另一方面，可以进一步限制讨论范围，排除那些不必要的争论。罗姆尼和奥巴马在辩论中都很有礼貌。罗姆尼用了美国当前争论激烈的医保案的俗称“奥医保”（Obamacare），还向奥巴马道歉。

3. 只谈对方观点（stick to the point）。就事论事，只分析对方的话语，不作人身攻击。具体怎样呢？罗姆尼做得非常好。他拿过奥巴马的论据后，充分地剖析对方的细节，然后从细节上加以批驳，多次令对手一时语塞。奥巴马大概以为罗姆尼也是前总统小布什或2008年大选共和党候选人麦凯恩那类平庸人物，赛前准备不足，未料到这位真是厉害角色。比如，辩论经济发展时，奥巴马说，在他任内，美国能源产量显著提高了。罗姆尼同意这一事实，但他指出，石油和天然气产量的提升，发生在私有土地上。国有土地上的勘探和生产执照数量，在奥巴马任内却被政府削减了一半。罗姆尼还说，煤炭公司现在被奥巴马的政策挤压得难以生存——这一细节奥巴马根本未提及。奥巴马回答时，完全忽略能源问题，转而谈税收。又如，对争论激烈的“奥医保”，奥巴马觉得自己有一张王牌。罗姆尼在马萨诸塞当州长时，曾经推行类似的医保改革。但当奥巴马打出王牌时，罗姆尼却抓住推进过程中的细节差异：他的医保改革是共和党州长和民主党议会的合作；“奥医保”则是国会在民主党控制下强行通过的，这不但反驳得很聪明，而且反驳得很规矩，是接着对方的话谈下去，不躲闪，也不拿无关话题强行对撞。当然，罗姆尼也有失误，如奥巴马称罗姆尼偏向大石油公司。罗姆尼说，石油公司每年税收优惠，仅是28亿美元；而奥巴马政府拨给新能源的款项高达900亿美元，这相当于50年的石油公司税收优惠。明明只有32年，天知道他怎么得出50年。美国人数学普遍差，哈佛出来的精英都这么差。难怪辩论中两人多次谈到教育问题。①

（二）反驳证论的方法

反驳，是驳斥别人论证的一种方法。论证是由论题、论据和论证方式三种元素构成的，因此，要破斥一个论证，也可以从这三个方面着手：

1. 反驳对方的论题。反驳论题，就是引用一个或一些真实的命题作论据，并借助一定的推理形式来证明对方的论题是虚假的。如果证明了对方的论题是虚假的，其立论

① 参见吴澧：《美式辩论不光要“有理有据，令人信服”》，http://view.163.com/12/1012/05/8DJG91D000014MO9.html?from=zyk2。

就不成立了。反驳论题是各类反驳中最彻底的、最有逻辑力量的反驳。针对对方的论题进行反驳，有两种方法，即直接反驳和间接反驳。直接反驳又有两种，第一种是提出相反的事实，以证明对方的论题是假的。直接反驳的第二种方式，是由对方的论题推出一个（或一些）结论来，而这个或这些结论是与事理相违背的，是荒谬的。由否定一个或一些结论就能够否定对方的论题。如反驳的论题是 p，我们由 p 推出 p1，p2，p3 等结论，然后根据事实或已知为真的判断，来否定结论 p1 或 p2 或 p3。根据充分条件假言推理的规则，就可以否定论题。比如，1927 年 11 月 30 日，蒋介石和宋美龄在上海举行婚礼，并发表《我们的今日》一文，谓“今日得与最敬爱之美龄结婚，为有生来最光荣、最愉快之一日”。同年 12 月 2 日，《大公报》发表主笔张季鸾撰写的社评《蒋介石之人生观》，对其在《我们的今日》一文中的错误观点予以批驳。原文写道：

离妻再娶，弃妾新婚，皆社会中所偶见，独蒋介石事，诟者最多，以其地位故也。然蒋氏犹不谨，前日特发表一文，一则谓深信人生若无美满姻缘，一切皆无意味。再则谓确信自今日结婚后，革命工作必有进步。反翘其浅陋无识之言以眩社会。吾人至此，为国民道德计，诚不能不加以相当之批评，俾天下青年知蒋氏人生观之谬误。

男女，人之大欲也。其事属于本能的发动，动物皆然，不止人类。人生得真正恋爱，固属幸事，然其事不可必。且恋爱对象变动不常，灵魂肉欲其事难分。

自生民以来，所谓有美满之姻缘者鲜矣。然恋爱者，人生之一部分耳。若谓恋爱不成，则人生一切无意义，是乃专崇拜本能，而抹杀人类文明进步后之一切高尚观念。或者非洲生番如此，中国不如此也。夫文明人所认为之人生意义，一言蔽之，曰利他而已。盖人生至短，忽忽数十春秋，与草木同腐。

以视宇宙之悠久，不啻白驹之过隙。然而犹值得生存者，则以个人虽死，大众不死故。所以古今志士仁人之所奋斗者，惟在如何用有涯之生，作利人之事，而前仆后继，世代相承，以为建筑文明改善。人类环境尽力。行此义者，为人的生活；不然，为动物生活。得恋爱与否，与人生意义无关也。或曰，此言固是。然得恋爱始能工作，失恋爱则意志颓然，蒋氏之意仅在是耳。然此亦大误。盖在有道德观念知人生意义之人，其所以结构一生者，途径甚多，不关恋爱。……且蒋氏之言若即此而止，犹可不论。盖人各有志，而恋爱万能之说，中外皆有一部分人持之。蒋氏如此，亦不足责。然吾人所万不能缄默者，则蒋氏谓有美满姻缘始能为革命工作。夫何谓革命？牺牲一己以救社会之谓也。命且不惜，何论妇人！

十八世纪以来之革命潮流，其根本由于博爱而起，派别虽多，皆为救世。故虽牺牲其最宝爱之生命而不辞者，为救恶制度恶政治之下之大众，使其享平安愉快之生活故也。一己之恋爱如何，与“革命”有何关连哉。

文章抓住蒋本人关于“婚姻与革命”言行两方面的矛盾与破绽，斥蒋“离妻再娶，弃妾新婚"，"累累河边之骨，凄凄梦里之人，兵士徇生，将帅谈爱，人生不平，至此极点"，骂蒋"不学无术，为人之祸"。文章纵横捭阖，冷嘲热讽，逻辑谨严，文采出众，可谓珠圆玉润而又痛快淋漓。文章接着说：

呜呼！尝忆蒋氏演说有云：出兵以来，死伤者不下五万人。为问蒋氏，此辈所谓武装同志，皆有美满姻缘乎，抑无之乎？其有之耶，何以拆散其姻缘？其无之耶，岂不虚生了一世？累累河边之骨，凄凄梦里之人；兵士殉生，将帅谈爱；人生不平，至此极矣。呜呼！革命者，悲剧也。革命者之人生意义，即应在悲剧中求之。乃蒋介石者，以曾为南军领袖之人，乃大发其欢乐神圣之教。

夫以俗浅的眼光论，人生本为行乐，蒋氏为之，亦所不禁。然则埋头行乐已耳，又何必哓哓于革命？夫云裳其衣，摩托其车，钻石其戒，珍珠其花；居则洋场华屋，行则西湖山水；良辰美景，赏心乐事；斯亦人生之大快，且为世俗所恒有；然奈何更发此种堕落文明之陋论，国民正当之人生观而欲淆惑之？此吾人批评之所以不得已也。不然宁政府军队尚有数十万，国民党党员亦当有数十万，蒋氏能否一一与谋美满之姻缘，俾加紧所谓革命工作？而十数省战区人民，因兵匪战乱，并黄面婆而不能保者，蒋氏又何以使其得知有意义之人生？甚矣，不学无术之为害，吾人所为蒋氏惜也。或曰天下滔滔，何严责蒋氏？曰，果蒋氏自承为军阀、为官僚，则一字不论，其事也不载。而蒋氏若自此销声匿迹于恋爱神圣之乡，亦将不加以任何公开之批评。今之不得不论者，以蒋氏尚言革命之故耳。吾人诚不能埋没古今天下志士仁人之人生观，而任令一国民党要人，既自误而复误青年耳。岂有他哉。

这篇文章的说理体系完整而严密，论证精辟透彻，是一篇有效运用逻辑论证的新闻评论。这篇评论演绎出论证的力量，其基本认证方式按照从普遍性的前提推出个别的结论，这是一种演绎论证的方法。在这篇文章中，"男女，人之大欲也。其事属于本能的发动，动物皆然，不止人类"应该是一个普遍性的一般性前提，因为它判断的范围最大，且这个判断也为人们普遍接受，无需论证。那么，由这个一般性的前提得出了什么样的结论呢？文章接着分析说："若谓恋爱不成，则人生一切无意义，是乃专崇拜本能，而抹杀人类文明进步后之一切高尚观念。"这是针对蒋介石错误言论而发的。文章说出"人生若无美满姻缘，一切皆无意味"的一个具体判断，但可以由刚才那个大前提直接得出的这个结论吗？恐怕不能。文中还有一个"小前提"，即"然恋爱者，人生之一部分耳"。这样，从大前提，经过小前提，再到结论，这是演绎逻辑中的一种普遍论证方法，也被称作典型的"三段论"模式。

2. 反驳对方的论据。证据错误，是指违背逻辑规律可以引起的论证错误，错误的证据也能导致谬论。有两种情况：一是证据本身不可靠。如果论证依据的是"假证"，就像抄错了算题，整个运算必会得出错误结果。误传、谣言、歪曲报道等，都是假证的来源。二是证据错误，即证据是确凿的事实，但由于错误的运用而使事实变成了“假象”。反驳论据，是指引用一个或一些真实的命题作论据，并借助一定的推理形式来证明对方的论据是虚假的。如果证明了对方的论据是虚假的，那就表明对方的论题因缺乏论据支持而没有得到证明，这样，其论题的真实性就值得怀疑了。针对对方的论据作出反驳，即使驳倒了对方的论据，也不等于就驳倒了对方的论题。换言之，对方的论据是假的，不等于对方的论题就一定是假的。

直接反驳与间接反驳这两种方法，既可以用来反驳对方的论题，也可以用来反驳对方的论据。在反驳对方的论据时，是把这些论据作为反驳的对象。在反驳论据时，应该注重，驳倒了对方的论据，并不等于已经驳倒了对方的论题。驳倒了对方的论据，这只证明对方关于谈论题所作的论证不能成立。在对方还未提出关于谈论题的论证之前，谈论题尚未得到证明。驳倒论据，只是否定了前提，不能由此就否定结论。也就是说，否定了论据，并不能由此就否定论题。所以，如果要证明对方的论题是虚假的，那么就必须直接对对方的论题进行反驳。驳倒了对方的论题，不等于驳倒了对方的论据。显然，在一个归纳论证中，由论题（作为归纳推理的结论）是虚假的，并不能得出论据（作为归纳推理的前提）也是虚假的。在一个演绎论证中，即使假定论证方法是正确的，由论题（作为演绎推理的结论）是虚假的，也不能得出所有论据（作为演绎推理的前提）都是虚假的。

3. 反驳对方的论证。反驳论证方式就是揭露对方的证明犯了“推不出”的逻辑错误。例如，指出对方的推理形式无效或论据与论题缺乏逻辑联系等。反驳论证方式与反驳论据一样，即使揭露了对方的论证方式存在谬误，也不能断定对方的论题必然是假的，只能说明该论题尚未得到证明。这是进行反驳时值得注意的问题。

反驳论证方式就是指明从对方的论据不能正确地推出所要证明的论题来。驳倒论证方式，只是证明了对方所采用的论证方式是错误的，是违反逻辑规则的，但仅凭对方的论据还不能正确地推出论题，因而论题没有得到证明。有时，对方的论题、论据都是真的，但其论证方式却是不正确的。这样，我们就需要仅仅针对对方的论证方式进行反驳。1995 年 3 月 29 日，针对无锡太湖影视城旅游区“将再现我国古代一些‘风土’人情”，其中包括阿房宫。《中国青年报》发表评论《阿房宫应该重建吗?》，原文写道：

阿房宫的名气是很大的……想不到改革开放到现在，竟然要建这么一座建筑物，这能不令人震惊么?

重建阿房宫，有个大题目叫做“再现我国古代一些‘风土’人情”。那么，阿房宫主要是表现我国古代哪一些风土人情呢?

唐朝有位诗人，叫做杜牧，写过一篇《阿房宫赋》，多少使我们得以窥见一些……杜牧是力图矫正时弊，有所为而发的。今天重现这样一些“风土人情”，是对“秦爱纷奢"，"取之尽锱铢，用之如泥沙"的奢华挥霍艳羡不已，因而要重现旧景以抒思古之幽情甚至重人旧景再过一把瘾呢，还是要为我们今天社会生活中的豪华奢靡之风找一个历史的证据来证实"古已有之"？无论从哪个角度看，重现阿房宫来"再现我国古代一些'风土'人情"的说法，恐怕都难以成立。

文章开头先告诉人们有人要重建阿房宫的消息，然后便详细介绍了阿房宫的来龙去脉，让人看到，这不过是秦始皇横征暴敛、追求无耻生活享受的产物。也正因此，历朝历代想重建阿房宫的计划都没能得逞。论据孕育着论点，虚假的论据必然得出虚假的论点。揭穿重建阿房宫论据的荒谬性，也就论证了建阿房宫这一设想的荒谬性。如此釜底抽薪，一下子便使要批驳的对象置于无法还手之境地了。文章接着说：

重建阿房宫，耗资巨大，而且据报上消息讲，"其构造将全部摹仿古阿房宫，纤毫毕现"，这就意味着这座建筑物是全面复古而并无一丝一毫建筑艺术方面的创造与出新。"全部摹仿古阿房宫"，而古阿房宫一无照片二无资料，如何摹仿？这本身就是缺少常识的话。退一万步说，就是真有一座古阿房宫实物，现在把它摹仿得惟妙惟肖，又有什么现实意义？现在许多地方搞旅游风景，不从实际出发，不搞出今天改革开放的特色，却热衷于复古。乃至于过去妓院的招牌，成了今天响当当的楼名。这种浅薄的照搬和摹仿，绝不是对历史的尊重，也无益于对古代优秀文化的弘扬。

值得注意的倒是由重建阿房宫这条消息所反映出来的今日豪华奢靡之风的盛行。耗费如此巨资，不用来投资于教育，多办成千上百所希望小学、希望中学；不用来投资于农业，以丰富老百姓的米袋子、菜篮子；不用来投资于一切有益于经济发展、人民生活质量提高的建设项目，却来重建这么一座阿房宫，投资者如此决策，导向所至，奢风扑面。本乎此，我以为重建阿房宫的动作应当停止。

人造景点之风，这些年越刮越猛，且大多是低水平重复。比如西游记艺术城，全国就有30多家。尽管投资规模一家比一家大，但投资回报却一家比一家差。因人造景点毕竟是人造的，不可能像历史文物、名胜古迹那样有永恒的艺术价值和历史价值。在这上面大量投入，实在是一种浪费。《阿房宫应该重建吗?》就是一瓢泼向滥建人造景点的冷水，可以让人清醒。而且，釜底抽薪，是这篇驳论所用的方法之一。澄清概念，是这篇驳论所用的另一种方法。文章在第三段开头就指出：重建阿房宫者是要"再现我国古代一些风土人情"。然后，文章用大量事实说明，阿房宫所表现的不过是极尽奢华、荒淫无度的"风土人情"。重现这样的东西，于今日精神文明建设当然是格格不入的。文章第四段则抓住消息中"其构造将全部摹仿古阿房宫，纤毫毕现"一句话指出，一无照片，二无资料，如何能摹仿？这本身就是缺少常识的话。错误观点之所以错误，往往缘于理论上的概念混淆和是非不清。在驳论中，澄清概念的含义，划清是非界线，错误的东西便无法站稳，正确的东西则被人接受。而当重建阿房宫的论据、论点摇摇欲坠时，“重建”有无必要也便无需多说了。

古希腊哲学家苏格拉底曾创造出一种辩论方法，有人称为“苏格拉底方法”。采用这种方法与人辩论时，对于对方原先不同意的观点，不是直接去进行反驳，指出其错误，而是先提出一些为对方认同但又无法进行反驳的观点或事实，让对方说“是”，接着再提出另一观点与事实，让对方说“是”，尽量避免对方说“不”。当对方在作了一个个肯定的回答之后，最后又不知不觉地在劝说者的引导下，同意了他原先并不同意的观点。“苏格拉底方法”之巧妙在于设法让对方先肯定自己的部分观点，然后再否定自己的另一部分观点。表面看，是自己肯定了自己，而不是另一方否定了自己，这就容易消除对劝说者的心理隔阂。

美国戴尔·卡耐基的《人性的弱点》一书中，第三篇为《使得人同意于你的十二种方法》，其中方法之一就是“苏格拉底的秘诀”——“使对方立刻说‘是，是。’”那么，人为什么会如此呢？《人性的弱点》一书中援引一位教授的话说：“一个‘不’的反应”，“是最难克服的障碍。当一个人说‘不’以后，所有他的尊重人格的心理，要求他自己一贯。他以后或觉得‘不’是不甚适当；然而，他需要考虑他的宝贵的自尊！每说过一句话，他必须坚持到底。所以使人开始往正面走，是极为重要。”戴尔·卡耐基还用了一个形象的比喻：打台球，要将球打向正方向，只要用一些力推移就可，比较容易，而要把球打到相反的方向，就比较难。让对方说“是”，就好比把球打向正方。①

二、反驳方法

反驳的方法主要有直接反驳、间接反驳和归谬法三种。

（一）直接反驳

直接反驳是引用有关论据，直接推出被反驳的论题虚假的反驳方法。在直接反驳中，经常使用的一种有效方法是根据两个命题之间具有矛盾关系，从其中一个命题真推出另一个命题假，从而达到反驳的目的。比如，《“友谊”，还是侵略?》这篇评论是毛泽东为新华社撰写的针对美国国务院白皮书和威尔逊信件的评论。驳论，可以是用正面的论点驳倒反面观点。《“友谊”，还是侵略?》一开头就树起箭靶：“为了寻找侵略的根据，威尔逊重复地说了一大堆‘友谊’，加上一大堆‘原则’。”随后，作者又从历史到现实进行批驳：“参加八国联军打败中国，迫出庚子赔款，又用之于‘教育中国学生’，从事精神侵略，也算一项‘友谊’的表示。”“治外法权是‘废除’了，强奸沈崇案的犯人回到美国，却被美国海军部宣布无罪释放，也算一项‘友谊’的表示。”“‘战时和

① （美）戴尔·卡耐基著：《人性的弱点》，王勇译，内蒙古大学出版社2008年版，第201页。

战后的对华援助'，据白皮书说是四十五亿余美元，据我们统计是五十九亿一千四百余万美元，帮助蒋介石杀死几百万中国人，也算一项'友谊'的表示。"① 这一支支利箭，把那个"友谊"的箭靶射个洞穿。当然，这种评论射出的箭靶不只限于摆出事实，还包括射出"道理之箭"，用一条条无可辩驳的道理，同样可以洞穿靶心。

（二）间接反驳

间接反驳是通过确定与被反驳命题具有矛盾关系或反对关系的命题为真，然后推出被反驳命题为假的反驳方法。间接反驳一般是指独立证明反驳法，先证明对方论题的矛盾论题是真实的，然后根据矛盾律，推出对方的论题是虚假的。在间接反驳中有证明，正如在间接论证中有反驳一样。间接反驳是通过证明矛盾论题的真实性进行的，间接论证是通过证明矛盾论题的虚假性进行的，反驳和论证两者是相辅相成的。

独立证明反驳法有三个步骤：①先假设一个与被反驳的命题具有矛盾关系或反对关系的命题；②证明该假设的命题为真；③根据矛盾律，由假设的命题为真，推断被反驳的命题为假。独立证明反驳法的反驳过程可表示如下：

（1）被反驳的论题：P
（2）设：非P
（3）证明：非P真
（4）所以，P假

不能混淆独立证明反驳法与反证法。首先，独立证明反驳法是用来确定某一命题的虚假性的，反证法是用来确定某一命题的真实性。其次，独立证明反驳法是根据矛盾律由真推假；反证法是根据排中律由假推真。比如，评论《刹刹说情风》就属于后一种驳论。文章一开头先提出观点。然后在列举了说情风的四种表现及三种常用的手段后，便着力分析了说情风盛行的原因。这些实际上都是在"破"。紧接其后，作者提出了刹说情风的对策，这又是"立"；文章最后一段，作者又竖起靶子："什么叫讲感情"，并进行了正面阐述，也是破立结合。光破不立，道理易平淡；光立不破，道理易偏颇，破立结合，使文章说理既全面又深刻。中国的议论文向来讲究气势，让人有力透纸背之感。这种气势在外部的表现就是：句子短而有力，节奏快，层层推进，步步紧逼。如《刹刹说情风》在分析替人说情的原因时说：有的是惜情面软，有的是怕得罪人、丢选票，有的是怕"拔出萝卜带出泥"，这是好人主义、自由主义、极端个人主义的表现。语言简洁有力，行文丝丝入扣，节奏感强，气势充沛。

（三）归谬法

归谬法是先假定被反驳的命题为真，并由此引出荒谬的推断。运用归谬法进行反驳

① 《毛泽东选集》（第四卷），人民出版社 1991 年版，第 240 页。

的大致步骤是：①先假定被反驳的命题为真；②以假定为真的被反驳命题为前件，以该假定所引出的荒谬推断为后件，构造一个充分条件假言命题；③根据充分条件假言推理“否定后件就要否定前件”的规则，通过否定后件（否定“荒谬的推断”）进而否定前件（否定“被反驳的命题”），从而确定被反驳的命题为假。

从归谬反驳的过程来看，为了确定被反驳的命题为假，归谬法先假定“被反驳的命题为真”，然后运用充分条件假言推理的否定后件式，进一步推出“被反驳的命题为假”。归谬法的反驳过程可表示如下：

（1）被反驳的命题：p

（2）设：p 真

（3）证：如果 p，则 q 非 q

所以，并非 p 真

（4）所以，p 假

归谬法是从假定被反驳的命题为真而导出荒谬的推断，通常有两种表现形式：①从假定被反驳的命题为真而推导出假命题。②从假定被反驳的命题为真，进而推导出两个相互矛盾的命题。归谬法是间接反驳的主要方法。当要论证一个命题是假的时，先假定这个命题是真的，然后从它推出荒谬的结论，从而证明原命题的假。由于归谬法需要通过假定被反驳命题为真这一逻辑中介推出被反驳命题的假，因此，它是间接的反驳方法。比如，2004 年 12 月 20 日，英国《泰晤士报》在由专栏作家加里·邓肯撰写的名为《西方不必惧怕中国经济崛起》的评论写道：

整个世界都对中国充满了恐惧。在过去一年里，世界上发达国家的人们普遍对中国龙迅速崛起的经济力量越来越感到畏惧。

许多人把中国迅速发展的经济视为一头想要吞噬我们的工作和繁荣的饥饿猛兽，这一点在美国尤其如此，在英国，持这种想法的人也越来越多。

对这种恐惧的不同表述每天都会出现。就在几天前，英国议会下院财政委员会宣布开始就“中国对世界和英国经济的影响”进行调查。而对许多人来说，本月，国际商用机器公司将个人电脑业务出售给中国先前名不见经传的联想电脑制造商这一具有象征意义的交易恰好印证了这种显而易见的危险。

中国的崛起势必在本世纪内改变全球经济的面貌，这一点毋庸置疑。中国在世界上的影响力不断增强，这与其说是初次亮相，倒不如说是再次回到了舞台。

历史上的“中国”在过去很长一段时期都是世界经济的主宰力量，只是在 20 世纪初才衰落了。

文章又从历史和现实两个视角分析中国和平崛起对世界的贡献。原文分析道：

首先，应该记得我们不是第一次有类似的感觉。20世纪70、80年代，美国和欧洲先是对日本，后来是对亚洲“虎”带来的经济挑战普遍感到恐慌。但中国龙不会比那些虎吞噬掉我们更多的就业机会。正如瑞士银行亚洲经济学家乔纳森·安德森指出的那样，中国经济的规模不比日本、亚洲虎大。

其次，不要把所谓的威胁与西方的制造业联系起来。那些散布世界末日说法的人错误地认为，因为中国有大量极其低廉的劳动力资源，所以它最终将垄断制造业，成为“世界工厂”。但中国垄断不了制造业。如果它真的垄断了制造业，全球市场需求的巨大压力也会迅速使工资和成本飞涨，消除所有的竞争优势。

中国的劳动力廉价且相对而言不具备技能，这意味着中国的优势集中体现在轻工业和劳动密集型产业，高技术、高附加值产品则需从西方进口。中国不但是一个庞大的生产者，而且对西方制造的资本密集型产品来说会是一个巨大的市场。

安德森经过研究证实，现实与理论完全吻合。贸易数据证明，中国既是一个玩具、纺织品等轻工业、劳动密集型产品的纯出口大国，也是一个机械和设备等资本密集型产品的纯进口大国。

事实上，中国是错综复杂的亚洲生产线上的中心环节。实际情况是，中国与亚洲许多国家、地区之间的电子产品贸易存在着很大的逆差，因此，严格来说，中国并不是一个信息技术和电子产品的出口大国。

上述所言并不意味着中国对西方经济，尤其是西方的低端制造部门构不成挑战。中国的崛起意味着西方经济会出现紊乱，而且会丢掉一些岗位。但随着西方各经济体开始逐步对中国庞大的市场带来的巨大机遇加以利用，又会出现其他岗位。只有那些抛开对中国崛起的恐惧感、集中精力利用这一潜力的西方国家和企业，才能在未来数十年中有最佳表现。

在这篇评论之中，作者采用归谬法，反驳了整个世界特别是西方社会对中国充满的恐惧，文章还列举多方理由说明中国的崛起对世界而言是一种机遇，更是一种机会。实际上，归谬法一般会采用欲擒故纵的方法，把对方论点、论据或论证过程中的荒谬之处、虚伪之处、自相矛盾之处，加以推延、放大，使之成为荒唐可笑的东西。它一般是先假设对方的论点或论据是正确的，然后沿着逻辑规则推导下去，得出读者一看就知道的荒谬的结论，使对方的立论不攻自破。同时，用归谬法来展开论证，还能使评论尖锐泼辣，波澜起伏，富有生气，而避免坐而论道，平铺直叙，枯燥无味。而且，归谬法“以子之矛攻子之盾”，轻轻一击，就能制敌于死命。若糅以幽默、讽嘲，还能使文章平添情趣。20世纪30年代，梁实秋认为：“作品愈高，知音愈少。”鲁迅先生在《文艺的大众化》一文中，用归谬法作了回击。他写道：“倘若说，作品愈高，知音愈少。那么，推论起来，谁也不懂的东西，就是世界上的绝作了。”① 这里，鲁迅采用了归谬法，着墨不多，却使梁实秋败下阵来。

第三节　事实论证与逻辑推理

著名学者莫里斯·贾瑙维茨指出：“从一次大战到二次大战，宣传的趋势是较少诉诸情感，而更多报道事实。”② 也就是说，简单的说教和灌输不仅不能达到理想的传播效果，反而会适得其反。特别是随着社会和受众文化教育水平的提高，在宣传中应当更加注意报道事实，诉诸理性。这里还是来看一个事实：

第二次世界大战期间，盟国根据众多迹象断定，纳粹德国正在研制原子弹。这个情报非同小可。当时，许多科学家认为，必须把这个重要的消息告诉美国的罗斯福总统——盟国必须尽快动手，赶在纳粹之前造出原子弹。可是，怎样才能让罗斯福总统相信此事关系重大，而且刻不容缓呢？大家邀请流亡美国的著名科学家爱因斯坦给罗斯福总统写了一封信，详细说明了原子弹的威力，并明确阐述了研制原子弹的必要性与紧迫性。此信转到总统顾问萨克斯之手，然后再由他亲自读给罗斯福总统听。可是，罗斯福总统听完之后并不以为然，觉得现在谈论此事还为时过早。

眼看着这件事情将被搁置下来，萨克斯一时也不知所措，他要求第二天早上再来陈述制造原子弹的理由，罗斯福总统点头允诺。这一夜，萨克斯辗转反侧，无法入睡，他多次走出房间，面对浩瀚长空苦思冥想。黎明时分，他终于想出了一个好主意。于是，他就趁着早餐的时机，给罗斯福总统讲起一段历史——当年美国科学家富尔顿曾经发明了一种用蒸汽机做动力的快船，于是他就带着这项发明去见拿破仑，但是，拿破仑对此不屑一顾，说那只不过是一个没有任何实用价值的东西。假如当时拿破仑采用了富尔顿发明的蒸汽快船，用它去对付最终使拿破仑陷入困境的英国海军，那么，法国是可以获胜的，这样的话，19 世纪欧洲的历史就完全可能改写。罗斯福总统听完故事后想了想说：“你想别让希特勒把我们全都炸死，对吧？”

“一点不错。”萨克斯回答说。

以后的事实证明，是美国引爆了人类历史上第一颗原子弹，从而提前结束了第二次世界大战。

在这个故事中，结论一开始是以明白无误、直接的方式告诉罗斯福总统的，并由著

① 鲁迅著：《文艺的大众化》，《鲁迅全集》（第七卷），人民文学出版社 1991 年版，第 349 页。
② 转引自赵和伟：《战争宣传演进的历史考察》，载《军事历史研究》2006 年第 4 期。

名的物理学家爱因斯坦来提出，但是罗斯福总统却不为所动。后来，萨克斯改用讲故事的方式暗示，让罗斯福总统自己得出应有的结论，这不仅使罗斯福总统心悦诚服，而且还立即付诸行动。这个事例说明，为了让人们接受或改变某种态度，受众自己得出的结论要比传播者给出的结论更有效。也就是说，事实更有雄辩力。①

一、事实论证：最有效的说理方式

俗话说："事实胜于雄辩。"精心挑选那些读者最关心、最熟悉、最信服的事实性材料，这是最有力的论据。中国历史上的许多政论名篇，都重视用事实来说理。如李斯《谏逐客书》为了说服秦王（他的政论的读者）废除逐客的命令，就选用了秦王最关心、最熟悉和最信服的事实，去说明逐客令的不可取。原文说道：

> 臣闻吏议逐客，窃以为过矣！
>
> 昔穆公求士，西取由余于戎，东得百里奚于宛，迎蹇叔于宋，求丕豹、公孙支于晋，此五子者，不产于秦，而穆公用之，并国二十，遂霸西戎。孝公用商鞅之法。移风易俗，民以殷盛，国以富强，百姓乐用，诸侯亲服获楚，魏之师，举地千里，至今治强。惠王用张仪之计，拔三川之地，西并巴、蜀，北收上郡，南取汉中，包九夷，制鄢、郢，东据成皋之险，割膏腴之坏，遂散六国之纵，使之西面事秦，功施到今。昭王得范雎，废穰侯，逐华阳，强公室，杜私门，蚕食诸侯，使秦成帝业。
>
> 此四君者，皆以客之功。由此观之，客何负于秦哉！向使四君却客而不纳，疏土而不用，是使国无富刊之实，而秦无强大之名也。

李斯摆出的事实，是发生在秦王身边的事情，是他祖宗办过的事，也是同他关心的帝业关系密切的事，这些事实充分说明"客何负于秦哉"，使秦王改变观点，废除了逐客令。一般来说，为了说明一个论点，摆出一两个有说服力的事实就够了，但是，在某些情况下，为了说明一个论点，需要把所有有关的重要事实都摆出来。

事实论证是最有效的说理方式，可以用心理学的试验来证明。巴特莱特作为英国著名实验心理学家，他的心理学观点具有强烈的经验主义色彩，并带有明显的实用倾向。巴特莱特的研究在很大程度上属于人类实验心理学的传统范畴，主要表现在他的《记忆：一个实验的与社会的心理学研究》一书中。他在这部名著里试图研究类似于日常生活环境中的记忆。他采用了比较接近日常生活的图画和故事，用"描述的方法"、"重复再现的方法"、"象形文字的方法"和"系列再现的方法"等考察记忆的全过程。他认为记忆不只是"痕迹"的重新兴奋，而是反复推敲的构念，并由此出发，他强调了记忆过程的主动作用，突出了心理活动的整体性。而且，人类记忆在一般情况下是会

---

① 转引自李彬著：《传播学引论》，新华出版社 1993 年版，第 199 ～ 200 页。

出现错误的，因此，被再现的部分实际上是一种构念，最容易保持。只要围绕这一印象而展开的细节能够提供“合理”的场景，而且大多数人对其相当满意，那么人们就会认为所构筑的东西就是所保持的东西。① 总结这两个心理试验，新闻评论要做到事与理并重，指的不仅仅是在论证过程中注意选择应用具有说服力的事实性论据，还包括发掘那些具有典型性的事实本身所蕴涵的道理，即新闻评论表达的观点和意见是否富有新意。也就是说，评论用事实论证，可以更好地引导受众自己得出结论。

实际上，受众形成一种态度或改变一种态度，常常包含着对一种原有的认知的一种否定。这种否定是和认同相互联系在一起的，没有对原有的认知的否定或改变，就不可能对新的认知表示认同。因此，如何对待受众原有的认知，是一个涉及引导是否成功的重要问题。而对待受众原有的认知，可以采用三种表现方法：①传播者直接加以肯定；②传播者直接加以否定；③传播者利用受众原有认知结构中正确的部分，从中加以引导，然后让受众自己对其原有的错误的认知得出否定的结论。第一种方法，只是肯定了受众的原有态度，因此不能达到改变受众态度的目的。第二种方法，虽然否定了受众原有的错误态度，但很可能受到受众的反驳和抵制，也不一定能很好地达到改变受众态度的预期效果。第三种方法却是在传播者的引导下，由受众自己逐步推导出结论，因而受到的心理抵抗最小，最容易为受众所接受。比如，2009 年，正是我国受世界金融危机影响深重的一年，为减轻和消除这次金融危机对我国经济的影响，各地方、各部门都在寻找破解的办法。作者从一些和主管部门调研中了解到，一些地方和部门在金融危机中不惜一切代价上大项目，以简单的投资去拉动经济增长，岂不知这是靠不住的，甚至是有害的。为了说清这个道理，作者借用赛车上的一个术语，从时新的“弯道超越”的认识出发，给那些以为金融危机已使世界经济处于“弯道”上，此时正是跨越发展，超越对手的良机的人们，泼了一盆清醒剂。于是，《大众日报》发表名为《不是所有弯道都是超越好时机》的评论。文章这样写道：

“弯道超越”，原本是赛车上的一个术语，指参赛车手在拐弯处比直线跑道上更易超越对手。有人认为，金融危机让世界经济处在了“弯道”上，此时正是跨越发展、超越对手的良机。应当说，经济发展上的每一次危机，都是产业重新布局、企业重新洗牌，新机遇不断涌现的重要时期，以“弯道超越”比喻危中之机，有振奋精神、鼓舞士气的功效。但算算如下几笔账我们能够看到，这种说法也只能算是一种比喻。

文章开头就采用了生动的比喻。如文中写道：有个“弯道超越”词汇很时新，诸如“正是弯道超越时”、“超越常在弯道处”等。其中“弯道处要敢于踩油门”，被一

① （英）弗雷德里克·C. 巴特莱特著：《记忆：一个实验的与社会的心理学研究》，黎炜译，浙江教育出版社 1998 年版，第 219 页。

些人喻为超越发展之宝典。赛车手进入弯道的第一个动作是踩刹车而非踩油门。好的赛车手，在进入弯道前必须正确判断形势，若遇到了弯道就急着去超车，不翻车才怪。在弯道能否实现超越，赛车状况和选手技术功力是比拼的核心。一般来说，赛车上的“弯道超越”，以“直道上黏住对手”为前提：若直道上已被对手落下较远，超越纯属妄谈。“弯道超越”的比喻精彩，具有强烈的吸引力。接着文章写道：

成本消耗账。一般情况下，有经验的驾驶员不会弯道超越，他们知道弯道超越更加耗油，更易磨损发动机和轮胎，损耗车辆寿命。赛车选手敢于弯道超越，很大程度因为这本是“烧钱运动”，可以不计后果地“透支”。不过，经济发展是一项长远事业，毕竟不是短暂的赛车。在金融危机还在继续蔓延、市场不确定因素不断增多的背景下，经济运行遇到的困难越来越多，在正常发展都遇到巨大挑战时，超常规发展就得付出更大成本、更多代价。那些以超越的名义乱砸钱、乱铺摊子的作为，那种为一时超越让资源能源难以承受的急功近利做法，是与科学发展观相悖的“歪道超越”。

安全风险账。赛车比赛中，人们不仅能看到精彩的弯道超越，也常目睹弯道车毁人亡的重大事故。换言之，超越常在弯道处，事故也常在弯道处。“弯道处要敢于踩油门”，被一些人喻为超越发展之宝典。其实，赛车手进入弯道的第一个动作是踩刹车而非踩油门。好的赛车手，在进入弯道前必须正确判断形势，若遇到了弯道就急着去超车，不翻车才怪。经济发展的弯道，比赛车场上的弯道更为复杂，充满着变数。弯道之处，最需要实事求是，按科学发展观要求讲方法、重技巧，量力而行，否则一旦用力过猛，很有可能事与愿违，“半路抛锚甚至翻车”。实力功力账。在弯道能否实现超越，赛车状况和选手技术功力是比拼的核心。

在这评论文章里，作者一再提醒一些地方、部门的决策者，既要看到“超越”的积极功效，更要看到其他的负面效应；既要把应对危机的过程转化为经济转型升级的过程，更要把这种转型升级建立在科学发展的轨道上。应当说，这篇评论抓住精当的“由头”，借题发挥，告诫读者特别是决策者，要善于从不同角度去看问题、思考问题和解决问题，以言简意赅的文字，讲清了一个在金融危机中抓住经济发展机遇的大道理。接着，文章这样写道：

一般来说，赛车上的“弯道超越”，以“直道上黏住对手”为前提；若直道上已被对手落下较远，超越纯属妄谈。危机之中，“赶超机遇”的确存在，但能拿到“好牌”的，往往是具有技术领先等优势的企业和地方，而那些落后生产力，受到危机的冲击更为严重。“你开的是拖拉机，别人开的是小汽车，你最该做的是转型换代、积蓄能量”——有经济学家为热火朝天的“弯道超越”泼“冷水”、提建议，不无道理。细细想来，不是所有的弯道都是超越的好时机，也不是所有的“车手”都可以做到安全超越。金融危机制造的“经济弯道”，有机遇也有险情，能“成”也能“败”，绝不是按照主观意愿想超越就能超越的，要实现“弯道超越”，需要拿出大智慧、大勇气，保持冷静头脑，尊重科学、遵循规律，把一些该算清楚的账算明白、算到位。

写评论要摆事实，以理服人。评论中所摆的事实，是高度浓缩的典型故事。这种故事的范围广、概念大，可以是作者的所见所闻，也可以是街谈巷议，还可以是历史典故，等等。简而言之，凡是值得拿来在评论中议论一番的事儿都可以看作故事。因此，要写评论，首先要学会搜集故事；要写出精彩的评论，要善于选用精彩的故事。

那么，怎样的故事才算是精彩吸引人呢？应该是富有感染力，让人喜欢听、喜欢看的。一是故事具有典型性。比如某件事做得十分完美，让人很崇敬，很赞赏，或者走了极端，在同类事情中特别具有代表性。二是奇特，具有很强的知识性、趣味性。这篇获奖评论中所讲的汽车比赛中的“弯道超越”的故事就讲得精彩吸引人。那么，精彩吸引人的故事何处来？这主要靠在平时的生活中和深入实际采访中认真观察、用心思考得来。作者借由平时观看汽车比赛时看到的“弯道超越”的说法为切入点，以小见大，形象对比，充分论证了增长不等于超越，只有在科学发展轨道上前行，才能在金融危机制造的“经济弯道”中有所作为。这样的评论，自然就会受到读者的欢迎。评论中讲故事是为了阐明观点。可见，写评论就是通过讲述和评析一个故事来向读者发表和传递见解，使之从中受到警醒和启迪。因此，发表什么样的见解，很大程度上决定一篇评论的优劣与成败。

什么样的见解才算精辟有指导作用的呢？这篇评论作品至少包含两方面含义：一是见解独特，即别人可能还没有认识到、讲不出的道理；二是深刻的分析，即别人的认识可能还比较肤浅、讲不透的问题。两者相辅相成，“独特”更为重要。这篇评论作品，让人既看到了“超越”的积极功效，也看到了其负面政策效应，认为“弯道”之中有机遇也有险情，不是所有弯道都是超越好时机，提醒决策者把应对危机的过程转化为强筋健骨的过程，以更大精力去推动经济转型升级。文章体现了当代中国经济发展的最强音——转方式调结构，有效应对金融危机，把握后危机时期发展主动权，具有现实价值。其见解无疑是精辟独特的，有指导作用的，它讲出了别人说不出、讲不透的话。①

二、事实论证要与逻辑推理相结合

一篇新闻评论是由主题、观点、材料、论证等要素构成的，在主题和观点一定的情况下，如何安排材料、进行论证、提示结论，就成为制约文章内容说服力的重要变量。

① 参见刘保全：《讲出了别人说不出、讲不透的道理——评第20届中国新闻奖评论类一等奖作品〈不是所有弯道都是超越好时机〉》，载《新闻与写作》2010年第12期。

因此，是采用“明示结论”，还是“寓观点于材料之中”，值得探讨。一般来说，明示结论可使观点鲜明，读者易于理解作者的意图和立场，但同时也容易使文章显得比较生硬而引起反感。因此，文章不做明确结论，而仅仅提供引导性的判断材料、寓观点于材料之中的做法，则给读者一种“结论得自于自己”的感觉，可使他们在不知不觉中接受作者观点的影响。然而，这种方法很容易使文章主旨变得隐晦、模糊，增加评论作品理解的难度，有时不易贯彻作者的意图。

1952年，霍夫兰和曼德尔就“明示结论”与“不明示结论”的传播效果哪个更佳，做了一次简单的比较实验。该实验以“美国是否应该实行货币贬值政策”为论题，将实验对象（大学生）分为两组，分别向他们播放演讲录音。讲演的主旨都是主张“美国应实行货币贬值政策”，但对第一组明确提示了结论，而对第二组则只是提供判断材料，不给予结论。实验结果是，在给予明确结论的一组中，“纯说服效果”（态度向赞同方向变化的比例减去向反对方向变化的比例）达48%，而在未给予明确结论一组中，“纯效果”只有19%。前者的效果大大好于后者。① 然而，这次实验的结果并不能证实“明示结论”的效果要明显好于“不明示结论”。这是因为，各种论题的复杂程度不同，理解难度不同，不同文化层次的人理解能力也不同。可以得出几点结论：①在论题和论旨比较复杂的场合，明示结论比不下结论效果要好；②在说服对象的文化水平和理解能力较低的场合，应该明示结论；③让说服对象自己得出结论的方法，用于论题简单、论旨明确或对象文化水平较高、有能力充分理解论旨的场合较佳，因为在这种场合，如果再明确提示结论则会有画蛇添足之嫌，容易引起对象的烦躁或反感而对说服效果产生负面影响。因此，新闻评论以一般大众作为传播对象，应该观点鲜明、主张明确，其传播效果更佳。②

胡乔木同志曾批评当时的评论写作存在“两大通病”：一是“只用演绎的方法，不用或很少用分析的方法。往往是由一个概念，推理出必须怎么样，应该怎么样”。二是只知“概念堆砌，概念套概念，大概念套小概念”。这“两大通病”实际上都是忽视了对具体的事实作具体的分析。他还指出：“（新闻评论）要把抽象的东西和具体的东西结合起来。不把抽象的东西和具体的东西结合起来，就不能充分地反映客观世界的丰富情景，就不能完全地反映客观世界。……具体的东西是和感觉相联系的，所以能够引起兴趣。看戏的兴趣首先是由视觉和听觉引起的。写文章要想使人有兴趣，也得写些具体的东西来刺激读者的感觉，光有抽象的东西是不行的。”③ 这实际上是强调新闻评论要做到事实论证和逻辑推理相结合。

①② 转引自郭庆光著：《传播学概论》（第二版），中国人民大学出版社2011年版，第186～187页。

③ 参见胡乔木：《关于评论写作的几个问题》，载《新闻战线》1958年第3期。

比如，电视评论《“罚”要依法》曝光了山西省长治市境内部分公安交警利用职权在309国道上乱设卡、乱收费、乱罚款的现象。节目用事实说话，摄制组首先选择了来信来电反映比较集中的309国道河北涉县至山西长治段，在两天的时间里先后换了五辆车往返三次，行程700多千米，积累了大量的素材，摸索出了乱罚款者的活动规律，为拍摄做了充分的准备。为了让观众看清乱罚款之乱之重，记者在一辆运煤车出发之前，专门为这辆自重9吨、可载重15吨而只装13吨的煤车过磅称重，然后随车来到了被命名为文明路段的长治市潞城县。等到乱罚款的民警罚完款后，记者马上采访这名警察。当警察回答罚款原因是车辆超载时，记者请他确认，这名警察支支吾吾，说是灯光不全、护网不全、防挡板不行，都能“处罚他”。前后对比，观众对警察“欲加之罪，何患无辞”的罚款理由有了充分、深刻的认识。在新闻现场，记者抓拍到了没有证件和警号且衣冠不整的个别交警形象，拍到了“执行政策，遵章守纪，文明执勤”的标语牌，抓拍到了警察对配合拍摄的司机恶狠狠地说：“告诉你们这些车，以后过来就要卸下你们的煤”……这些细节传达出了大量的信息，也使整个节目生动而丰满。

同时，事件的冲突也张弛有度。在节目中，记者敢于与违法交警正面碰撞，他质问罚款的警察为什么不超载的货车他却说超载而且罚了款，为什么民警证件不全、衣冠不整就可以上路执勤。在潞城县交警大队教导员带人开着警车追到黎城境内越权拦车抢夺摄像机的恶性事件发生时，现场一片混乱，但记者仍不忘把镜头对准警车牌号、连连向教导员发出清晰指向的追问：“卸煤有根据吗？这是您执法范围的事吗？”但同时，记者又通过抓住司机的本能反应，折射出“三乱”给警民关系造成的极坏影响。如当记者拖延拿罚款时，运煤车司机劝记者：“算了，再说就揍你了。给他40算了……”当另一位司机正向记者介绍情况时，远远看见一名警察走过来，神色大变：“哎，交警来了，我得走了。”这些画面看来让人痛心。正面的激烈冲突产生紧张的收视节奏，侧面的含蓄描摹产生舒缓的收视节奏，二者在节目中交叉运用，使节目收纵自如、张弛有度。

《“罚”要依法》节目的成功还应该归功于深刻的演播室议论，它使现场采访所获取的事实成了论据。而且这些议论很精彩，充分地展示了文字和声音语言的魅力：一是这段议论上承前方的报道，紧紧抓住节目中一个不为观众特别注意的片断，即309国道路边竖的一块宣传牌“有困难找民警，视人民如父母”，拉出放大，并被放在主持人背后的大屏幕上，指出了警察与人民的关系：警察与人民是子女与父母的关系，警察应该全心全意为人民服务，而不能像节目中的个别交警那样，去盘剥父母。这简短的议论超越了就事论事的事件报道，升华了节目的主题。二是议论剖析了事情的主流和支流，正确引导了人们的认识，有效防止了可能出现的舆论偏差。①

西方的评论作品更是强调事实论证与逻辑推理的有机结合。

综上所述，新闻报道客观事实，评论发表主观意见，新闻的力量在于摆出事实，评论的力量在于讲出道理，有理才能服人。有理要讲得出来，还要讲得精彩。一般来说，论证的过程，往往既摆事实，又说出意见、阐明观点，也就是"用事实说话"。当然，它的全部内容，包括它的说服力和感染力，都要立足于确凿的事实、科学的分析和严密的论证的基础之上。

1986年4月3日，美国《圣迭戈论坛报》发表了一篇名为《复活节边境日出》的社论，并获得1987年普利策社论写作奖。原文写道：

复活节前夜，三名companeros（西班牙语，意指伙伴）爬过用铁链连接的栅栏上的一个洞一进入了美国。

他们越界之处是个无人地带。但是在春天，撕开的栅栏旁盛开着半人高的黄花。

companeros停下来休息。明天是Domingo Santo（即钉在十字架上的耶稣从坟墓中复活的神圣日子）。

他们在花丛下靠近一道肮脏车辙的地方铺开一床毯子，挨在一起躺下了。

黑暗中，在蒂华纳的红灯区北区的艳丽灯光的映衬下，栅栏现出了轮廓。挂在栅栏上的衣服碎片随风飘动。当月亮越过天空时，也许可以把栅栏想象成一个十字架。那衣服就是Senior（西班牙语：主人，指耶稣）的身体

但是那是在受难节。而这天是Domingo Santo——复活之日。而今天是有望再生——在美国这块土地上开始一种新的劳动生活的日子。

睡觉前，一名companeros闭上他的眼睛，把他的双手放在额头上。

"我为我的瘦小的母亲和兄弟们祈祷，"他后来躺在医院的房里说。"我为我自己祈祷。我害怕bandidos（西班牙语：土匪）袭击我们。"当他祈祷时，他想到了他的在瓜纳华托（墨西哥中部）的母亲、父亲和8个兄弟。他房子是铁皮做顶的，地面上很脏。他的父亲是个鞋匠，每周挣6000比索（12美元）："连付水电费和学费都不够。我们常饿肚子。我是老大，所以我来这儿打工。"

……

但是自瓜纳华托长途跋涉之后，他在花丛中睡着了。黑暗中来了来自墨西哥、中美和世界其他地方的人，他们像栅栏上的无数链环一样。边境巡逻队开着"拉姆查格"

---

① 辛文：《实证·鲜活·深刻》，见《中国新闻奖作品选》（1997年），新华出版社1999年版，第137页。

牌车沿栅栏追赶他们。车在花丛中的小道上穿行，抓住几个，把其他的往北方撵。

……

文章一开始就将很大的篇幅用在三个偷渡者事迹的描述上：在一个风高夜深、伸手不见五指的晚上，他们钻过高高的铁丝网，来到美国边境却被巡逻车碾压死伤的悲剧。接着，文章分析和探讨了美国《移民法》的问题。文章说：

在离边境很远的华盛顿，眼下正是樱桃树开花的时候。在那里众议院即将重新讨论移民改革问题。

移民法，正像边境上的栅栏一样，已是千疮百孔。每一个漏洞被一个院外说客守卫着，他拿人钱就是为了让那个漏洞敞开。商业利益集团想让外国人不断穿过栅栏从事廉价工作。劳工组织想阻止非法的外国人，但不希望给外籍劳工提供一个有组织的计划。那些声称为非法外国人说话的人代表了拉美裔美国人，他们自身有种族歧视带来的磨难和恐惧。排外主义者则想挑起人们反对所有移民，他们夸大非法的外国人“入侵”美国的危险。

当众议院司法委员会各派系围绕先前诸项移民改革法案的残余部分展开争斗的时候，边境上的严酷现实就像那3名companeros睡在花丛下一样，谁也看不见。

法院必须判定碾压了那些外国人的那名边境队执法人出于粗心。但是那辆驶过他们身体的卡车是由我们美国人民开的。我制定了移民法；我们雇用了那些被追捕的像动物一样的越境外国人，为的是修筑我们的道路，收割我们的作物，清扫我们的店，在华盛顿为政客们举行宴会时当侍者。

国会，洗掉我们的罪责吧。在边境上停止让非法的外国人像耶稣那样受难。

在《复活节边境日出》这篇评论中，作者的观点非常明确清晰，那就是，强烈呼吁美国国会与政府能够拿出具体有效而富有人性化的方法来解决非法移民入境的问题，但这个观点却是在读者被作者所叙述的事情和所渲染的感情打动的前提下实现的。其中有关美国《移民法》描写的画面，就像一幅幅悲惨的画面在读者面前显现。评论采用情境化、诉诸情感的评论方式，给读者以强烈的感染力和冲击力。社论少空话、套话、官话，其角度和语气更贴近读者。同时，《复活节边境日出》并没有在论点和论证上花费多少笔墨，而是依靠“新闻事实”来说服读者，用激动人心的话娓娓说事。这种娓娓道来的叙述方式，符合美国评论作品表达生动、重视故事和关注人类命运的表达特点。这篇评论能够打动读者，是因为他的写作手法非常的柔软，与读者的内心产生一种情感互动。因此，整篇评论作品强调事实论证与逻辑推理的有机结合。

第六章　谋篇与布局

评论的谋篇布局关键，在于要体现层次与层次、段落与段落之间的逻辑联系，也就是人们所讲的要“起、承、转、合”，实际上就是对文章结构的要求。“起”，就是文章的开头，要胸怀主题，力求出语不凡，吸引读者继续将文章读下去。“承”，就是接承，继承文章的开头，层层递进，步步展开，写出令人信服的新思想、新观念、新境界。“转”，就是转换、转折，从“承”的部分峰回路转，转出一个新视角。“合”是文章的结尾，要总括全文，高于全文，给人以余音绕梁的传播效果。当然，这是就一篇较为完整的文章来说的，三五百字的短论不一定有这样完整的结构顺序。

心理学的实验也证实，材料的相对清晰度对增强记忆有决定性的意义。当材料以系列顺序进行安排时，第一件和最后一件东西占据了有利位置，这是就回忆的清晰度而言的。这种清晰度并非因为被试对材料的头尾给予更多的注意，对于被试者来说，每张卡片只能观察10秒钟。对该现象的解释是，系列中的先呈画像使被试具有相对较大的新奇感，而对系列中的后呈画像被试会因为接近完成任务而产生宽慰感。在一般情况下，采用无意义音节的材料，这种相对清晰度表现得更为明显一些，而以日常生活的事件作为记忆材料，这种相对清晰度有可能逐渐减弱。研究还发现，材料的相对清晰度与被试的兴趣有关。有时，兴趣被间接地激发起来，例如一个被试在间隔了几个星期以后，仍能清晰回忆一幅画像，原因是“当我见到他时，就使我想起我所认识的某个人”。有时，兴趣被直接地激发起来，在这种情况下，兴趣往往被有点滑稽的东西所激发。例如，一个被试对画像上的小胡子感兴趣，从而牢牢地记住了这幅画像。① 这些道理同样适用于评论写作。

第一节　“万事开头难”：精心撰写引论

文章段落与结构安排要服务于表达效率。传播学的研究结果表明，文章的第一个段

① （英）弗雷德里克·C. 巴特莱特著：《记忆：一个实验的与社会的心理学研究》，黎炜译，浙江教育出版社1998年版，第214页。

落其长度如果超过4行，那么他的注意力就会转移。所以在撰写新闻评论时，尽可能地将每一段控制在4行以内，这样既保证了文章的表达效率，又使文章在整体结构上有一种均衡的美感，并有效地吸引读者阅读下去。

一、开头应该引起注意

引论，也就是新闻评论的开头，它是整篇文章提纲挈领的部分，担负着提出问题或表明观点的作用，它给读者以鲜明的“第一印象”，直接影响到读者的阅读兴趣。文章开头难，新闻评论的开头尤其难，开头难，难在把调子定好，难在写出新意来，有时绞尽脑汁也绞不出新意。好的开头应当有两个特点：一是能抓住人、吸引人；二是很快点题。开头切忌拖沓，如果花花哨哨写了一大段，读者还不明白你要讲什么意思，不清楚你这篇评论究竟要解决什么问题，也许就不再愿意读下去了。新闻评论要求篇幅短小，开门见山，不容许你节外生枝，写许多无关的东西，打外围仗。开门见山与吸引人是统一的，但是要做到这两点又确实不容易。社论开头一般化的还是很多。这个开头有气势，有新意，把一篇例行的文章写活了。开门见山，顾名思义，要一开门就望得见山，很开阔，有气势，很像是一幅山水画。心理学证实，信息呈现的先后顺序和数量会影响传播效果。

一是首因效应会影响印象的形成。说服性论据的顺序，即在一个辩论中，以哪种方式呈现个人的观点更有效，是先发言好呢（首因效应），还是后发言好呢（近因效应）？但当问题涉及如何影响别人对你的印象时，在一个最早的实验中，所罗门·阿希证实了首因效应在印象的形成中所占的主导地位。在阿希的实验中，被试接受了下述一些描述性的语句，然后，被要求对每句中描述的人物进行评价：

（1）史蒂夫聪明、刻苦、冲动、爱发表意见、顽固、容易嫉妒。

（2）史蒂夫容易嫉妒、顽固、爱发表意见、冲动、刻苦、聪明。

这两个句子所包含的关于史蒂夫的信息完全相同；但是，句子（1）把正面词汇放在前面，而句子（2）把正面词汇放在后面。阿希发现，句子（1）比句子（2）更能使史蒂夫得到正面评价。阿希的最初发现已被许多方式重复过多次。所以，在大多数情况下，首因效应在形成人们的印象中起主导作用。那么，为什么首因效应会影响人们的印象的形成呢？根据注意力递减理论，随着人们注意力的转移，列表上排位靠后的项目会受到较少的关注，因此，这些项目对判断的影响力较小。

二是信息的数量会影响传播效果。当人们反复思考如何做出一个困难的决定时，一般都会辩解说：“如果我能掌握更多的信息……”虽然拥有更多的信息有时的确会有所帮助，但同时它也能够通过所谓的稀释效应来改变人们对于事物的认识——即中性和非相关信息容易减弱判断或印象。下面请看亨利·朱基亚的实验中，哪一个学生的平均分数更高呢？

（1）平均每个星期，提姆要花31个小时的课外时间学习。

（2）平均每个星期，汤姆在花31个小时的课外时间学习。汤姆有一个弟弟、两个妹妹。他每隔3个月去看望一次爷爷和奶奶。他曾经赴过一次约，去见别人给他介绍的女朋友。他每隔两个月打一次台球。

如果你和朱基亚实验中的学生一样的话，你可能会认为提姆比汤姆学得好。朱基亚发现，掌握与问题非相关及非诊断性的信息能够产生稀释相关信息的作用。如提姆和汤姆花费的学习时间相同，但导致相关信息的有效性减弱。

稀释效应对于那些对控制印象的问题感兴趣的人来说具有明显的实用价值。但是稀释效应为什么会发生呢？追根究底，人们做出判断时，无需关注非诊断性信息。为什么一个人的约会习惯会使他看起来不那么聪明，或者关于某政治家出生地的故事会减少他的负面形象的影响呢？答案就在于，关于一个人的非相关信息使该人似乎与他人相似，因此更普通，更与他人别无二致。①

那么，新闻写作就应该重视和研究这种现象：一是认识到首因效应的存在，重视新闻评论写作；二是关注信息的稀释效应，也就是说，评论中安排的内容不能太多。因为开头中的内容太多，人们反而不去关注它，这会影响人的注意力。②

评论的开头要做到与众不同，并发挥鸡尾酒会效应。③ 要得到注意力，轻声细语与找个安静地方是反其道而行的方法。这种行为能够得到注意力，是因为它与一般的方法不同，太特殊了。假如真的要得到注意力，就是要与众不同，人们天生会对不同的东西多加注意，因为这些异类可能是掠夺者或猎物。因此，评论的开头甚至比新闻的开头还显得重要，这是因为新闻报道常常能凭借它包含的新鲜的有趣味的事实吸引人，至少它的某些潜在的读者对它所涉及的题材会表示关心和发生兴趣。评论通常却不具备这个有利因素，因为它提供的是意见或解释，并不是新鲜的、耸人听闻的事件。尤其应当指出的是，评论作者有时处于“逆水行舟”的境地。评论的任务在于“说服人”，对作者的论点加以论证；可是不少读者，即使同作者观点不是完全相反，也往往是表示怀疑的。这些因素不利于争取读者阅读。为了克服这些障碍，评论作者更应想方设法，写好评论的开头。但评论的开头又不同于新闻导语的写法。那么，新闻评论的开头怎样写才能引

---

① （美）埃利奥特·阿伦森著：《社会性动物》，郑日昌等译，新华出版2001年版，第72～111页。

② 李法宝著：《新闻写作的艺术与技巧》，中山大学出版社2005年版，第111页。

③ 鸡尾酒会效应，英语写作 cocktail party effect，是指人的一种听力选择能力，在这种情况下，注意力集中在某一个人的谈话之中而忽略背景中其他的对话或噪音。

起注意呢？

二、评论开头的写作方法与原则

文章的段落安排也要服从表达效率。传播学试验研究结果表明，文章的一个段落其长度如果超过4行，那么，读者的注意力就会转移。所以在写评论时，都尽可能地将自己每一段控制在4行以内，这样既保证了文章的表达效率，又使文章在整体结构上有一种均衡的美感。新闻评论究竟应该如何开头是没有固定格式的，但是根据写作的内容和所论对象，要反复琢磨，用什么方式，用什么语言，表达什么感情，甚至还要考虑到整篇文章的层次结构、节奏快慢，等等。开头要落笔切题，开门见山，反对下笔千言，离题万里。引论最好开门见山，尽快地进入主题，使读者看了开头的几句话，就看到一点眉目，引起阅读的兴趣，进而迫不及待地把全文读完。开门见山的办法很多，最常用的有以下几种。

（一）以新闻由头开头

这是最典型的新闻评论的开头方法。有的是根据当天刊登的新闻写的，有的是根据最近先后刊登的新闻来写，有的是在行文中把新闻带出来，它们的共同点则是从新闻由头说开去。这种方法的好处是方便、自然，提笔就来，不会给人以做作的感觉。但这种方法开头需要注意的是，引用新闻宜简不宜繁，把准备加以评论的主要之点引出来即可，太繁琐了就雷同于新闻，读者不耐烦看。1984年10月2日，《羊城晚报》刊发微音的评论《“小平您好！”》，原文这样写道：

昨晚，邻居一个青年在闲聊中考我：今早电视播放的游行队伍，你看有什么特点？我茫然不知所答。他接着说：你看到游行队伍中有个横幅写着“小平您好！”的字样吗？这就是特点呀！啊！原来如此。聪明聪明！

“小平您好！”的字体虽然不怎么样；在他名字的上头也没冠上几个“伟大”的颂词，但看起来却使人倍感亲切。人们都猜想它不会是奉命行事的佳作，而是某个热心青年自发的独具匠心的创造。言为心声。这也是心声，也是反映亿万人民政治情绪的心声。看来这位不知姓名的小伙子，祝愿的显然不只是对小平同志个人，同时也是对党中央的一系列富民强国政策的一种诚挚的祷告。

在中华人民共和国成立35周年庆祝活动中出了一件新闻：北京大学师生游行经过天安门城楼时，队伍中突然举出了一个横幅，上面写着“小平您好！”作者敏感地发现了这四个字中的含义——群众对改革开放以来党的方针政策的拥护，立即撰写出评论，引起了读者强烈共鸣。《“小平您好！”》这篇评论的所有议论，都是从“小平您好！”一事中生发的，但并不感到论据不足，主要是作者所选的事实倾向性十分鲜明，事实与论点之间有着必然联系，事实能直接说明论点，故而收到了“以一当十，以少胜多”

之效。文章从新闻由头说开去的开头方法，现在用得很多。因为用得太多了就缺少新鲜感。所以在使用这种方法时，还可以精心设计，加以变通，如，把新闻由头内含的意义提到一个高度，然后再加以论证，引人注目，或者把新闻由头同评论所要否定的错误观点组合在一起，摆在头里，具有很强的针对性和鲜明性，对读者很有吸引力。

（二）先列情况，由情况带出问题

情况有具体的，也有概括的，摆的时候有多也有少，入题有快有慢，这种写法的好处也是方便、自然。难的是，情况摆多了，容易淹没主题；情况摆得太少，主题引不出来；摆的情况太一般，引不起读者的兴趣。在运用这种开门见山的方法时，也可以设法加以变通，避免一般化。1998 年 11 月 1 日，《河北日报》刊发评论《迎着老百姓的方向走》，原文写道：

"彭市长，你别往正门走，有一群上访的人正堵在那里。""那我从哪儿走?""后门。""后门要是也堵了呢?"工作人员被武安市市长彭学增问得哑口无言。他来到上访群众中，提高嗓门喊道："我是彭学增，大家要反映什么问题，请说吧！如果时间短，我就地答复；如果时间长，请大家先回去，留下几个代表到我办公室来。"上访群众听了市长这番话语，憋在心里的气消了一半，围得水泄不通的大门顷刻畅通无阻，尔后大家心平气和地酝酿代表人选。

"刘县长，你们快改道吧，有几个村民要截车。"易县县长刘建军从呼机上读完这条"十万火急"的信息后，命令司机加速，把车开到村民要设卡的凌云册乡路口等候群众。过了一会，远远地走来一个村民，问清刘县长是在等他们之后，急忙招呼后面的人，"呼啦"一下，涌来一大帮。大家听说刘县长已在此等候他们多时，深受感动，一再催促县长快赶路程，他们的事回乡里找乡长说去。

这是我省农村工作中的两组"特写镜头"，情节不复杂，但发人深思。

人们会被《迎着老百姓的方向走》这篇评论的开头字里行间渗透着一片"真情"所打动：无论是彭市长、刘县长在上访群众和截车村民面前所表现的"情"，还是上访群众和截车村民在彭市长、刘县长面前所表达的"情"，都是那样质朴，那样纯真，完全发自内心，完全出于真情。这是党群鱼水情的体现，这是党的好作风的传承。这一切，都是评论作者笔端饱蘸激情、如实反映真情的结果。而且，这篇评论作者敢于触及热点，又不炒作热点，可以说把握平衡，分寸适度。这篇评论阐述了带着感情做好群众工作的重大政治主题，有很强的时代感。评论的写法也很有特点。作者从两个感人的正面事例入笔，提出了当前干群矛盾、农村稳定的尖锐问题，直面现实，条分缕析，追本溯源，道理讲得中肯、服人，有思想深度。这篇评论写热点但不炒作热点，很好地发挥了舆论的疏导、引导作用。①

评论的开头把情况和论点结合起来，先来一句斩钉截铁的话，这就比一般地摆情况醒目得多。这篇评论选用了一封农民的信来摆情况，这种第一手材料独具的新鲜感，比由评论作者来概述情况更能吸引读者。由此可见，先摆情况的开头方法也是很有讲究的，可以摆得很鲜明、很生动，开门见山，引人入胜，当然也可以摆得很一般、很沉闷，令人不知所云。

（三）先亮出批驳的论点

这是论战型评论常用的办法，这种开头方法具有很强的战斗性。党报的评论主要用于解决人民内部的思想问题，这里没有刀光剑影，不需要剑拔弩张。但是，作为新闻评论开门见山的一种方法，把对方的一些错误观念和模糊认识摆在评论的开头，仍然是可行的。这种开门见山的办法具有很强的针对性，一下子就能把读者抓住。1999 年 8 月 18 日，《解放军报》刊发孙晓青、谭健撰写的评论《“实力”救不了李登辉》，原文说：

李登辉刚刚上台的时候，曾经信誓旦旦地声称“只有一个中国的政策”。然而时隔不久，他就开始暴露出分裂祖国的真面目，最近更是抛出了极其荒谬的“两国论”。为什么李登辉如此有恃无恐，不怕成为民族千古罪人？联系他这些年来的所作所为，我们不难看出，李登辉之所以敢冒天下之大不韪，是因为他自以为手里有“四张牌”：“实力后盾”、“挟洋自重”、“国际分裂逆流”和所谓“民意支持”。

这“四张牌”究竟是什么货色呢？不妨让我们先来看一看他的第一张牌——“实力”牌。

……

“自古知兵非好战”。中国人民解放军爱好和平，但是决不惧怕战争，如果有人胆敢冒天下之大不韪分裂祖国，我们绝不会坐视不管。50 多年前，人民解放军用小米加步枪打败过靠美式装备武装起来的上万国民党军队；今天，正在走向现代化的人民解放军，严阵以待，更有决心有信心有实力随时准备粉碎任何分裂祖国的企图。

评论《“实力”救不了李登辉——评“两国论”背后的“四张牌”》，是解放军报批驳李登辉“两国论”四篇系列评论员文章的开篇。该文以评析台湾的军事实力作为切入点，通过对李登辉上台后不惜耗费巨资向美国等西方国家购买现代化武器装备，为搞“台独”撑腰壮胆的事实进行揭露和批驳，从而清楚地表明，公道正义、军心民心是世界政治和军事斗争舞台上最重要的因素；李登辉分裂祖国的行径不得人心，因而决定着台湾军队从一开始就失去了“师直为壮”的基础；人民解放军为捍卫国家主权和

① 郝斌生：《我的百姓情结——评论〈迎着老百姓的方向走〉写作体会》，载《新闻知识》2000 年第 3 期。

领土完整，“宁失千军，不丢寸土”，将勇于承受最大的困难和牺牲。文章由此得出结论：“两国论”所倚仗的支撑力之一——所谓台湾的军事实力是虚幻的、靠不住的，“实力”救不了李登辉，文章角度新颖，立论鲜明，据事说理，正气浩然，加之行文简洁明快，语言不落俗套，有较强的说服力和感染力。

（四）把结论放在前头

把结论摆在前头的开门见山的办法用得很普遍，只是因为有些评论谈的是比较具体的问题，有些结论也很一般，缺少振聋发聩的效果。

两条路摆在南京国民党政府及军政人员的面前，一条是向蒋介石战犯集团及其主人美国帝国主义靠拢，这就是继续与人民为敌，而在人民解放战争中和蒋介石战犯集团同归于尽，一条是向人民靠拢，这就是与蒋介石战犯集团和美帝国主义决裂，而在人民解放战争中立功赎罪，以求得人民的宽恕和谅解。

（《南京政府向何处去》，《毛泽东选集》第4卷）

（五）回答读者的问题

1998年2月13日，《经济日报》刊发评论《树立新的择业观》，原文写道：

冯并、张曙红编辑同志：

很多地方都有这样的情况，一方面是有人没事干，一方面是有事没人干。有的城市大规模清退农民工；可腾出的岗位城里人还不愿上。为什么会出现这种情况？

——读者

——“有人没事干，有事没人干”，据我们了解，是带有普遍性的现象。这种现象说明，解决下岗职工的再就业问题，不仅要靠政府部门的努力，靠全社会的支持、配合，重要的还要靠职工自身的观念转变。

1998年初，中央根据经济工作会议精神，加大国企改革力度，加快下岗分流再就业工程步伐。《经济日报》编辑部选准题目，在一周之内，完成五篇相关评论。本文是关于下岗分流再就业的一组评论中的第一篇。这篇评论的开头采用了信件的格式，即由读者来信向编辑部提出问题，然后作者再根据读者的提问有针对性地回答读者的问题。而且评论的语言比较平实，尽力摆脱评论气与说教气。这篇评论发表时间早，时效较强，效果也比较好。

（六）摆出问题，吸引读者寻找答案

用这种办法开头要十分注意问题的提出，它必须是读者确实关注的问题，才有生命力，而不是作者闭门造车造出来的问题。先把问题撂出来，可以避免先摆情况容易产生的叙述过多、冗长累赘等缺陷。

我们还没有从蒋筑英、罗健夫病逝后的痛惜中平静下来，又惊悉48岁的女工程师朱毓芬服毒身亡。她死在自己热爱的岗位上，死在委屈和悲愤中。蒋筑英、罗健夫死于不可治愈的疾病，人们尚且提出这样的问题：为什么不在生前给他们提供好一些的条件，以延长他们的生命，朱毓芬死于非命，人们更有理由提问：是谁把她逼上绝路？应该怎样避免这样的悲剧？

这是1983年4月13日人民日报评论员文章《评朱毓芬之死》开头的一段。这段文字把朱毓芬死于非命同蒋筑英、罗健夫死于疾病放在一起，在更广阔的社会背景上再现了这位女工程师之死的悲剧，发出了“是谁把她逼上绝路”的呼喊，具有强烈的感情色彩，使读者非把文章看完，从中寻求答案不可。如果把这段文字大加压缩，简化为“朱毓芬服毒身亡，是谁把他逼上了绝路？应该怎样避免这样的悲剧”，固然也是开门见山，但就显得仓猝、遽促，好像急于要把结论告诉读者。而读者这时对朱毓芬之死不甚了了，未必愿意探求究里，还没有产生要知道这种结论的愿望。这样急急忙忙地打开门来不易吸引读者，如果让读者徐徐地把门打开，更能吸引读者了。

开头要尽量避免俗套。开头要点题，但不等于不能议论风生，谈古论今，抒发情感。评论开头引古喻今，意味深长，富有吸引力和说服力。但运用古语、诗句也要恰到好处，不落俗套。也有的文章一开头就来几句富有哲理性的话，一下把读者的心抓住了，促使读者思考，使读者不得不看下去。其实，评论的开头一般要遵循两条原则：①点明本文的论题；②对作者的立场作出初步暗示。但是某些报纸上的评论也有采取更为直截了当的做法的。开头所要达到的目的，主要是能够帮助读者抓住要领，易于领会全文，或者是能够引人入胜，使人乐于读完全文。

第二节 挺拔有力的“豹尾”：悉心写好结论

一、结尾的重要性

评论结尾的重要性，可以用一个心理学的试验来证明。20世纪60年代，Murdock（1962）进行了系列位置曲线的实验，他让被试听一个由30个常用词组成的词表，每次呈现一个词，每次1秒，然后进行自由回忆。图6－1是根据所得的结果绘制的系列位置曲线：

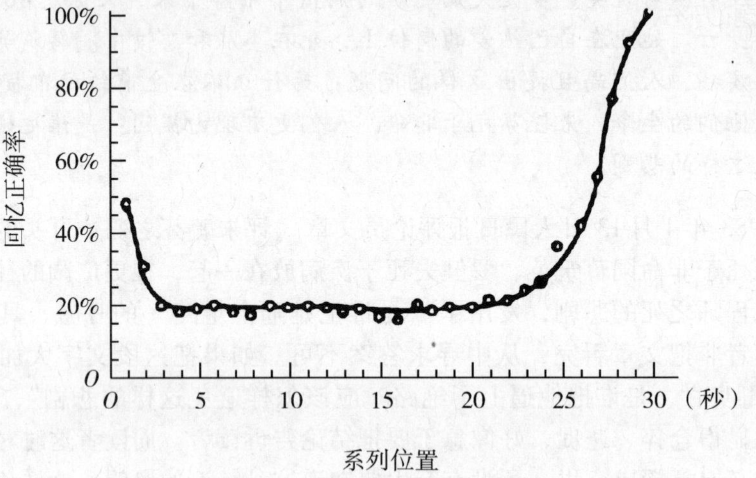

图6－1 记忆的系列位置曲线

从图6－1中可以看到，词表中间部分的字词回忆成绩较差，而起始部分和结尾部分的字词回忆成绩较优，均高于中间部分，这种情况称作系列位置效应。起始部分比较优的回忆成绩称作首因效应，结尾部分比较优的回忆成绩称作近因效应。其实心理学文献中早就确认了首因效应和近因效应，不过，人们是用前摄抑制和倒摄抑制来作解释：刺激系列中间部分项目的回忆成绩较差是由于它们既受到起始部分项目的干扰（前摄抑制），又受到结尾部分项目的干扰（倒摄抑制）；而起始部分项目则只受其后项目的干扰（倒摄抑制），结尾部分项目只受以前项目的干扰（前摄抑制），不像中间部分项目那样，受到两个方向的干扰，故回忆成绩也较优。①

评论的结尾从表述的内容来看，大致有三个方面的作用：①总括全文的内容；②重申作者的观点；③提出与评论相关的内容。结尾主要是帮助读者明确题旨，加深认识，或者使人读了饶有余味，增强感受。评论应该根据论题的性质、逻辑思路和表述方式，分别采取灵活多样的结尾方式：有的提出希望和号召进行鼓动；有的引导读者展望事物的发展前景；有的提出呼吁、抗议和要求；有的是鼓动性的政治口号；有的是表达强烈的爱憎感情或表明立场、态度和决心；有的是综合归纳论述的主要思想，从而引出精警的结论……总之，种种不同的结尾方式却有一个共同的特点：它是正文的逻辑延伸，是作者思想感情的凝聚和抒发，在文字表达上尤为讲究生动精警，启迪联想。

① 王更、汪安圣著：《认知心理学》，北京大学出版社1992年版，第107～108页。

二、结尾的形式

常言道："文无定法。"同样，新闻评论的结尾可以有各种不同的写法。许多文章的结尾不理想，显得很一般化、老套，文章写到最后就没劲儿了，平淡了，使人感到作者已经筋疲力尽了，硬安上了个尾巴。好的结尾应该起到归纳、点睛、升华并使人回味的作用。结尾是文章在充分阐述主题之后的一个归纳，是对主题的升华，精彩的几句结尾，一下子就使读者掌握了全文要点，这是论说文的特点，与新闻报道有所不同。结尾要能引起人的联想，读了全文之后，想一想作者的用意，自己从中得到什么启示，平淡的结尾则会减弱这种联想的效果。

（一）几种结尾方式

1. 鼓舞性、号召性。结尾发出号召，能震撼人心，有千钧的力量。

党的十五大为我们规划了跨世纪的宏伟蓝图，这就是下世纪第一个10年实现国民生产总值比2000年翻一番，使人民的小康生活更加宽裕，建成比较完善的社会主义市场经济体制；再经过10年的努力，到建党100年时，使国民经济更加发展，使各项制度更加完善；到建国100年时，基本实现现代化，建成富强民主文明的社会主义国家。回顾50年峥嵘岁月，我们豪情满怀；展望新世纪的锦绣前程，我们欢欣鼓舞。让我们更高地举起邓小平理论的伟大旗帜，紧密地团结在以江泽民同志为核心的党中央周围，团结一致，同心同德，开拓进取，艰苦奋斗，把建设有中国特色社会主义事业全面推向21世纪，为实现中华民族的伟大复兴而奋勇前进！

伟大的中国共产党万岁！

伟大的中华人民共和国万岁！

伟大的中国人民万岁！

《祖国万岁》是《人民日报》在1999年10月1日发表的，它是为国庆50周年而写的社论。新中国50年，具有里程碑般的纪念意义，50年辉煌，50年探索，值得总结的经验非常丰富。报社领导高度重视国庆50周年社论的撰写，和作者一起研究社论的思路和写作大纲，提出了许多重要的指导性意见。这篇社论总括50年的成就和经验，构思有相当大的难度。首先，作者从中国共产党颂、社会主义颂、人民颂三个方面阐发50年的基本经验，线条清晰，概括准确，视角独特，构思完整。其次，社论在坎坷曲折的叙述上也显示出很强的政治意识和理论素养，既不回避失误，更着眼于探索的艰巨性、复杂性，由此而得出的结论对人们有很深的启发。最后，整篇文章蕴涵着激情，凝练生动，有节奏感，从头至尾都洋溢着对祖国发生巨大变化的由衷赞美，表达着对祖国深沉的热爱。"祖国万岁"的主题阐述得很集中很充分。

2. 概括、归纳式。这常在指导工作、介绍经验的评论中使用。1949年7月31日新华社社论《我们是能够克服困难的》一文的结尾："我们是能克服困难的，不管什么样的困难也不怕。"阐明立场的评论也常用这样的结尾。《衡阳失守后国民党将如何》的结尾是："一切问题的关键在政治，一切政治的关键在民众，不解决要不要民众的问题，什么都无从谈起。要民众，虽危险也有出路；不要民众，一切必然是漆黑一团。国民党有识之士甚思之。"

3. 引人思考。毛泽东的政论出手不凡，既反映了他博大精深的思想，又体现了他高超的表达艺术。他的评论结尾，不落俗套，别具一格，每每会有神来之笔。如1949年1月毛泽东为新华社写的《评战犯求和》一文结尾这样说道：

要问：这样的新闻是否在市场上还有销路？是否还值得人们看上一眼？根据我们所得的北平城内的消息是："元旦物价上午略跌，下午复原。"外国通讯社说："上海对于蒋介石新年致词的反映是冷淡的。"这就答复了战犯蒋介石的销路问题。我们早就说过，蒋介石已经失去了灵魂，只是一具僵尸，什么人也不相信他了。

这篇评论是驳斥蒋介石的元旦求和声明的，正文部分义正词严，大快人心，而这个结尾则含蓄隽永，余音绕梁。

1949年8月为新华社写的评论《别了，司徒雷登》的结尾：

司徒雷登走了，白皮书来了，很好，很好。这两件事都是值得庆祝的。

这个结尾同样别出心裁，含而不露，以冷静、轻松的语气结束全文，言有尽而意无穷，给人以思索回味的余地。同时，结尾也有幽默感，留给人两个思考题：这两件事为什么值得庆贺？这两件事之间又有什么联系？这样的结尾进一步深化了评论的主题，而且在诙谐幽默中把读者的感性认识推向理性阶段，真正发挥了"豹尾"的作用。

4. 创新式。评论结束时再次强调它的中心思想也许是较好的方法，但是应当使它写得令人耳目一新，给人以新的启示，比如适当地运用比喻、形象手法，有时能达到这个目的。结尾要避免那些令人生厌的陈词滥调。这样的结尾使读者的认识不停留在文中所述说的事物之上，而是有进一步的提高，由点及面，由小见大，使文章起"解剖麻雀"的作用。比如，1947年4月14日，西北人民解放军歼灭胡宗南军一三五旅之后，西北战局已经到了转折点。5月，蟠龙解放后，西北战局得到根本改变，向着有利于我军的方向发展，于是，作者就使用了这样结尾：

西北战局的发展完全证明我们的论断，胡军凶焰是在下降，胡宗南的指挥无能使这个下降来得更快、更剧烈、更富于戏剧性。并赋以打油诗云：

胡蛮胡蛮不中用，

延榆公路打不通，

丢了蟠龙丢绥德，
一趟游行两头空！
官兵六千当俘虏，
九个半旅像狗熊；
害得榆林邓宝珊，
不上不下半空中。

这是陆定一为新华社撰写的评论。1947 年 5 月 8 日，新华社记者评蟠龙胡宗南军的被歼，于是就有了这篇《新华社记者纵论陕北战局》，它用一首打油诗嘲讽了蒋军的丑态。一位有经验的编辑说："结束一篇社论唯一正确的方法是圈上一个句号。"一旦论证结束、该议论的议论了，行文自然地达到了高潮，从大多数评论看来可以或者应当就此打住。但是，这时有些人总不免要想加上些花里胡哨的东西。应当抵制这种诱惑，因为"画蛇添足"的后果是可悲的，它只能给人一种矫揉造作或拖沓累赘的感觉，以至于使读者从阅读前面部分而获得的好印象也打了折扣。

5. 或展望前景，或揭示哲理，或慷慨陈词式。2000 年 3 月 6 日，《解放军报》发表了评论《"台独"即意味战争》，试看这篇评论的结尾：

中国有句老话：善有善报，恶有恶报，不是不报，时候未到，时候一到，全部都报。维护祖国统一是最大的"善"，对中国人民来说，分裂祖国是最大的"恶"。"台独"和分裂势力胆敢冒天下之大不韪，在作"恶"的道路上越走越远，必将遭到历史的报应。包括台湾同胞、台湾官兵在内的全中国人民团结起来，反对分裂，制止"台独"，共同争取祖国的和平统一！

这篇评论员文章是配合中国政府关于台湾问题的白皮书的发表和台湾地区选举而撰写的。2000 年 3 月，台湾地区领导人选举前夕，岛内人心浮动，"台独"势力猖獗，中国大陆上上下下关注台海局势。作品的结尾从我国民间广为流传的"善恶报应"的古话生发，反诘作恶多端的"台独"和分裂势力绝不会有好报应，字里行间渗透着一种惩恶扬善的道德力量。这种结尾，贴切自然，充满哲理，很有感召力。

（二）结尾的要求

写好评论的结尾，一定要注意三条：①结尾与标题和开头一样，都是全文有机的组成部分，都是为主题服务的，要照应全文，要首尾呼应。②必须用心写作，不落俗套，避免空话、套话，尽可能写得生动一些。③因文而异，有些评论言尽意止，就不必硬加个尾巴；有些评论开头提出了问题，结尾应该有所交代；有些评论是驳论，结尾就不宜用号召式，应采用贬斥式；等等。因此，一篇新闻评论应该是一个整体，哪怕只有一段，它也是有头有尾的。如果一个精彩的开头以鲜明的主题、新颖的事实吸引了读者，那么一个精彩的结尾就可以更完整地说明背景，烘托主题，使读者一口气读完它，把这条新闻全部的感染力都发挥出来。好的开关同好的结尾是前后呼应、相辅相成的。那么，怎样的“落句”才能成为“妙笔”呢？

新闻评论的结尾宜实不宜虚，也就是说结尾要有内容，切忌大而无当的大话、空话。叙述一个具体事实，要与全文紧密相连，浑然一体，给人留下扎实而深刻的印象。新闻评论结尾还要力求精练，力避重复、啰嗦。结尾宜自然忌生硬。新闻评论并不是硬要加上一段结尾，结尾放在文中是完全可以的。有时候，与其勉强地写出一句结束语，不如顺其自然地将文章收住，这也是结尾。一位美国新闻工作者就结尾问题说过一段话：“当你坐在打字机前，眼盯着稿纸，为想一段漂亮的收尾文字而搜索枯肠时，很可能文章的结尾已经写出来了。你在那儿刹住就行了。”这个办法，据作者说“多年来屡试不爽”。结尾也忌拖得很长，尾大不掉。本已讲完了的事情，却要来个大结尾。话说完了要赶快收，刹住车，干脆一点，有时多讲不如少讲，甚至不如不讲。结尾不能重复文章已经说过的内容，不能老是怕读者没有听明白，唠唠叨叨地重复。啰唆的复述是结尾中常见的毛病。结尾最好有精辟的句子，使主题思想升华。结论，即新闻评论的结尾部分。关于结尾，历代文章大家素来提倡要有“豹尾”，挺拔有力。新闻评论是画龙点睛的文章，而“睛”有时恰恰点在尾巴上，结尾不过是评论的陪衬和点缀而已。

三、首尾呼应

古人云：“启行之辞，逆萌中篇之意，绝笔之言，追媵前句之旨；故能外文绮交，内义脉注，跗萼相衔，首尾一体。”① 此文的意思是说，文章一开头要考虑后面的内容和结尾。古人写文章很讲究照应。如魏文帝曹丕《典论·论文》称：“文以气为主，气之清浊有体，不可力强而致……然气不可不贯，不贯则虽有英词丽藻，如编珠缀玉，不尽之矣。然气不可不贯；不贯则虽有英词丽藻，如编珠缀玉，不得为全璞之宝矣。”②照应与过渡，是安排文章段落和层次的重要手段。照应是文章结构的重要内容，也是文章构思的重要组成部分。一般有两种形式。

（一）前后呼应

即前面提出的问题，后面要进行交代，使问题有着落、有反应。这样的照应，有利于增强文章的起伏感和完整性。通过这种前后照应，受众的思想紧紧围绕着他所走的路去思索，思路连续，条理清晰。古人写文章，“揭全文之旨，或在篇首，或在篇中，或

---

① （魏）刘勰著：《文心雕龙·章句》，上海古籍出版社2008年版，第209页。

② 曹丕：《典论·论文》，见（梁）萧统编：《昭明文选》，上海古籍出版社1986年版，第169页。

在篇末。在篇首则必后顾之，在篇末则必前注之，在篇中则前注之，后顾之”①。这些呼应，使文章前后连贯，有伏笔，有照应，通篇浑然一体。

（二）首尾照应

即新闻评论的开头部分提到的话题或内容，结尾部分要再次点出，达到首尾呼应，浑然一体。这样的照应，可使文章在结构上更完整。实际上，开头与结尾呼应，它的种类很多。清代魏禧在《日录论文》中写道：“文字首尾照应之法，有明之缴应起处者，有竟不顾者，有若无意牵动者，有反骂破通篇大意，实是照应收拾者。”但不管有诸多名目，其主要之点，必须以开端与结尾钩接，类似蛇之自衔其尾，古人称之为“蟠蛇章法”。陈善在《扪虱新话》（卷二）中说：“桓温见八阵图，曰：‘扪常山蛇势也。击其首则尾应；击其尾则首应，击其中则首尾俱应。’……亦文章法也。文章亦应宛转回复，首尾俱应，乃为尽善。”等等。新闻评论的开头和结尾常常是互相呼应的，这样把首尾连成一气，给人印象更完整、更深刻。

第二节　结构：体现评论的逻辑性

新闻评论结构安排得好，可以增加文章的生动性和可读性。那么，结构是什么呢？清代学者李渔在《闲情偶寄·结构》一文中以工匠筑室来比喻，说明先建什么，后建什么，以及说明结构在写文章中的作用。因此，所谓结构，泛指一切事物的组合方式。而狭义的结构，特指文学创作中，对文学作品的总体组织、安排、构造等。讲究结构，是写文章的基本要求。文章的结构向来为人们所重视。夏丏尊、叶圣陶在《文心》中说：“某君要在多大的一块空地上盖一所房子，那所房子必须有一间客室、一间书房、两间卧室以及其他应用的房间。他托建筑师替他打图样，建筑师依着他的嘱咐打成图样，把他所需要的房子配置得适宜，这叫‘组织’。一篇文章犹如一个团体，每一节就像团体中的每一个人一样，都应该担任相当的职务。一篇文章犹如一所房子，每一节就同整所房子中的每一间房间一样，都应该有它相应的位置。”② 这个比喻非常恰当，所以写文章必须讲究“组织”。

金代学者王若虚在《文辨》一书中有段富有哲理的对话：或问文章有体乎？曰：无。又问有体乎？曰：有。然则果如何？曰：定体则无，大体须有。实际上，新闻评论的写作亦然。新闻评论写作的“定体则无”，是说没有固定的框框。但它“大体须有”，是指保持新闻评论的基本特点和写作规律。结构问题，也就是文章的布局问题。

---

① 刘熙载著：《艺概·文概》，上海古籍出版社 1978 年版，第 3 页。

② 夏丏尊、叶圣陶著：《文心》，开明出版社 1996 年版，第 128 页。

古人云："言之有物，言之有序。"物，是文章的内容，讲的是真知灼见，立意鲜明，论证周密，论据确凿。序，是文章的布局，讲的是结构严谨，层次分明，波浪迭起，循序渐进。在新闻评论的结构设置上，反对概念堆砌、呆板铺陈，而主张按照事物的内部联系，按照论述的逻辑思路，按照读者的认识规律，精心构思，精心结构，使之思维严密，逻辑严谨，方法多样，力求引人入胜。评论结构的模式化，更有益于受众的接受。这诚如哈伊姆·奥菲克所言："简化的范式对于人类的思想和行动来说是必不可少的。一方面，我们必须清楚地阐述理论或模式，并有意识地运用它们来指导我们的行为。或者，我们可以否认需要这样的指导，并假设我们将只是根据具体的'客观'事实来行动，根据'它的是非曲直'来处理每一个案。然而，如果我们这样假定，我们就欺骗了自己。因为在我们的头脑中隐藏着一些假设、偏好和偏见，它们决定我们如何看待现实，留意什么事实和怎样判断它们的重要性和价值。需要明确的或含蓄的模式以便能够：①理顺和总结现实；②理解现象之间的因果关系；③预期，如果我们幸运的话，预测未来的发展；④从不重要的东西中区分出重要的东西；⑤弄清我们应当选择哪条道路来实现我们的目标。因此，每一个模式或地图都是一个抽象，而且对于一些目的比对另一些目的更有用。"① 那么，新闻评论的结构有哪些？它又有什么要求呢？一般地说，新闻评论结构的形式多种多样，但常见的结构形式有五种。

一、悬念式结构

悬念能"吊"起读者的胃口，可以避免论证中的片面性，把复杂抽象的道理讲得比较透彻明了。究竟评论要怎样才能写得生动呢？胡乔木同志说过："文章怎样才能有变化？在于有正面的东西，又有反面的东西，有陈述的语气，又有疑问的语气。如果一篇文章从头到尾都是句号，恐怕就不是好文章。好比说书的人，他说书总要有悬念，有'欲知后事如何，且听下回分解'，才能吸引人。文章没有悬念，就平。海浪远看是平的，近看就不平。浪给了诗人很大的灵感。为什么呢？因为海浪汹涌澎湃，给予人一种生命激动的感觉。浪有高有低，当浪头从高处跌下的时候，就使人感到一种惊恐；接着又要看它继续发生的变化。不会写文章的人，就应当到悬崖的海边去看看，看看自己的文章里有没有这种波浪、悬崖，有没有这种奔腾、澎湃、冲击和激怒。"②

评论的开头设置疑团、布下悬念，然后再依据客观事物的实际发展情况，解释疑团与悬念。新闻评论是来回答问题的，所以，有的时候也通过问一个问题来作为评论的开头，以抓住受众的注意力。梁厚甫的评论喜欢用接连设问、环环紧扣的手法，步步论

---

① （美）哈伊姆·奥菲克著：《第二天性——人类进化的经济起源》，张敦敏译，中国社会科学出版社2004年版，第38～41页。

② 参见胡乔木：《关于评论写作的几个问题》，载《新闻战线》1958年第13期。

证，层层深入，把事情讲得清清楚楚。《卡特总统的处境》一文就是如此。作者在文中连提三个问题：一问美国通货膨胀严重的原因是什么，答曰是被石油问题困扰；二问美国被石油问题困扰，又是什么原因呢？答曰这是由于美国千方百计把石油价格降低；三问美国为什么要抑低油价呢？答曰这是因为卡特以前的政府是为汽车工业和从事地产事业的金融资本家服务的。如此层层剖析，问题讲得比较透彻，也符合读者的思维逻辑，读者不能不被吸引着读下去。写评论的人，多半习惯于援引报刊和领导人的言论来说明问题，据某某报道，谁谁指出，引号也特别多。梁厚甫虽也注意旁征博引，但很少摘抄外国人的原话，文章中没有欧化的句子。他善于用自己的话加以概括，读起来比较自然、流畅，避免冗长、难懂之弊。但梁厚甫的评论写得比较活，比较深，比较生动。鲁迅说过："单是题材好，是没有用的，还是要技术。"梁厚甫在写作上的一些技巧特点值得人们学习与借鉴。下面是 1979 年 7 月 22 日他在香港《明报》写的一篇名为《卡特总统的处境》的评论，原文这样写道：

今天的卡特总统，很像是塌了屋子而被压在下边的一个人。

今天压在总统身上那两所房子，不是卡特总统自己手建的，而是早已有之的。

这两所塌下来的房子是通货膨胀问题与能源问题。房子虽然有两座，实际是互连的。解决了能源问题就可以解决美国的通胀问题。因而，我们不妨说，不是两座而是一座。统名之，可以名为经济的房子。

美国经济房子塌下来，在 20 世纪，有两次，一次是 1929 年的经济大恐慌，第二次就是现在。这两次，都不是轻微的小衰退，而实际是巨型的大恐慌。有两位总统面对这两次的大恐慌，前一位是罗斯福，后一位是卡特。但是，两位总统的境遇却是不同。1929 年的大恐慌出现于胡佛总统的后期，罗斯福可以说是与己无关，不但与己无关，人家且视自己为救世主。这次的大恐慌，出现于卡特总统任内，卡特总统无法推卸责任。不过，卡特也有比罗斯福处境较好的地方，那就是，罗斯福要应付问题于恐慌初起的时期，不知如何的下手，但是，这一次美国的经济大恐慌，起因已肇于 18 年之前，好些问题都已看得清楚，那可能应了俗语所说："幸运医生医病尾"，只要药到春回，更显得神乎其技。

到了越南战事快近结束，石油出口国家组织就把矛头对着美国，因而通货膨胀问题与石油价格互为因果。石油是美国必需品之一，石油价格上涨，美国的通货无法不膨胀的。不过，两者虽然有联系，我们从事研究的时候，却要分别来谈。

通货膨胀是什么呢？通货膨胀就是生产赶不上消费。美国通货膨胀的现象，从 60 年代初期，即便开始，迄今将近 20 年了，其自相调节的作用，应该发生。事实上，在 70 年代开始的时候，自相调节的现象，业已发生，在卡特任内，美国的国民生产总额以及就业率，都已上涨。无奈美国的通货膨胀问题，被石油问题一拖，就陷在泥淖之中。

美国被石油问题所困扰，又是什么原因呢？说句老实话，这是美国人自作自受的。从能源方面来讲，到现在，美国煤炭的存量，最为丰富，依美国目前所需来计算，如果以煤炭作为能源，美国地下，还可以有六百六十六年半的供应。原子能发电，是美国新兴的能源，几乎是取之不竭。除了煤炭和原子能发电之外，石油还有8年，便告完全枯竭，天然气还有10年，便告完全枯竭。

……

卡特总统已把美国的油价提高一点点了，现在正在一元的大关以内徘徊。为什么不把油价放胆来提高呢？看来卡特总统也有他的难处，正如上边所说，压低油价是汽车工业和地产企业的主张，而代表这些企业的利益的，正是他的暗中的对头肯尼迪参议员，油价一提高，就会逼令肯尼迪去竞选总统，而“卡特政府为石油工业来服务”的口号，更叫得震天价响。试看，施莱辛格这一个口号之下，已不能安于其位了，施莱辛格可以走路，但无人能保证这口号不加至卡特的身上来的。

看来，今天的经济问题，实际就是对卡特胆子的考验，胆大，便可以过关，胆小，就会被这一座塌下来的房子，压到透不过气来。

何去何从，决于今日。

撰写经济评论，一般是比较枯燥的，经常见到的是连篇数据，缺少形象描绘。梁厚甫的经济评论却写得很生动。他在介绍美国经济问题时，一开头就用了一个形象的比喻：“今天的卡特总统，很像是塌了屋子而被压在下边的一个人。今天压在总统身上的那两所房子，不是卡特总统自己手建的，而是早已有之的。这两所塌下来的房子是通货膨胀问题与能源问题。”这篇文章收尾时，又用了“塌下来的房子”作比喻：“看来，今天的经济问题，实际就是对卡特胆子的考验，胆大，便可以过关，胆小，就会被这一座塌下来的房子，压到透不过气来。何去何从，决于今日。”这样一写，读者就可以对美国经济形势的严重性有深刻的印象，而文章读起来却很轻松，像是在听故事。

显而易见，这种悬念式结构的评论在传者和受众之间建立起了一座桥梁、一条纽带，是实现一对一关系的一种手段。这种结构的优势有以下几点：①它是疑问式的对话，可以把受众吸引到一个谈话中来，而不是把你的事实、你的见解和你的答案统统硬塞给读者；②如果你的问题具有普遍意义，就能获得受众即刻的认同。所以，不要用对受众吸引力不大或没有吸引力的问题作开篇；③如果你用一个问题作为评论的开篇，就必须回答这个问题，或者说明你并不知道答案。因为不知道答案本身，也会成为对受众的吸引力所在。这也就是说，有时传者并非真正要问这些问题；实际上传者也无意回答，更不用说指望受众来回答。疑问式结构单单是一种手法，以此来激发受众兴趣并提示评论后面有加以考查的问题，这才是传者真正的意图所在。这种结构同样会让受众产生一种亲切感。

二、递进结构

按照事物的内在本质联系安排层次，各层次之间的关系是一种递进、推进的关系。文章的整体结构形式是由表及里，由浅入深，从现象到本质，就像剥笋一样，一层一层地往里剥，最后触及问题的核心，即回答论点，得出结论。从思维方式上看，它属于逻辑思维中的纵向脉络，重在纵向的阐发。这种结构的好处在于逻辑严密，论证性、说服力强，能够引导和启发读者去思考问题，从而接受评论的观点。因而，一些理论性很强的新闻评论和一些优秀的驳论性评论文章常常采用这种结构方式。递进结构形式是按照事物发展或人们认识事物的逻辑顺序安排层次的。一般性的思维，往往就事论事，浅尝辄止，这就难以发现事物深刻的内涵，因为事物深刻的含义并不存在于事物的表面，而常常包含在事物的内部深处，只有深入挖掘，层层递进，才能发现它。因此，采用这种方法谋篇布局，可以使整个节目有明显的发展线索，并做到循序渐进、层层深入。

粮食流通体制改革是国务院于1998年出台的重要改革举措，党中央、国务院对此非常重视，中央领导也经常到各地进行调查研究，关注这一改革的实施。1998年5月22日，朱镕基总理前往安徽省南陵县视察时，在鹅岭粮站看到了粮食满仓的情景。但是，朱总理离开南陵不久，就有群众来信反映，朱总理在鹅岭粮站看到的满仓粮食是当地政府从其他地方临时调到鹅岭粮站、专门给总理看的，显然，这是严重的欺上瞒下、弄虚作假行为。当《焦点访谈》记者从群众来信中看到这封来信时，敏锐地掂出了它的含金量，果断派出记者喻圣宏、凌泉龙赴南陵采访。经过艰难的明察暗访，记者了解到，在朱总理到来之前的5天内，南陵县从其他5个粮站紧急调运了1031吨粮食到鹅岭粮站。长期以来，粮食收购部门一直存在着虚报骗领国家粮食收购资金的问题，在取得国家巨额收购资金后，却对农民交售的余粮压级压价，或者少收限收，损害国家和农民的利益。南陵县调粮充库欺骗总理的行径，其真实目的是为了掩盖在收粮上存在的问题。1998年11月12日，披露这一事件的电视评论《粮食“满仓”的真相》播出，在社会上引起了巨大反响。一些传统的电视评论的论证是从概念到概念的论证，是在先有论点的前提下，旁征博引，是一种文字功夫，自说白话的自我陶醉，而《焦点访谈》这种新电视评论的论证是对论据—事实的调查过程，最后得出符合事实本质的结论，即用过程说话。

（1）鹅岭粮站拥有2000吨库容，那么，在没有从其他粮站调粮之前，这家粮站到底存有多少粮食呢？他们又从其他粮库调了多少粮食到鹅岭粮站呢？答：6号仓有652吨散装粮食，从外面共调粮1031吨。

（2）1000多吨粮食是在上级领导来到南陵的前五天之内紧急调运的。这些粮食在鹅岭粮库放了多长时间呢？答：20 天。

（3）南陵为何劳神费力调粮充库？答：南陵粮食局副局长杨赤峰的说法是，既然来看粮食，仓里的粮食就应该是满的。因为，南陵是个产粮大县，如果没有粮食，觉得丢人。

（4）仅仅为了顾全脸面吗？作为产粮大县，如果把该收的粮收上来，是不会出现空仓的情况的，南陵县的粮食收购工作做得怎样呢？

答：南陵粮食局局长张厚发的回答，定购粮数量比较少，去年的定购粮只完成50%。

（5）连定购粮都完成50%，农民的余粮收购情况又怎样呢？答：在去年的粮食收购工作中，南陵部分粮食收购单位以库容不足、粮食水分过重为借口，对农民交售的余粮实行了限量收购。而农民反映，虽然今年没有限量收购，但当地粮站执行的价格偏低，而且还要压级压价、代扣代缴，服务质量也不如人意。由于这些问题，不少农民只好把余粮卖给散布在本地的个体大米加工厂。

（6）对于这些未经政府批准，私自收购农民余粮的个体大米加工厂，当地政府又是怎样管理的呢？

答：倒是天天来检查，但罚款了之。500 家私人加工厂一年收购三四万吨粮食，占国家收购粮的1/3。国有粮站当然也就无粮可收了。粮站收不进粮食，粮仓又何以装满，就只好在上级领导面前弄虚作假，临时调粮充库。

（7）谁作的决定？

答：县政府、县粮食局。

（8）责任人如何看待问题？

答：鹅岭粮站的粮食欠缺一点，做了一点小包装，在名誉上、经济上也没有给国家造成什么损失，也不存在欺上瞒下的问题。

（9）真的没有造成任何损失吗？

答：调粮的费用共十几万元。同时，群众认为，把其他粮库的粮集中到一个粮库，让国家领导人看，产生国家粮食库存很多的错觉，也影响市场的宏观调控。

上述这种丝丝相扣的九个环节，通过如侦探般的调查，把一道黑幕撕开，将一个盖子揭开。这种顺藤摸瓜、由表及里的调查过程本身就是缜密的论证。用《焦点访谈》总制片人袁正明的话讲，这种论证要完成三个过程：“记者发现采访事实的过程，记者梳理展现事实的过程和观众认知读解事实的过程。”该节目反映的是地方政府弄虚作假、欺骗国家领导人的事件，因此，记者在采访过程中，地方政府设置了重重障碍，甚至派出警车恫吓知情人，干扰记者采访，但记者克服困难，采访了事件的众多当事人，事实确凿。同时，透过这一事件，暴露了粮食收购中的严重问题。①

这种递进式结构的特点是将若干事实，按性质归类，然后分层分段叙述，层层递进，层次与层次之间，这一事物与那一事物之间，存在着密切的因果关系。采用这种结构的优点是，除了能将纷繁的事物迅速理出头绪、梳出条理外，还能更好地显示事实的因果关系，让读者想见事物的本质。它运用于问题比较复杂、含义比较深刻的问题。但安排递进式结构，需要注意以下几点：①递进式结构虽然通过层层递进，步步引导受众从现象看到本质，从原因找到结果，从感性引向理性。但是它毕竟不是逻辑论证，而是通过描述，显现事物，让受众自己的再造想象去活动。②这种结构最主要的特点是让事实的逻辑发展来体现复杂的事件与事件之间的因果关系。因此，在综合、归类、安排结构时，不仅层次与层次之间要显现因果关系，就是这一同类事物与那一同类事物之间也要显现因果关系。

三、对比结构

（一）对比的含义

对比结构形式大都采用反向思维的方式进行，也就是把两个性质相反或者差异较大的事物联系起来，进行谋篇布局。这种结构形式可以采取多种多样的对比来表现同一主题，也就是说，既可以采取单位与单位之间的对比，也可以采取个人与个人之间的对比；既可以采取不同时期同一事物之间的纵向对比，也可以采取同一时期不同事物之间的横向对比；既可以进行归类性对比，也可以进行发散性对比。通过对比，形成反差鲜明、震撼力大、说服力强的效果，从而使新闻述评节目更能发人深省，令人回味。

对比结构可以产生对比效应。一个物体看起来比自身更好还是更坏，取决于参照物的情况。这个过程在安东尼·普拉特肯尼斯及其同事的实验里得到了精妙的展现。在该实验中，让控制组的被试学生在被控制情况下做出下面一系列决定：你会选择（1）还是（2）呢？

（1）营养汉堡包：由豆腐和各种蔬菜配制而成，营养丰富，但味道一般。

（2）美味汉堡包：味道鲜美，但营养含量一般。

如果对你来说味道更重要，那么你会选择美味汉堡；如果对你来说营养更重要，那么你会选择营养汉堡。在这个实验中，选择美味汉堡和营养汉堡的学生大约各占一半。但假设我们在为美味汉堡的生产商工作，如何才能增加你购买我们产品的可能性呢？我们可能会使用诱饵。而诱饵是一种明显地低于其他各种选择的选择，其作用是通过比较

① 袁正明、梁建增主编：《用事实说话——中国电视焦点节目透视》，上海人民出版社2000年版，第314～321页。

使其中一个选择明显优于其他选择。在上述实验中，各让半数学生从下列三个选项中选择其一：你会选择哪一个呢？

(1) 营养汉堡：由豆腐和各种蔬菜配制而成，营养丰富，但味道一般（与提供给控制组的信息相同）。

(2) 美味汉堡：味道鲜美，但营养含量一般（与提供给控制组的信息相同）。

(3) 懒汉汉堡：味道尚好，营养一般。

没有一个有理性的人会选择懒汉汉堡，因为它既不像营养汉堡那样富有营养，也不像美味汉堡那样味美。虽然没有一个有理性的人选择它，但懒汉汉堡却产生了影响，在这种情况下，美味汉堡被选择的频率远远超过营养汉堡。这个诱饵是如何改变学生们的选择的呢？这个现象隐藏的答案是：对比效应。与懒汉汉堡相比，美味汉堡似乎要好一些。当任何事物与相对不好（不美、不高）的同类事物作比较时，会比实际上看起来更好、更美、更高。①

对比，是论证的一种基本方法。对比效应的应用可能十分微妙，却能够产生强大的效果。对比就是联系事物。事物与事物之间是有联系的，但这种联系又是复杂多样的，有的是直接的联系，如直接因果关系等；有的是间接的联系；有的是在更大系统内的非常曲折的联系。也有这种情况，两个事实之间并无事实上的直接联系，但在认识意义上却有着密切的联系。也就是说，在实际生活中，某个事实同另个事实并不发生直接的关系，但在对人的认识的作用上，它们却是密切相关的。

（二）对比的种类

1. 古今对比。这种将同一事物在不同的时间、地点的不同情况进行比较，即现在和过去比，称之为“纵比”。1957 年 5 月，武汉长江大桥合龙，为庆贺武汉长江大桥试通车成功，《人民日报》发表了《伟大的理想实现了》社论。这篇社论的标题很有新意：一是直抒胸臆，感情色彩更浓烈；二是它没有就桥谈桥，立足点更高；三是在现实的欢欣里熔铸了历史的回顾，大大扩充了标题的内涵，增强了感染力。这篇社论一共分 6 个自然段。开篇第一句：“武汉长江大桥今天正式通车了，我国人民许多世纪以来的理想变成了现实。”这也正是千千万万读者心里的话，社论这样说，就很自然地引起读者的共鸣，把读者吸引过来。

社论要谈些什么呢？通读全篇，可知它的中心论题是第一段中的一句话：“它充分证明了社会主义制度的巨大优越性。”但是第二段没有直接谈这个问题，而是描绘了建桥的艰难，说明了建桥的必要，论述了大桥建成的巨大意义。这为后面的议论作了充分

---

① （美）埃利奥特·阿伦森著：《社会性动物》，郑日昌等译，新华出版社 2001 年版，第 119 ～ 122 页。

有力的铺垫，特别令人欣赏的是开始的一段文字："长江自古称为'天堑'。江宽水深，风起浪作。'白浪如山那可渡，狂风愁杀峭帆人'。'乱石崩云，惊涛裂岸，卷起千堆雪。'这就是古代诗人们对于长江波涛的描绘。可是，今天就是在这滔滔的长江面上，飞驰着一列列的火车，自然界的险阻向人民的意志和力量屈服了。"这里有精练而巧妙的速写，富于诗情画意的对照。评论不是诗，但不能没有诗人的激情；评论不是散文，但完全可以借鉴散文的笔调。要使评论文章亲切、感人，破除那种看不见的藩篱，倾注一些感情、增添几分文采是很必要的。评论不仅要以情感人，更要以理服人。这篇社论的三、四、五段是议论的中心部分，说理相当充分。首先从新旧社会，两个能建桥、一个不能建桥的对比，说明社会主义制度的优越；然后具体分析这样的大桥旧社会为什么建不起来，新社会为什么很快建成了；最后说明我国的工业发展了，科学技术水平提高了，实际上是把"近景"拉成了"全景"，使读者从更广阔的场面上看到社会主义制度的优越性。细读这篇社论，可以看出作者掌握的材料是很丰富的，而且选材比较精，用材比较恰当，使自然与社会、历史与现实、经济与政治、局部与全局等各方面的材料有机地配置结合在一起，有力地烘托了中心论点，做到了观点与材料的统一。

这篇社论通篇运用对比的方法，而且运用得很好。其中的一段文字这样写道："旧社会里，人民对于修建长江大桥，已经不敢再有任何希望了。解放以后，……全部武汉长江大桥建设工程，只用三年多的时间就完成了。这是什么缘故呢？莫非长江对新中国特别宽厚，它忽然变成一条不是难以架桥的河流了？当然不是的。长江还是长江，水深，流急，地质情况复杂，河床的沙层极不稳定，架桥是非常困难的。我们也并无天兵神将，建设武汉长江大桥的高级的和中级的工程技术人员，几乎过半是解放前中国桥梁公司的人员，他们有志于长江大桥久矣，到白了少年头，才得一显身手。那么，究竟是什么缘故，解放前叫嚷了几十年的武汉长江大桥终成泡影，解放后却在短短的时间内建成了呢？唯一的原因，就在我们的社会是社会主义社会，它具有历史上任何社会制度都无法比拟的优越性，它使我们有力量战胜困难，创造奇迹。"文章所作的比较，即现在的长江和过去的长江比，现在的高、中级工程技术人员和过去的高、中级工程技术人员比，很有趣，很生动。有意提出两个似乎荒谬的、无需相比的事物来比较，更衬托和强化了新旧社会色调明暗的对比。这段语言形象、俏皮、活泼，增强了评论的说服力。

2. 横向对比。这种将发生在同一时期、同一区域性质截然相反或者有差异的事物进行比较，也就是好与坏、真与假、甲事物与乙事物之比。通过这样的对比，对错误的或者差的事物予以否定，对正确的或者好的事物予以肯定，谓之"横比"。这种方法包括类比、对比，是将不同时间、不同地点的一类事物的某些相同方面进行比较，谓之"类比"，它从特殊性的前提推出特殊性的结论，依据人们所知道的甲事物和乙事物具有若干相同的性质，论证出乙事物还具有甲事物的另一性质。将两种性质截然相反或有差异的事物进行比较，谓之"对比"。不论是通过对某一事物本身各个发展阶段的纵比，还是通过甲事物与乙事物的横比，事物的特点、矛盾都可以在对比中鉴别出来，阐述清楚。某个论点的正确或错误，也可以在对比中得到证明。进行比较论证，一定要讲可比性。比如做历史的类比，就得注意具体的历史条件，而不要滑向“简单类比”的陷阱。高尔基说过：“必须细看、酌量和比较，必须寻找统一，必须寻找对立，一切就在于此。”作纵比，作横比，都要细看、酌量，发现被对比的双方的差异。有了共同点，对比才有前提；有了不同点，对比才见分晓。

四、书信体

书信是日常生活中人们最常用的一种应用文体。书信从诞生起，历经数千年而不衰，其根本原因就在于它是人们传递信息、交流思想的重要工具。正是从这个意义上，法国启蒙思想家伏尔泰把书信称作“生命的安慰”。在烽火连天、山河破碎的战乱年月，“家书抵万金”。

在互联网时代，书信仍然是社会交际、传播信息的重要工具之一。书信的格式比较固定，它一般包括五个部分，即称呼、正文、结尾、署名和日期。2012 年 10 月 29 日，再过两周时间，就是美国总统选举将迎来最后时刻。民调显示，罗姆尼和奥巴马目前的差距仅有数个百分点，几个摇摆州将备受关注。到最终结果出炉，这次总统大选总计将花费近 20 亿美元。胜选者将面临什么样的局面？他将如何应对党派分歧严重的政治体系、步履蹒跚的经济复苏，以及一系列迫在眉睫的国内外危机？于是，《华尔街日报》发表《下任总统，祝你好运》的评论，模仿同年 11 月 7 日当天，美国当选总统很可能会从他的首席经济顾问那里收到一封邮件。原文这样写道：

总统/候任总统先生：

祝贺你赢得了选举。很抱歉打扰了你们的庆祝，但之前你说想要一份当前经济问题的总结，现在我把它交给你了。我想，恐怕你将面临以下五大问题。

1. 财政悬崖

2012 年 12 月 31 日，美国联邦政府可能遭遇一场被称为“财政悬崖”的灾难。根据现行法律，税收将大幅增加，开支会减少。部分原因是布什政府时期制定的减税措施和其他一些减税措施按计划将到期，还有部分原因是去年达成的减支方案。

但你决不能允许这样的情况发生。国际货币基金组织（简称 IMF）、国会预算办公室和大部分经济学家都认为，在美国经济不景气的当口，严厉财政紧缩措施的净效应会使经济重陷衰退。

中产阶级纳税人的纳税额将大幅上涨。曾预言过前两次金融危机的伦敦经济咨询师史密瑟斯估计，严厉的财政紧缩措施还会使股票市场受到重创。

但有些事情你却不得不做。显然，逾 1 万亿美元的财政赤字是不可持续的。如果明年年初你想让再次提高债务上限的提案获得通过，国会很可能要求你以某种形式的交易作为代价。我们需要提高债务上限，否则你将会成为美国历史上第一位长期国债违约的总统。

2. 就业

……

3. 退休

……

4. 债务

……

5. 中国

短期而言，你面临着中国经济“硬着陆”的风险。过去这几年，中国一直是全球经济的一个主要引擎。但是，中国正在从一个靠基础设施建设拉动的经济体向靠内需拉动的经济体转型。华尔街的许多人士担心，未来数月，这种情形很可能因为转型而中断。

长期来看，自格兰特就任总统以来，美国一直是全球最大的经济体。不过你可能是最后一位看到这种情形的美国总统了。

IMF 的数据显示，中国的实际产出将在 2017 年达到 20.2 万亿美元，超过美国的 19.7 万亿美元。而且，相比成熟的美国经济，中国还将经历长期的快速增长。两国之间的差距会一年比一年大。2000 年，美国占全球总产出的比例为 24%，但是到 2017 年，这一比例会下降至 18%，而且会继续下降。

这将在经济、政治和战略上带来巨大的挑战。是的，我们的军事力量仍然是世界第一，但是没有一流的经济就不会有一流的帝国。多年以前，英国和苏联的经验已经验证了这一点。

接着，文章感慨地说：

总统/候任总统先生，很抱歉和你说这些让人感到悲观、不快的话，尤其是在你刚取得重大胜利的这个上午。

但我们也不妨看看光明的一面。选举人团要 12 月 17 日才开会，到时候说不定他们会选择你的对手呢。

这是《华尔街日报》刊登的一篇专栏文章。它采用电子邮件（简称 E-mail）的方式，标志为@，也被昵称为“伊妹儿”，又称电子信箱，它是一种运用电子手段提供信息交换的通信方式，是 Internet 应用最广的服务，通过网络的电子邮件系统，用户可以用非常低廉的价格（不管发送到哪里，都只需负担电话费和网费即可），以非常快速的方式（几秒钟之内可以发送到世界上任何你指定的目的地），与世界上任何一个角落的网络用户联系，这些电子邮件可以是文字、图像、声音等各种方式。同时，用户可以得到大量免费的新闻、专题邮件，并实现轻松的信息搜索。2012 年 10 月，《华尔街日报》发表专栏文章，探讨美国社会所面临的财政悬崖、就业、退休、债务和中国崛起五大问题，包括国内和国际两个方面。其中的财政悬崖，是指因美国在 2012 年年底、2013 年年初的一系列法律调整，将使美国政府面临财政支出大幅减少、税收收入大幅增加的现象，或将导致经济增速放缓，甚至是陷入二次衰退，因此被称为财政悬崖。与美国财政赤字紧密相连的就是债务问题。解决“财政悬崖”会使得财政赤字进一步扩大，债务风险上升；而不解决，经济又极有可能重新陷入衰退之中。

五、问答体

中国和西方都有对话体写作的传统，比如《孟子》与柏拉图的对话集都是典范作品。东汉太尉牟融所作的《理惑论》也采用对话问答的形式。

问曰：何以正言佛，佛为何谓乎？牟子曰：佛者谥号也，犹名三皇神，五帝圣也。佛乃道德之元祖，神明之宗绪。佛之言觉也，恍惚变化，分身散体，或存或亡，能小能大，能圆能方，能老能少，能隐能彰。蹈火不烧，履刃不伤，在污不染，在祸无殃，欲行则飞，坐则扬光，故号为佛也。

问曰：何谓之为道，道何类也？牟子曰：道之言导也，导人至于无为。牵之无前，引之无后，举之无上，抑之无下，视之无形，听之无声。四表为大，蜿蜒其外；毫厘为细，间关其内，故谓之道。

如此一问一答共 37 段。《理惑论》的对话也叫做“答客问”。

在西方，古希腊著名哲学家苏格拉底发明一种“问答法”，即利用启发、比喻等手段，通过不断进行问答，使得对问题的讨论从具体事例出发，逐步深入，从而驳倒错误的观点，逐步逼近正确的知识。这种问答法一般被分为反讥、归纳、诱导和定义四个环节，其中的首要环节为“反讥”，它深刻地揭示人们不能把自以为正确的信念当成真正的知识，很多尚未澄清的概念、不够充分的证据乃至自相矛盾的信念，经常隐藏在貌似有说服力的言辞背后，所以才需要启动批判性思维，以便揭示真相。而采取对话形式的论著当数安瑟伦（Anselmus，约 1033—1109）写的最有名。安瑟伦是继奥古斯丁之后的重要神学家。他著有《关于真理的对话》、《关于自由意志的对话》和《关于魔鬼的堕落的对话》“三个对话录”。三文合在一起发表，并写了“总序”。下面为《关于真理的对话》第二章中的一段：

先生：那么肯定是为着什么呢？

学生：那是为着表述所谓的对象确实存在。

先生：所以这就是肯定所应该做的？

学生：自然是。

先生：因此，当肯定性命题称谓的对象确实存在时，该命题便表述了它应该表述的。

不难辨别，那不是假设的问答，而是实际存在过的对话的记录。

事实上，上述列举的五种论证结构常常可以综合使用，以增强新闻评论逻辑论证的说服力和感染力。“结构”属于文章的形式，文章最主要的是内容，做到内容与形式的统一。形式离不开内容，内容与形式是事物同时具备的两个方面，内容是构成事物的一切要素，形式则是把内容诸要素统一起来的结构方式，内容与形式统一是事物和谐发展的体现。写评论，不同的人就有不同的写法，每篇评论有自己的结构、自己的样子。但是千变万化的结构中的主要几种，其他结构自然还有不少。

写评论，首先要考虑的不是结构，而是内容，是基本观点，结构是为内容、为观点服务的。结构服从内容，一切为了阐明论点。讲结构，不是设“框框”，划“禁区”，评论员不能被结构束缚住手脚。怎么写得顺当就怎么写，怎么自然就怎么写。因此，评论的结构，一是要有利于阐明论点，什么样的结构有利于阐明论点，就采用什么样的结构。二是结构要清晰，有条有理，力避杂乱，乱了逻辑，观点就会被“湮”没。三是讲求逻辑性。所谓“逻辑性”，是指表现新闻事实之间的固有的内部和外部的各种联系。如果评论作品的逻辑严密而无曲折变化，它的结构便会显得单调呆板，缺乏表现力；但是，如果它曲折变化而缺乏严密逻辑，新闻评论就散漫无章，缺乏说服力。所以，逻辑性和灵活性是互为条件地处于一个结构整体之中。评论结构必须体现内容之间的各种联系，它既表明了新闻评论之间的逻辑层次，又符合人们认识客观事物的逻辑顺序，这才是评论写作的规律。

第七章　易读：提高评论传播效率

新闻评论写作要服从效率原则。所谓效率，就是付出较少的成本能够获得最大的效益。这个传播效率包括两个方面的内容：一是信息的容量，即在限定空间（包括字数）之内的信息量；二是阅读速度，即受众的接受、理解速度，表现为读者眼球在目标上的延滞时间，以及保存在读者记忆中的时间。这个效率规律在传播学上是有根据的。美国学者施拉姆提出：人类在一切条件相同的情况下，倾向于“最省力原理”。也就是，读者阅读一篇新闻评论，他所需要投入的阅读成本包括一定的时间和脑力，而收益则包括增长多少知识、获得多少有价值的信息，等等。新闻评论既要以与受众关系密切的新闻为议论对象，也要以受众易于理解的方式传播。①

评论写作的信息容量也受这个效率原则的支配。同时，新闻评论引导舆论要尽量采用“润物细无声”的传播方式。唐代杜甫的《春夜喜雨》：“好雨知时节，当春乃发生。随风潜入夜，润物细无声”，刘长卿的《别严士元》：“细雨湿衣看不见，闲花落地听无声”，都形象而恰当地说明这种潜移默化传播方式的特征和效果。潜移默化的传播方式优势明显，一是它并不要求受众在心理上做过大的调适，受众较少产生心理上的失衡；二是引导的意图比较隐蔽，采用的往往是暗示方法，不易引起对传播者的心理防御或抗拒；三是潜移默化是通过传播的累积心理效应对受众产生深刻的影响，受众的接受与引导比较自然。因此，潜移默化对于改变受众的态度往往具有较好的效果。② 那么，提高评论作品传播效率的措施有哪些呢？

第一节　易　　懂

新闻评论的写作要设身处地地为受众着想。在寻找一个评论写作的角度时，一个主要的陷阱就是“内向性”，即评论写作只按作者自己的需求、态度和智力水平去处理。

① （美）威尔伯·施拉姆著：《传播学概论》，李启、周立方译，新华出版社 1984 年版，第 114 页。

② 郑兴东著：《受众心理与传媒引导》（修订版），新华出版社 2004 年版，第 250 页。

约翰·阿维森指出："如果一个作者写作思想排外，只取悦自己，他写的东西就只有一个读者。"① 英国著名作家萧伯纳常常形容他在写作的时候，读者仿佛就站在他的面前。萧伯纳认为他的读者基本上都是聪明的女子。萧伯纳以其方式为"才女"读者写作的每一篇文章，都被认为是可理解和接受的。英国报界大亨洛德·诺斯克利夫经常用"他们只有十岁"这句名言，时刻提醒他的员工要记住读者的智力年龄。同时，新闻评论也要防止使用过分复杂化的专门术语和词汇。新闻评论要用短句，不用复杂的句子；要用容易理解的词，避免采用晦涩难懂的词汇，且写得富有人情味。

一、注意句子结构和遣字用语

印度有一则寓言，极富哲理：一个老翁与一个小儿、一头驴同行。老翁坐驴，旁人责其"苛待小孩"；小孩骑驴，众人责其"亏待老人"；老翁和小孩一道骑驴，众人斥之"虐待动物"；老翁与小孩都步行，众人又嘲之"有驴不骑，真是傻瓜"。这则寓言的本意是劝诫世人：走自己的路，让别人去说吧！但寓言所揭露的矛盾之所以发生，就在于传受双方理解信息的不一致性，也就是说传播内容不仅为自己所理解，而且更为广大受众所了解。这里就提出了一个重要问题：为了使受众有效地理解传播内容，传播者与受众需要拥有共同的经验。

对传播中的"共同经验"作过专门论述的，是美国传播学者威尔伯·施拉姆。他认为："参加传通关系的人，都带着一个装满一生经验的头脑来，用以解释收到的信息，决定怎样反应。两个人若要有效地互通，必须双方储存的经验有若干共同的地方。"他以 A 和 B 两个圆圈代表传通双方的经验范围，认为 A 和 B 两个圆圈部分重叠，"其间重叠的地方便是他们可以传通的地方"。② 施拉姆在这里以形象的比喻提示了传播中的一个重要问题，即参与传播的双方必须具有共同的经验。共同经验不仅是人际传播中所必需的，也是大众传播所必需的。人际传播中常说的"遇知音"和"对牛弹琴"，指的就是传播双方因有无共同经验而产生的两种极端的情景。

当然，大众传播的共同经验要比人际传播中的共同经验更难设定，因为大众传播的受众不是个人而是人数众多的群体。但是大众传播要受众理解，传播者就必须去了解、寻找大多数受众与自己的传播相通的经验范围。这一点实际上已成为大众传播所遵循的原则。当然，大众传播的对象是广大受众，因而此种"共同经验"必须依据大多数受众的经验来确定，而不能依据少数人的经验来确定。否则，就会使大多数受众因信息的缺失而导致对信息的不理解。因此，易读性不仅仅是容易读懂，更重要的是让人乐

① 转引自（美）沃纳·J. 赛佛林、詹姆士·W. 卡德著：《传播理论：起源方法与应用》，郭镇之主译，中国传媒大学出版社 2006 年版，第 212 页。

② 张国良主编：《20 世纪传播经典文本》，复旦大学出版社 2003 年版，第 398 ～ 399 页。

意读。

（一）评论的句子宜短不宜过长

美国的《时代》周刊、《纽约时报》都规定，新闻写作要多采用短句，每句一般在16～18个英文单词，不得超过20个。美联社在其《写作手册》中要求，新闻句子不能超过17个英文单词。阅读实验证实，人们阅读时，按照读者的平均文化水准，在两次眨眼之间，只可以阅读16～17个英文单词。当然，事物并不是绝对的。长句也可能有益于读者。

2012年10月，作家莫言获得诺贝尔文学奖。西南医院神经内科专家胡俊提出新观点，长句对降压特有好处。他说，人们在朗读时通常会不自觉采用腹式呼吸，这会引起胸腹之间的横膈肌上下大幅运动，从而促使肺吐纳更多的空气。而平时人们多采用胸式呼吸，这是一种浅表的呼吸方式，横膈肌运动幅度很小，难免有空气残留肺中不能充分排出。横膈肌动作加大会向大脑传递放松的信号。接收到这一信号以后，大脑会向肌肉、血管发出缓解紧张的指令，导致血压下降。他说："莫言小说中的长句子很多，有时整页文章只有几个句子。朗读时，尤其是遇到长句子，肺会彻底排空，转入下一次吸气动作时就可以吸入更多的新鲜空气，降压效果会更明显。"胡俊推荐读莫言《生死疲劳》等长篇小说的部分篇章，或《学习蒲松龄》等短篇小说集中的短篇小说，"每次朗读以20分钟左右为宜。朗读20分钟，可以使全身增加10%的热量消耗，相当于动作规范地做了一套完整的广播体操，是一次有益的有氧运动"。不过，很多人只是看书，并不经常朗读，这样做有没有效果呢？其实大部分人看书，心里是在同步"朗读"的，虽然与真的朗读相距甚远，但还是可以起到一定作用的。苏塞克斯大学的研究者发现，每天阅读6分钟，减压的水平比听音乐或者散步的效果高出2/3以上。科学家们认为，这是因为，阅读要精神集中，不仅可以放松紧张肌肉，且可以降低心率，而朗读效果要比阅读更好些。①

同时，尽可能采用主谓或动宾结构的句式。因为动宾结构的句子简单明了，易于读懂。

（二）提倡简洁明快文风

1974年，美联社便颁发了关于文风的规定，其主要内容有：说话要具体，不要抽象；说话直截了当，不要拐弯抹角；不要华而不实；要毫不留情地把没有实质内容、只是好听的词删除。美联社记者杰克·卡彭认为，记者在把新闻稿件交出去之前，至少应该向自己提出三个问题：①我是不是已经把我想要表达的意思表达清楚了；②我是不是已经尽可能简洁地把意思表达出来了；③我是不是已经尽可能用简洁的文字把意思表达

① 参见《医学专家：读莫言小说中的长句能缓解高血压》，载《重庆时报》2012年10月25日。

出来了；④是多用肯定语态少用否定语态。

同时，句子理解的难易程度与语态密切相关。一般地说，人们对肯定句的理解要比对否定句的理解更容易些。国外有人曾做过这样的实验，让被试看一只狗追一只猫的画图，让被试对下述各种问题作出“真”、“假”的回答。实验结果证明，人们平均反应的时间是各不相同的：①狗追猫（真肯定句）：1.55 秒；②猫追狗（假肯定句）：1.68 秒；③狗没有追猫（假否定句）：1.91 秒；④猫没有追狗（真否定句）：2.14 秒。从上面的例子来看，否定句之所以较肯定句难理解，是因为理解否定句需要对接受的信息加工时间更多一些。如“猫追狗”只需要理解“追”的意义就可以了，而“猫没有追狗”则需要把“没有”和“追”两个意义联系起来考虑，这就需要有进一步加工的过程。至于“猫没有追狗”要比“狗没有追猫”更难理解，是因为前者对照“狗追猫”的图像只需作一次判断；而后者对照“狗追猫”的图像，需要作出两次判断：“猫追狗”是假的，“猫没有追狗”是真的，然后再将二者结合起来才能作出正确的判断。① 因此，对于新闻评论，绝对不要再玩弄否定之否定之类的把戏了；不要写“不是不经常地”，而要写“经常地”。要用肯定语气，而不要用否定语气来叙述。

二、评论富有人情味

“人是万物的尺度。”这句至理名言深刻地揭示古希腊人那种强烈的自我意识。希腊罗马研究专家安·邦纳认为：“全部希腊文明的出发点是人。它从人的需要出发，它注意的是人的利益和进步。”② 的确，古希腊人在同自然分离后，就产生强烈的主体意识，作为主体的人就处在高于自然与社会的位置上，主张人对自然和社会的征服和改造。在当代社会，“新闻报道之所以重要，主要有一个原因，那就是：人。它写人、影响人。而且通常只有当它对人有影响时，最无生气的题目才会显得重要”③。新闻报道如此，评论写作更是这样。新闻评论的力量在于其人情味。所谓“人情味”，就是以个人的故事、体验为切入点，来反映一个重大的新闻事件，或解释一个新出台的法规政策，等等。人情味指人通常所具有的情感，是受众对人本身的浓厚兴趣。人情味因素的正确运用，确实可以增强评论的可读性和价值，增加评论的感染力。只有有人情味的新闻评论，才能够紧紧吸引受众的注意力，激起受众的极大兴趣。富于人情味的新闻评论，最容易打动读者的心。

---

① （美）克雷奇等著：《心理学纲要》，周先庚等译，文化教育出版社 1980 年版，第 157 页。

② （瑞典）安·邦纳著：《希腊文明》（第一卷），转引自郑克鲁主编：《外国文学史》（上），译，高等教育出版社 2003 年版，第 42 页。

③ （美）威廉·大卫·斯隆、瓦莱里·麦克拉里、约翰娜·克利等编：《普利策新闻奖最佳作品集》，丁利国等译，新华出版社 1998 年版，第 3 页。

同时，人情味评论是要以一种方式有意识地影响读者的感情，并引起读者的共鸣。具有人情味的内容有幽默、悲欢离合、个人利益和人际冲突等。美国学者麦道格尔说过：“（人们）对人类本身以及对其他任何人都可能遇到的、涉及男男女女的各种事件的兴趣，就叫做人情味。”① 英国汤姆森基金会主编的新闻教科书认为，人情味的新闻就是“关于某个人或一些人的报道”、“它可以更多地涉及新闻中的人的人性侧面”。②向谁说话。信息传递总要针对一定对象，即使一个人在荒野里悲切地吼叫，苍天也许就是他心目中倾诉的对象。很显然，写评论文章更须考虑它的对象问题，应该从人的角度来写新闻评论。一是要从读者关心的角度来写评论。以平等方式对待读者，很多媒体的新闻评论都作过一些有益的尝试。用充分摆事实、讲道理的方法，循循善诱地加以引导。这样，一是从感情上贴近读者，使受众有一种“认同感”，才更容易从道理上被说服。二是从关心读者的角度来写评论。在新闻评论中“注入人的因素”，手法种种，本质上是为了拉近与读者的距离。在决定一件事情是否具有评论价值的诸因素中，就有接近性因素，人们对发生在自己身边的事情感兴趣，这个接近既指空间上的距离，也指感情上的距离，人们对感情上的接近比地域上的接近，反应更敏锐更强烈。“注入人的因素”，就是拉近了新闻评论与读者感情上的距离。比如，1993 年 3 月 16 日《经济日报》刊登的范敬宜《勿忘黄土地》的评论。文章这样写道：

我没有想到他们会来找我，更没有想到他们会在“两会”召开前夕来找我。作为八届政协的新委员，这几天我的心情很不平静，时刻在想：会议期间该抓些什么报道，提些什么提案，根本没有想到他们会千里迢迢从辽西的一个穷山村跑到北京来找我。

所谓“他们”，是辽宁省建昌县大北沟村的一对农民夫妇，我在“文革”“落难”时结识的乡亲。当时，他们还不满20岁，丈夫是村里出名的小秀才，妻子是当地少有的巧媳妇。如今，他们都不到40岁，可是生活的重负使他们显得十分苍老，面目黧黑，形容枯槁，令我几乎不敢辨认。他们是为了挽救垂危的儿子跑到首都来的……

我正忙于开会，不免略有嗔意：“北京看病也难得很，你们怎么不提前打个电话?”——由于在新闻媒介上经常看到这里出现了“电话乡”，那里普及了“大哥大”，我想他们村里怎么也该有部程控电话。

那位乡亲叹口气说：“农村打电话太难啊，村里原来有台老掉牙的手摇电话机，现在没人管，电线都割光了，线杆也拔掉了……”

在一些热心同志的帮助下，孩子总算比较顺利地送到天坛医院，陪送的同志还为他们找了一个每个床位只收12元的招待所。我松了一口气，12元，在北京可算是最低标

① 转引自徐耀魁著：《西方新闻理论评析》，新华出版社 1998 年版，第 140 页。

② 汤姆森基金会编著：《新闻写作基础知识》，新华出版社 1986 年版，第 124 页。

准啊。想不到，孩子的父亲下午给我打来电话，讷讷地表示宿费太贵，希望帮他们另找个更便宜的地方。

我不解地问："去年大北沟的老乡来信，说现在真正过上了幸福生活，要我不用惦记，你们怎么还这样困难?"

对方在电话里又长长叹气说："比起十几年前，生活确是好多了，至少吃粮已经不愁，但是手头太紧，每年人均收入不过400多元，还要应付各种名目的负担，实际只剩300多元……"

在这里，作者寓情于文，字里行间，殷殷之情，溢于言表。而且他还凭借自己的影响力（作者时任《经济日报》总编辑），呼唤新闻工作者要情系百姓，这体现了党的新闻工作者应有的社会责任感。文章接着分析说：

我安慰了他几句，心情沉重地放下电话。在当天下午的编前会上，我说了这样一番话："我们新闻工作者，对基本国情一定要有全面的了解，任何时候都不能忘记我们是有9亿农民的国家，不能忘记9亿农民的状况如何关系到国家的兴衰安危……

我希望我们的同志，特别是青年同志，不要只看到王府井周围这1平方公里，而要经常了解960万平方公里上的喜怒哀乐；不要只津津乐道8000多元一双的皮鞋，上万元一套的西服，而要经常想到全国农民的每年平均收入还只有700多元；不要只为在歌榭舞厅一掷千金、万金的大款们喝彩，而要经常想到还有多少终年辛勤劳动的人们，连12元一宿的床位都不敢问津……"

中国有13亿人口，9亿在农村，农村的状况如何，事关重大，加强农村基础地位，增加农民收入，构成了中国的基本国情。对这一基本国情认识的深浅，对9亿农民感情的浓淡，从某种意义上说，也是衡量一个记者思想的成熟度和水平高低的重要标准。这篇题为《勿忘黄土地》的评论作品发表在1993年的人大、政协"两会"期间。时任《经济日报》总编辑的范敬宜同志通过一件亲身经历的小事——他在"文革""落难"时结识的乡亲到北京为孩子治病的经历，深切地体会到，尽管我国农村已经发生了天翻地覆的变化，农民的生活已经有了很大变化，但是作为一个人口众多的农业大国，与城市相比，农民的收入水平从整体上来说仍然不高。

作者举例说，为了替这位乡亲省钱，他请人特地为他们夫妇找了一个床位只收12元的招待所，然而出乎他的意外，这位乡亲仍然嫌贵。在了解真实情况之后，作者发出了这样的感慨：新闻工作者对基本国情一定要有全面的了解，任何时候都不能忘记我们是有9亿农民的国家，不能忘记9亿农民的状况如何关系到国家的兴衰安危。而且，这篇评论的感情非常真挚。范敬宜同志"文革"期间曾在农村待过很长时间，对农村的了解很深，对农民的感情也很深。即使这样，在对农村的认识上也会出现偏差。正像他在文中所写到的那样：我过去自以为对农村了解较深，这几年虽然疏远了，但看到农村发生了很大变化，便以为中国的农村问题已经基本解决，就很少想到还应该为他们做些什么。这一认识上的偏差直至被纠正的过程，使文章有了波澜，也使读者的感情随着作者思想和心理的变化而起伏跌宕。接着，作者的感悟伴随着深切的自责和充沛的感情一泄而下，用“不要……而要”三个排比句更使文章产生了巨大的冲击力和感染力，也让读者的思想和感情受到震撼。文章对老乡形象寥寥数笔的描写既简练又传神，而对自己的无情解剖，则把自己的内心世界真实地袒露给读者。文章的语言都发自肺腑，绝无矫饰。一个“真”字，让这篇评论更具感人的力量，人们不能不为这篇文章所具有的深刻的思想内容和真挚的感情所感染。①

三、小中见大

评论写作要从大处着眼，但需要从小处落笔，即由具体到抽象、由个别到一般；要大处着眼，全局在胸。它一般表现为抓住一个具体而典型的镜头、典型的细节，或者典型的场景，这有利于展示人和事物的个性特征。尽管笔下所写的只是一些具体的新闻事实，而心中所想的、眼光所及的，却是广阔的、深远的社会。新闻评论是否做到“小中见大”，衡量的标准是看能否见微知著，能否通过一滴水见太阳，一叶落而知秋。切忌短而不当，细小琐碎，给人以就事论事、鸡毛蒜皮之感。心理学的研究证实，细节特征在描述性回忆中起了很大的作用。例如，卡片上的脸庞特别容易引发态度，就会产生带有情感色彩的反应。新闻评论可以讲世界大事，也可以讲国家大事，但市井小事更能小中见大，抒发新意。这样的评论能让受众读后增长见识，获取教益，得到启迪。

列宁指出，一般辩证法的阐述方法应当“从最简单、最普通、最常见的东西开始”。从传播心理来看，个人数据要比普遍数据更有说服力。美国著名社会心理学家埃利奥特·阿伦森列举一个故事说明这个道理。他说：“假设你去商店买新轿车，你最关注的两个问题是车辆的可靠性及使用寿命。也就是说，你并不在乎汽车的外表、款式或行车里程，而是它的维修频率。作为一个非常理性和理智的人，你翻阅了《消费者报道》杂志，比方说，你了解到维修记录最好的是 Volvo 牌轿车。很自然，你会决定买一辆 Volvo。但假设在你决定购车的前夜，你参加了一个晚宴，和其中一位朋友聊到你的购车意向。他露出怀疑的神情，‘你不是认真的吧？’”他又说：“我的堂兄去年买了一辆 Volvo，打那儿起麻烦就没断过。先是燃料注入系统坏了；然后变速箱也坏了；后来发动机发出奇怪的声音，却找不到原因；最后，汽油也不知从什么地方滴滴答答地漏了出来。因为不知道还会发生什么，他再也不敢开那辆车了。”② 他还说：“假设《消费

---

① 参见李晓晔：《主题重大感情真挚》，载《中国新闻出版报》2001 年 4 月 15 日。

② （美）埃利奥特·阿伦森著：《社会性动物》，郑日昌等译，新华出版社 2011 年版，第 87 页。

者报道》对家庭轿车的排名是根据1000名Volvo轿车的使用者提供的信息统计而成。你朋友的堂兄的不幸遭遇使样本总数达到1001人，为你的数据库增加了一个负面例子。从逻辑上看，这不应该影响你的决定。但是理查德·尼斯比特及其同事所做研究的主要部分（上述例子的出处）显示；这种事情，由于其生动性，往往比理性数据的影响大得多。因此，关于你的朋友的堂兄的遭遇深深地印入你的脑海，挥之不去，使你很难下定决心去买一辆Volvo牌轿车。”①

这种具体而个别事例越是生动形象，其传播效果就有效。于是，阿伦森列举一个来自真实生活的节能方面的例子——“几年前，我和我的学生开始劝说居民为节能而对住宅做必要的改进。我们与当地公共事业公司的房屋审计员合作，培训他们如何在提供房屋修缮建议时运用生动的宣传手段。以前，大多数审计员在向房屋主人推荐节能封条时，只是简单地告诉他们门上有裂缝，应该使用封条。而我们的培训是让审计员告诉房屋主人，如果把门上的裂缝加在一起，面积相当于在客厅墙上有一个篮球大小的洞。如果你家墙上有这么大的洞，你会不会把它补上呢？而节能封条就是做这个用的。实验结果令人震惊。受过培训的审计员的效率增长了四倍。受训前，只有15%的房屋主人接受建议；受训后，这一比例达到61%。与大量的统计数据相比，大多数人更容易受清楚、生动、个人化的事例的深刻影响。所以，你朋友购买Volvo的故事或是客厅墙上篮球大小的破洞的例子都能产生极大的说服力。”②

因此，评论写作，一定要选择具体而典型的事实，或代表重大的方向，或蕴涵重要的道理，或寓有普遍的意义，或具有时代特征。这样的小事，有时反映人物的崇高思想，有时表达一个重大主题，有时说明一个重要道理，有时揭示一个令人深思的问题……“一般”是从“个别”上升而来的，“个别”比“一般”更容易被人记忆，因而更新鲜、更有评论价值。这样，人们的认识程序从“感性具体”上升为“抽象规定”，最终在思维中再现事物活生生的、包含事物的各方面联系和全部丰富性的具体。如果把人们的认识程序概括为一个公式，那就是：从“具体”到“抽象”，进而上升到更高层次的“具体”。下面来看看，2013年2月9日《人民日报》、《今日谈》刊发的陈家兴撰写的《求真最可贵，真实最动人》评论。原文写道：

这两天，微博上热传一段李克强同志在棚户区居民家中走访、一个光屁股小男孩欢乐抢镜的视频。人们被那真实可爱的一幕逗乐了：小男孩在睡觉，听有客人来访，赶紧躲到柜子里去了，见大人们在聊天，向外张望了一下，便跳到床上钻进被窝里，调皮地拱起了被子。大家笑谈着小男孩，也琢磨着这段视频背后的信息。

---

①② （美）埃利奥特·阿伦森著：《社会性动物》，郑日昌等译，新华出版社2001年版，第88、89页。

求真最可贵，这次显然无人“安排”的走访，尽显中央领导同志调研的真诚作风。习近平同志深入太行山了解“真贫”，李克强同志走进棚户区现场“求真”，这些为百姓热议的事情告诉我们，要看到基层最真实的状态，听到群众最真实的心声，就得这样一竿子插到底，用自己的心去紧贴群众的心。如果我们的领导干部，都能像中央领导同志这样，用自己的脚步去感受基层的大地，真切感知民生冷暖，何愁不能真心办好百姓事？

我们常说“真实最动人”。这段视频的网上热传，也说明了这样一个道理，新闻最可贵的，就是反映真实的生活。小男孩的一连串反应，表明客人来访没有打招呼，主人也没有准备。正是新闻报道“天然去雕饰”的原生态，带来了打动人心的感染力。我们的新闻报道，如果都能这样真实展现，又何愁没有吸引力、感染力？

光屁股小男孩的欢乐抢镜，老百姓的开心议论，让人感觉有盎然的春意在流动，增强了人们对新风的信心、对新春的希望。

2013 年的春节前夕，李克强总理走访基层群众，来到一户人家时，这家的孩子正在睡觉，见来了不少外人，就从被子里躲进床边的衣柜，岂料衣柜里憋不住，又火速地躲进被窝里，而这一幕也被拍进中央电视台的新闻联播节目，引起网友热议。网友直呼：“孩子你童年火了，新闻联播播了你的屁股!”这个光屁股男孩真名叫高宇博，今年刚上幼儿园中班，放假后由于父母上班，白天由爷爷奶奶照看。高宇博平时生性好动、活泼可爱，在学校里表现出色，是家长老师心中的宝贝，平时在家时就不爱穿裤子，经常钻进衣柜里躲猫猫。说起电视上露出屁股那一刻，他爷爷说：“当时街道工作人员说有领导要来，没来得及准备，总理就推门进来，与总理聊天时，高宇博就从柜子里钻了出来。就这样，孙子的屁股就曝光给全国观众了。”这篇评论就是以这件新闻报道为由头而进行评论的。它说明了一个道理：新闻最可贵的就是反映真实的生活；正是新闻报道“天然去雕饰”的原生态，带来了打动人心的感染力，反映新闻文风的变化，同时也揭示了党的十八大以来社会风气的转变。

第二节　简　　洁

在现实生活中，经常是“说长话容易，说短话不容易”。借用丘吉尔的话，那就是“如果给我 5 分钟，我提前一周准备；如果是 20 分钟，我提前两天；如果是 1 小时，我随时可以讲”。丘吉尔的著述丰厚，但后人对他印象最深的一句话是，他在一次号召全国抵抗纳粹的演说中讲的“我没有任何东西可以奉献，除了热血、辛劳、眼泪和汗”(I have nothing to offer but blood，toll，tears and sweat)。

新闻评论崇尚简洁美。心理学研究表明，简洁明快的语言最容易打动人，也更容易被人理解和接受。简洁就是一种美。简洁要全力去修剪、修剪再修剪，哪怕删掉一个字词，不能有一个多余的字。简洁是新闻评论审美的最主要内容，新闻评论就是用最简洁的语言，以最少的时间，在最短的时间内传递给受众最大的信息量。威廉姆·斯卓克和E. B. 怀特说过："有力的写作是简洁的……要求所写的每个字都有实实在在的含义……言简意赅的句子，一经了解，就能牢牢记住，变成口号，而这是冗长的论述绝对做不到的。"①

中国传统文化自古以来就十分重视简洁美。清代学者刘大櫆在《论文偶记》中说："文贵简。凡文笔老则简，意真则简，辞切则简，味淡则简，气蕴则简，品贵则简，神远而含藏不尽则简，故简为文章尽境。"晋代陆机在《文赋》中说："……立片言以居要，乃一篇之警策。""最好要简洁，和谐，熨贴，自然。任何一种对象，无论是客观的景物或主观的情调，要能够用最经济的语言把它表达得出。语言除掉意义之外，应该要追求它的色彩，声调，感触。"②"精炼，是艺术表现的问题，也是如何动用最恰当的字句充分而美满地表现思想内容的问题，从中可以看出诗人的概括能力、造句下字的艺术功力。这种作者生活经验的丰富和贫乏、思想感情的强烈与薄弱有着很大的关系。"③这诚如契诃夫所指出的："写得有才华就是写得短，而且要辞达而理举，故无取乎冗长。无情地删去一切多余的东西；假使作者严格履行这个责任，它的作品就会获得许多东西，篇幅虽然减少一半，对读者的价值却要增加30倍。"④

威廉·斯特伦克在其撰写的《风格基础》一书中说："生动的文字是简洁的。一句话里不该有不必要的字词。一段文里不该有不必要的句子。同样道理，一幅画不该有不必要的线条，一部机器不该有不必要的零件。这不是要求作者使他的句子全部是短句，也不是要他避开一切细节，也不是要他把他的主题只写成提纲，而是每个字词都要起作用。"新闻评论的语言一定要简洁。为此，《美联社写作手册》中有专门把"简洁"列为守则："学不会把文字写得简洁有力的人，不必想为美联社写作。"

一、简洁的重要性

传播学者爱德华·霍尔指出，在日常生活中，人类的沟通与交流需要遵循"从简

---

① 《马克思恩格斯全集》（第22卷），人民出版社1975年版，第265页。

② 郭沫若：《怎样运用文学的语言》，见《郭沫若论创作》，上海文艺出版社1983年版，第75页。

③ 臧克家著：《精炼·大体整齐·押韵》，见《学诗断想》，四川人民出版社1979年版，第33页。

④ （苏）季莫菲耶夫主编：《俄罗斯古典作家论》（下），人民文学出版社1958年版，第1139页。

原则”，也就是以最少的语言代码传播尽可能多的信息。[①] 因此，简洁是最有效的制作与传播信息法则。社会心理学家认为：“人类是认知的吝啬鬼。也就是说，人们总是在竭力节省认知能量。考虑到有限的信息加工能力，人们总是试图采用简化复杂问题的战略。”[②] 简洁即美。在人类的语言活动中，化繁为简是一种非凡的本领。

美国学者罗纳德·斯蒂尔认为，李普曼“有一种化繁为简的非凡本领，能够把复杂的事物综合整理，使之成为普通读者能够理解的语言”。斯蒂尔把李普曼的这种“化繁为简”归结为两点：“一是他的头脑能够冲破纷争竞斗的迷雾把握住形势的本质；二是他的文体极为清晰明了”。[③] 李普曼说过：“必须对所论述的内容完全精通，这样就能以非常简明易懂的方式加以表达。”[④] 这是因为，“每个人都是生活、工作在这个地球的一隅，在一个小圈子里活动，只有寥寥无几的知交。人们对具有广泛影响的公共事件充其量只能了解某个方面或某一片断。人们的见解不可避免地涵盖着要比我们的直接观察更为广泛的空间、更为漫长的时间和更为庞杂的事物。因此，这些见解是由别人的报道和人们自己的想象拼合在一起的。然而，即使是目击者也不可能原原本本地再现事件的全貌。因为经验似乎表明，他本人会对事后减弱了的现场印象做些添枝加叶的处理，实际上，更常见的并不是他凭想象去描绘一个事件，而是对它进行改编。”[⑤]

著名语言学家 G. K. 吉辅曾对语言与文字作过一次相当深入的统计研究，对字母的使用次数、句子的长度，以及各种词在报纸上出现的频度等，搜集了庞大的资料，并希望寻找到一条统驭人类语言行为的法则。他把这法则叫做最小代价律。[⑥] 他说，人类的一切努力，诸如目标的追求，工作的方法，智力的运用，以及为了达到目的而用的全部手段，都由这条定律所支配，希望以最低努力得到最大收获。他认为这现象也见于自然界的“最少行动律”——行星围绕太阳旋转的轨道便是一例，任何与现在不同的轨道都需要较大的“动量”。他又说，人们开始一件工作，先思考，然后配以行动，朝目标走去。这时，人们没有办法预知需要多大的工作量（包括体力与脑力）。人们最多只能根据经验，预计可能需要的工作量。吉氏的最小代价律中所说的“代价”，指的就是人们对“通常可能需要的工作量”的估计，而人们总是把这个估计降到最低。吉辅所

---

① （美）爱德华·霍尔著：《无声的语言》，北京大学出版社 2010 年版，第 201 页。

② （美）埃利奥特·阿伦森著：《社会性动物》，郑日昌等译，新华出版社 2001 年版，第 116～119 页。

③ （美）罗纳德·斯蒂尔著：《李普曼传》，于滨、陈小平、谈锋译，中信出版社 2008 年版，第 105 页。

④⑤ （美）沃尔特·李普曼著：《公众舆论》，阎克文、江红译，上海人民出版社出版 2002 年版，第 15、65 页。

⑥ G. K. Zipf. Human Behavior & the Principle of Least Effort. Addison, Wesley Publishing Co., Inc. Cambridge, mass., p. 119.

做的研究和搜集的资料遍及各种语言，而且他还发现这条定律普遍适用一切语言。同时，人们从这条定律也可以学到：用语言来传递意义，为了让对方花最小力气取得最大的收益，必须用字简单，造句平易，行文明白晓畅。这正是最有效的制作信息的法则。

一般地说，任何文字作品的语言，都应该崇尚“以一当十”的原则，而不应该追求“以十当一”。新闻评论的语言尤其崇尚“以一当十”的原则，这是因为新闻评论短，而读者又是没有耐心阅读的，从传播的效果来看，短而简练的语言和作品才会给人留下深刻的印象。

徐宝璜指出，新闻评论需要采用“简明之文字。社论之文字，又须简单明了。否则纵使以新闻为材料，且有透彻之批评，亦难发生巨大之影响。因求其影响之大，须先求其普及。然苟文字艰深，难于速读，则阅者自少。若长篇大纸，则每日仅以少许工夫看报之阅者，将多因无暇而置之不看矣。若分数日登出，则阅者且多不爱看矣，遑云普及乎？故撰著时，编辑应用最经济之手段，以少数浅明之字，发表极充实之意见，切不可用古奥难明之字，或许多学理上的术语，以自炫学问。尤不可‘拖泥带水’，以无谓空泛之语，虚占篇幅，每一意思应为一段，如此，阅者看时，方不费力，而可速读。若意思甚多，可分日分别以新闻发表之。不宜作为一篇，分日登出。一日登出，则嫌冗长，故亦不当”。①

我国台湾学者王民在《社论写作十要》一文谈到“深入浅出”。他说：“虽然社论不一定要人人看得懂，但在原则上，看得懂的人愈多，其影响力愈大。为了适应此种要求，所以社论要能写得深入浅出，化高深学理为简易常识，将复杂的问题简单化，将深奥的东西通俗化。写社论有时如绘漫画，虽是简单的几笔，却能给人准确生动的印象，同时又含有深远丰富的意境。”② 把写社论比作绘漫画，当然不够准确，漫画离不开夸张，而新闻评论却切忌夸张，这是很不相同的。但是，就漫画能用简单的几笔勾出一个画面，给读者以明确生动的印象而言，这同社论的确有相似的地方。王民还说：“不过，社论一方面要写得使多数人都能看懂；另一方面也要使学者专家能欣赏，了解作者并非一知半解，乃属确有真知实学，这也是深入浅出的难题。”③ 中外著名评论作者都是深入浅出的高手，他们都拥有把复杂的问题准确地予以简单说明的本领。李普曼青年时代参加《世界报》的社论写作班子，他为《世界报》撰写的第一篇社论，是分析第一次世界大战结束后，法国对德国的赔偿政策。在文章的开头，李普曼就显示了他善于把读者引入对一个错综复杂问题的讨论之中的能力。他写道：

① 徐宝璜著：《新闻学纲要》，上海书店出版社 2011 年版，第 374 ～ 375 页。
② 邵华泽著：《同研究生谈新闻评论》，人民日报出版社 2010 年版，第 96 页。
③ 王民著：《社论写作十要》，台北联经出版事业公司 1981 年版，第 210 页。

要德国履行战争赔款的条款，就好比把一个破产的人关进监狱，用手枪顶住他的脑袋，强迫他立一个字据，保证10年之内偿付1000万美元，然后对他说，他必须在以后的十年里从一堆石头上挤出钱来，从而成为一个模范犯人。

历史上，中国共产党领导下的党报评论，在分析各种纷繁复杂的政治现象时，具有深入浅出、化繁为简的本领。比如，抗日战争和解放战争时期，延安《解放日报》、重庆《新华日报》和新华社的很多评论，都具有这种“把复杂的事物综合整理，使之成为普通读者能够理解的语言”的特色。而毛泽东的新闻评论更是深入浅出、化繁为简的典范。他善于用中国人民喜闻乐见的语言方式表达深刻的思想内容。如在《一个极其重要的政策》中说：

现状和习惯往往容易把人们的头脑束缚得紧紧的，即使是革命者有时也不能免。庞大的机构是由自己亲手创造出来的，想不到又要由自己的手将它缩小，实行缩小时就感到很勉强，很困难。敌人以庞大的机构向我们压迫，难道我们还可以缩小吗？实行缩小就感到兵少不足以应敌。这些就是所谓为现状和习惯所束缚。气候变化了，衣服必须随着变化。每年的春夏之交，夏秋之交，秋冬之交和冬春之交，各要变换一次衣服。但是人们往往在那“之交”不会变换衣服，要闹出些毛病来，这就是由于习惯的力量。目前根据地的情况已经要求我们褪去冬衣，穿起春服，以便轻轻快快地同敌人作斗争，我们却还是一身臃肿，头重脚轻，很不适于作战。若说，何以对付敌人的庞大、机构呢？那就有孙行者对付铁扇公主为例。铁扇公主虽然是一个厉害的妖精，孙行者却化为一个小虫钻进铁扇公主的心脏里去把她战败了。

柳宗元曾经描写过的“黔驴之技”，也是一个很好的教训。一个庞然大物的驴子跑进贵州去了，贵州的小老虎见了很有些害怕。但到后来，大驴子还是被小老虎吃掉了。我们八路军新四军是孙行者和小老虎，是很有办法对付这个日本妖精和日本驴子的。目前我们须得变一变，把我们的身体变得小些，但是变得更加扎实些，我们就会变成无敌的了。

这里，毛泽东对新闻评论的语言特色还在于他能够把形象语言和抽象语言糅合在一起，去进行逻辑推理，达到了深入浅出、化繁为简的传播效果。

二、评论如何做到简洁

著名记者兼作家萧乾曾经历过这样一件事：1935年8月，当时正在天津《大公报》工作的萧乾接受了总编辑张季鸾让他撰写一篇关于开学时勉励师生的社评，结果写出的稿子没有通过，不能采用。萧乾在从张季鸾办公室拿退稿时问：“张先生，学着写社评应该看些什么书呢?”张季鸾沉吟了一会儿说：“《佛经》吧。”[①] 那么，当年的评论写作高手张季鸾，为什么劝写社论者要读《佛经》呢？原因就在于，《佛经》不仅文字简洁明了，且生动形象。

传播者和受众共享的规则是“一意规则”。在多数情况下，受众期望传播者只有一个意图。“一意规则”还告诉人们，当说话人有不只一个意图时，说话人必须给听话人一些线索以便他们寻找另外的意思。因此，为了帮助听话人了解言语行为，说话人应该遵循会话连贯性的准则。会话连贯性准则是说话人的指南，可以用来帮助听话人理解听到的话语。[②] 它共有四项准则，即：①量的原则。说话者要提供尽可能多的信息，但不要超过听话者需要的范围。②质的原则。说话者尽量使自己的话真实，不要说任何被认为是假的事实。③关系原则。使你的话与进行中的会话的目的相关联。④方式原则。言谈要清楚，在使用语言时，应该避免晦涩、歧义、冗长和语无伦次。因此，要增强评论作品的可读性。

可读性原本是对新闻评论的一个总体性要求（在广播新闻称可听性，对电视新闻称可视性)，这个要求是站在读者（受众）的立场上，要求新闻评论写得易读、有趣味。还有的学者把可读性概括为三个含义——使读者“读得快”、“喜欢读”、“记得牢”。简言之，就是新闻评论吸引人读的能力，或者说是适合于读者（受众）阅读（听、看）的程度。把这一概念引入评论写作研究领域，不仅是因为评论本身属于新闻的范畴，还因为评论容易写得沉闷、刻板、艰深、晦涩，因此，这就更需要考虑照顾读者阅读的兴趣与需要。而增加评论的可读性，是由新闻传播的社会性所决定的。发表评论，要与办报纸、广播、电视的总体目的相一致，是给人阅读或收听、收看的。如果受众不愿看、不想听，评论写得道理再正确、再深刻，受众也无法接受你的观点，评论也就起不到应有的作用。因此，评论要达到受众自愿，只能靠增加文章的吸引力：一方面可以增加个人数据；另一方面要列举生动形象的事例。因为个人数据要比普遍数据更有说服力；同时所列举的事例越生动形象，其传播效果就越好。[③]

尼葛洛庞帝在谈到传播的信息量和接受信息的方式时，主张“少就是多”。他举例说：“假设有 6 个人围坐一桌共进晚餐，他们正热烈谈论一个不在场的人——甲先生。在讨论中，我向坐在对面的妻子伊莲眨了眨眼。晚饭，你走过来问我：‘尼古拉，我看到你向伊莲递眼色，你想告诉她什么？我对你解释说，前天晚上我们恰好和甲先生一起

① 转引自曹林著：《时评写作十讲》，复旦大学出版社 2011 年版，第 109 页。

② （美）John B. Best 著：《认知心理学》，黄希庭译，中国轻工业出版社 2000 年版，第 254 ～ 255 页。

③ （美）埃利奥特 · 阿伦森著：《社会性动物》，郑日昌等译，新华出版社 2001 年版，第 216 ～ 218 页。

吃晚饭。当时他说，和如何如何相反的是，他实际上如何如何，即使大家都以为如何如何，最后他真正决定却是如何如何，等等。换句话说，我大约要花 10 万个比特，才能跟你讲明白我用 1 个比特就能和我太太沟通的话（请容许我暂且假设，眨一下眼睛，正好等于在以太中传送了 1 个比特)。这个例子告诉人们，传输者（我）和接收者（我太太）有共同的知识基础，因此我们可以采用简略的方式沟通。"① 这种"简化信息"的原则，符合人类认知心理中的"求简律"（pragnanz)。爱因斯坦说过："尽量把所有事情变得简单，以致不能更简单。"实际上，所谓求简律，就是人们有"看见最简单的形状的倾向"。②

20 世纪 20 年代，格式塔心理学家库尔特·卢因注意到，一个侍者很容易记住尚没有付款的客户账单的细节，可一旦付过款以后，他马上就忘掉了。这使卢因想到，这是记忆和动机领域的一个闭合例子。只要交易没有完成，它就没有闭合，因而会引起张力保持记忆；可一旦闭合完成，张力即消除，记忆也消失了。卢因的一位学生、俄国心理学家布鲁玛·塞加尼克用一个很著名的实验测试了他的推想。她给一些志愿者分配了一些简单的任务——做泥人，解决算术问题——让他们完成一些任务可又打断他们完成另外一些任务，其前提是不让他们把任务全部完成。几个小时以后，当她要他们回忆那些任务时，他们记住未完成的任务比记住已完成的任务要清晰一倍，这就证实了卢因的推测。这项研究使她小有名气，到今天为止，写到动机这一问题时，心理学家们一般都会提到"塞加尼克效应"。

而将信息去粗取精，再复杂的问题都有可辨识的基本模式，这时，少即是多，信息太多反而有害于决策。有人做过这样的一个实验：超市卖场里的进口果酱试吃摊位，陈列 6 种果酱与陈列 24 种果酱，哪种会卖得比较好？答案揭晓，光临前者的顾客，有 30% 会掏腰包；光临后者的顾客，却只有 3% 买了果酱。不是说选择越多，消费者越喜欢吗？未必，格拉德韦尔分析，因为购买果酱是一种瞬间判断，选择太多，反而会让人无法消化，不知所措。想要保护人们的瞬间判断能力，就必须想办法保持精简，简化信息，通俗易懂。常言道："简单就是最好的。"新闻评论的确如此。

但是，新闻评论的简洁不能走极端，不能为简而简，简洁得过了头。比如，元朝一本名叫《拊掌录》的书中记载宋朝一个贵族写诗一味追求简省，写了这么一首"诗"："日暖看三织，风高斗两厢。蛙翻白出阔，蚓死紫之长。"谁也看不懂。据解释才知是这么回事：在暖日下看见三个蜘蛛在织网；在高风中有两只麻雀在打架；青蛙翻过来，像个白色的"出"字，可又宽了一点；蚯蚓死了，像个紫色的"之"字，可又长了一

① （美）尼葛洛庞帝著：《数字化生存》，胡泳译，海南出版社 1996 年版，第 218 页。

② 转引自（美）库尔特·考夫卡著：《格式塔心理学原理》，黎炜译，浙江教育出版社 1999 年版，第 105 页。

点。现在一些新闻报道经常看见喜用简称，用得过滥、过于随意也就成了令人头疼的事，这更与新闻报道的通俗易懂原则就背道而驰了。

第三节　幽　　默

这是唐代的一个故事：

有一天弄臣犯了错，皇帝把他推下御花园的池子，再把他拉上来问“怎么样？你在水里有没有见到屈原哪？没见到，就再把你推下去。”

“臣见到屈原了。”弄臣居然说。

皇帝笑起来，追问：“屈原跟你说了什么吗？”

“他说了。”弄臣说，“他说他没遇上好主子，所以投了水，我有这么英明的皇帝，为什么也要投水？”

幽默居然可以救命，实在令人惊讶；而且对联中也可以用幽默，更令人叹服了。

有个学生上课时身上痒，东抓抓西抓抓，把老师弄火了，给他出了上联——“抓抓痒痒，痒痒抓抓，愈抓愈痒，愈痒愈抓。”

学生对不出来，挨了揍，哭着回家，爸爸知道了，说：“这有什么稀奇。爸爸给你写下联，明天拿回去吧。”

第二天，学生把父亲写的下联交给老师——“生生死死，死死生生，先生先死，先死先生。”

看看这对子，多损，又多幽默啊！

一、幽默的形式

不言而喻，幽默能够给读者带来阅读的乐趣。报纸最基本的功能是报道和社论，报纸从诞生的第一天起，就不仅仅是信息媒介，在教育和娱乐方面也为读者倾注了满腔心血。也就是，超越最初期那种主要刊登零碎消息和趣味纪事的小报时代，给予读者以“知晓的乐趣”与“阅读的乐趣”。① 幽默的形式多种多样，常用的形式如下。

（一）比喻

运用比喻进行说理，有助于使严肃的评论作品显得生动形象，深入浅出，增强吸引

① （日）冈满男著：《评论与教育、娱乐》，见（日）和田洋一著：《新闻学概论》，吴文莉译，中国新闻出版社 1985 年版，第 82 页。

力和说服力，还能强化说理的幽默情趣。说话也好，写文章也好，都离不开比喻。汉代刘向在其所著《说苑》中曾记载一个故事，战国时代，有人对梁王说：“惠施（哲学家、名家的代表人物）讲话最喜用比喻，假使你不让他用比喻，他就什么话也讲不出来了。”梁王点头称是，当他第二天见到惠顾施时就说：“你以后讲话只须直说，不要用比喻好吗?”惠施说：“现在这里有一个人，他从来没有看见过弹弓，要问弹弓是什么样子，如果答复他说，弹弓的样子就像弹弓，他能明白吗?”梁王说：“当然不明白。”惠施说：“如果进一步告诉他，弹弓就像射箭的弓一样，不过它所发射的不是箭而是弹丸，它的弦是用竹子做的，这样他能明白吗?”梁王说：“当然明白了。”惠施说：“人们在讲话时，总是用别人已经知道的来比喻别人所不知道的，使得别人明白，而你却叫我不要用比喻，那怎么能行呢!”梁王说：“你说得很有道理。”① 从这个故事可以看出古人对比喻用法的理解，同时也说明了比喻的作用。

1987 年 1 月 18 日，美国发生“伊朗门”事件之后，香港《明报》刊发著名专栏作家梁厚甫写的一篇评论，分析民主党如何利用这一事件反对里根及共和党，题目是《慢火煎鱼》，作者这样写道：

这一次“伊朗门”事件，到现在，我们已看到一个特征，就是民主党并不像“水门”事件那般，采取了速战速决政策，而改采慢火煎鱼政策。

在“水门”事件的时候，民主党采取速战速决政策，虽然打倒了尼克松，却便宜了福特。便宜福特之后，福特就可以利用特权，把尼克松赦免。民主党受过这一次教训以后，现在却学精了。今年国会重开以后，民主党的政策，一定是慢火煎鱼。煎上两年，时间毋乃太长。未到两年，下届总统大选已开锣了。其实，事情的微妙，就微妙在这一个地方。大选开锣，而鱼尚未煎熟，请问有意问鼎白宫的共和党包括现任副总统布什在内，能有什么办法可想。

这里用“慢火煎鱼”来比喻民主党的斗争策略再生动形象不过了。

（二）拟人

用拟人化词语表述抽象的论点或思想，在一定程度上会有助于增强说理的生动形象性、幽默感。拟人化的幽默技法，不仅能给人以愉悦和鼓舞，而且还有助于增强讽刺和针砭效应。1942 年 2 月 8 日，毛泽东在中共中央宣传部召集的一次干部会上发表了题为《反对党八股》的讲演。毛泽东在《反对党八股》一文中，曾对教条主义文风有过一段令人难以忘怀的论述，正是采用了拟人化的技法：“这里叫洋八股废止，有些同志却实际上还在提倡。这里叫空洞抽象的调头少唱，有些同志却硬要多唱。这里叫教条主义休息，有些同志却叫它起床。”这段话的中心意思是揭示反对教条主义的艰巨性和复

① （汉）刘向著：《说苑》，岳麓书社 2002 年版，第 219 页。

杂性，作者妙用拟人化的表述方法，使抽象概念顿时转化为形象化、动态化。如评论中说道："这里叫教条主义休息，有些同志却叫它起床"，这里化静态为动态，变抽象为形象，使得行文讽刺幽默，更耐人寻味。

（三）挖苦

挖苦是一种有效的讽刺幽默的技法，它是针对社会上的一些不正之风、丑恶习俗乃至错误的行径，运用机智的巧言妙语进行挖苦，常常会产生讥讽和幽默的效用，给人留下深刻难忘的印象。2002 年 5 月 28 日，《宁波日报》刊发张登贵撰写的评论《再反一次党八股》，原文写道：

60 年前，毛泽东在延安反过一次党八股，著名的《反对党八股》一文，就写于 1942 年 2 月。可是，建国 50 多年了，党八股这种恶劣的文风，不仅无所收敛，而且还在"与时俱进"，危害着党的事业。

先看老百姓对"八股新闻"的概括：会议没有不隆重的，闭幕没有不胜利的，讲话没有不重要的，鼓掌没有不热烈的，领导没有不重视的，看望没有不亲切的，进展没有不顺利的，完成没有不圆满的，成就没有不巨大的，工作没有不扎实的，效益没有不显著的，班子没有不团结的，群众没有不满意的，问题没有不解决的，决策没有不正确的，形势没有不大好的，信心没有不增强的……这类"八股新闻"，在会议和领导活动的报道中，出现的频率最高。

党八股表现最集中的，还在领导的报告、讲话之中。毛泽东当年给党八股列了八大罪状，其中四条现在依然非常突出……

机关的公文，八股之风亦很盛行。一个单一的工作计划，也要写上指导思想、目的要求。若把公文中的指导思想全摆在一起，就会发现，除了有一两句话不同之外，其他几乎一模一样。还有公文的结尾，不管事大事小，全要来上一段高举、团结的话，似乎不写上这些，政治立场就有问题。

不仅讲话、文件、新闻有八股风，开会也有。不管大会小会，都按照一定的程式，谁上台，谁坐哪里，谁主持，谁讲话，一点都不能乱，还美其名曰"规范化"。不区别实际情况，什么会都要按照死板的程序，就是党八股。

党八股的最大危害，是禁锢思想，空耗精力，销蚀人的创造精神。生活中有不少这样的实例。有一些原本优秀的年轻人，做八股文做长了，一旦到那些需要独立思考、大胆创新的文字岗位，就很不适应：除了领导的思想，没有自己的思想；除了几句大话、套话，没有自己的语言。另有一些原本文章精美的秀才，到机关蹲了几年，却变得文思干涸了。笔者年轻时也可称"八股小手"，一两万字的报告，可以一气呵成。可是一到基层，写一篇几百字的小文，却要修改四五遍。可见，八股之风害党、害国、害民，还害人。

今年全国“两会”上，有一位“八股老手”的政协委员，在发言中郑重提出：“我们需要再反一次党八股”，我举双手赞成。

此文获第13届“中国新闻奖”二等奖。评论作品正是通过直接说理、论述来阐明问题、表明思想。这决定了评论的语言往往是概括的、庄重的。然而，概括并不排斥形象，庄重并不排斥生动，应力求概括性和形象化、严肃性与生动性相统一。一篇评论即使内容再好，如果文字艰深晦涩，或者任意搬用难懂的词句，那么即使语言再华丽，也难以感染受众，并收到好的传播效果。这篇评论在运用概括技巧、使文章形象生动上是成功的。如文中在概括“八股新闻”时写道：“会议没有不隆重的，闭幕没有不胜利的，讲话没有不重要的，鼓掌没有不热烈的，领导没有不重视的；看望没有不亲切的，进展没有不顺利的，完成没有不圆满的，成就没有不巨大的，工作没有不扎实的，效益没有不显著的，班子没有不团结的，群众没有不满意的，问题没有不解决的，决策没有不正确的，形势没有不大好的，信心没有不增强的……这类‘八股新闻’，在会议和领导活动的报道中，出现的频率最高。”

这些形象生动的语言，说来兴致盎然，更令人赏心悦目。同时，新闻评论还要写得朴实幽默。朴实，就要反对装腔作势、哗众取宠。这篇评论在朴实精炼、风趣幽默上是成功的。如文中写道：“建国50多年了，党八股这种恶劣的文风，不仅无所收敛，而且还在‘与时俱进’，危害着党的事业。”为了对党八股种种表现进行形象刻画与挖苦，其结尾写道：“今年全国‘两会’上，有一位‘八股老手’的政协委员，在发言中郑重提出：‘我们需要再反一次党八股’，我举双手赞成。”这些论述，受众没有一点冗长的感觉，倒觉得评论对“党八股”的刻画深刻而不深奥，犀利而不尖刻，平和而不平淡，生动而不油滑，朴素而不浅陋。①

二、幽默的价值

英国《经济学人》是一份极富权威性的新闻期刊，其社论积极容纳多元观点和声音，极力倡导自己的主张，同时体现变通性，讲究实效性；努力寻找解决问题的措施或提出建议；文章语言明白易懂，诙谐生动，给人以一种亲近感。比如，《经济学人》社论在谈到英国保守党领袖大卫·卡梅伦与戈登·布朗之间在环境保护政策方面的竞争时，指出这种竞争是一种“比你更环保”的竞争。该典故来源于《圣经》中的“比你更虔诚”；社论在批评布什政府的不作为时，用了有毒的得克萨斯人这一诙谐的称呼，这种表达在讽刺了布什的同时还恰当地运用了首字母押韵这一修辞方式。这种幽默生动

① 参见刘保全：《评获奖作品〈再反一次党八股〉》，载《新闻爱好者》2004年第10期。

的语言很容易为读者接受并记住。①

著名新闻理论家胡乔木说："我们的评论，好的，都有一定的幽默。一年四季发表文章，没有一点幽默，是不好的。人民日报的评论就是这样。评论里真正的幽默是表现一个人有很高的逻辑的能力，能够把矛盾摆到一个很尖锐的位置上，使评论本身具有很强的说服力。文章有了幽默，有了讽刺，就能加强辩论的力量。幽默就是一种讽刺，当然幽默并不都是讽刺。不但文章要生动，题目也要生动；题目要生动，就要具体，有感情，甚至也可以有幽默。"②

幽默最大的妙用，就是不能伤情，把要说的都婉转地表达出来；它仿佛是"言者无心，听者有意"，却又可能是"言者有心"，只是装作无心的样子。毛泽东所撰写的为数众多的评论作品，总是令人百读不厌，耐人咀嚼，回味无穷。一些庄重严肃的政治性论题，在他的笔下顿时显得情趣盎然，寓庄于谐，谈笑风生，毫无燥乏味之感。其中的"奥秘"与他擅长机智幽默的说理艺术是分不开的。因此，为了增强评论作品的说理魅力，进一步发挥新闻评论的导向功能，需要重视并强化说理的幽默效应，让新闻评论多一点幽默情趣。同时，幽默是战斗的乐观主义情绪的表现，是一种有趣、可笑而又意味深长的情趣，它反映人的思想和语言表达的机智和风趣。具有幽默情趣的新闻评论，在说理的字里行间常常表现为以精练、俏皮、含蓄、谐趣或夸张的笔墨，一语道破社会生活中所萌发的新生事物的内涵或普遍存在的矛盾和社会弊端，从而引发人们会心的微笑或鄙薄的苦笑。那么，究竟怎样才能使说理富有幽默效应呢？

（一）讽刺、幽默的语言可让评论饶有趣味性

新闻评论是严肃的议论文章，正因为它是很严肃的议论文章，更有必要来一点讽刺和幽默，给读者一点趣味，以增加新闻评论的可读性。毛泽东的新闻评论，很善于运用讽刺和幽默的语言，读起来让人饶有趣味。下面是他《评国民党对战争责任问题的几种答案》里的两段文字：

孙科比蒋介石"公道"一点。你看，他不是如同蒋介石那样，将战争责任一塌括子推在共产党身上，而是采取了"平均地权"的办法，将责任平分给"各方"。这里有国民党，也有共产党，也有民主同盟，也有社会贤达。不宁唯是，而且有"全国人民"，四亿七千五百万同胞一个也逃不了责任，蒋介石是专打共产党的板子，孙科是给各党各派无党无派全国同胞每人一板子，连蒋介石，也许还有孙科，也得挨上一板子。你看，两个国民党人，孙科和蒋介石，在这里打架。……孙科的"平均地权"政策是

① 参见章晓英、刘立华：《〈经济学人〉社论话语分析与启示》，载《对外传播》2009 年第 6 期。

② 《胡乔木谈新闻出版》，人民出版社 1999 年版，第 210 页。

否坚持不变呢？也不。1949年2月5日孙科“迁政府于广州”以后，2月7日发表演说，关于战争责任问题……不是平分责任给一切党派和全国同胞，而是由国民党自己担负起来了。孙科将一切板子都打在国民党的屁股上，使人们觉得甚为痛快。

至于共产党呢？孙院长说：“吾人试观中共能以诱惑及麻醉人民，亦无非仅以实行三民主义之民生主义一部分，即平均地权一节为号召。吾人实应深感惭愧，而加强警惕，重新检讨过去之错误。”谢谢敬爱的院长，共产党虽然尚有“诱惑及麻醉人民”的罪名，总算没有别的滔天大罪，致邀免打，获保首领及屁股而归。

这两段文字，嬉笑怒骂，令人拍案叫绝。对敌人，怎么讽刺，怎么挖苦，都可以，但对于人民内部的思想问题，就不能这么写了。

（二）轻松活泼的语言可增强评论的幽默感

20世纪30年代，美国专栏作家罗吉斯以写幽默讽刺的短评见称于世，它行文轻松活泼，幽默讽刺，谈笑之中，寓有深意。比如他写的《多出点洋相》的短评：

我不知道为什么老喜欢跟政治家开玩笑——他们提供给我的笑料比谁都多。就拿“美国必须为世界精神领袖”这句老笑话来说吧。我敢发誓，我们美国人讨人嫌的一点就是爱管别人的闲事。各位，请问哪一个参议员或众议员不是常常振臂高呼：“各位同胞，美国必须领导世界。我们必须让那些落后的人明白，只有我们的办法，才是真正的办法。”于是，我们就挺身而出，开始帮助世界各国了。不过，最近我好像觉得我们喊救命的时候多，救人命的时候少。

诸位知道，任何国家只要能找出10个人说他们需要我们，我们就会派海军陆战队去。老实说，假使他们在捷克举行国际洋相大会，只要我们得到风声，准会比任何国家派更多的个代表，去出洋相。

您知道，道理很简单，我们崇尚人道。所以我们派陆战队去阻止那些外国家伙互相残杀。必要时，我们可以开枪扫射，阻止他们互相残杀。

有一阵子，美国海军陆战队曾在世界各地执行美国外交政策，西至中国的长江流域，南至尼加拉瓜玛纳瓜湖源头。各位，我倒想请教一下，假使中国人也派一艘炮艇载着中国陆战队开进密西西比河，您会怎么说？

我是说，他们不过说了声“我们是来保护曼非斯市中国洗衣店”就来了。

……

我相信我们还要继续管闲事。江山易改，本性难移。

这篇短评用幽默的行文，表达深沉的内容。作者强烈地反对美国政府干涉别国内政，但并不直说，而是用和政治家“开玩笑”的口吻来表达，嬉笑怒骂皆成文章，读起来是那样一针见血、妙趣横生，让人忍俊不禁。这些阐述中最引人注目的是西方新闻媒体提出不为所有者私利服务的原则，评论能否独立判断问题，与此关系颇大。

心理学家弗卢盖尔总结了许多关于幽默的心理推测①，他认为，幽默的心理动机和功能是基于以下四种原因：①表现优越。汤姆斯·霍布斯很早以前就把大笑描写为"由于和别人的缺点比较显出自己卓越而突然引起的自得"。很多笑话明显地包括了这种自我优越感和贬低别人的成分。例如，那些嘲弄"爱尔兰醉汉"、"乡巴佬"的笑话就是这样的。②表现攻击。幽默当然是表现攻击的一种很方便的手段，但它是一种安全的、为社交所允许的、多少有些间接的攻击方式。有时幽默所攻击的是身份高而自命不凡的人，一位盛装人物被香蕉皮滑倒可以引起哄笑，而跛人遇到同样的情况就可能不是这样的了。③对现实的自卫。开玩笑和不当行为常为幽默的一个主要方面。幽默可以使人们防御现实所加于自己的痛苦和威胁中自己受到侮辱时付之一笑，也可以此来对待由别人的悲剧性遭遇而引起的过分伤感。有一种所谓"绞刑架的幽默"，即指处于绝境的人把笑话当作闪避残酷现实的一种办法。④性欲的表现。许多笑话包含着明显的性欲和猥亵成分，表明幽默是发泄这类为社会所禁忌的思想的现成途径。弗卢盖尔解释说，有关性欲的笑话常常有引诱听者的性质，就是说，好像要邀他一同到性欲的罪恶之渊参加性欲的犯规。②

然而，弗卢盖尔所作的只是部分"归纳"而非完全"穷尽"的幽默的四种心理动机和功能，其实也可归结为三类：①保存个体的需要，这包括"表现优越"和"表现攻击性"；②发展种族本能的需要，即"性欲的表现"；③现实生活的需要，如"对现实的自卫"。③

更重要的是，幽默可以博得读者一笑，并获得一种精神享受。美国马里兰大学心理和神经学家罗伯特·普罗说："社交场合中笑的频率是独处环境下的30倍。"最主要的原因是，在大多数情况下笑不是别的，而是交流工具。一般来说，人们本能地用笑来传递解除戒备的信号，保持听者的注意力并提供或寻求继续交流的动力。同时，笑是纽带，笑声不仅能够促进谈话间的交流，还能在人们之间建立不可言传的纽带。笑能够帮助人们远离疾病。医生要求患者进行体育锻炼的原因是即使轻度运动也能增加心跳和呼吸频率，为身体供氧并降低应激激素的水平。

早在20世纪80年代，伯克就开始怀疑一阵大笑也能达到同样的效果。为了检验这个理论，他邀请了10名志愿者，从每个人身上抽了3份血样，然后让他们看一小时的喜剧片。随后他在喜剧片播放期间每隔10分钟抽取一次血样，在片子结束后又每人抽取了3份。他发现，欢笑确实显著降低了最主要的应激激素（皮质醇）的水平。在2001年的后续研究中，他跟踪了两组患者在心脏病发作后一年之内的情况，他要求一

①②③（美）克雷奇、克拉奇菲尔德等著：《心理学纲要》（下册），周先庚、林传鼎、张述祖等译，文化教育出版社1981年版，第414、416、417页。

组患者每天看30分钟的喜剧节目，另一组只接受常规治疗。一年之后，每天笑的那组患者的血压、应激激素水平、心律不齐的情况都比另一组低，而且最重要的是，心脏病复发的次数也更少。伯克说："笑是在体内进行的慢跑。这是让肺活动和血液流通的最好方式。"

笑也能提高免疫力，有证据表明，笑能直接提高人类免疫系统的功能。据2001年的一项实验显示，实验对象观看喜剧片时，体内T细胞活性（衡量免疫系统的重要指标）显著提高。但精神病学家指出，免疫能力提高的程度与试验对象对喜剧片的欣赏程度有关，而与笑声多大无关。即重要的是看喜剧片的愉快体验，而非发笑行为本身。①

第四节　引　用

一、引用的原则与禁忌

引用就是在评论写作中，引进现成的话或可靠的资料数据等，或者引用具有权威性的社会话语来抒发感情与证明观点。"引用"一词最早由明代高崎在《文章一贯》中提出，这一称呼在当时并没有引起学者的关注，直到20世纪30年代陈望道先生的《修辞学发凡》才采用了这一称谓。② 现代修辞学的大多数学者及一些文科教科书都接受这种提法，对这种修辞现象的命名基本达成共识。英国的期刊《经济学人》社论反映了学者、媒体、政府各界的看法，积极容纳各方观点，并尽量全面地呈现出来。比如，在《斯特恩的警告：气候变化的经济学》（2006年11月4日）这篇社论中，作者在具体阐释说明这一问题的同时，转引了评论家、政治家、经济学家以及学者们对该报告的不同态度和观点。这种转引策略的运用扩大了对话空间，形成了磋商机制，使文风显得较为亲切自然，从而拉近了作者和读者的距离，体现了对读者负责任的态度，这样就可以使引用的内容更精粹。比如，2012年11月20日，《人民日报》发表了题为《孩子失助拷问社会底线》的评论，原文这样写道：

16日清晨，贵州省毕节市一处垃圾箱内，发现5名10岁左右男孩的遗体。初步查明，这些流浪孩子因为在垃圾箱内生火取暖而中毒身亡。

这个类似现代版"卖火柴小女孩"的故事，让无数人的心为之一凛。5个流浪儿的悲惨死亡，本不该发生。他们也有自己的父母亲人，怎么就沦落到蜷缩于垃圾箱里取暖

① 参见《参考消息》2005年3月14日。

② 陈望道著：《修辞学发凡》，上海教育出版社2001年版，第31页。

的境地？去年末，曾有过一份给流浪儿的温暖的“红包”——民政部、公安部等八部委联合通知，开展“接送流浪孩子回家”专项行动，提出到2012年底，我国城市街面力争基本实现无流浪的未成年人。那么，毕节这5个“街面上”的流浪儿，怎么就没有进入有关部门的救助视线？

2012年11月16日，5名男孩被发现死于毕节市七星关区街头垃圾箱内，经当地公安部门初步调查，他们是因在垃圾箱内生火取暖导致一氧化碳中毒而死亡。文中引用了《卖火柴的小女孩》的故事，安徒生正是通过这个童话，表达了对穷苦人民悲惨遭遇的深刻同情，同时反映对当时社会强烈的不满。此处作者的引用，很有现实意义。

（一）引用的原则

1. 契合。一篇评论，要选取与评论说的道理相契合的内容，如果引用不当，就是文章的疵点，那么怎样才能做到契合呢？一是作者要通观全局，把握文章的中心，对论证展开的各分论点也了然于胸。二是对引用的内容准确地把握其内涵，然后放在评论的中心论点下进行烛照，看其是否与评论的内容有联系，有，就引用。如果只求大概，基本了解就拿来滥引乱用，是会闹出笑话的。

2. 精粹。新闻评论的说理应当充分，但充分不在于引用繁杂，如果堆砌，就会湮没文章主旨。引用的内容要精粹。如何才能做到精粹呢？一是把准评论说理的思维运动，分清说理变化的环节，将引用的内容安嵌在说理的关节点上。如果对文章意脉的发展模糊不清，乱堆一气，那就成了被人讥笑的“百衲衣”，有何用呢？二是取其精粹，有的引用的对象是一个故事，或一则寓言，当这些单独存在时有结构的多层次时。引用时不能将其整体引入文章中，假如这样，就写成了记叙文。引用时只能取其与说理对位的那一点，或高度地浓缩。

3. 翻新。就是在引用时，不要步他人的后尘，要做到活用，予以翻新。翻新就更能点石成金，并富有意趣。

4. 引申。这是对引用的内容作精当的解释，并依此引发出新的议论。与自己所写评论的观点、论证展开的内容联系起来，如同“水中放盐，但见盐味，不见盐质”。倘若引用后，把它丢在一边，只顾说自己的话，那样会让引用的内容显得生硬突兀，引用的内容难以起到作用。对引用的内容加以引申，可以进一步说明评论观点的正确，在结构上做到严谨，这实为一笔二用的艺术笔法。要运用好引用的方法，作者必须勤奋学习，博览群书，对好多东西要能背诵。每次写评论需要引用时，可以随手拈来。

（二）引用的禁忌

1. 忌生僻。引用的应该是读者比较熟悉的内容，避免引用语言的生僻，会让读者看不出来是引用了。

2. 忌混淆。避免将普通人平时所说的话借用过来再返射过去的、具有戏谑性的语句作为引用，将引用和返射混为一谈。

3. 忌炫耀。运用引用时，必须贴切、简明、恰到好处，切忌为了炫耀自己的学问，故作高深，追求辞藻的华丽。若引文与全文内容没有关联，则不仅不能锦上添花，反而会适得其反。

4. 忌错误。比如，2013 年 1 月 3 日，《南方周末》第 1 版刊发新年献词《我们比任何时候都更接近梦想》。原文写道："2000 年前大禹治水的故事，寓寄了中华民族众志成诚、百折不挠追寻的一种大治之梦、富强之梦、幸福之梦。它经历百年来仁人志士的民族觉醒和牺牲，历经半个多世纪共产党人建国的苦难辉煌，历经三十多年改革开放的攻坚克难，终于发芽抽枝。这梦想从未像今天那般真切，从未像今天那般接近，因而从未像今天那样值得国人为之努力探索、为止不懈奋斗！"其中有两处存在表达错误：一是"2000 年前大禹治水"。一般认为，大禹治水是在公元前 2000 年左右，也就是距今 4000 多年前。因此，"公元前 2000 年"与"2000 年前"不是一个概念，差别甚大。二是"众志成诚"一词，应该为"众志成城"，指万众一心，像坚固的城墙一样不可摧毁；比喻团结一致，力量无比强大。这两处引用均犯了知识性错误。

二、引用的价值

人类存在着服从权威的天性。美国学者斯坦利·米尔格拉姆曾做过一个有关服从权威的实验。1961 年 6 月，27 岁的耶鲁大学心理学教授斯坦利·米尔格拉姆刊登一则广告，邀请读者参加一项有关记忆的科学研究。不过，这项实验和它看起来的样子不完全是一回事。在实验中，有一个学生单独在一间房子里，负责实验的科学家向他提问，如果回答错误，米尔格拉姆就要求受试者通过控制台上的开关电击那个学生，电压从 15 伏到标明"危险"的 450 伏。电压一直上升，当电压已经显示"危险"，被电击的那个学生开始尖叫，最后尖叫被不祥的沉默所代替。尽管有所犹豫和抗议，可是 65% 的参加者还是听从指令进行实验。那个被电击的学生实际上是一名演员，他只是在模仿被电击的声音，其实没有受到一点伤害。米尔格拉姆的这个实验证明了各种普通人都会被权威说服去虐待一个陌生人——如果他们相信可以把责任全部推到权威身上的话。①

那么，增加传播有效性的关键因素是什么呢？其中有三个重要的变量：①传播源（谁说）；②性质（怎么说）；③受者的特点（对谁说）。简言之，即"谁对谁说什么"，一是传播源的可信性；② 二是吸引力。实验证明，一位美女——仅仅因为漂亮——能在一个与其美貌毫不相干的问题上对观众的观点产生很大影响，而且当她公开表示影响观

① 参见黄家雄：《六经注我——谈新闻评论的引用艺术》，载《新闻与写作》1996 年第 11 期。

② （美）埃利奥特·阿伦森著：《社会性动物》，郑日昌等译，新华出版社 2001 年版，第 73～78 页。

众的愿望时，其影响力达到最大程度。后来，艾丽丝·伊格利与谢利·蔡肯也做了一个实验，不仅验证了“宣传者越可爱，影响力越大”这一发现，而且进一步证明，人们期望有吸引力的宣传者能支持他们赞成的观点、立场。因此，人们把宣传者的吸引力和信息的可接受性问题联系在一起。我们似乎容易接受自己所喜爱的人的影响。于是，埃利奥特·阿伦森总结说：“我们的观点容易受既是专家又可信的人的影响；如果宣传者的态度明显地背离其自身利益，他（或她）的可信度（和宣传效度）就会增加；如果宣传者无意影响我们的观点，他（或她）的可信度（和宣传效度）亦会增加；如果我们喜欢并认同某人，至少在无关紧要的问题和行为上，他（或她）的观点与行为对我们的影响通常比问题内容本身对我们的影响要大；如果我们喜欢某人，至少在无关紧要的问题和行为上，即使很清楚他（或她）正企图影响我们的观点且可从中获益，我们往往还会受其影响。”①

当然，评论的引用要尽可能简洁，但不能为了简洁而断章取义。引用贵在能够为评论增色，实际上，引用不再是新闻评论的点缀和故弄玄虚的元素，而成为文章必不可少的组成部分。因此，引用是新闻评论经常采用的辅助手段，有重要的使用价值。

1. 有助于证明观点的正确性，增强评论说理的权威性。新闻评论引用名人名言、凡人俗语，一般都已被公众所认可，有征服人的权威性，有服人的理论性。新闻评论在说理中加以引用，可以使文章的观点更加正确，增强权威性，令人信服，也使文章的观点得到权威理论的支撑，具有服人的力量。因此，评论需要重视意见观点的权威性和独到性。这正如美国著名报人伯卡迪所说：“我喜欢用的词就是‘带着权威说话，……就是对自己所写的事物非常的了解，不论是谈论奥斯汀州议会大厦，还是航天方面的知识，还是美国国会，在读者的心里都有一定的权威性。”② 引用对说理、表情达意很有帮助，为自己的观点和看法提供有力的论据，增强说服力。比如，1994 年 9 月 6 日，《人民日报》发表新闻评论《“吃富”者，止步!》，就是以打油诗开篇的，原文这样写道：

客人隔顿不隔天，
烧茶煮饭不断烟，
茶壶酒壶长流水，
面笑心愁口难言。

① （美）埃利奥特·阿伦森著：《社会性动物》，郑日昌等译，新华出版社 2001 年版，第 81 ～ 83 页。

② （美）杰里·施瓦茨著：《如何成为顶级记者》，曹俊、王蕊译，中央编译出版社 2003 年版，第 295 页。

这是湖北省谷城县一个养兔专业户述说苦衷的几句打油诗。其实这何止是他一个人的苦衷呢？这篇新闻评论以打油诗开篇，使“吃富风”呈现出真实可信形象，“吃富”者嘴脸跃然可见。

2. 让说理更简洁。引用可以让评论挣脱呆板的羁绊，发挥语言灵动多变的本领，可使所表达的语言简洁凝练、生动活泼，增强感染力。新闻评论有时说的道理很抽象，如果就抽象的道理本身进行阐述，就不大容易说清楚，还可能弄得很复杂。新闻评论的篇幅短小，不允许长篇大论。在这种情况下，如果有一个巧妙的引用：或一个故事，或一则寓言，或一个典故，或一两句警言，或一个文学形象，就可以将抽象的道理说得简洁而具体，使人一看就能明白。引用恰到好处，能够把文章所要讲的道理予以浓缩和凝聚，化抽象为具体，变复杂为单一，在表达上收到事半功倍的效果，使人在简短的篇幅中一看，就明白了作者所讲的道理。比如，2012 年 12 月 17 日，日本安倍晋三领导的自民党在众议院选举中获得胜利，央视《新闻直播间》栏目引用《名侦探柯南——贝克街的亡灵》评论日本政治世袭制度。当时，出身平民的野田把自己比作“泥鳅”，并表示自己是在模仿“金鱼”，这个“金鱼”指的是像安倍晋三这样出身高贵、世代从政的所谓“纯种”政治家。三年前，民主党打破日本政治格局，重塑日本的主张，获得选民的支持，“泥鳅”赢了“金鱼”。而三年之后，由于经济一直不振，政策争议不断，“泥鳅”又输给了家底雄厚、随时准备反戈一击的“金鱼”。实际上，这种现象也引起人们对日本独特的政治现象的关注，那就是“世袭制”。央视注重流行文化的使用，令人耳目一新，这种方法是首次，增强了评论作品的生动性与趣味性。①

3. 增强说理的情趣和生动性，使评论内容更具感染力。新闻评论说理，通过严密的论证，用逻辑力量打动读者，这对不喜欢抽象思维的人来说，觉得生涩呆板，而且这种说理是正襟危坐，让读者不敢接近。而“引用”方法的使用，可以帮助作者走出严谨的“概念、推理、判断”的科学结构模式。在内容展开时，时而对论题进行论证说理，时而落笔于论题之外的内容，文思变幻，严密的论证章法就被激活；行文就洒脱。引用的内容在说理的脉络上造成似断非断的意境，文章的结构就出现波澜。引用的内容可能是富于趣味的典故、谚语、文学作品，使说理寓于情趣，使说理新颖别致，平添了文章的波澜。

1948 年 12 月，经过辽沈、淮海、平津三大战役，人民解放军已经控制了长江以北的大部分地区，国民党在江南已难组织起有效的防御。蒋介石请国外势力调停遭到拒绝，国民党内的桂系乘机要求打出“和谈”旗号，威逼蒋介石“毅然下野”。蒋介石被迫发表“求和”声明，其条件是保留伪“宪法”、伪“法统”和国民党军队。一些中

---

① 参见《央视引用动漫〈柯南〉讽刺日本政商世袭制》，http://finance.591hx.com/article/2012-12-19/000300223s_1.shtml。

间派人士为假象所迷惑，劝说共产党“立即停下来”。毛泽东为新华社撰写了题为《将革命进行到底》的新年献词，号召全党、全军、全国人民坚决彻底干净全部地消灭一切反动势力，推翻国民党的反动统治，建立人民民主专政的共和国，决不能使革命半途而废。由此，“将革命进行到底”成为继续斗争的行动口号。原文这样写道：

应该怎样来对付这些君子国的先生们呢？这里用得着古代希腊的一段寓言：“一个农夫在冬天看见一条蛇冻僵着。他很可怜它，便拿来放在自己的胸口上。那蛇受了暖气就苏醒了，等到回复了它的天性，便把它的恩人咬了一口，使他受了致命的伤。农夫临死的时候说：“我怜惜恶人，应该受这个恶报！”外国和中国的毒蛇们希望中国人民还像这个农夫一样地死去，希望中国共产党，中国的一切革命民主派，都像这个农夫一样地怀有对于毒蛇的好心肠。但是中国人民、中国共产党和中国真正的革命民主派，却听见了并且记住了这个劳动者的遗嘱。况且盘踞在大部分中国土地上的大蛇和小蛇，黑蛇和白蛇，露出毒牙的蛇和化成美女的蛇，虽然它们已经感觉到冬天的威胁，但是还没有冻僵呢！

接着，作者进一步论述道：

中国人民决不怜惜蛇一样的恶人，而且老老实实地认为：凡是耍着花腔，说什么要怜惜一下这类恶人呀，不然就不合国情、也不够伟大呀等等的人们，决不是中国人民的忠实朋友。像蛇一样的恶人为什么要怜惜呢？究竟是哪一个工人、哪一个农民、哪一个兵士主张怜惜这类恶人呢？

毛泽东在《将革命进行到底》评论中，引用《伊索寓言》中“农夫与蛇”的比喻，论证中国人民决不能怜惜蛇一样的恶人，这种引用赋予论辩、说理以形象性和趣味性。同时，巧妙插入的这类引用，能激活严谨，打破沉闷，增强感染力；还能给逻辑力量注入别样的情趣。一般说来，引用都是为了增强说服力，并使语言凝练、概括；同时引用能使语言生动、幽默、诙谐，从而收到一定的艺术表达效果。

4. 增强文章的渲染效果。在《别了，司徒雷登》中，毛泽东这样分析美国对华政策的破产：“总之是没有人去理他，使得他‘茕茕孑立，形影相吊’，没有什么事做了，只好挟起皮包走路。”这里，作者引用了中国古典散文名篇《陈情表》里的句子，司徒雷登那种孤立、无奈、可怜的样子，永远定格在中国人的记忆和心目当中。

综上所述，在新闻评论中，引用或用于推理，或用于论证，或用于反驳等。这类引用，布局巧妙灵活，或设于论题之中，或置于论据，或布于结论，或赋予布局的变化。这类引用的艺术处理，就好像巧布“文眼”那样讲究，作用非凡。

第八章　体裁：评论的表现形式

体裁即文体，原指根据体形裁剪的衣服样式，引用到文章写作上，是指文章的类别或形式。评论体裁，也就是新闻评论的类别。新闻评论如何分类，中外学者的说法不一。西方新闻界把新闻评论分为狭义和广义两种，狭义的指社论、评论和专栏评论；广义的包括政治漫画、民意调查和读者投书。在中国，新闻评论家范荣康则把新闻评论分成社论、本报评论员文章、短评、编后、编者按和专栏评论五种。① 实际上，文体的划分宜粗不宜细，也就是大体的规则有，具体的要求则无。新闻评论文体只是人们认识事物或社会的一种手段，但是，一旦人们把它当作唯一的手段时，可能会对认识事物带来误区。

黑格尔认为，把自然界分成许多独立的部分，然后对每一部分孤立地进行分析和研究，有其合理性和必然性。但是，如果把它当成唯一合理的方法，对事物仅仅进行孤立、静止的研究，那么，"那有生命的内容便成为僵死的了"②。实际上，哲学家关于客观事物分类法的论述对反思新闻评论文体的分类很有现实意义，一些人喜欢把研究精力花在不同新闻评论体裁细微的区别上，并常常为某一体裁的概念争论不休。但是，如果对新闻评论的整体驾驭能力不足，越是在新闻评论体裁的细枝末节上花费精力，那么，新闻评论的写作就很容易僵化、死板，犯教条主义的错误。因此，各种新闻评论体裁的划分，只是大致的，不是绝对的，各种体裁之间既有区别，又是相通的、互相渗透的，没有绝对的界限，要灵活运用。这是原则，也是技巧，值得遵守。

---

① 范荣康著：《新闻评论学》，人民出版社1984年版，第3页。

② （德）黑格尔著：《小逻辑》，贺麟译，商务印书馆1988年版，第113页。

第一节　社论和社评

一、社论是什么

（一）社论的含义及特点

英语中的“社论”写作“leader”，有“领导者”、“领袖”之意。美国学者史本沙尔在《社论写作》一书中说：“社论是一种事实与意见的精确、合理与有系统的表白，为了娱乐，并影响公众，也为了要解释新闻，使一般读者能够了解其重要性。”徐宝璜的《新闻学纲要》是第一本国人撰写的新闻学著作，该书明确指出：“社论须以当日或昨日本报所登之新闻为材料而讨论之，此理甚明。例如访员报告省议会为兴某种建筑，特拨一款，此新闻也。社论编辑以此为材料而讨论本省能否添此担任，某种建筑是否为必要，所拨之款项是否敷用，抑或有余，此社论也。访员与社论编辑职务上之分别，即在一则供给新闻，一则对于新闻加以批评耳。新闻既为多数阅者所注意之最近事实，故详言之，社论第一须以事实为材料，第二须以多数阅者所注意之事实为材料，第三须以最近之事实为材料。”他又说：“社论须有透辟之批评，否则纵使所论之事实为现时众所注意者，亦无甚价值。故编辑既不可畏首畏尾，以模棱两可之言来敷衍，亦不可以胡诌几句不关痛痒之话来搪塞。至徒发愤激之言，悲观之语，或仅求文字之工而实毫无主张者，亦均在‘不可’之列也。然透辟之批评，不易发也。必也撰著者，学识广博，于政治、经济、社会诸学，研究有素，于本国及邻邦政治社会之历史，及当代之情事，知之极熟。每遇一事，先深思力索以考求之，设身处地以审度之。然后其所撰之文，方可望有独到之见解，原原本本，侃侃而谈，不仅一事之表而已。”① 张友渔指出：“社论者，代表报社的意见之论评也。”换而言之，“社论者，代表报社之意见，对于时事，有所解释，批判及主张，以期指导读者之论评也”。他又说：“报纸之使命，在报告事实与发表意见，前者为新闻记者事，后者即所谓社论。社论在报纸所占之地位，有时且较新闻事为重要。”②

社论通常代表编辑部就某一重大问题发表的权威性评论。对于党的机关报来说，社论代表编辑部，在一定程度上也代表着同级党委。1958 年 1 月，毛泽东特地给广西壮族自治区委负责人写了一封信，就精心写作社论的问题明确指出：“你们自己、宣传部长、秘书长、报社总编辑，要共同研究。第一书记挂帅，动手修改一些最重要的社论，

① 徐宝璜著：《新闻学纲要》，上海书店出版社 2011 年版，第 108 页。

② 《新闻研究资料》（第八期），新华出版社 1981 年版，第 52 ～ 59 页。

是必要的。”① 1991年9月，胡乔木同志在同《人民日报》负责同志的一次谈话中说：“报纸应该每天有社论。这对于统一党的思想非常重要。现在还没有充分发挥中央机关报的作用。需要培养一支队伍。以前社论都是毛主席、周总理、（刘）少奇同志审批、修改、定稿。这个问题有机会要向中央提出来，中央不支持，做不好。全世界报纸没有一家报纸不是每天发社论的，甚至一天不止一篇。延安时期的《解放日报》（20世纪40年代）、《人民日报》（20世纪50年代）基本上每天发表一篇社论。这些社论要求与中央保持一致，这就要经常研究中央的各种方针政策。② 新中国成立前的《申报》、《大公报》都是如此。早期延安《解放日报》也是每天必发社论。

欧美等西方主流媒体均辟有社论版，每天刊发三四篇社论，不管读者阅读与否，天天均会照发不误。但是由于重数量，很多社论并无真知灼见，读者厌烦，后来把第四篇社论改作短评，力求文字活泼，吸引读者，所以在这些国家，短评又被称为“第四篇社论”。日本的大报通常每天也要发两篇社论，社论公开表明代表报纸的言论、主张，是媒体影响读者、制造舆论的重要手段。19世纪40年代，格立里在创办《纽约论坛报》时，第一个开设“社论版”。普利策说过：“我的《纽约世界报》虽然有巨大的篇幅，许多栏目，但是我最关心的是社论版。我要用种种专栏吸引读者来读社论。”③

（二）社论的功能

一是提供信息。社论也是一种信息，确切地讲是一种综合信息，它综合了新闻与议论这两种信息，从而成为事实与言论均衡而周全的信息园地。二是分析与解释。社论的重要功能之一，是就当前发生的重要事件进行分析与解释。因此，在这块阵地上，大量的脑力花在了对当前事件的分析和解释上。提出一个新的论点，会在读者认识领域的上空升起一颗新星。三是富有创见性。社论的意见，如果是陈谷子烂芝麻，无人愿意洗耳恭听；如果是人云亦云，也无人愿意花钱买报来拜师求教，只有当它发出敢为天下先、善为天下先的声音时，才有人真正愿意一睹为快。因此，社论是有真知灼见的学者所做的即席讲演。四是激励。它以饱满的热情赞扬着社会与人生的光明，用光明激励着读者奋发向上。五是具体而清晰。社论要求就事论事，忌空洞和抽象。六是富有文采。社论应当让无数生花妙笔点缀其间。让人在阅读社论的同时，得到文学的陶冶，领略到超妙的文笔，从而丰富读者日后的谈资和笔头功夫。七是教化。西方有西方的政治、文化、社会、处世、宗教等价值观念。这些价值观念需要不断巩固和更新。因此，社论当仁不让地承担起教化的责任。八是舆论监督。社论所陈述的事实，以及对事实所做出的评论和判断，其影响力远远超出了社论撰稿人个人见解的范围，而具有一种来自社会并代表

① 《胡乔木谈新闻出版》，人民出版社1999年版，第403页。

②③ 《张友渔新闻学论文选》，新华出版社1988年版，第23、102页。

社会的权威，这种权威力量必然在某种程度上对社会生活产生重要的影响。①

西方学者认为，社论是媒体对某一新闻事件或社会问题表明其立场和观点的文章，是影响读者、制造舆论的重要手段。如被美国前总统约翰逊极力称赞过的《华盛顿邮报》的社论，就曾热心地为美国政府侵略越南的政策辩护，约翰逊认为，其力量可以“抵得上两个师的军队”。英国《经济学人》杂志的社论则有一个基本模式：首先对某个热点问题或是观点措施进行充分的阐释和说明，它们或是提醒，或是批驳，把与之相关的各种观点呈现出来，然后提出自己的观点和建议。同时，社论采用了多样化的表达方式，概括起来可以分为三种：一是直接提出，坦率而明确地表达自己的观点；二是起敦促作用，多以“应该”、“能够”、“必须”等用语体现；三是提假设性建议。通常用“如果不采取什么样的措施，就会出现什么样的结果”这类话语来说明采取措施的急迫性。《经济学人》不仅讲求建议的可行性，且措辞严谨，体现了作者强烈的社会责任意识。②

二、中西方社论的类型及写作

（一）我国社论类型

社论不同于一般的评论文章，它代表新闻媒体的意见，带有权威性和指导性，这样社论就被人们称为最具指导作用的评论。党报社论作为一种思想武器，不同于一般的文件和指令，它主要不在具体规定人们必须做什么和不应该做什么，而是着重从思想认识上阐明问题，把社会生活现象提到政策、理论高度加以分析阐述，告诉群众，应该怎样认识和以什么态度对待这些问题，把群众的认识水平提到党的政策高度，从而统一思想、统一行动。因此，社论包括以下内容：①直接阐述当前形势和党的方针、政策，及时传达党的指示精神。如2000年5月20日，《人民日报》发表了题为《全面加强党的建设的伟大纲领》的社论（获第11届中国新闻奖一等奖）。②对国内外重大政治事件或社会生活中具有代表性与方向性的事物加以评述，表明编辑部对此问题的认识和看法。③以重大节日和纪念日为依托，就全局问题发表议论，分析形势，提出任务，或对重要外事活动发表礼节性评论。如1999年10月1日，《人民日报》为纪念新中国成立50周年所撰发的社论《祖国万岁》，获第10届中国新闻奖特别奖。④对典型而富有代表意义的人和事所发表的评论。

（二）西方社论类型

西方社论可分为十种：①起告知作用的社论；②解释新闻的社论；③阐明新闻意义

---

① 赵鼎生著：《西方报纸编辑学》，中国人民大学出版社2002年版，第176页。

② 参见章晓英、刘立华：《〈经济学人〉社论话语分析与启示》，载《对外传播》2009年第6期。

的社论；④辩论问题的社论；⑤鼓动读者行动起来的社论；⑥发起运动（指社会改革运动）的社论；⑦进行说服的社论；⑧给以评价的社论；⑨宣布政策的社论；⑩富有人性味的散文性社论。这十种社论，实际上就是西方新闻社论的十个方面的作用。《纽约时报》社论版主编奥克斯在《什么是社论，它的目的何在》一文中把社论分为三种：①辩论性的社论。它需要尽量有说服力地阐述观点，并明确要求公众或官员、或选民、或工会、或商界、或任何有关人士采取行动。②解释性的社论。旨在对于问题提供情况加以解释。这种社论不是告诉读者问题的答案，而是帮助读者怎样思考这一问题。这种社论的语调可以是尖锐的，甚至激烈的，它不作出自己的结论，而是将问题摆清楚由读者得出结论。③较活泼的社论。它轻松地、活泼地谈论政治、经济、军事等重大主题以外的文化、生活方面的问题。奥克斯还说，社论作者最好来自第一流记者，因为记者乃是一个方面的专家，他不仅有写作能力，也具有分析能力。社论作者需要有足够的勇气和坚强的信念。他不应当固执己见，但应当有原则性。为了使他的专门学识跟上时代，他必须更新知识，并扩大同一方面的其他专家的接触。这就是为什么社论要鼓励它的社论作者不时地走出办公室，走出本地，甚至到国外去。①

在美英等西方国家，其报纸社论版每天刊登一篇“第四号社论”，也即该版的最后一篇评论。“第四号社论”从笔调和题材来说，是轻松的，它是对其他严肃评论的一种调剂。它的篇幅短小，文字活泼，使人读后感到幽默、隽永。一篇合乎标准的“第四号社论”具备三个特点：一是笔调轻松，写得有趣味；二是与最近的新闻有某种联系；三是要有一个恰当的论点：或是指出人们行为有某些荒诞可笑之处，或是指出一个前后不一、违反逻辑的矛盾；或是揭露有些人的犯法或违约行径；等等。② 这种社论是以轻松活泼的笔调，谈论政治、经济、军事等重大主题以外的文化、生活等话题。美国《纽约时报》的星期日版时常刊发这种社论，有下列三种类型：

1. 幽默小诗式社论。它刊载于1940年2月14日《德模登录报》，下文就是一首幽默小诗：

亲爱的佛兰克林，我们曾是极亲密的友人。
这已经是很多、很多年了。
然而你竟是如此的沉默，
沉默得令我落泪！
我羞于问它——有许多事情，一位处女也少对人言——

① 玛尔奎特大学新闻学院编：《报纸的社会责任》，见《什么是社论，它的目的何在》，中国新闻出版社1985年版，第19～26页。

②（美）约翰·赫尔顿著：《新闻工具的评论写作》，秦珪译，中国人民大学出版社1978年版，第102页。

关于这第三任期的事，佛兰克林，你到底是怎样的打算？

这篇社论发表在佛兰克林·罗斯福总统迟迟不宣布他是否做第三次总统竞选之际。社论借用一首小诗的形式，笔调幽默含蓄，但却表达了鲜明的政治倾向性——作者显然支持罗斯福总统竞选连任，并催促他不必犹豫不决，早日做出决断。这种意见在当时美国社会有很广泛的代表性。

2. 讲故事式社论。它发表于1953年3月2日的《巴拿马城新闻》，全文就是一个小故事：

有一个人，住在路边上，以卖热狗为生。

他耳朵重听，所以他没有无线电收音机。

他眼睛不良于视，所以他不读报纸。

但是，他所卖的热狗很好。

他在路边竖了一块牌子，说明他的热狗是如何的好吃。

他站在路边，叫着："买热狗，先生？"人们都来买他的热狗。

他增加肉和面包的购进。

他买了一个较大炉子，来配合他日益发展的业务。

他把他在大学里念书的儿子叫回来，帮他工作。

但从此某种情势就发生了。

他的儿子说："爸，你听无线电了吗？现在发生了经济大恐慌。欧洲的情形，十分可怕。我们国内的情势更坏。"

这位父亲想道："是啊，我的儿子曾在大学念书。他看报，也听无线电。他自然应该了解！"

他就减少了肉和面包的购进，又取下他的广告牌子。他也不再在路边站着叫卖热狗了。

于是，他的热狗生意，就在一夜之间一落千丈。

"你是对的，孩子。"父亲对儿子说，"我们确乎是在一次经济大恐慌之中。"

这篇"社论"采用讲故事的手法，把经济发展的过程浓缩在一个故事之中。虽然并无一处议论性的文字，但表达的观点却非常具体明确，即所谓的"经济大恐慌"并不存在，庸人自扰只会自毁前程。采用如此轻松的笔调，却议论了很重大的政治、经济问题，有四两拨千斤的效果，而且并不会比一篇板着面孔的长篇大论来得差，甚至可以说与一幅出色的漫画有异曲同工之妙。①

① 范荣康著：《新闻评论学》，人民日报出版社1988年版，第21～22页。

3. “打油诗”社论。下文就是一首打油诗：

艾伦港的洗劫

一帮小伙子兴高采烈地活跃在海湾，
捕捞园蛤的机会像黄金一般。
坐在小艇里的“渔猎委员会”人员袖手旁观，
别让偷捕者扫兴呀，反正上级命令还没往下传。
河港局说：“根据法律规定我们应当封锁海湾，
但是没有小艇我们感到好为难。”
渔猎委员会说：“你们的忧愁我们不能分担。”
“让海军干涉吧，再说他们还有航空母舰！”
但是舰长太忙了，找不到他也枉然。
手握捕蛤木耙的小伙们抓住良机紧着干，
直到海湾的贝壳动物装满了船！
空气清新，海湾平静，园蛤又大又肥。
海军啊，还有州的机关，实在太混乱。
智者和愚者都可从这个事件中得到教训：
人员可换班，官样文章永不变！

这是一篇针对美国罗德岛州政府的“渔猎委员会”和“海港和河流局”两家机构相互扯皮的官僚作风而写的评论。那拉干色特海湾有一种园蛤，那是北美大西洋沿岸的特产，一年当中有一个季节，到那里捕捞是允许的，但是过了这个季节再去捕捞，就算违法行为。对于非法捕捞，州政府的“渔猎委员会”和“海港和河流局”两家官方机构都负有处置的责任。但是，由于官僚主义作风，它们不能进行有效和充分的合作，经常因为处理违章捕捞问题彼此互相推诿，吵得不可开交，有人提议让附近纽堡基地的海军干涉此事。于是，《普罗维登斯日报》便刊登一篇模拟性的“打油诗”，对上述情况作了讽刺性评价，这篇“打油诗”式评论有力地讽刺这种推诿扯皮的社会现象。

二、编辑部文章

编辑部文章是由社论发展来的，它是中国的一个创造。与社论相比，党报的编辑部文章容量更大，规格更高，是专门就国内外政治、思想方面的重要问题或重大事件发表的政策性言论。编辑部文章始于20世纪50年代《论无产阶级专政的历史经验》、《再论无产阶级专政的历史经验》，并且注明是“经中央政治局讨论，由人民日报编辑部写成”。那么，为什么不用社论，而用编辑部文章这种形式？这是因为觉得社论不足以表明文章的分量，就创造了编辑部文章这种更权威的形式，以后又加上《红旗》杂志编辑部的名义。到了“文革”期间，又借用这种形式来搞“革命大批判”，再加上《解放军报》，就变成“两报一刊编辑部文章”。这种文章洋洋数千言，摆出一副“最高权威”的架势，到处打棍子，无限上纲，由最引人注目的权威性评论变成最令人憎恶的反动性文章，粉碎“四人帮”之后，它就寿终正寝了。“文化大革命”期间还兴起过“两报一刊社论”，那是“四人帮”舆论一律的产物。粉碎“四人帮”以后沿用过一时，但党的十一届三中全会以后就不用了。这是因为考虑到各报有各自的读者对象，有各自的特点，应该写出有各自特色的社论，不宜提倡这种联合社论。①

三、“任仲平”署名评论

署名“任仲平”的评论，是20世纪90年代以来《人民日报》所使用的一种评论形式。它轻易不会发表，而在已发表的评论之中，一般都反映重大的社会问题。新闻评论是报纸的旗帜，也代表着党和人民的声音。在社会转型的今天，党报评论在宏观领域所起到的作用越来越重要，其担负的解释政策、更新观念、解决问题和指导工作的任务更加强化，党报的新闻评论呈现出逐步繁荣的态势。但是，眼下一些党报的新闻评论却难以尽如人意，阅读率不高，没有起到应有的作用。究其原因，主要是太“硬”，放不下架子，板着面孔说话，拒人于千里之外，难以引起读者的阅读兴趣。实际上，党报的新闻评论能否“软”下来，更贴近读者呢？良好的第一感觉使读者愿意留住视线，接受引导，反之则会产生戒备、敬而远之的心理，这就要求党报评论要讲心里话，追求真情实感，读者才能看下去，才会感到亲切，并接受评论的观点。很多党报的评论工作在提高评论的贴近性上下了很多工夫，想了很多办法，做了很多努力，来改进党报的新闻评论工作，在这一点上，《人民日报》的“任仲平”文章做得很出色。

“任仲平”是《人民日报》评论的化名，从1998年开始使用至今。署名“任仲平”的文章通常在第1版重要位置刊发，然后再转版。它的题材重大，一般长达6000多字，但读起来却一点也不枯燥，没有以往理论评论文章的生涩和僵硬，能够把党的路线、方针、政策解读得既表述严谨，又生动活泼。“任仲平”的特点是：

1. 多段落，短句子。分段多，主要是为了缓解读者视觉疲劳，加强阅读的节奏感。短句子，一方面可以增加言语的力度；另一方面避免了长句子给读者造成的压迫感。长期以来，人们有一种认识，言论中用短句子，其表意总不如长句子全面、深刻，其实针对广大普通读者而言，太专业和冗长的表述容易造成本能的排斥和反感。这也是“任仲平”深入分析读者心理学之后所采用的应对措施，体现了以人为本的写作理念。

2. 句子尽量口语化。“任仲平”文章虽然篇幅很长、立意很深、选题很高，却像和

① 范荣康著：《新闻评论学》，人民出版社1984年版，第135页。

读者拉家常一样，不紧不慢，娓娓道来。“任仲平”正是在这样的氛围里春风化雨似的完成对读者的教育。

3. 言简意赅。这是评论文章旗帜鲜明、立场明确的内容要求，也是多段落、短句子的形式要求。要做到言简意赅，就需要有很深厚的理论功底，对党的路线、方针、政策理解得透，要点抓得准。表述一个意思，要用最简洁、最快捷的方式加以体现。

4. 善于用排比句式增加气势。评论需要文采，没有文采的评论不适合新闻纸的特性，也不适合当今社会生活的快节奏。“任仲平”的文采不是简单地贴附在内容上的皮，而是更好地为内容服务的有力手段。

5. 将枯燥的理论活化成生动的社会实践。“任仲平”没有生搬硬套，也不是简单说教，而是把这些理论与建设中国特色社会主义的生动实践相结合，在一段哲学表述后，总是用浅显的语言、人人皆知的事实做注解，使得每一句话都有来头和出处，有落脚归宿，又非常有力。

2003 年 5 月 15 日，《人民日报》刊登言论《筑起我们新的长城——论抗击非典的伟大精神》，获中国新闻奖一等奖。原文写道：

（一）“把我们的血肉筑成我们新的长城……”这是以民族魂魄谱就的雄壮旋律。越是遇到艰难险阻，这旋律就越发激扬高亢。

面对非典型性肺炎这场突如其来的重大灾害，这旋律又一次在人们心中涌动，在祖国大地回荡。

在抗击非典的关键时刻，中共中央总书记、国家主席胡锦涛向全党和全国人民发出号召：“我们要大力弘扬万众一心、众志成城，团结互助、和衷共济，迎难而上、敢于胜利的精神。”胡锦涛同志提出的抗击非典的二十四字精神，是对人民群众抗击非典伟大精神的精辟概括，是对民族精神的新的丰富，是鼓舞全党和全国人民夺取抗击非典斗争胜利的强大动力。

……

（六）哪里有艰险，哪里就有共产党员的身影，哪里就有共产党人的奉献。“战斗已经打响，我怎能离开?”山西省人民医院急诊科副主任梁世奎牺牲时还挂着听诊器；年仅 39 岁的广州胸科医院重症监护室主任陈洪光以身殉职，还献出遗体继续他的未竟事业；中日友好医院抗非典一线的同志们把“共产党员”的徽章佩在胸前，将责任、形象和使命展现在人民面前。

在抗击非典的前线，年青一代感受着新时期共产党人的魅力，选择了共产党人的理想：“我志愿加入中国共产党！我深深感到了党的温暖，党的力量！”广州第一人民医院年轻的医护人员在非典救治火线递交入党申请书。

（七）你的心，我的心，万众一心；你的力，我的力，千钧之力；2003 年的春天，中国人民携手铸就了抗击非典的英雄雕塑，同心谱写了民族精神的恢宏乐章。

从中，我们深切感受着以胡锦涛同志为总书记的党中央心系人民、坚定成熟、驾驭复杂局面、应对严峻挑战的能力和魄力。一个面向世界、开明开放、务实高效、坦诚负责的中央领导集体，展示了坚强的领导力量和良好形象。人们对党和政府更加信赖，更加拥护。

从中，我们深切感受着中国特色社会主义制度的优越。全国上下步调一致，集中力量办好大事，政令畅通紧密合作，社会各界同心协力，发挥着巨大的社会组织能力和动员能力，仅仅用了七天，拥有1000个床位、达到一级标准的北京小汤山非典定点医院建成启用，就是一个有力的证明。即便是最偏远的山区，也能及时知晓疫情的变化；即使是最贫穷的乡亲，也能及时得到救治。

旧中国那种疫病造成的“千村薜荔人遗矢，万户萧疏鬼唱歌”的悲惨状况，只能成为历史。

从中，我们深切感受着中国共产党人崇高的精神境界。“三个代表”重要思想深入党心民心，在危难关头，在生与死的考验面前，代表人民利益的是中国共产党，冲在最前面的是党所教育和培养的优秀儿女，他们的肩膀，扛着亿万群众的安危；他们的双手，托起民族精神的魂魄。

……

（十六）历史总是在经历了一次又一次磨难中曲折发展的，人类总是在破解了一个又一个难题中昂首前行的。马克思主义认为，每次灾难，总是以社会的巨大进步为补偿的。病魔肆虐，不以人的意志为转移，但它给予伟大民族的不是屈服而是抗争，不是毁灭而是生机。我们坚信，依靠党中央的坚强领导，依靠改革开放积累起来的雄厚物质基础，依靠日益进步的医疗条件和科学技术，依靠伟大的民族精神，我们一定能够战胜疫病，夺取全胜。

一座坚不可摧的雄伟长城，永远屹立世界东方！

这篇言论满怀激情地讴歌了在抗击“非典”的斗争中形成的“万众一心、众志成城，团结互助、和衷共济，迎难而上、敢于胜利”的伟大精神。该文刊发后，及时有效地鼓舞了全国人民抗击“非典”的决心和信心，在社会上引起了强烈反响。这篇言论主题鲜明重大，论证缜密，气势磅礴，催人奋进。优秀的言论都是有激情的，往往是越深刻越有激情。这篇言论将以理服人与以情动人巧妙地融为一体。如文中写道的“‘把我们的血肉筑成我们新的长城……’这是以民族魂魄谱就的雄壮旋律。越是遇到艰难险阻，这旋律就越发激扬高亢”，“一场没有硝烟的特殊战斗，进入攻坚阶段；一座抗击非典的伟大长城，巍然矗立起来”，等等。这些激情四溢、如诗如画的文字，气势宏伟，寄激情于说理，环环相扣，一气呵成。读来铿锵有力，让人热血沸腾，为言论增强了感人的力量。文章发表后，引起读者感情上的强烈共鸣。

同时，评论作品只有把深刻的思想与通俗的论述有机结合起来，才能便于读者理解和接受，并把深奥的哲理浅显化、抽象的东西具体化，既有深刻的思想，又使读者一看就明白，读来并没有从概念到概念生涩枯燥的感觉，具有很强的说服力和感染力，不愧是论述抗击"非典"伟大精神的力作，是新闻评论的人文关怀的充分展示。评论作品的人文关怀，主要是指对人的生存状态的关注，是对人的尊严与符合人性的各种需求的肯定。全心全意地为人民服务，应是新闻人文关怀的出发点和归宿，而通俗易懂、为普通百姓所喜闻乐见，则是新闻人文关怀的表达方式。这篇言论在这方面得到了充分的展示。作者站在与读者平等对话的立场上，既没有板着面孔的说教，也没有空话、大话、套话及老调的重弹，而是运用人民群众中大量活生生的感人事例和新鲜、生动活泼的语言，全面论述了抗击"非典"的伟大精神，文章以"一方有难，八方支援，给患病群众以无微不至的关爱，给医护人员以满腔热情的支持，给发病地区以切实有力的帮助，做到同呼吸、共命运、心连心，共同应对疫病的挑战"，读后给人以浓浓的人情味和极强的亲和力，使人们感到，党和政府时刻在关心着人民的身体健康，时刻在为人民办实事，诚心诚意地在维护人的尊严和老百姓的根本利益，真正做到了"想群众之所想，急群众之所急，解群众之所难，帮群众之所需"，这样的言论，是践行"三贴近"的典范。①

四、社评

社评是一种历史悠久的评论体裁。社评，又称社论，它是代表新闻媒体发言、表明新闻媒体政治态度的权威性言论，既是报纸的灵魂，又是报纸的主要声音。历史上，由张季鸾主持的《大公报》"社评"最为著名。《大公报》的社评，一是敢言且善言。20世纪20年代的报纸言论，被人讥为"太上感应篇"，有形无神，可有若可。但新记《大公报》续刊之后，张季鸾那支锋利凝练之笔，确实倾倒了不少读者。复刊初期，张季鸾一骂吴佩孚跌霸（《跌霸》，1926年12月4日）；二骂汪精卫的领袖欲（《呜呼领袖欲之罪恶》，1927年11月4日）；三骂蒋介石的不学无术（《蒋介石之人生观》，1927年12月2日），一时脍炙人口，一纸风行。二是新闻性强。《大公报》的社评一般在重大新闻刊出的当日配合发表，基本上在次日发表。即使在情况不甚清楚时，《大公报》也不回避，而是根据事件的前因后果，作出分析解释，并选择一个较为有利的立足点，阐发该报的意见和立场。例如，1929年1月10日晚，张学良枪杀杨宇霆。杨乃张作霖心腹谋士。张作霖死后，张学良与杨并称张杨，权倾关外。张杀杨后，传言纷纷，真相不明。《大公报》获讯后，即于次日发表社评，介绍了杨之身份地位及张杨关系恶化的由来，并从

① 参见刘保全：《评筑起我们新的长城》，载《新闻战线》2005年第1期。

公私两面论述杨之该杀不该杀。第二天，《大公报》再度发表社评，敦促张学良实践在杀杨之后发出的通电中之所言，放还被扣车辆，缩小兵工厂，促成全国统一。《大公报》在事件真相不太明朗的情况下，选择维护法律和促进国家统一的立场，积极主动地分析新闻事件，既不回避社会问题，又反映舆论民情。

张季鸾的社评在文体和语言上虽仍未脱尽文言文的束缚，但基本上能就当前的时事和热点问题进行评论，把议论与新闻报道融为一体，加强了评论的新闻性。比如，1942年冬，中国抗日战争进入相持阶段。《大公报》派遣年仅25岁的记者张高峰到中原地区采访。张高峰从重庆经西安到达洛阳，看到处处流浪的灾民，鸠形鹄面，沿街乞讨，悲惨的号救之声，随处可以听到。随即他又到豫西、豫东、淮阳等地采访，目睹灾民流离失所、遍地饿殍的惨景，而国民党当局却有意掩盖灾情，不使外泄。1943年1月17日，张高峰从河南省叶县向《大公报》重庆馆寄出一篇题为《饥饿的河南》的长篇通讯，发表时改题为《豫灾实录》，并发表在《大公报》重庆版上。通讯写道："记者首先告诉读者，今日的河南已有成千上万的人正以树皮（树叶吃光了）与野草维持那可怜的生命。'兵役第一'的光荣再没有人提起，'哀鸿遍野'不过是吃饱穿暖了的人们形容豫灾的凄楚字眼……"报道详尽记述了河南水、旱、蝗、风、雹等天灾，也揭露了当局向灾民征兵、征粮等人祸，惊叹灾民的悲惨生活，质问当局为何不救灾！王芸生读后气愤异常，他对比重庆的现状，提笔写下《看重庆，念中原!》的社评，发表在2月2日的《大公报》重庆版上。原文这样写道：

昨天本报登载一篇《豫灾实录》，想读者都已看到了。读了那篇通讯，任何硬汉，都得下泪。河南灾情之重，人民遭遇之惨，大家差不多都已知道；但毕竟重到什么程度，惨到什么情况，大家就很模糊了。谁知道那三千万同胞，大都已深陷在饥馑死亡的地狱。饿死的暴骨失肉，逃亡的扶老携幼，妻离子散，挤人丛，挨棍打，未必能够得到赈济委员会的登记证。吃杂草的毒发而死，吃干树皮的忍不住刺喉绞肠之苦。把妻女驮运到遥远的人肉市场，未必能够换到几斗粮食。这惨绝人寰的描写，实在令人不忍卒读。而尤其令人不解的，河南的灾情，中央早已注意，中央的查灾大员也早已公毕归来，我们也听到中央拨了相当数额的赈款，如此纷纭半载，而截至本报通讯员上月十七日发信时，尚未见发放赈款之事，千万灾民还在眼巴巴的盼望。这是何故？尤其令人不忍的，灾荒如此，粮课依然，县衙门捉人逼拶，饿著肚纳粮，卖了田纳粮。忆童时读杜甫所咏叹的《石壕吏》，辄为之掩卷叹息，乃不意竟依稀见之于今日的事实。

接着，作者重点描写重庆物价跳涨、市场抢购、限价无效、阔人豪奢的情况。文章这样写道：

今天报载中央社鲁山电，谓"豫省三十年度之征实征购，虽在灾情严重下，进行亦颇顺利”。并谓：“据省田管处负责人谈，征购情形极为良好，各地人民均罄其所有，贡献国家。”这“罄其所有”四个字，实出诸血泪之笔！

我们生活在天堂一般的重庆，重庆无冬，人们已感近几天的寒冷。

尽管米珠薪桂，重庆还很少听到饿死人，一般人家已升起熊熊的炭火，而在河南，朔风吹雪，饥民瑟缩，缺衣无食，又有多少同胞冻馁而死！现时的重庆，正为庆祝平等新约而欢欣，诚然值得欢欣，我们还应该有些戒慎恐惧之情。现时的重庆，正近旧年，虽在限价令下，而百物跳涨，鸡卖到二十五元一斤，鸡蛋二元二角一枚，猪肉照限价十四元一斤，但分量不够，且搭上烂肠子，硬骨头，划算起来，比黑市还贵。一般摩登的食品店，卖空了架子还有人买，人们宁愿今天先撂下花花绿绿的钞票明天再来拿货。尽管贵，总有人买。这情形若叫河南灾民听见，不知作何感想？

谈到限价，就这半个月来的经过情形看来，真令人思绪纷纷，不知从何说起。管理物价，本是极科学的事。行政效率若差，社会若无守法习惯，很难望弄好。目前重庆的情形，价是限了，限高了的就合法的高了，限低了的也跟着高了，纷纭复纷纭，买者卖者，遍市廛尽是违法之人。报载总动员会议已设立军法执行监部，安得监狱千万间，尽囚黑市违法人？在限价令下，这半个月来，任何事业与个人都已受到正的或负的影响，我们所能说的仍是上月十五日实施限价之日所讲的几句话：“这次限价是一个试验，假使失败，我们可以想象得到，政府必然将抛弃一切温和的办法，根据国家总动员法，严厉管制一切物资的生产集中与分配。换句话说，政府可以无条件征发一切物资，来分配分售。”我们为什么又重复这一段话？老实说，是因为对河南灾情有感而发。河南的灾民卖田卖人甚至饿死，还照纳国课，为什么政府就不可以征发豪商巨富的资产并限制一般富有者“满不在乎”的购买力？看重庆，念中原，实在令人感慨万千！

政府对重庆，也许将宽厚到底：但我们重庆人，却必须深切自省，莫太征逐物欲，在这灯红酒绿百货上市准备过年之时，应该勉抑酒食之欲，稍节馈赠之资，以移赈河南灾民。如此，还可以稍稍减轻我们的罪戾，略略安慰我们的良心！

读者诸君如欲捐款赈救河南同胞，本报愿尽收转之劳。

《看重庆，念中原!》为河南三千万灾民呼吁援助，痛陈重庆灯红酒绿、纸醉金迷的现实，发表的当天晚上，新闻检查所派员送来了国民党当局限令《大公报》停刊三天的决定，以示“惩戒”。《大公报》遵令于2月3日、4日、5日停刊三天，造成西南大后方轰动一时的“《大公报》停刊事件”。王芸生不服，找到国民党军事委员会委员长侍从室第二处主任陈布雷询问，陈说：“委员长根本不相信河南有灾。说省政府虚报灾情。说什么‘赤地千里’、‘哀鸿遍野’、‘嗷嗷待哺’等，委员长就骂是谎报滥调，并严令河南的征实不得缓免。”

王芸生后来回忆这事件时说：“这篇文章，不足尽写实任务之万一，竟如此触怒蒋介石摘去所谓‘民主’‘自由’等假招牌，公然压迫舆论。”《大公报》停刊三天后，记者张高峰很快在叶县被豫西警备司令部以“共党嫌疑”逮捕。刑讯之后，又被当时并称河南四害（水、旱、蝗、汤）之一的国民党三十一集团军总司令汤恩伯亲自夜审。因查无实据，又改为“软禁”，直至1943年夏。《大公报》资深记者曹世瑛在回忆这段往事时写道：“当时，《大公报》的发行数是每天6万份，战时后方只有手工制造、供应紧张的土报纸。停刊三天，节省18万张纸，全体职工还捞到三天休息。平日难得进城，这时正可去买点年货（2月3日、4日、5日停刊，正是农历腊月二十九、除夕、正月初一）。重庆市民听说《大公报》因发表社评被罚，都想看看这篇文章，到处去买报纸。恐怕下次买不到，赶快到营业部去订阅，结果销路大涨。重庆的同业见到《大公报》的人都说‘恭喜发财’。”①

从20世纪末至21世纪初，中国报纸评论的改革又迈出新的步伐。1999年4月17日，《北京青年报》开辟《今日社评》专栏。《今日社评》仍署作者个人名字，用凸显媒体观点立场的社评发言正在成为一种逐渐走强的传播方式。一是对社评（社论）的内容和形式有所创新。《今日社评》没有照搬党报撰写社论的做法和要求，而是根据《北京青年报》自身特定的读者对象，以贴近生活、触及热点、针砭弊端、弘扬时代主旋律为己任，注重结合中央最新宣传精神和社会舆论动向，从实际生活中百姓关注并迫切需要解决的社会矛盾入手确定选题。这些选题切入点小而新，并且行文以短小精悍见长，少则600字左右，多则千字以上，平均千字以内。二是在言论写作机制上的改革。报社设一个社评写作组，由兼职评论员和总编辑组成，集体研究共同策划。每天研究一次，根据当日新闻事件、宣传意图和社会舆论，确定具体选题。每位成员轮流担任一周的撰稿任务，稿件由总编辑直接定稿。署上执笔评论员姓名，体现了集体研究、个人负责、总编辑定稿把关的运作机制。

2000年11月6日，《工人日报》开辟了《每日社评》专栏，力求为读者提供有深度、有力度的评论，用总编辑盛明富的话说：“《工人日报》是全国广大职工的代表，为适应自身读者群的特点，必须解决社论少而且比较冷峻的问题，做到经常定期和读者见面，并融亲和力与指导性于一体。”实事上，《每日社评》栏目发表的《我们守得住道德的底线吗》、《靠什么温暖人们》、《民主政治进程的新气象》等评论无不体现其亲切、真挚的格调，以及关注新近事和百姓事的选材特点。《每日社评》每日一篇，其栏目特色：一是在选材上，关注新近事和民众事，都是新近的有关百姓生活的言论。二是融亲和力和指导性于一体。它根据自身读者群的特点，解决社论少而且比较冷峻的问题，做到经常定期与读者见面，并且避免社论居高临下、官话套话多、可敬不可亲的弊端。三是追求评论的深度和力度，即要求作者的思想意识强，写作能力强。

---

① 参见王鹏文：《豫灾报道与〈大公报〉停刊》，载《纵横》2004年第2期。

当前，北京的《中国青年报》、《新京报》，广东的《南方都市报》等报社都辟有社评栏目，因此，社评这种评论形式大有方兴未艾之势，但无论是《今日社评》，抑或《每日社评》，都是由集体撰写而成的评论，它与张季鸾个人单独主持的《大公报》社评有所不同。

第二节　本报评论员和特约评论员文章

一、本报评论员文章

本报评论员文章有三种：①不署名评论员文章，这种形式常用。②署名评论员文章。③特约评论员文章。这些评论既非个人署名的一般文章，又不代表编辑部，只标明是编辑部一位评论员写的文章，这就有比较大的灵活性：既有一定的“官方色彩”，又不完全代表“官方”，最多只能说这类文章有一定的“官方背景”。这种灵活性表现在选题上，就是可以更加放开一些，表现在写作上，就是可以更自由。由于评论员文章不代表整个编辑部，它的权威性不是靠它的身份而是依靠议论的精确取得的。

评论员文章历史悠久，但长期以来影响不大，这同过去“重社论，轻评论员文章”的思想密不可分。20 世纪 50、60 年代初，常常把一些写得不好的社论删节一番，作为评论员文章发表，特别是一些业务部门写的社论，思想性较差，业务性很强，不发，人家有意见，只能降格处理，于是拿来当评论员文章发，久而久之，本报评论员文章就形同社论的处理品，声誉不高。进入 20 世纪 80 年代，生活的节奏加快了，评论的新闻性也增强了，各种报纸如雨后春笋，彼此竞争，评论员再也不能慢慢地“做文章”了，评论员文章这种“轻骑兵”迎来了大繁荣、大发展的时代。同时，评论员文章又是介于社论和短评之间的一种评论形式，一般在 1000 字左右，通常不会全面地论述某一重大问题或重大决策，而是就某一问题或选择一个重要的侧面发表意见，作更深一层的分析和论述。

评论员文章有署名和不署名两种形式。编辑部决定采用评论或评论员文章的形式发表，往往是由论述问题的重要和发表的郑重程度决定的。评论发表的郑重程度仅次于社论，直接代表编辑部集体的意见，反映编辑部的观点和意见。以“本报评论员”署名的评论，形式上虽然不直接代表编辑部集体的意见，只表明它是编辑部一个评论员写的文章，但通常需要得到编辑部的同意。评论员文章既有一定的“官方色彩”，又有个人的风格，它的选题面更广一些，一般不会全面地论述某个重大问题，而是选择一个侧面单刀直入，对所要论述的问题进行集中、深入的分析。它不必像社论那样持重、严肃，也可以写得自由、活泼。而且，评论员文章常常与其相关的新闻报道同时发表，并根据党的路线、方针、政策的原则精神，提炼和概括现实生活的丰富内涵，高屋建瓴地揭示其底蕴，起着总结推广典型、指导一般的作用。它针对现实生活和实际工作中的某一方面问题，作政策性、方针性的指导和评价；或在党和政府的各项方针、政策的贯彻过程中，及时地揭示出一个时期的具体方向或重点问题；或及时地灵活地针对某种社会思潮和一个时期的思想倾向，生动切实地宣传党的路线、方针、政策；或联系媒体上发表的正反典型进行评论，兴利除弊、扶正祛邪等。这些评论员文章也经常把重大问题分成几个方面，从多种角度来加以论述。而且通常采用“系列评论”的形式，从各个方面、各个角度来分论问题。这种系列评论往往具有持续时间长、包容量大、强势效应突出等优势。但在写作中也要注意几点：①精心策划。②要紧密配合。各篇之间既有分工，又有联系，要从不同层次、不同侧面、不同角度展开论述，各有侧重。③言之有物。不能贪大求全，一定要有的放矢，力求每篇评论都能有深刻的思想、独到的见解和精辟的观点，给人以启迪。事实上，署名评论员文章这种形式，《中国青年报》用过，《福建日报》也用过。比如，《福建日报》1984 年 12 月 31 日发表评论《改革开放人心所向》就署名“本报评论员黄种生”。

二、特约评论员文章

（一）特约评论员文章的含义及产生

特约评论员文章是评论员文章的一种特殊形式，冠以“特约”两字，用以加重文章作者的身份。这类评论对象大多是事关全局的举足轻重的重大问题，专题性更突出，理论性更强烈，政论性更鲜明。有时作者是党政机关或理论学术机构的权威人士，所以使用起来要比评论员文章郑重，它在媒体上的地位有时比社论还高。它虽然不是报社人员而是约请有关人士撰写的，但丝毫不意味着编辑部可以不为此而承担责任，恰恰相反，在特定的条件下或特定的问题面前，编辑部往往通过这一途径来强化自己的态度和观点。换言之，凡特约评论员文章所阐明的态度、立场、观点，总是为编辑部引为自己的态度、立场和观点的，一般不署名。

“特约评论员”文章的产生，有其特定的社会背景。1977 年 2 月，经中央分管宣传的汪东兴同志的决定和华国锋同志的批准，《人民日报》刊登了宣传“两个凡是”的“两报一刊”社论。当时，《人民日报》打算组织一些文章，用社论形式发表，展开讨论。但是，考虑到这种讨论社论难在宣传“两个凡是”的同志手中通过，于是决定用“特约评论员”这个名称，这样既不必送审，又能引起读者的关注。1978 年 2 月 19 日，《人民日报》发表了第一篇题为《老干部的光荣责任》的“特约评论员”文章。“特约评论员”这个名称，不仅《人民日报》用，《红旗》杂志、《光明日报》、《解放军报》和《吉林日报》等省级报刊也用，并发表了一些重要文章，《人民日报》大多摘要转载。据统计，从第一篇“特约评论员”文章发表，到 1981 年 5 月 27 日刊登的最后一期

“特约评论员”文章《评“左”比“右”好》,《人民日报》共发表或转摘“特约评论员文章”66篇。“特约评论员”文章是时评，主要针对当前国家政治生活中最紧迫的问题立论，有较高的理论色彩；它多数为外稿，作者有各个领域的专家学者，以及既有理论水平又有实际经验的党政干部，如《光明日报》发表的特约评论员文章《实践是检验真理的唯一标准》，就是由南京大学哲学系教师胡福明撰写初稿，再经胡耀邦（时任中央党校副校长）、杨西光（时任《光明日报》总编辑）等人反复修改而成的。“特约评论员”文章在版面处理上也特别突出、醒目，由重要版面刊登，大字标题，全文用楷体，体现了一种强烈的导向意识。

特约评论员文章是党的十一届三中全会前后拨乱反正这一特定历史条件的产物，如今特约评论员文章基本上已消失，究其原因：一是有一段时间用得太滥，三天两头就发表特约评论员文章，“特约”的变成常见的，也就不那么引人注目了；二是文章越写越长，长到七八千字，甚至一个版登不下，还要转版，令人望而生畏；三是中国顺利地转入以经济建设为中心的时期，工作重心发生变化，评论工作转变为为经济建设服务。①

（二）特约评论员文章与一般评论员文章的区别

通常而言，特约评论员文章并不像一般评论员文章那样选择一个侧面，论其一点，而是多侧面、系统地就一些重大思想、理论和政策方面的问题展开论述，比较讲究论证的系统性和严密性，有比较强的思想性和理论性。且篇幅一般较长，多在三四千字以上，被称为“超重型评论员文章”。

第三节　编者按语与“配”评论

一、编者按语

（一）编者按语的含义

编者按语是对媒体所发表的新闻报道进行简要的提示、评议、阐述或作补充说明的文字，正式表明编辑部的态度。编者按最显著的特点是“立片言以居要”，目的在于画龙点睛，把新闻报道或文章中最精彩的、结论性的意见点出来，以引起读者注意。在新闻报道配上“编者按语”，是把司马迁《史记》中运用的“太史公曰”的办法引入新闻传播之中。司马光编写《资治通鉴》开了编年史的先河，把千余年的历史删繁就简，去伪存真，态度极为严正。它写的虽是旧闻，着眼则在“资治”，使读者以古为鉴，借古喻今。他运用夹叙夹议的手法，在紧要处写上一段“臣光曰”，发挥了史论的传统优

① 范荣康著：《新闻评论学》，人民日报出版社1984年版，第137页。

点。还有明末的王船山撰写的《读通鉴论》，就《资治通鉴》所载的重要史事，逐条加以评论。每篇都有新见解，又不标新立异。而且内容之精辟，文字之简练，为史论增色。这种做法在《中外纪闻》和《时务报》上已时有所见，通常附在所载新闻或译文的后面，是编辑人员在编发稿件时根据需要随时加上的。刊于《中外纪闻》的“编者按”，文前都冠有“按”或“论曰”。《时务报》的“编者按”，一般没有“按”或“论曰”，行文语气却明显像评论。编者按语在19世纪初才普遍推广，像《中国旬报》、《新民丛报》等已作为常用的评论手段。近代《申报》是最早出现按语的报纸，当时的名记者如梁启超、黄远生、邵飘萍，大抵都继承这些前辈的优良传统，并加以发扬。那时的编者按比时评更短小、活泼，有的是文中加按，大多数是文后加按。

（二）编者按语的形式

根据编者按语所处的位置，可分文前按语、文中按语和编后三种形式。

1. 文前按语。也称题下按语，是最常用的形式。它居于文章或报道之前，常以楷体或比正文大一号的字体排版。写作要求言简意赅，常使用论断性语言，不必重复叙述新闻中的事实，也无需组织论证，只要直接、鲜明地提出论断即可。文前按语一般不拟标题，也不宜署名。

2. 文中按语。它是与新闻报道或文章相互配合、相互渗透的一种画龙点睛式的评论。它的特点在于直接插入文中，标上括号，或附在新闻报道或文章某句话、某段文字的后面，有感即发，直截了当，直接表达作者、编辑部的立场和观点。它通过对新闻报道提示建议，褒贬批注，从而达到解释政策、明辨是非的效果。文中按语有助于增强新闻报道的思想性和鲜明性；也可以借此与读者谈心，缩短媒体与受众间的传播心理距离，随时给受众以引导。

3. 编后。又称编后小议、编余等。因其置于文末，故称“编后”。中国报刊最早刊登的编后，为上海的《申报》。1878年3月30日，曾载文说：“本馆胪列新闻，登之日报，不过据事直书，不敢饰无为有，亦不敢颠倒是非，间于篇末窃附己意，亦不失就事论事之议，以期准于情当乎理而已。”① 这是最早的对编后的说明。

编后用于简要说明编辑部对有关新闻报道或文章的基本态度，多借题发挥，从新的角度或用新的材料、新的论证方法，给以简单的必要的说明。编后多用抒情、联想和议论性文字，依附在新闻稿件后面，深化新闻报道。编后的写作要求论题单一，分析扼要，不宜重复新闻中的事实，只要点出思想即可，可拟标题，也可不拟；可以署名，也可不署。编后的形式比较灵活，不拘一格，可以用散文笔调，甚至可以用诗歌和对话的形式。编后除了为新闻报道配写外，还可为新闻图片、图表配写。

---

① 范荣康著：《新闻评论学》，人民日报出版社1984年版，第200页。

2011年5月，一条“我国城镇居民人均居住月支出111元”的消息引发网友关注。① 消息称，国家统计局公布2010年国民经济核算中对居民消费支出的统计结果，月均1123元的支出中占比最多的前四位分别是：食品，月支出400元，交通和通信类，月支出165元，教育文化娱乐服务类，月支出136元以及衣着类，月支出120元，而住房月支出仅111元。对于这一消息，许多网友质疑“人均居住月支出111元”数字太低，与个人实际感受不符。

那么，如何看待“111元”这个数据呢？“111元”实际上是一个人均居住支出数。在研究居住支出时，通常以家庭（户）为单位，如果按户计算，2010年城镇居民户均月住房支出为320元，这是一个全国平均数，它综合了不同地区、不同城镇、不同收入水平居民的居住支出。分地区看，东中西东北城镇居民户均月居住支出分别为375元、278元、267元、286元。分城镇规模看，地级以上城市户均月居住支出339元，地级以下城镇户均月居住支出272元。因此，“111元”是租房户和自有住房户的居住支出的平均数。2010年，在调查样本中，自有住房户比重超过80%。对租房户而言，住房支出较大，除支付房租外，可能还要支付水电费、物业费等。但自有住房户不同，他们不需要支付房租，只需支付水电费、物业费等。由于调查样本中自有住房户占绝大多数，因此，将两类住户综合在一起，计算城镇居民的人均居住实际支出就与人们的感觉有一定差距。针对此类情形，《人民日报》发表了名为《住房月支出111元：统计工作应贴近实际》的编后，原文写道：

“我国城镇居民人均居住月支出111元”之所以引发公众关注，最大的原因就是在目前房价居高不下的背景下，其结果与公众的实际感受差距太大。

按照国家统计局的说法，这“111元”跟购房支出无关，也就是说不关房价的事。排除这一因素，呈现给公众的居住支出数据也还是明显低于公众感受。

统计工作关乎国计民生，日益受到公众重视，统计机构在采集数据、发布成果时，应该强化“公众意识”、“生活意识”，使自己的工作更加贴近实际。这样，统计成果才能被大众理解和接受，也才能有效推广和运用。

这则编后可谓一针见血、一语中的。实际上，编后和编者按是最简短、最轻便的评论形式，通常一二百字，甚至更短。编后和编者按是“一针见血”的评论，不容说空话、废话、套话，三言两语就解决问题。编后和编者按贵在画龙点睛，但写得不好，就会画蛇添足、弄巧成拙。

---

①《“111元”为何引发质疑》，载《人民日报》2011年5月6日。

二、“配”评论

俗话说：“画龙”还需“点睛”。如果把编新闻稿比作“画龙”，那么，配评论则是“点睛”之笔了。为新闻报道写好配属式评论，能使两者起到相得益彰的作用。该配则配说起来容易，具体配起来就很难掌握了。需要表明倾向的时候，就该配。新闻表述的是事实，务必客观公正，有时却很难旗帜鲜明地把倾向性表达出来，这就要借助配属式评论，毫不含糊地表明态度，提倡什么，纠正什么，赞成什么，反对什么，要说得开门见山，说得斩钉截铁，这样就可以表明新闻报道中无法表明的态度，起到了深化报道的作用。同时，需要传递新的精神时，也可以配评论。报纸的舆论导向作用非常明显，而这种作用又主要是靠评论来体现的。配属式评论有其自身的优势，这类评论是配合消息、通讯刊发的，因而这类评论容易产生更大的说服力和感召力。

当然，配属式评论不能因为敲边鼓而干巴，要注入感情，焕发文采。配属式评论大多是“豆腐干”，这种“豆腐干”文章如果没有滋味，恐怕没有人敢享用。但是，味道调好了，有新鲜的色泽，对人就会产生“挡不住的诱惑”。评论不能给人一副呆板、冷峻的面孔。读者对评论情有独钟，是因为评论的字里行间注入了情感，传达了读者的心声。实际上，“配”评论，就是为配合某一特定的新闻报道而撰写的言论。无论是社论、本报评论员文章，还是短评以及编者按、编后，它们都常常依托新闻报道发表，当然，新闻事实是否值得配评论决定于它是不是有评论的价值，不是凡有新闻价值的事实都需要进行评论。

概括地说，依托新闻报道配评论有两大好处：一方面，可以让受众对新闻报道获得立体化认识。新闻报道一般是向受众展示事物的现象。新闻评论通过对新闻报道进行由表及里、由此及彼的分析，可以进一步揭示新闻事件的要点、实质，进一步阐明党的方针政策，从而使受众对新闻事件有一个全面的、深刻的、清晰的认识。这样新闻报道的影响和指导意义也随之大大增强。比如，2012 年 9 月，国家发展和改革委员会同卫生部、人力资源和社会保障部发出《关于推进县级公立医院医药价格改革工作的通知》(以下简称《通知》)。在全国县级公立医院医药价格改革工作会议上，对改革工作进行了专门部署。会议要求，取消 300 余个试点县级公立医院的药品加成政策，试点医院的药品价格要降低 15% 左右，为此减少的合理收入，通过增加政府投入、调整医疗服务价格等途径予以补偿，改革医保支付方式，提高医保支付水平，不会增加患者负担。为此，2012 年 9 月 23 日的《人民日报》配发了《改革不是简单“加减法”》的短评。原文这样写道：

取消药品加成，意在破除“以药补医”。去掉药品加成容易，扭转医院的趋利性却不容易。如果仅是取消 15% 加成了事，很可能“按下葫芦浮起瓢”——这边减下去，那边检查费、检验费用涨上来，最终吃亏的是患者。

此次改革强调“建机制、控费用、调结构、强监管”的原则，采取综合措施和联动政策，将取消药品加成、调整医疗服务价格、改革收付费方式和落实政府办医责任进行“一盘棋”改革。政策如果真正落实，将能有效地降低老百姓看病费用，而不是单纯降低药费。这种“算总账、求实效”的思路值得肯定。

《通知》在推进医药价格改革的同时，同步推进了财政、医保等相关政策的改革。《通知》规定，试点公立医院要将药品销售价格向社会进行公示。取消药品加成政策后减少的合理收入，通过增加政府投入、调整医疗服务价格等途径予以补偿。取消药品加成政策后，要确保试点公立医院的药品价格降低15%左右，鼓励各地探索有效办法进一步降低药品价格。改革的原则是“建机制、控费用、调结构、强监管”，通过取消药品加成政策，切断县级公立医院对药品差价的经济依赖关系，使公立医院补偿由服务收费、药品加成收入和财政补助三个渠道，改为医疗服务收费和财政补助两个渠道；而通过调整医疗服务价格，体现医务人员的技术劳务价值，调动医务人员积极性，提高技术服务质量和服务效率。因此，改革不是简单地调整价格，重在促进新机制的建立，来减轻患者的医药费用负担。

另外，它有助编者主动及时地对某一事件或问题发表意见和看法。首先，由于新闻评论依托报道所提供的材料来提出论题，引出由头；或者通过评价重大的典型报道，分析典型事件的意义，或者以典型报道中的事件为由，集中抓取新闻事件中的某一点，加以引申发挥，立论就具体、自然、及时，针对性就特别强，与实际生活的联系也更为紧密。其次，由于论述有具体的依托，主要通过对新闻事件的具体分析展开，论述有特定的范围，可以使理论与实际更紧密地结合，比较容易写得具体、深刻。再者，由于开门见山，就事论理，还可以省掉许多论述的笔墨，使评论写得短而精。实际上，配属式评论就是给新闻或通讯点“睛”，既然是点“睛”，那么就要把写作的焦点聚集在“眼睛”上。点“眼睛”必须研究“眼睛”，研究透了，点出来的“眼睛”才能传神。比如，1997年4月7日，《海南日报》发表名为《江西三万椒农败走天涯》的消息，文章这样写道：

“亏惨了！”3月28日，江西省南昌县冈上乡合山村农民李大蝉，沮丧地对专程前往调查的笔者说。他和两名同伴去年9月带去海南种椒的2.6万元钱，只剩下了9000元。该乡党委书记说，乡里去海南的椒农人均亏了5000元，全乡共亏损2000多万元，银行贷出的1000多万种椒款也未收回。南昌县蔬菜办负责人证实，去冬到海南的3万多江西椒农，九成亏本。

一年前的情况刚好相反。1995年二三月份，南昌市的辣椒卖到每公斤五六十元，在海南种辣椒的7000多江西农民90%都发了财。许多人带去1万元，四五个月后就带回去二三万元。冈上乡农行储蓄所的农民存款，几个月就增加了1000万元，全乡有几十户椒农买了摩托、盖了新楼。

谈及亏损，一些江西椒农抱怨运气不好。南昌市蔬菜局局长魏朝瑜则认为，亏本实在意料中。1996年，到海南的江西椒农比上年猛增了5倍。一些中介人和在海南种了几年椒的同乡，趁机哄炒地价，租金普遍上涨，三亚崖城镇由上年每亩500元至800元，涨到1500元至2500元。另一方面，和1995年冬相反，去年出现了适合广东、广西蔬菜生产的"暖冬"，加上内地大力发展大棚菜，蔬菜量丰价平。辣椒从海南运到南昌，加损耗、运输费用等每公斤成本在0.5元左右，而南昌辣椒便宜时只卖每公斤0.5元。在调查中，一些椒农告诉笔者，今年还要到海南碰碰运气。李大蝉说："江西人相信一句老话——亏本的生意莫丢。"

针对一述情形，作者配发了名为《不能碰运气》的短评，原文写道：

"今年还要到海南碰碰运气"——不少经商的农民都有着类似江西椒农这样的心态。做生意靠碰运气，对赚钱、亏本毫无把握，这终究不是个办法。

为什么要去"碰运气"？就多数农民而言，他们是不得已而为之。变幻的市场不是农家门口那几亩良田，它离得那么远，以致瞪大眼睛也看不清，弄不明。从事商品生产的农民掌握市场行情远不及掌握农田水情那么容易；他们急需"望远镜"，帮助他们缩短与市场的距离。

市场经济条件下有赔有赚几乎是一种必然现象，但怎样尽可能地避免风险，取决于对市场的了解和认知程度。政府部门应力争给农民提供全面、准确的市场信息，同时也要下力气帮农民提高经营素质，使农民懂得如今种地既要考虑到种，更要考虑到销；既要想赚钱，更要想到积极地去规避风险。

这篇《江西三万椒农败走天涯》获得中国新闻奖三等奖。李大蝉的遭遇给人的印象是具体而又深刻的，不仅可以引起读者的理性思考，在情感上也会使读者受到触动，从而对这类问题引起更多的关注。而这篇报道在选材上做到了：①高——具有较强的代表性，能高度概括同类事物的基本特点。②深——内涵丰富，且有思想深度。③活——有思想感情，有故事性。而农民李大蝉的一句"亏惨了"，颇有震撼力。为新闻配写评论，主要在于深化报道。短评《不能碰运气》则是对上述新闻报道反映问题的深化。在写作上，它要求能抓住新闻中最有评论价值的一点细细剖析。但一篇新闻放在案头，到底抓哪一点能确实发挥评论的真正价值，这就要看新闻中哪一点最能阐发出新鲜的、针对性强的、对读者有教育意义的思想观点。这篇评论因评论价值找得准，剖析起来也便有了一针见血、以小见大的效果，加上语言尖锐泼辣，题目生动形象，成了一篇优秀的新闻评论。

当然，配写评论，也可以是图片或新闻漫画。在西方报纸社论版上，漫画有时可与社论所持的观点相反，却并不妨碍漫画登堂入室。这种言路开放，俨然成为西方民主的写真。漫画在西方报纸上历史悠久，现代西方报纸上刊登的漫画分为两种：一是连环漫画，即用一系列漫画画面来描述一个故事情节；二是传统的单幅漫画。在单幅漫画中，有的是为配合一篇社论或新闻报道而作，有的就是一篇独立的讽刺作品。西方人喜欢幽默，因而就格外喜欢漫画。漫画可以就天地人间的无尽主题来表达，让达官贵人出一出丑，让普通大众捧腹乐一乐。因此，西方读者喜爱漫画的程度，超过了版面上的照片和任何文字。漫画以可出现在西方报纸的任何版上，西方报纸有一个传统，喜欢在社论的旁边加配一幅或几幅漫画。

在中国，漫画和评论文字配合，也是一种很好的评论方式。第一次国内革命战争时期的《红星报》第61期刊发一篇短评，题目是《要长大要结实》，评论后方制作的草鞋太小，又不结实，旁边配的漫画是一个人两只脚上穿着不同的草鞋。一只脚上是只小草鞋，后跟露在小鞋底的外边，另一只脚在向前迈。向前迈步的这只脚上的草鞋虽说合脚，前鼻却断了。评论说："后方的姐妹们，不要把这样的草鞋送给前方杀敌的红军哥哥吧。"这几句话很形象、很生动，这样的评论，有小学文化程度的人也能看得懂。后方的姐妹们很多不识字，但他们看了漫画之后一定能领会其中的意思的。据研究，这篇短小精悍的评论就是出自邓小平之手。看，多么有趣啊！新闻评论配漫画，这在中外新闻事业史上，不能不说是一个大胆的创新。新华社漫画这种新颖形式的运作，采用漫画式评论，追求评论形式的突破。

漫画评论有讽刺性、灵活性和谐趣性三种特性：一是讽刺性，是进行批评和论战的一种语言方式。这种语言曲折、含蓄、尖刻，有幽默感。漫画是以艺术形象表现的讽刺幽默语言，很适用于作评论。漫画图像简洁明快，既谐趣引人，又通俗易懂，读者面（受众）要比文字评论广泛得多。许多人工作繁忙，读报时间不多，文字评论不一定看，漫画很显眼，读者是会看的，甚至对时事不大关心的人也会去看。文化程度不高的人，看文字评论有困难，而看漫画就懂。在发展中国家里，文化程度不高的人和文盲数量很大，漫画评论更能显示它的特长。二是灵活性。漫画的评论方式是用艺术形象表现的，它既说理，又有艺术欣赏价值，能给读者以深刻印象，经久不忘，并为人所乐道。讽刺是艺术化的语言，易于深入人心，用于评论，能取得强烈的效果，加上漫画形象的效用，便有与一般文字评论不同的特色。漫画采用夸张的艺术手法表现，形象格外突出，引人注目。读者看报刊时，如果登有漫画，目光所向首先及于漫画。所以，漫画评论吸引力大，效果较明显。三是谐趣性。新闻须能吸引读者，使读者读得快，喜欢读，记得牢，产生新闻的效果，这样才能体现出新闻价值。所以，可读性就成为新闻价值的一个要素。漫画评论最能吸引读者，不仅有利于新闻传播，也为报刊广开销路。漫画评论不像文字评论那样，可以广征博引，纵横畅叙，作详尽的分析推理，而是集中一点剖析问题。两者各有所长，作用不同。有时漫画和文字评论配合发表，两者相得益彰，发挥更大效用。

从上述事例来看，为新闻“配”评论一定要注意下列情况：一方面，既依托报道，又深化报道。配评论，一定要根据具体的报道来立论，从报道中引出题旨，分析说理也要以报道中的事实作为根据或例证，这是必须遵循的前提。但是，从报道中引出题旨，并不意味着囿于报道，不得越报道内容的雷池半步，恰恰相反，它要求对报道的主题有所深化。换而言之，“配”必须自始至终都围绕着新闻事实，揭示事实的本质，分析事实的是非，发掘事实的思想内涵。两者的关系：报道是由头，是基础，而评论则是对报道的引申、提高和升华，也就是“魂”要附“体”。另一方面，依托新闻报道配言论是有前提的，即要有合适的报道可以依托，有典型的报道可以引出题旨，并不是所有的报道都可以配评论。有的新闻事实实际上已经相当清晰，充分展示了其自身的意义，再说已属蛇足；有的新闻事实缺乏思想的含量，没有评论的意义。因此，新闻报道是否需要配评论，关键要根据内容来决定，不能追求版面的多样而将言论作为一种装饰，用多用滥了，反而适得其反。

第四节　新闻述评

一、新闻述评的含义及产生

新闻述评又称记者述评，是将“述”和“评”相结合的文体，即记者在深入调查和认真研究社会问题的基础上，对某些典型而有价值的事实所发表的意见和观点。虽然不同于个人署名文章，但它代表记者。它夹叙夹议、边述边评，往往在叙述新闻事实的同时，由作者直接发表一些必要的议论，鲜明地表示作者的观点，帮助读者理解新闻本身的意义，并预示其发展趋势。

早在民国初年，报界竞争激烈，一些报社受条件限制，在新闻的“速”和“博”方面难以取胜，于是就把从各报纸、各通讯社得到的材料加以综合，写一篇“国内大事述评”或“世界大事述评”，放在报纸的显著地位。文章夹叙夹议，概括地介绍事件的经过，分析事件发生的原因、性质、影响及发展趋向，不仅告诉读者发生了什么事件，同时帮助读者认识这一事件的意义。据陶菊隐先生回忆，1916 年，他在《湖南民报》工作时，因为该报缺少资金，派不出特派记者，没有专电，就每天选录各地报纸的主要内容，综合起来写一篇“国内大事述评”，夹叙夹议，登在头版头条上，想不到却很受欢迎。这在当时是国内首创。到了“五四”时期，读者的主体意识大大增强，不仅要知道国内国际发生了怎样的重大事件，更关心事件的性质、意义，以及它对中国前途的影响。当时，人们使用“述评”体裁主要不是为了报业的竞争，而是为了宣传自己的观点和主张。对从各报纸通讯社搜集来的材料不是简单地归纳和分析，而是加以精选，去伪存真，用自己的观点重新加以综合整理，对事件作出新的解释，帮助读者正确认识这一事件。这时的党报党刊就十分注意运用“述评”这一形式。如《每周评论》的“国内大事述评”、“国外大事述评”就是采用“述评”的形式。然而，对于《每周评论》来说，大量地运用新闻述评，应该说是出于宣传上的需要。《每周评论》和《湖南民报》存在同样情况：资金短缺，无力建立记者队伍和通讯员网，不能发本报消息。但《每周评论》和《湖南民报》不同，它是一张有明确政治宗旨的报纸，它需要宣传自己的观点。述评的信息来源摘自各报，但它剔除原来的观点，用自己的观点重新加以整理，对事实作出分析解释。

抗日战争和解放战争时期，也有对某一个战区或重大战役形势的述评。如20世纪40年代，延安的《解放日报》就有“半月来军事述评”、“一月国内大事述评”、“一月解放区动态述评”、“一月国际形势述评”等，它让解放区军民全面、深刻地了解国内外形势。这些述评运用夹叙夹议的手法，阐述战局的变化与发展，揭示胜利在望的前景，在打击敌人、鼓舞人民方面发挥了很好的作用。毛泽东亲自为新华社撰写过不少述评，为当时激烈的政治斗争服务。1948年10月，正当我军在前线取得节节胜利的时候，新华社在河北省平山县西柏坡党中央身边工作的同志们突然接到通知说，敌人可能偷袭石家庄，窜扰西柏坡的中央机关，要求做好暂时撤离的准备。原来，敌人得悉解放军主力部队当时都在远处作战，保定到石家庄一线我军比较空虚，石家庄实际上是座空城。当时，中央所在地西柏坡距石家庄不远，敌人妄图偷袭石家庄，威胁中央机关，以此刺激早已离散的军心和人心。毛泽东同志分析了敌我双方的具体情况，指示中央机关做好暂时撤离的准备，同时撰写《评蒋傅军梦想偷袭石家庄》的新闻述评，导演了一幕别具一格的“空城计”。原文这样写道：

当国民党军队的将军们都像一些死狗，咬不动人民解放军一根毫毛，而被人民解放军赶打得走投无路的时候，白崇禧、傅作义就被美国帝国主义者所选中，成了国民党的宝贝了。蒋介石已经是一具僵尸，没有灵魂了，什么人也不再相信他，包括他的所谓“学生”和“干部”在内。在美国指示之下，蒋介石提拔了白崇禧、傅作义。白崇禧现在已是徐州、汉口两个“剿总”的统帅，傅作义则是北县的统帅，美国人和蒋介石现在就是依靠他们挡一挡人民解放军。但是究竟白崇禧、傅作义还有几个月的寿命，连他们的主人和他们自己也不知道。蒋介石最近时期是住在北平，在两个星期内，由他经手送掉了范汉杰、郑洞国、廖耀湘三支大军。他的任务已经完毕，他在北平已经无事可做，昨日业已溜回南京。蒋介石不是项羽，并无“无面目见江东父老”那种羞耻心理。他还想活下去，还想弄一点花样去刺激一下已经离散的军心和人心。亏他挖空心思，想出了偷袭石家庄这样一条妙计。蒋介石原先是要傅作义组一支轻兵去偷袭济南的，傅作义不干。偷袭石家庄，傅作义答应了；但要两家出本钱。傅作义出骑兵，蒋介石出步兵，附上些坦克和爆炸队，从北平南下了。真是异常勇敢，一个星期到达了望都地区；指挥官是郑挺锋。从这几天的情报看来，这位郑将军似乎感觉有些什么不妥之处，叫北平派援军。又是两家合股，傅作义派的是第三十五军，蒋介石派的是第十六军，正经涿州南下。这里发生一个问题：究竟他们要不要北平？现在北平是这样的空虚，只有一个青年军二〇八师在那里。通州也空了，平绥东段也只稀稀拉拉的几个兵了。总之，整个蒋介石的北方战线，整个傅作义系统，大概只有几个月就要完蛋，他们却还在那里做石家庄的梦！

这条述评仅1250余字，却把敌人面临垂死挣扎的局势、偷袭石家庄的真实企图，以及我军民严阵以待、来犯之敌只能是自取灭亡等情况说得一清二楚。这篇新闻述评播出后，傅作义大吃一惊，如梦初醒：既然自己的意图全部被人看穿，石家庄军民又做好了迎击准备，取胜已无希望，只好作罢。毛主席的这个“空城计”：一不用老君扫街；二不用城楼抚琴，只挥笔写下这篇新闻述评就避免敌人的一场窜扰。这是在特殊的历史条件下发挥的特殊作用：一是指出傅作义的偷袭企图与行动已完全暴露；二是公开说明我军民已做好准备，让你有来无回；三是指出傅作义调兵南进，北平难保。以上三条，俱是事实，既动员群众，又警告敌人，发挥其独特的作用。

在举世闻名的抗美援朝战争中，新华社播发了大量的述评。但是，在20世纪50年代中期以后，由于受“新闻只是客观地记叙事实，不作评论”的观点的影响，把纯新闻报道与述评相混淆，述评工作曾一度受到削弱。改革开放以来，记者述评适应形势的需要，出现了新的生机，内容和形式都发生了较大变化。不少述评直接取材于社会现实生活中的重大主题，写法也更加灵活多样。在述评的发展过程中，大致出现过三种写法：①在评述新闻事件中既分析人和事件，又带有鲜明的倾向，或贬或褒，观点明确；②在综述事实过程中，客观地分析事件的起因、影响，并展望未来，从而揭示该事件的内在联系，极少明确表示自己的好恶；③综述事实和别报所发表的各种意见，不加评论、分析，只挂着新闻述评的牌子，实际上是述而不评。

述评的优势，一是综合各方面材料，使读者完整地了解该事件的全貌，正好补消息之不足，特别适合不经常读报的读者；二是对新闻的评论、分析，使读者深入地了解了该事件产生的背景。和消息相比，新闻述评对事实的报道不及消息那样迅速及时，但在深度和广度上却是一般消息所不能达到的。

二、述评的写作

当前，中国正处在社会转型时期，国内外政治经济各方面的活动日益复杂，重大新闻的出现日益增多，人们对许多新问题急于理解而又一时难以理解，述评正好满足了读者的需求，它既有速度——及时报道新闻事实，又有深度——告诉读者之所以然，这样它既满足了读者的新闻欲，又满足了读者的求知欲。述评总是针对现实生活和实际工作中的某一重要问题发表意见。因此，毫无疑问，述评的重点在评，但并非只从文字比重上要求评的成分要多一点。评议多，固然可以观点鲜明，说理畅达；叙述多，也未尝不可以达到同样目的。只要用材得当，有时述的本身就是一种很好的评论。因此，新闻述评需要做好以下事项：①善于提出问题。述评原本是为适应人们理解新问题之需要而写作的，若提不出新问题，也就失去了写作的意义。提出了现实中存在的、人们关心的、亟待解决的问题。问题提得准、提得及时，才能引起人们的注意，促进问题的解决。②擅长分析问题。陆游说："汝果欲学诗，功夫在诗外。"写述评也是如此。述评具有报道和评论的双重作用，是两者优势的结合。述评有三个要素：新闻、资料、观点，新闻是述评的基本要素，也是述评的由头和对象；资料是述评的血肉，在一篇述评中往往需要大量的资料；观点是述评的灵魂，是述评写作的目的所在。如果说，提出一个好问题是述评成功的一半，那么，述评写作成功与否就在分析问题。③夹叙夹议，事理交融。

述评写作最忌两点：述而不评，或评而不述。前者表现为只顾铺陈材料，让人感觉像一盘散沙，不得要领，不知所云；后者则表现为材料不足，空泛议论。要避免这些毛病，需要夹叙夹议，在叙述中穿插议论，在议论中穿插叙述，把具体事实与抽象议论有机结合起来。述评有时是"挂牌的"，有时是"不挂牌的"。所谓挂牌的，是指电头、导语间有"述评"字样的，即在开头处写上述评什么。比如，《分清主流与支流，莫把"开头"当"过头"》的开头这样写道：

[本报讯《辽宁日报》记者范敬宜述评] 辽宁省农村形势：最近一段时间，经常听见这样的埋怨声："生产队自主权强调过头了，现在下面都不听指挥了"。说这类话的，不仅有县社干部，也有城里的机关干部，有的还列举了许多当前农村中出现的问题，似乎这一切都应该归罪于生产队有了自主权。

不挂牌的述评消息，是指电头，导语上不出现"述评"字样的，也就是，电头、导语同客观报道式消息一样。除了电头、导语是否有"述评"字样之外，挂牌的、不挂牌的述评式消息在写作上没有什么区别，二者都既可单独报道并评论某一个新闻事实，又可综合报道并评论好多个新闻事实。述评和所谓"纯新闻"不同，和评论也不一样，因而从选题、立意，到下笔写作，都有它自身的规律性。

一是写好由头，巧用背景。述评在一般情况下，应以"述"为由，以"述"为主，以评"点睛"。因此，开头总是交代依托，即一个地区、一个方面的某种形势，再用类似的典型事例作"衬"，引申发挥，阐明主题；或从某件具体的事情谈起，然后引出启示，逐步阐明观点，当然，也有从直接提出某个问题入笔的。

二是总括论点，以虚带实。主要由作者针对具体事实展开议论，或借题发挥，向读者揭示人或事物的作用或意义。作者直接提出一个扼要的议题，然后引出事实叙述，但更多的是用点面结合的材料进行评述。这种以虚带实的手法可以使文章事理有机结合，过渡自然顺畅。

三是逻辑论证，步步深入。述评综合了新闻报道与逻辑论证的优势，一般的形式是：①按照人们思维的程序，由此及彼，由表及里，层层递进；②围绕一个中心议题，从与之密切关联的几个侧面逐一加以阐述；③以叙述事实为基础，在叙述事实的过程中，自然而然地表达意见和观点。

总之，都是按照事物的内在联系，充分展现事实的逻辑力量。同时，写作新闻述评，要求做到：①占有大量事实和资料；②保持冷静清晰的头脑，具有对事物本质的穿透力和作出分析判断说理的能力；③有叙事说理兼备、议论风生的表现力；④把握时机，审时度势。

第五节　专栏评论

一、专栏类型

在中国，自1978年始，从中央到各省、市的报纸上，各种类型的评论专栏普遍兴起，目前，几乎所有报纸都开设一种至几种专栏。

（一）群众性言论专栏

1978年8月，《解放日报》创办了第一个群众性言论专栏《解放论坛》，该专栏理论联系实际，经常就人们共同关心的社会问题进行讨论；同时，它还是“多种声音”的讲坛，允许不同意见相互切磋、探讨。

1980年1月2日，在《人民日报》第1版的右下角出现了一个新的专栏《今日谈》，刊载了王朴（《人民日报》评论部几位同志的集体笔名）写的三篇短文《“锄头柄”与“栋梁材”》、《岂可削足适履》和《集腋可以成裘》，这三篇短文以其来自生活的选题、侃侃而谈的说理和清新活泼的文风，立即受到读者的广泛赞誉。1979年12月，正是党的十一届三中全会召开一周年，随着思想解放和社会主义民主的发展，《人民日报》希望在报纸版面上能有新的反映、新的体现，于是，决定在第1版开设一个群众性小型言论专栏。《今日谈》的作者，多数是普通工人、农民、知识分子、解放军官兵和基层干部，也有一些社会知名人士等，具有广泛的群众基础。《今日谈》的特点，用范敬宜同志的话说：“立片言以居要，收千里于方寸，读来如啖橄榄，回味无穷。”内容为群众“喜闻”，风格为群众“乐见”。以《人民日报》的《今日谈》为代表的微型评论，每篇三五百字，以小见大，平易近人，以群众性作者为多。微型评论是一种新闻性的署名小言论，它经常以新闻为由，就实论虚，言之有物，短而有味，一般三五百字，在报纸版面上不过是“豆腐块”、“火柴盒”，微型评论故此得名。微型评论仅以其短无法赢得读者，那么，它究竟靠什么才受到读者的欢迎呢？《人民日报》评论部的同志总结了七条原因：①数量多；②论题广；③时效快；④形式活；⑤内容新；⑥尖锐泼辣；⑦群众性强。

20 世纪 80 年代初期至中期，这种类型的评论专栏还有《解放军报》的《集思广议》、《中国青年报》的《求实篇》、《光明日报》的《大家谈》、《重庆日报》的《今日谈》、《四川日报》的《巴蜀小议》、《辽宁日报》的《百家之言》、《北京日报》的《文明小议》和《浙江日报》的《三言两语》等，它们刊登的时间和版面都比较稳定，拥有比较固定的读者群。

（二）个人署名专栏

从 20 世纪 50 年代初期始，赵超构就用林放的笔名在《新民晚报》上写杂文式专栏《未晚谈》，它与一般的杂文不同，有浓厚的新闻性，是杂文手法在新闻评论中的运用。1982 年，《新民晚报》复刊，《未晚谈》也恢复了。据林放说，《未晚谈》有四层含义：①取亡羊补牢，未为晚矣之意；②晚报下午发行，天色未晚；③古人云：“言犹未晚”，我勉力为之，自以为未晚；④《新民晚报》创刊 50 多年，“文革”期间被迫停 15 年，这只能算是暂别，今日重逢，未为晚也。

1980 年，《羊城晚报》也开设了个人署名专栏《街谈巷议》，主要作者是社长吴鲁（吴有恒）和总编辑微音（许实），其中以“微音”署名的文章最多。《经济日报》于 1988 年开设了以个人名字命名的《尚德专栏》。1988 年 2 月，《河北日报》也由储瑞耕同志主持“承包”了《杨柳青》专栏，等等，这种个人署名专栏，由于署上了个人姓名，作者写作时有更大的自由度，能以个人的思想和观点来谋篇行文，能用富有个性特色的风格表达观点，从而丰富了文章的内涵，增强了传播效果；另外，个人署名专栏还可以缩短读者与作者的心理距离，增强亲切感。而且有些个人署名专栏文章，常用第一人称口吻叙事说理，读者有见文如见人的感觉，似朋友之间的对话和谈心，这样，读者愿意接受文章的观点；即使对文章有不同意见，也会认为这是作者个人的观点，属平等的意见交流，不易产生抵触情绪。特别是读者一旦对专栏作者的人格和文章产生崇拜心理，那么，读者对专栏会有一定的忠诚度，并按专栏来寻找文章阅读。

在西方，专栏有报道性的和纯评论性的两种，后一种专门告诉读者该想些什么，或者说作者认为人们应当想些什么。专栏评论在国外大都是个人撰写的，专栏评论是关于政治、经济、军事等方面的评论文章。政治专栏作家每周撰写 2 ～ 5 篇评论文章，通过《特稿辛迪加》向报刊供稿。个人的专栏评论，便于写出个人的风格，具有权威性。但是，个人的见闻和精力毕竟有限，如果规定每天写一篇，究竟有没有那么多写的，是不是写得都那么精彩，就不一定了，所以，名家的专栏评论从来不凑数。专栏与社论的最大区别在于作者的特殊身份和超脱地位。社论作者受雇于某家报纸，作品只刊登在本报，其立场观点均受到报纸政治倾向及经济利益的限制；《特稿辛迪加》专栏作家受雇于特殊的新闻企业，或者是拥有多家报纸的报系，或者是实力雄厚的通讯社、大报、特稿社等。它们将专栏文章提供给付钱购买的报纸，一般是一篇专栏同时为国内乃至国外的多家报刊采用。专栏作家在选题、观点和写作内容诸方面的自由度更大，专栏的影响力也因其覆盖面而超过报纸社论。

二、西方专栏的特点及写作：以李普曼的评论为例

美国报纸常设有《特稿辛迪加》专栏作家文章和读者来信，让各种见解在此自由表达。这类稿件主要是针对当时国内外动向与重大事件，组织大批专家撰写专门性研究文章。这些从《特稿辛迪加》订货的评论，定期发表，不以说教、训诫示人，而是表达以公众为中心的立场观点，目的为体现民主政体的社会生态状况。① 李普曼的评论言辞犀利，观点独特，深受广大读者欢迎。他的评论对舆论的影响大，甚至连政府首脑也不能不认真研读。《今日与明日》是他于 1931 年 9 月 8 日定期在纽约《先驱论坛报》上开设的署名专栏。该专栏问世不久，就由报业辛迪加分发到 100 多家报纸转载，这些报纸的发行量加起来超过 1000 多万份。②

李普曼的《今日与明日》不仅意味着一个时间概念，而且还包含着点与面、局部与全局这样的空间概念，也就是说，李普曼是以长远而宽阔的目光，分析与解释某一孤立的事件的。③ 比如，1957 年 10 月 4 日，苏联成功地发射第一颗人造地球卫星。这说明美国在用火箭推进导弹方面已大大落后于苏联，在空间争夺战中失败了，这在美国引起了巨大震动，一时间朝野惊慌，国民骚动，举国上下议论纷纷，这表明美国及整个西方世界的宇航和导弹技术已大大落后于苏联。而在“二战”后，美国曾经是大大领先于苏联的。为什么会这样呢？对这样一件大事，李普曼自然要作出一番评析。1957 年 10 月 10 日，美国《纽约先驱论坛报》的《今日与明日》专栏中发表一篇名为《月亮的启示》的评论，原文这样写道：

迄今为止，只有少数人被获准理解并能够理解已经发生的事情。他们认为，苏联发射了这样大的一颗人造卫星，表明在发展用火箭推进的导弹方面，它已大大走在我国前

---

① 参见熊昌义摘译：《李普曼关于记者工作的一些议论》，载《新闻战线》1980 年第 1 期。
② 张允若、高宁远著：《外国新闻史新编》，四川人民出版社 1996 年版，第 210 页。
③ 林珊著：《李普曼》，人民日报出版社 1996 年版，第 25 ～ 57 页。

面。苏联人之所以获得了如此巨大的领先地位，绝非凭灵机一动。可以肯定，参与这次工作的是一支由苏联科学家、工程师和生产工人组成的庞大队伍，此外还存在着一整套管理完善、配合默契、资金雄厚、门类齐全的专门工业体系。

简言之，我们在卫星发射的竞赛中失败了，表明我们在弹道导弹的生产方面已居下游。这也说明，美国以及整个西方世界在科学、技术的发展方面已经落后。

在文中，李普曼从垄断资产阶级的角度，对这件事进行了由表及里、深入全面的剖析。他认为美国落后的根本原因：美国放慢了前进的速度。究其原因：一是国家表面的繁荣，麻痹了人民的思想；二是社会对思想文化的轻视；三是麦卡锡主义影响了美国科学家和思想家的自信。他认为那种疯狂反苏、反共的麦卡锡主义是“战后一件全国性的大悲剧”，“已经造成的破坏是巨大的”，这种认识具有相当的进步意义。他接着分析说：

形势是严峻的，至少在我看来是严峻的。我并不认为，形势之所以严峻，是因为苏联在军备竞赛中大大领先，以至于早晚有一天我们会成为苏联的禁脔。我绝没有这样的想法。我认为形势之所以严峻，是因为任何一个社会都不能停滞不前。如果一个社会失去了前进的势头，它就会消极、后退，就会迷失方向，丧失自信。

现在，一个尖锐的问题是：作为一个民族，我们——上至总统，下至平民百姓——应当采取怎样的行动来应付对我们的文化传统的这一深刻的挑战。这个挑战，并非针对美国生活方式的理想，而是针对我们传统的生活方式本身。我们可以从宣传的角度作出反应，比如想办法做一点令人眼花缭乱的事情，从而使俄国人的成就相形见绌。然而，我们也可作出这样的反应，即深刻反省我们自己的缺陷，并且决心战胜俄国人，从而挽救我们自己。

问题也许可以这样表述：第二次世界大战已经结束12年了，在这12年中，为什么起初居于大大领先地位的美国会输给大战结束时衰竭疲惫不堪的俄国？毫无疑问，赫鲁晓夫先生会这样回答：这是因为共产主义对资本主义有着不可比拟的优越性。这个回答其实是先入为主的。问题不是苏联为什么进步得这样快，而是一度获得长足发展的我国为什么放慢了前进的速度。毫无疑问，我们的社会一直在前进，但是，战后，它前进的速度不够快。

这个问题对于我们以及我们的未来都具有举足轻重的意义，对此，我决不自命能够作出完整的回答。然而，不揣冒昧地指出，现在应当剖析一下战后美国人生活中出现的某些动向了，这些动向，确实值得认真思考。

我认为，我们应当首先剖析我国巨大的繁荣昌盛，正像政治家对选民说的那样，在这种繁荣昌盛中，个人生活水平的提高大大优先于公共生活水平的提高。所谓公共生活水平，我指的是国家非做不可的事情，如防务、教育、科学、技术、艺术等。我们的人民被引导着相信一个天大的胡说八道，即美国社会制度存在的最高目标是使人民的消费享受成倍增加。其结果是考虑到人口的不断增加，我们的公共机构，尤其是那些同教育与科学研究相关的机构遭到了十分荒唐的忽视。

我认为，我们其次应当剖析人们对脑力劳动、对具有独创性的思想普遍的不尊重乃至怀疑。比如说，在德国和其他欧洲国家，包括俄国在内，大家公认当一名教授是无上光荣的。然而，在美国，有些事却使当教授的处境十分尴尬，人们要求他证明自己既非自命清高博学，又非蓄意颠覆国家。

文章分析并探讨了美国社会存在的问题，文章接着评论说：

麦卡锡主义影响了美国科学家和思想家的自信，这是战后一件全国性的大悲剧。这种破坏是无法衡量的。但可以肯定，已经造成的破坏是巨大的。它的表现之一，是打击了这样一种思想，即创造与平庸的区别在于前者有特别的勇气走真理指引的道路，而决不考虑真理指向哪里。

繁荣成了麻醉剂，再加市侩作风与麦卡锡主义风行一时，我们的公众生活已经变得死气沉沉，毫无目的性。我们的总统又处于半休状态，因此没有人能够振臂一呼，使得公众得以振作。就这样，由于既没有人宣扬我们的目标又没有人制定政策，我们只得浑浑噩噩，随遇而安，最后导致像小石城那样的灾难爆发了。

我们发现，我们在惊涛骇浪中颠簸，却失去了赖以辨明方向的航图。

“二战”后，美国从一个新兴的、科学进步、生产力庞大而思想文化十分幼稚的国家，一跃而成为西方世界的主人，这种突如其来的领袖地位，使美国人有些迷惑和茫然。李普曼在这样的时刻站出来指导美国人应当如何思考、如何决策，作为一个充满生命力的初生之犊应该如何成长进步，在美国人的心目中，李普曼不仅是一个新闻记者，而且是一个用新闻政论方式指导着美国人民如何思想的哲学家。《月亮的启示》的文风朴实亲切，文章冷静、客观而充满理性。沃尔特·李普曼认为：“一个好的专栏，它的主要作用不是告诉读者‘你们应该干什么’，而是应尽量告诉他们‘已经发生了什么事情，这些事情意味着什么’。”“记者应该学会不仅成为事件的记录者，还要成为善于写作札记和随笔的作家。如果只是告诉记者发生了什么事情，谁做了什么，谁讲了什么，新闻就只不过是扔在桌子上的一堆乱七八糟的积木而已。”①

同时，这篇政论还以苏联首发人造卫星为由头，联想相比之下美国科学技术的落后，并寻找导致这种落后的原因。作者认为，苏联的这一进步，不光是科学技术上的进步，更是对美国传统生活方式的挑战，美国阻碍社会进步的生活方式表现为：“个人生

① 参见熊昌义摘译：《李普曼善于记者工作的一些议论》，载《新闻战线》1980 年第 1 期。

活水平的提高大大优先于公共生活水平的提高”，“人们对脑力劳动、对具有独创性的思想普遍的不尊重乃至怀疑”等，已经导致“公众生活已经变得死气沉沉，毫无目的性”，最终导致“灾难爆发了”。在此，作者认识的升华，具有超越美国国界的普遍性和深刻性，具有“提神醒脑”的“早期警告”式振聋发聩的效果；“尽管他批评历届政府，但是他的批评矛头所向是政府的策略而不是目的”。①

西方学者认为，读者有权利要求在一份报纸上读到多种意见，特别是发表与本报社论观点相左的文章。这诚如《时代》周刊创始人卢斯所说：“一家报纸，如果它对自己刊登的每个字都持严肃负责的态度，就不应该发表作者的正直性受到怀疑的专栏文章，以及任何根本观念与己相悖的文章。那种时髦的教条认为，为了取悦读者或者‘提供给他们多种见解’，报纸有权力，甚至能限制发表，它为之痛惜（因其幼稚），或为之痛恨（因其荒谬）的东西。以我之见，这简直是孩子气的胡闹，毫无成年人的责任感。它以玩世不恭的态度对待美国生活的核心，甚至更坏。”② 但更多人认为，《特稿辛迪加》专栏利大于弊，诚如美国著名专栏作家李普曼所说：“报纸言论版可以继续在当地事务中发挥影响，应当日复一日地向所在的社区发表言论。而专栏文章毕竟是个人署名、代表个人见解的文字，有时对问题的探究不无启迪，有时却会让人更加迷茫，而且它更多地是在讨论全国性与国际性新闻事件。”③

第六节　时　　评

一、时评的历史及定义

（一）时评的历史

首倡时评的是梁启超。20世纪初期，梁启超先后在《清议报》和《新民丛报》上设置《国闻短评》一栏，就当时政局和社会热点问题发表言论，而且栏目位置固定，文章密切配合当天的新闻报道，观点明确独到，文字洗练明快，笔调冷峻，篇幅精短，深受读者喜爱。比如，《国闻短评》栏目是梁启超深感“论说”时效性不强而设立的。《时报》把自己的时评栏目命名为《时事批评》，就是要强调时新性，以期达到让评论读者“虽无暇遍读新闻，亦可略知梗概”的目的。真正把时评作为一种重要文体并以专栏命名于世的是创办于1904年6月12日的《时报》。该报创办人为狄楚青，延聘陈冷（景韩）等为主笔，辟《时评》专栏，“独创体裁，不随流俗”。

---

① （美）罗纳德·斯蒂尔著：《李普曼传》，于滨等译，新华出版社1982年版，第219页。
②③　同上书，第129页。

《时报》命名取义于《礼记》的“君子而时中”一语，意思是要合乎时宜，不要落后，也不要过头。故从创刊始，该报就以折中公允的姿态出现，既批评顽固派，又批评革命派。《时报》在创刊时宣称：“吾办此报，非为革新舆论，乃欲革新代表舆论之报界。”因此，《时报》在政治上并没有造成多大的影响，而是在报纸的评论方面敢于大胆革新，将梁启超在《新民丛报》上创造的“时评”这种新的报章文体移植于日报，开辟了《时评一》、《时评二》、《时评三》三个栏目，并聘请陈景韩、包天笑和雷奋分别主持评论国内大事、外埠新闻和本埠新闻。这种应时而发、短小精悍、冷峻明利的时评并非《时报》首创。从历史渊源上说，时评是把《史记》中每一篇传记后面的一段评论即“太史公曰”；《聊斋志异》中故事后面的一段评论即“异史氏曰”单独划出，并加以改造，使之独立成篇。《时报》的时评写得有棱有角，虎虎有生气。它用冷峻的笔调，指陈时弊，表明立场，分析问题，文字洗练明快，从而引起读者的极大兴趣。比如，1907 年 1 月 18 日，该报报道美国公使向清政府要求招收去巴拿马开掘运河的华工，配发了一则时评，原文写道：

巴拿马河工不可往，往者非病即死。

美人招巴拿马河工尤不可往，往者非病死即受虐。

此其理由，国人知之，政府知之。然而美公使仍向政府请求不已，何也？必政府未尝拒之也。

政府固尝闻议拒矣，然而奸民辈能立合同，回国招工，何也？必政府拒之而未尝决绝也。

谓政府不知而政府岂真聋聩？谓政府不理，而政府竟无心肝？无以名之，名之曰非真爱民。故吾不责奸民，而惟责政府。

全文 100 多字，却紧扣美招华工之事，一句一段，段段设问，又层层深入，最后剥离出政府非真爱民的本质，全文一气呵成，很有回味。

（二）时评的含义

时评包括多重含义：①“时评者，时报之评论也”（狄楚青语）。②时事评论。用当时一些专家的话说，时评的最大特色是“应时而生”、“明快冷刻”，“用简短的词句，用冷峻明利的口吻”评论时政。③时报之“时评”与当天新闻紧密配合，“分版论断，扼其机枢”。其中，陈景韩的时评常以冷峻的笔调、锐利的风格、简洁明晰的笔法、激扬文字，指摘时弊，深受时人喜爱，成为当时著名的栏目。时评性短评这种文体由梁启超首创以后，国内外的报刊争相仿效，纷纷设立各种名目的专栏，分布于报纸各版，它密切配合新近发生的各种新闻事件和时事问题。梁启超认为，新闻报道与评论虽然文体分野清楚，但就宣传效果而言，应使这两种文体很好地配合起来。他在《时报》1904 年 6 月 12 日创刊号《时报发刊例》中指出：“凡每日出现之事实，以简短隽利之笔评论之。使读者无暇遍读新闻，已略知概模。且增事实之趣味，助读者之常识。”在具体操作上，先后创造了三种办法：①首创“编者按”来发言；②用夹叙夹议的方式来写作报道，在新闻之中发表议论；③1904年，与狄葆贤（楚青）合办对开日报《时报》，采用了给新闻报道配写短评的办法。胡适对《时报》的评价很高。他说：“那时正当日俄战争初起的时候，全国的人心大震动。但是当时几家老报纸，仍旧做那古文的长篇论说，仍旧保守那遗传下来的老格式与老办法……《时报》应此时势而产生，它的内容与办法，也确然能打破上海报界的许多老习惯，能够开辟许多新法门，能够引起许多新兴趣。因此《时报》出世之后，不久就成了中国知识阶级的一个宠儿。”①

《时报》为何这样受欢迎呢？胡适说了其中的原因：“《时报》的短评，在当日是一种创体，做的人也聚精会神的大胆说话，故能引起许多人的注意，故能在读者脑筋里发生有力的影响。我记得《时报》产生的第一年里，有几件大案子。一件是周有生案，一件是大闹会审公堂案。《时报》对于这几件事，都有很明快的主张。每日不但有‘冷’的短评，有时还有几个人签名的短评，同时登出。这种短评，在现在已成了日报的常套了，在当时却是一种文体的革新。用简短的词句，用冷峻明利的口吻，几乎逐句分段，使读者一目了然，不消费功夫去点句分段，不消费功夫去寻思考索。当日看报人的程度，还在幼稚时代，这种明快冷刻的短评，正合当时的需要。我还记得当周有生案快结束的时候，我受了《时报》短评的影响，痛恨上海道台袁树勋的丧失国权行为，曾和两个同学写了一封长信去痛骂他。这也可见《时报》当日对于一般少年人的影响之大。这确是《时报》的一大贡献。我们试看这种短评，在这17年来，逐渐变成了中国报界的公用文体，这就可见他们的用处与他们的魔力了。”②

“时评”是评论向新闻靠拢的产儿，它的风行，明白无误地表明，读者关心时事甚于关心说教。一位评论作者，不管他有多少大套救国救民的高见，如果不能用之于剖析“每日所出事实”，对读者来说，不过是老生常谈，甚至是“保守那遗传下来的老格式与老办法”。因此，不妨说，“时评”的兴盛是对“论说”的一种挑战。有了时评，那种坐而论道的长篇论说文章就很难再照老样子做下去了。这大概是倡议设置《时评》这一栏目的“论说大师”梁启超所始料不及的。从此，“时评”成为一种广受欢迎的评论形式。实际上，“时评”这一文体的发展，也和《申报》的改革密不可分。1931年1月，《申报》成立总管理处，统辖一切馆务。史量才自任总经理兼总务部主任，陶行知则是总管理处顾问。在陶行知的建议下，《申报》改变了言论不触及时弊的保守态度。《申报》的改革以“时评”为“龙头”。改革前，《申报》的时评常被讥讽为不伤脾胃的“太上感应篇”，既不应“时”，又很少“评”，只是作一些远离时事的格言。

① 胡适著：《胡适散文·十七年的回顾》，内蒙古人民出版社2006年版，第207页。
② 戈公振著：《中国报学史》，上海古籍出版社2003年版，第175页。

改革后，时评的鲜明特点是，联系实际，尖锐泼辣，风格多样。特别是在“九一八”之后，《申报》能抓住时局的症结，敢言人所不敢言，令人耳目一新。1931 年 9 月 23 日，发表了题为《一致对外究何时》的重要时评，指出：“党附于国，故须先救国；党其为民，尤应先救民。今国危民困，而犹断于党见之争，放弃其当前重大救国工作，以为党见误国，以国殉党见。”这是国内报刊最早提出的停止内战、共同抗日的重要评论之一。1932 年 6 月，国民党政府在“攘外必先安内”的方针下，又一次调集大军，发动对中共红军的第四次“围剿”，《申报》在此紧要关头，表达了鲜明的反内战主张，6 月 30 日及 7 月 2 日、4 日，连续发表了《剿匪与造匪》、《再论剿匪与造匪》、《三论剿匪与造匪》三篇时评，要求国民党改变军事“剿共”的政策，停止内战，一致对外。因此，近代“时评”大致相当于现在报纸上的“短评”或“编后”，是言论中的“轻骑兵”。它抓住当天报上的一则新闻，题目具体，一事一议，开门见山，长则二百来字，短则几十字。而在前一个时期，报上的“论说”几乎包括所有论说文，有政论、新闻评论，甚至应试的八股文也作为报上论说；而“时评”则是完完全全的新闻评论。

“时评”的问世，也使报纸找到了一个新闻和评论相配合的好形式，顺应报纸业务改革的要求，各报竞起模仿，风靡一时。无论大报小报，都有《时评》或类似《时评》的专栏。一直到新中国成立前夕，不少报纸还设此专栏。新中国成立后，时评作为以议论时事为主的评论，主要用于重要的国际时事评论。1955 年 5 月 8 日，它又改名为《观察家的评论》，刊登的第一篇《观察家的评论》为《坚决反对美国劫夺我国在台湾的珍贵文物》。《观察家的评论》与《时评》有相承关系，它们的选题都是国际时事。这些题材以观察家的身份出现，可以使评论显得更加客观和具有权威性。同年 5 月，《人民日报》还刊登《美国的挑衅必须受到惩罚》（5 月 12 日）、《为实现越南的普选、统一而继续斗争》（5 月 16 日）、《帝国主义暴力政策一定破产》（5 月 27 日）三篇“观察家的评论”。转型时期的国际评论，适应了新中国成立初期对敌斗争以及对外交往的需要。

新中国成立后，评论承载政治重任，时评步入衰落期。然而它并没有消失，仍然散见于各类媒体评论中。《人民日报》1950 年 12 月至 1954 年 9 月设立的《抗美援朝》专刊，就设有《时评》专栏。如今，时评也是新闻媒体一道最亮丽的风景线，它为新闻评论注入了无限的生机和活力。从中央到地方，各级新闻媒体举兴办了《时评》类栏目，如北京的《中国青年报》的《冰点时评》、新华社的《新华时评》、《河南日报》的《中原时评》、《文汇报》的《文汇时评》等。特别值得一提的是，香港凤凰卫视强化时事评论节目开了时代的风气。如 1999 年 5 月 8 日，北约轰炸中国驻南斯拉夫大使馆，凤凰卫视迅速进行现场直播。除了独家报道和现场直播外，又在此中融入了新的元素：现场即时的新闻分析。在凤凰卫视制作的大型专题节目《中国人今天说“不”》中，原《财经论坛》的主持人曹景行开始集中、密集地做新闻评论分析，节目播出后社会反响强烈，也为人们的理解和感情起了很大的导向作用。《中国人今天说“不”》最为重要的是，它为凤凰卫视高层提供了一种决策依据，那就是，这种有观点的新闻不会没有市场，而是大有市场。于是，在使馆被炸事件三个月之后，凤凰卫视迅速推出了《时事开讲》，把它放在了晚间时段11时45分。内容定位于“多元化和深刻化”，注重“揭示事实、介绍与表达观点”。而且依靠自身的经验学识和智慧，凤凰卫视的评论员构建了一个全新的事理体系，在边看边说边解读的过程中，为观众提供了新的思考空间。这成为凤凰卫视直播的一种模式：报道＋评论。① 在直播中加入时事分析，突破了新闻报道中只向观众提供信息的单一性。时事分析不仅让观众知晓背景，而且提供了一种观察问题的视角。在以后凤凰卫视的每次重大直播中，主持人和评论员总是一同出现在直播间，无论是“9·11”事件、台湾“大选”还是美伊战争，凤凰卫视的时事评论员如曹景行、何亮亮、阮次山等人都会成为直播报道中的“第二主角”。

二、时评的特点及其勃兴的社会原因

（一）时评的特点

时评的复苏与勃兴是报纸文体演进中的一大特色，在经历一段时间的断裂与沉寂之后，时评重又焕发生气，成为各报树立“社会公器”形象、争夺读者眼球的重地。如《北京日报》以《长安随笔》、《北京晨语》等栏目发表时评文章，《中国青年报》更是一直把时评作为自己的招牌，就连一向走大众路线的《南方都市报》也把第2版辟为时评专版，宣称“德不高则行不远，站得高则看得远”，以此追求高品格。时评越来越受到报界人士以及读者的青睐，它的特点十分明显。

1. 表现问题的时新性。直抒胸臆是一件畅快的事。观点明确、旗帜鲜明是新闻评论的第一要求，但是要让读者接受你的观点恐怕就不是轻易能做到的。说理往往比报道新闻事件要更具挑战性，因为每个读者在读你的评论之前早就有了先入为主的观点，必须动用所有说理的艺术让读者接受你的主张。2005年1月20日，日本富士施乐公司董事长、日本三大经济团体之一——经济同友会前代表干事小林阳太郎由于呼吁日本首相小泉纯一郎不要继续参拜靖国神社，却接连遭到右翼势力的恐吓和威胁。此前有人在小林阳太郎的家门口投放了两个燃烧瓶，所幸没有造成人员伤亡。小林阳太郎出任过日中友好21世纪委员会日方主任委员。此后，他在一次记者会上，呼吁小泉要考虑中国人民的感情，不要继续参拜靖国神社，但他却因发出这种维护日中友好关系的正确呼声而遭到日本右翼势力的恐吓和威胁。依据这则消息，《解放日报》配发了一篇名为《帮忙还是帮倒忙?》的时评，原文写道：

---

① 钟大年、于文华主编：《凤凰考——建构一个新传媒》，北京师范大学出版社2004年版，第165页。

日本有这么一群人非常活跃，每次日本遇到如“东史郎案”、中国“二战”劳工上诉、亚洲慰安妇索赔等历史问题时，他们就跳出来“帮忙”，而当小泉参拜靖国神社的举动遭到部分日本经济界人士的反对时，他们又“适时”出来用子弹和汽油瓶说话，为首相撑腰。这些人被称为“右翼分子”。

上个世纪90年代以来，随着日本经济持续低迷，日本社会右倾化思潮泛滥，右翼势力再度抬头。他们篡改历史教科书，企图为日本的侵略史翻案，他们敌视中国，宣扬和散布“中国威胁论”，还制造各种事端，威胁恐吓主张发展中日友好的日本人士，甚至还开车撞击我国驻日本大阪总领事馆。

他们认为，这些做法是维护日本的尊严和形象，所以很是理直气壮。在日本的大街小巷，时而能见到右翼分子的宣传车开着高音喇叭招摇过市，与安宁静谧的城市气氛格格不入。其实，右翼分子高分贝的言行举止，破坏的不只是环境，更有损日本的国家利益。对历史的暧昧，使日本与亚洲邻国隔阂难消；对中国的敌视，使两国无法进一步合作双赢。日本官方和经济界都承认，近年来日本经济的复苏，重要原因之一就是中国经济发展的带动。而日本谋求发挥国际影响力，也无法改变身处亚洲，必须首先赢得亚洲各国的信任和尊敬这一前提。如此看来，右翼分子的这些举动是帮忙，还是帮倒忙呢？

这是《解放日报》的夜班编辑成珞为新华社消息配写的子夜时评。2004年，中日两国的双边贸易额接近1700亿美元，双方人员往来超过400万人。但中日关系也存在着障碍，这种障碍主要是在政治方面，其根本是日本如何正确对待历史问题，并妥善处理历史遗留问题。在日本，右翼势力猖獗，他们篡改历史教科书，企图为日本的侵略史翻案，敌视中国，宣扬和散布“中国威胁论”，还制造各种事端，威胁恐吓主张发展中日友好的日本人士。因此，加强和改善中日关系，需要以史为鉴，面向未来。2005年是中国人民抗日战争胜利60周年，纪念这段历史，可以使人们回忆起战争给中国人民、亚洲人民以至日本人民带来的苦难，让历史的悲剧永远不再发生。中日只有加强合作，才能谋求共同的发展。

2. 反映社会问题的尖锐性。在时评文章中，支持什么，反对什么；同情什么，反感什么，要旗帜鲜明、一目了然。长期以来，报纸上的言论成了官方的专利。“社论”极少，而且每逢大的纪念日出一篇，空话、套话成堆，没法读；署名“本报评论员”的文章频度高，但可读性也很差。如今情况不同了，几乎没有哪一家新闻媒介不是处在激烈的市场竞争之中。对报纸读者来说，他们不仅需要好的、多的、真实的、全面的新闻报道，更需要及时的、深刻的、“说人话”的评论，也叫“意见表达”。读者订阅报纸，就希望这份报纸经常能说出自己想说的话。更重要的是，报纸的读者已经不是单向度的纯粹接受者，他们也渴望参与，他们对报纸上登的新闻，甚至就是对自己在生活中的所见所闻，都有话要说——他们订阅了这份报纸，已不仅仅为了看，也要说，也要与不同意见者交流。

3. 观点的深刻性。新闻评论要有说服力，没有理论的力量，严格地说是不能称之为评论的。光把某种现象摆出来，简单地议论一通，没有深度，就引不起人们的注意。评论里总是要有一段或几段非常精彩的、能够切中时弊的、非常中肯的分析，依靠理论和逻辑的力量来达到评论的效果。怎样才能有理论的力量？首先就看你的论点是“深刻”还是“肤浅”。前者循现象研究原因，鞭辟入里，能使人举一反三，获得本质性规律性的认识；后者就现象论现象，人云亦云，泛泛而论，评了等于没评。前者见其根本和完整；后者见其枝叶和零碎。

明代袁宏道说过：“有一派学问，则酿出一种意见，有一种意见，则创出一般言论。无意见则虚浮，虚浮则雷同矣。”① 其意是说，文章最终要依靠深刻独到的见解，有些文章肤浅雷同，表现形式上固然有平庸之处，但主要的还是思想内容上虚浮，缺乏深刻独到的东西。同样的道理，论点深刻是新闻评论的底气所在，价值所在。因为从总体上看，新闻评论“贵其能以语言文字开将来之世界也”。② 比如，1911 年 7 月 26 日，武汉《大江报》刊出的时评《大乱者救中国之妙药也》是当时影响最大的作品，原文这样写道：

中国情势，事事皆现死机，处处皆成死境，膏肓之疾，已不可为。然犹上下醉梦，不知死期之将至。长日如年，昏沉虚度。软痈一朵，人人病夫。此时非有极大之震动，极烈之改革，唤醒四万方人之沉梦，亡国奴之官衔，行见人人欢然自戴而不自知耳。和平改革既为事理所必无，次之则无规则之大乱，予人民以深创巨痛，使至于绝地，而顿易其亡国之观念，是亦无可奈何之希望。

故大乱者，实今日救中国之妙药也。呜呼！爱国之志士乎！救国之健儿乎！和平已无可望矣！国危如是，男儿死耳！好自为之，毋令黄祖呼佞而已。

辛亥革命时期，武汉《大江报》詹大悲一笔潇洒，赢得海内外喝彩。他的评论言人所未言，发人所未发，其论点的深刻对于当年的读者，恰如在疑虑、困惑之时找到了一条指点迷津、洞穿云雾的新途，心中豁然开朗。辛亥革命前夕，清王朝统治下的中国已经“事事皆现死机，处处皆成死境”。西方列强输入鸦片不仅榨干“天朝”百姓的血汗，还使许多中国人成为病夫，帝国主义的坚船利炮使四万万同胞中的一部分已经成了亡国奴，另一部分则日夜生活在半封建半殖民地的水深火热之中。资产阶级立宪派倡导的改良主张在百日维新之后已被历史证明行不通了，太平天国、义和团运动均以失败告

① 袁宏道著、赵伯陶编：《袁宏道集·论文下》，凤凰出版社 2009 年版，第 218 页。

② 参见梁启超：《本馆第一百册祝辞并论报馆之责任及本馆之经历》，载 1901 年 12 月 21 日《清议报》第 100 期。

终，这说明中国已经到了非大乱不可的时候。虽然“大乱”给人“深创巨痛”，但不“大乱”就不可能使四万万人从沉梦中苏醒过来，改变人们的旧观念，击败帝国主义的侵略，推翻几千年来的封建社会制度。这篇时评发表后的第6天，《大江报》被清朝统治者斥为“言论激烈，语言嚣张”而被查封，詹大悲等人被囚禁。但是，这篇时评却极大地鼓舞了人民群众的革命斗志，尤其使武汉革命党人的热情达到了沸点，感到除武力推翻清王朝外，别无他路可走。两个多月后，就爆发了武昌起义。因此，不论是从这篇时评问世时的反响看，还是从事后中国近代史的发展轨迹看，它的观点“故大乱者，实今日救中国之妙药也”，都不是故为惊世骇俗之论，而确为高人一筹、入木三分的真知灼见，犹如火炬照明，春雷惊蛰。

（二）时评勃兴的社会原因

从时评形成的三次热潮及其特征来看，它们正处在新旧世纪之交的社会转型时期，能够形成蔚为壮观之势，有其特定的社会和文化背景。

1. 读者意识的觉醒。时评的第一、二次热潮主要是唤醒、教化国民。梁启超等人将受众视作需要他们这些先知先觉者借助报纸来唤醒、教化的“废疾者”。梁启超在《论报馆有益于国事》中写道：“觇国之强弱，则于其通塞而已……去塞求通，厥道非一。而报馆其导端也……其有助耳目喉舌之用，而起天下之废疾者，则报馆之为也。”① 但时评的第三次热潮却有所不同，现代社会通讯工具的发达，人员流动的加剧，人们接受信息的渠道越来越多。面对瞬息万变的社会，受众的觉醒主要体现在两个方面：一是知晓权，即大众需要传媒提供充分的信息并对信息进行分析，去伪存真，以指导自己的生活、学习和工作，使自己处于竞争的主动地位；二是民众渴望拥有平等权的话语权，在大众传媒上表达自己的观点，构建起一个“你说、我说、大家说”、“百家争鸣、百花齐放”的传播生态。而作为表达意见性信息的时评更好地满足受众的信息需求。

2. 社会需要的推动。时评的第一、二次热潮，中国正处于列强蚕食的困境中，于是，那些忧国忧民的仁人志士需要以时评为武器，唤醒民众。特别是它大胆说话，能引起许多人的注意。如今，时评又承担起不同以往的功能。俄国伟大诗人普希金说过：“法律的剑达不到的地方，讽刺诗的鞭子能够达到。”从一定意义上说，时评作为舆论监督的“鞭子”，也可以触及社会深层次的问题。当前，中国社会正处于转型过程之中，有许多新事物、新课题需要给以理性的指导，需要提出新鲜、深刻独特的见解，帮助广大受众加深对社会意义的理解。时评实际上是对公众的知晓权和话语权的双重满足。在信息爆炸的时代，人们不仅仅需要信息，更需要深入的解释和分析。新闻媒体在事件发生后，不仅第一个向观众提供信息，而且第一个向观众表达观点和立场，发出自己的声音。这些时评建立在大量事实分析的基础上，因此具备一定的思想深度，影响力

① 参见《时务报》（第1册），1896年5月10日。

也更深远，被称为思想力量。而且在数字化、信息化、全球化的世界，话语权的重要性正明显地开始张扬。同时，政治民主也为时评的发展提供了良好的社会大环境，特别是随着中国社会的发展，公民思想的兴起也为时评的兴盛提供了文化动力，这种文化动力主要体现为问题意识的提升，这为时评提供了巨大的问题指向和创作空间。近年来，党和政府顺应时代潮流，积极稳妥地推进政治民主化进程。比如，执政为民、与时俱进；"尊重和保护人权"写入宪法；树立了以人为本与和谐共处的科学发展观，以及确定权为民用、情为民所系的执政理念等，这为时评的发展提供了必不可少的社会环境。

3. 满足与电视及网络新闻评论竞争的需要。当今时评的兴起，与新闻媒体之间日益激烈的竞争有关。自20世纪90年代以来，以央视《焦点访谈》为代表的一批电视评论节目横空出世，取得了很大的成功。他们对报道的新闻事实进行了直接的分析判断，观点明确，用语简洁，一扫新闻评论概念化、模式化、空泛化的流弊，特别是香港凤凰卫视推出的《时事开讲》节目，电视时评的巨大成功使得一直自视为媒体评论"老大"的报纸感受到压力和挑战。而网络新闻评论更是以犀利的观点与独立的见解取胜，于是，自20世纪90年代以来，包括《人民日报》、《中国青年报》、《文汇报》和《南方都市报》等各级新闻媒体率先开设《时评》专栏，其他报纸也纷纷跟进。

综上所述，时评伴随着时代的大变革应运而生，为社会的改造而呐喊，其自身的发生发展与时沉浮、随世兴衰。历史跨入21世纪，时评遇到网络这个新媒体形式，以及更加开放更加宽松的社会舆论环境，使得时评再一次地大规模地兴盛起来，而且不再局限于报刊等纸质平面媒体，亦为广播、电视、网络等电子媒体所青睐。

第七节 读者投书

一、中西方《读者投书》

（一）西方的《读者投书》

《读者投书》是报纸言论版中最受欢迎的栏目之一。据统计，在那些细致读报的读者中，有65%以上的男性和60%以上的女性经常阅读。《读者投书》能够获得公众青睐的主要原因，是出自普通人之手的文章，与读者更具心理上的亲近感。同时，《读者投书》的作者独立性更强，更可靠，也更能仗义执言。西方新闻理论认为："社论版的一部分版面刊登'读者来信'，是民主程序的一部分，是把复杂的和专门性的问题提炼成为比较简单的道德和常识问题。人民不应该只是旁观民主程序，而应当参加进去。"①

---

① 徐耀魁著：《西方新闻理论评析》，新华出版社1998年版，第201页。

密尔在其《论自由》一书中强调，个人自由表达思想的重要性。他说："如果全人类除一个人以外意见都一致，而只有一个人持有相反的意见，那么全人类要压制这一个人的意见，并不比这个人如果有力量来压制全人类更为合理。如果意见仅仅是一种除了本人以外毫无价值的个人所有物，那么阻挠人们的享用，仅是伤害了私人，至于伤害了几个人或是很多人，倒是无大区别的。但是压制表达意见的特别罪恶在于这是对全人类的掠夺，对于后代和当代的人，对于持有这种意见的人，特别是对于不同意这种意见的人，都是一种掠夺。如果这种意见是正确的，他们就被剥夺了用错误来换取真理的机会；如果是错误的，他们就失去了几乎同样大的好处，那就是通过和错误意见的斗争，真理就会被理解得更明确，印象也会更生动。"①

在英、美、法、日等西方国家，新闻媒体均设置《读者投书》栏目，其中以《纽约时报》、《华盛顿邮报》、《华尔街日报》、《泰晤士报》影响最大。《纽约时报》在创刊后第五天，即1851年9月18日，就刊出了第一则读者投书。1896年，奥克斯主持该报后，首开社论版先河，不论投书是否符合该报的观点与立场，都会让各方陈其意见，这样的做法传承至今，也引起其他媒体的仿效。《纽约时报》在1958年间，每月平均能收到1000封投书，到了1972年，每周就能收到1000封，增长速度惊人。② 1989年，《纽约时报》一天能收到100～150封读者投书，是对时报新闻和社论立论所提出的意见，也有的投书是对新闻和社论以外问题的投诉。这种读者投书通常是在社论版的右方，占到比社论还要多一点的位置，且固定有一位编辑和若干助理编辑负责处理每天的投书。投书人上自国家元首和高级政府首长、国会议员，下到普通百姓，也有学者专家以投书来"放政治气球"。

根据考尔曼·西格所写的《向时报回诉》一书记载，在每天100多封"投书"中，他只能选取7封信刊用，这是投书栏所能容纳的最大数量。选择标准就是必须具有理性或说理的佳作，且要与时事确有关联性，以及与社论持相反而有建议性的意见。而对于那些恶作剧、隐名人士、政治压力团体来的"投书"，都不予采用。对于以投书为"职业"人士的投书，则设定一个限制，每一个人每年以不超过两封作为原则。投书的选择，自然也要顾全到诽谤、风雅、品味以及新闻价值。他说，必须尽最大的努力，照顾到各方不同的意见，但只是限于一定的篇幅，不可能面面俱到。读者投书的选用与刊登必须有时新性，配合最新的新闻，提供读者的反应。因此，主编人在处理投书上，一样要注意到新闻的时效性，否则便失去了意义。③ 在英国，优质报纸也称为高级报纸或严肃报道，它们历史悠久，读者群稳定，以刊登政经新闻和言论为主，比如，《泰晤士报》、《每日电讯》、《观察家报》和《金融时报》等，都是英国优质报纸的代表。美英

① （英）约翰·斯图亚特·密尔著：《论自由》，许宝骙译，商务印书馆1984年版，第15页。
②③　李子坚著：《〈纽约时报〉的风格》，长春出版社1999年版，第133～134页。

两国报刊的评论一般分为两类：一是刊登社论，表达报社的观点；二是刊登来论，反映社会各界的意见和观点，常常和社论的看法不同。多元的观点同时刊登，既体现优质报纸的“平衡”原则，又提升报纸的品质。比如，2008 年 9 月 11 日，匿名读者 Osubuxx 在《华尔街日报》发表名为《打屁股之争》的来信选登。原文这样写道：

如果你打成年人，那是殴打。如果你打动物，那是残酷虐待动物。如果你打配偶，那算家庭暴力。如果你打自己的孩子，却叫做行使父母的职责？再好好想想吧。

我们家的三个孩子都被我打过屁股——最大的今年 13 岁（男孩），他现在已经从打屁股这里毕业了。使用这个办法的结果是现在根本不需要这么做了。在我家，只有两种情形会打孩子屁股——撒谎和不敬（比如和父母、祖父母或老师等顶嘴）。这种方法很管用，我几乎不用打两个年纪较小孩子（8 岁的儿子和 4 岁的女儿）的屁股。

我认为可以从我们的文化中看到（问问任何一个老师）——现在整整一代的孩子（以及成人）是在重视自尊、没有体罚的家庭教育环境中成长起来的。如今的孩子根本不尊重大人，而大部分成年人对权威人士也毫无敬意可言。而且，他们都觉得自己得到所有这一切是理所当然的——我相信这是家庭教育发生巨大变化（以及其他一些因素，当然这是另一回事）的直接结果。

总体而言，《读者投书》栏目作为重要的公众论坛，激励并实际提供机会让普通人参与问题的讨论，特别是就与自己利益密切相关的地方性事务发表意见。这既是社会民主生活的一种形式，又是反映民意的渠道。西方社会强调：“由于人的理性不完善，仅靠辩论不可能得到结论，没有任何人能宣布自己胜利与否。人有时难以从无休止的意见交锋中摆脱出来，公众中也很少有人专门寻求否定自己观点的反面意见。其实，信息自由流通和辩论是启发讨论者的智力，开阔胸襟，而不使人在困难和挫折中畏缩、失望。自由言论有助于锻炼更坚强、更自觉的公民，而不是发现绝对真理。自由报刊的功能在于对人的贡献，能够通过发现一些适用的真理，促进人的幸福。因此，报刊的社会责任便是把社会矛盾从暴力、混乱、纷扰的层次提高到讨论的水平，以增进社会和谐。”这是服务公众的重要方式，也是评论“促使读者开动脑筋……进而弄成思考问题的良好习惯”。①

（二）中国的《读者投书》

在中国，党报历来十分重视依靠全党和群众来参加办报，特别是在延安整风之后，在讨论改进党报工作时，几乎都将这一点作为重要内容。延安《解放日报》在 1942 年 7 月 18 日社论《把我们的报纸办得更好些》中，就为此对“党的每一个工作部门的负

① （美）新闻自由委员会编：《一个自由而负责的新闻界》，展江等译，中国人民大学出版社 2008 年版，第 210 页。

责人，每一个党员或同情者的读者”发出呼吁，请他们记住：“把我们的报纸办得更好些，更好些——这也是你们不容回避的责任呀！你的责任，就是要改变对于党报的消极态度；你的责任，就是按党报的需要供给稿件和组织群众的稿件；你的责任，就是训练自己和你周围的人成为有力量的通讯员。只有大家动手动脚，我们的报纸才能够办得更好，从而也才能够使我们各方面的战斗得到更好的发展。”《解放日报》后来在1942年9月22日社论《党与党报》中，更明确地把“动员全党来参加报纸工作”作为“党报成为集体宣传者与集体组织者”的一个重要条件。

1948年4月2日，毛主席在《对晋绥日报编辑人员谈话》一文中，对此作了更为精确、简明的概括：“我们的报纸也要靠大家来办，靠全体人民群众来办，靠全党来办，而不能靠少数人关起门来办。”① 中国新闻媒体公开申明自己是党和政府的喉舌，强调新闻报道的倾向性与言论立场不仅要完全一致，而且要旗帜鲜明。比如，自2004年11月29日始，在《南方日报》的《我有话说》专栏上，就有一个《读者来信》栏目，它不仅反对“社论版对页”的做法，而且强调一切言论、全部报道都要同党的路线保持一致。这种办报主张和传统有利于传媒对社会实行正确的舆论引导。但是，如果党和政府的大方向发生了失误，这种一致的舆论导向会给社会生活带来可怕的震荡和破坏。

二、读者来信的价值

心理实验证明，告诉人们一个观点和亲身参与形成一种观点，其效果是完全不一样的，后者要比前者更容易为人们所接受。德国心理学家勒温提出的“参与改变理论”，就证实了这种社会现象。也就是，受众参与传播过程，不仅是接受传播，而且参与传播的决策、制作、表现、反馈等传播活动。同时，让受众参与，也更好地体现了现代传播的理念。联合国国际交流问题研究委员会在其发表的报告中提出：“一般都把读者、听众和观众当作消息情报的被动接受者，负责管理交流工具的人应该鼓励他们的读者、听众和观众在新闻传播中发挥更加积极的作用，办法是拨出更多的报纸篇幅和更多的广播时间，供公众或有组织的社会集团的个别成员发表意见和看法。”② 这样，受众的参与，既维护受众在传播媒体中的表现自由，又保障了公民参与和使用传播媒体的权利。按照西方自由主义理论：“报刊不是政府的工具，而是提出论据与争辩的手段。在这个基础上，人民对政府进行监督检查，并提出他们对政策的主张。因此，重要的是报纸必须不受政府的控制和影响。为了让真理生存，必须倾听各种见解。思想与消息必须有‘自

① 《毛泽东新闻工作文选》，新华出版社1983年版，第150页。

② （美）新闻自由委员会编：《一个自由而负责的新闻界》，展江等译，中国人民大学出版社2008年版，第208页。

由时常’。无论少数或多数，弱者或强者，都能接触到报刊。”①

现代社会通讯工具的发达，人员流动日益加剧，人们接受信息的渠道也越来越多。而面对日益不断变化的社会，受众的觉醒主要体现在两个方面：一是知晓权，即大众需要传媒提供充分的信息并对信息进行分析，去伪存真，以指导自己的生活、学习和工作，使自己处于竞争的主动地位；二是渴望拥有话语的平等权，在大众传媒上表达观点和看法，构建起“你说、我说、大家说”这种“百家争鸣、百花齐放”的传播生态。读者投书要求做到：①应尽量刊登记者投书，藉以反映公意，健全舆论；②报纸应提供篇幅，刊登与自己立场不同或相反之意见，藉使报纸真正成为大众意见之论坛。② 西方学者认为：“表达自由是一种精神权利，（媒介管理者）因此有义务确保公民的所有重要观点得到反映……他们应该认识到，凡是值得公众倾听的观点都应该让公众倾听。”③

受众参与传播，存在着鲜明特征：一方面，传播不只是信息的传递过程，也是信息的形成过程；另一方面，受众与传播者的界限在一定程度上淡化甚至消失了。因此，大众媒介作为传播信息的平台，既传播事实信息，也传播意见信息，包括公民通过媒介公开表达意见的权利。表达权即表达不同意见的权利；而接近权是指公民有在媒体上自由传播消息和发表意见的权利。1967 年，美国学者 T. A. 巴隆在《哈佛大学法学评论》上发表《接近媒介——一项新的第一修正案权利》一文。1973 年，他又在《为了谁的出版自由——论媒介接近权》一书中系统地阐述媒介接近权这个概念。巴隆说：“美国宪法所规定的出版自由应当保护作为一般社会成员的受众的权利，而不是传媒企业的私有财产权；在传媒越来越集中于少数私人资本的现代，广大受众已经越来越被排斥在传媒之外，因而必须把第一修正案的权利归还给它的真正拥有者——读者、视听众。”④

1979 年，日本学者奥乎康弘在《知的权利》一书明确提出，受众拥有“传播者”的权利：“就同一信息的演变而言，曾经是‘受传者’的公民以知的权利的主体的姿态出现；要求成为‘传播者’的公民作为接近和使用信息交流媒介权利的主体而登场。”⑤ 利用媒介行使表达权，并没有什么特殊的意义，因为无论在何种制度下，公民的言论自由都写进了国家的宪法。实际上，公民表达与政府态度完全一致的意见，不仅

① （美）弗雷德里克·S. 西伯特等著：《传媒的四种理论》，展江等译，中国人民大学出版社 2008 年版，第 2 页。

② 林大椿著：《新闻评论学》，台湾学生书局 1982 年版，第 125 页；张铭清主编：《海峡两岸新闻与传播研究》，九州出版社 2009 年版，第 112 页。

③ （美）新闻自由委员会编：《一个自由而负责的新闻界》，展江等译，中国人民大学出版社 2008 年版，第 135 页。

④ 转引自中国社会科学院新闻所编：《各国新闻出版法选辑》，人民日报出版社 1981 年版，第 21 页。

⑤ 戴元光、邵培仁、龚炜著：《传播学原理与应用》，兰州大学出版社 1994 年版，第 120 页。

不会受到限制，相反还可能提供更多的机会。真正意义上的表达权主要是指公民在法律规定的范围内表达各种不同意见的权利，这里的不同意见，既包括与他人观点相左的意见，也包括与政府观点有差异甚至完全相反的意见。当然，既是不同意见的表达，就必然会出现两种以上的意见进行交流，“支持方”与“反对方”同台进行无障碍辩论，充分阐述各自主张，任何一方都无理由不允许对方表达与自己主张相反的意见，这样才称得上表达权的充分实现。这种“正方”vs“反方”，为言者提供了思想交流的空间。

社会的发展促成阶层及群体出现了结构性的改变，“各阶层之间的社会、经济、生活方式及利益认同的差异日益明晰化”。同时，公众的政治热情和社会参与意识有了明显提高，在媒体上发表言论成为一些“公民”的个体行为，越来越多的人要求能够利用媒介发表自己的意见。媒体相继出现《“正方观点”vs“反方观点”》的评论栏目，这为公众参与思想交流提供了空间。在观点“交锋”中，持赞成态度的人可以作为“正方”的一员发出支持之音，而持反对态度的也能在“反方”领域中频繁地刊发不同观点，让持不同观点的人彼此充分地交流思想。因此，受众是“思想的顾客”。[①] 而受众成为真正的思想顾客，精神产品必须深入人的内心，内化为人的精神需求，才能真正被接受。

---

① 参见马少华：《思想的顾客》，载《中国青年报》1999 年 11 月 1 日。

第九章　新闻评论写作的法律与伦理

西方社会指出："文明社会是一个思想观点（idea）的运作系统，它靠消费思想观点来维系和变革。因此，它必须保证其成员所持有的尽可能多的思想观点能得到它的审视。它必须确保表达自由，最终实现思想观点流动的所有障碍都被一一排除。此外，在思想观点的领域里，重大创新总是容易引起抵触。有价值的思想观点在首次被提出时可能是粗糙的、站不住脚的，甚至是危险的。除了需要有基于其最终价值而存活下来的机会之外，它们还需要有通过自由的批评来获得发展的机会。因此，发表思想观点的人需要受到特别保护。"① 新闻评论的写作，需要受到法律和伦理的约束和保护，也就是做到他律与自律的并重。因为"一切人类社会似乎都具有一种发展管理社会的制度的本能。依靠这个管理社会的制度，可以调整个人之间的关系、机构之间的关系，可以满足共同的利益与愿望"。② 这正像谢泼德所说的："这种制度可以分为两大类。第一类是从社会权利的共同认识中直接产生的管理社会的制度，它自动的起作用，并且通过社会压力来执行。第二类是采取确定的组织形式的管理社会的制度，它通过法律命令来实施，并可以用特别刑罚来强制执行。第二类管理社会的形式，就是指广义的政府而言。"③

人既有个体性，又有社会属性，因此，对人的行为约束和保护应该是自律与他律的有机结合。自律是德国哲学家康德提出的概念，它强调道德意志受制于道德主体的制约，自己为自己立法，将被动的"必须如此行动"，变为"愿意如此行动"，把服从变为自主。也就是，道德价值的根据只在人自身，即在于善的意志，在于对道德的尊重。他律是指外界的力量对人的支配和制约，主要表现为法律的强制作用。法律和道德历来是维护社会秩序的有效手段。法律是对人们外部行为的约束，道德是通过人们的内心自律达到约束人们外部行为的目的，两者相辅相成。同时，道德和法律是有机结合在一起的，它们相互依存、相互作用，在一定条件下可以相互转化。一方面，道德可以促进法律的不断完善，主要表现为社会道德水平的提高，使法律的实施有了广泛的社会力量基

① （美）新闻自由委员会编：《一个自由而负责的新闻界》，展江等译，中国人民大学出版社2004年版，第14页。

②③ （美）弗雷德里克·S. 西伯特等著：《传媒的四种理论》，展江等译，中国人民大学出版社2008年版，第2页。

础；道德又能促使人们自觉守法，把他律转化为自律，使法律的作用更大、更有效。另一方面，法律对道德有着巨大的促进作用，法律的他律对道德的自律具有先导作用。这样，法律便成为道德的生长点。①

第一节　侵权的新闻评论

2012年11月，台湾名嘴何博文和徐永明在电视节目中评苗栗大埔农地征收事件时，出现批判县长刘政鸿为“狗官”的言语，台湾“高等法院”台中分院判处两人无罪定案。实际上，早在2010年，台湾电视政论节目讨论苗栗大埔事件时，何博文指称：“没办法给苗栗县或全台湾人民一个交代，刘政鸿就是百分之百的狗官。”徐永明则说：“真的是狗官啦，做财团的走狗啦！”何博文骂县长“狗官”的前提是“没办法给苗栗县或全台湾人民一个交代，刘政鸿就是百分之百的狗官”。从徐永明的话中得知，县长刘政鸿因为“当官不为民做主”，而是做了财团的走狗，这样的官员当然就是“狗官”。所以，法院判决何博文和徐永明这两位名嘴无罪，无疑彰显了台湾地区法律的公平公正。那么，台湾地区法院判决两位名嘴无罪的理由呢？台湾“高等法院”台中分院认为，大埔农地征收事件引发社会轩然大波，何博文批评“狗官”的前提，是要求县政府及刘政鸿适当地处置大埔农地征收事件，媒体工作者有报道及评论事件的责任；县政府及刘政鸿则有承受公众对施政的检视及批判的义务。

从“台湾名嘴骂狗官”一案的判决可以清楚地看到，不管是哪里的官员，都有着“以权压人”的本性，对公众的批评言论都会有不适之感，而公众却有自由表达的权力。但是，公众是否会“引言获罪”，就要看司法是否公正了，司法公正与否的标志则是官员绑架了司法，还是司法独立判案。② 这些是涉及评论案件的标志性判决。这一判决中所蕴涵的原则可以概括为五点：①新闻评论所使用的事实是朋友转述；②证明朋友转述事实的都是间接证据；③新闻评论者并没有直接证据证明原告开户；④新闻评论并没有直接说明原告确实到银行开户；⑤新闻评论是建立在可能性基础之上，而这种评论则直接对原告构成负面影响。③ 法院在判决中间接引用美国司法判例中所创制的“实际恶意”原则，但在具体表述的过程中，并没有作出明确的解释。法官作出这样的一审判决，主要是援引“公众人物”的原则，将本案原告视为公众人物，在具体的判决中作出对被告有利的举证安排。至于原告是否到银行开户，虽然是本案的焦点，但法官并

---

① 参见丁波：《自律与他律相统一的现实意义》，载《湖北社会科学》2003年第5期。

② 参见吴若愚：《台湾名嘴为何敢骂县长“狗官”》，载《联合早报》2012年11月7日。

③ 参见乔新生：《新闻评论与新闻诽谤》，载《新闻记者》2007年第10期。

未让被告提出直接证据，这是导致原告败诉的重要原因。公众人物的隐私权受到公众知情权的限制，为了满足公众的知情权，媒体在必要的时候可以对公众人物的行踪进行报道，对公众人物的行为发表评论。这种基于政治上的考量，为实现公民宪法上的权利而发表的言论不受法律追究，公众人物不可动用公权力追究新闻评论者的法律责任。有鉴于此，总结新闻评论侵权的经验教训，特别是从理论上弄清在什么情况下构成侵权，什么情况下不构成侵权，有利于评论作者正确写作新闻评论，避免不必要的纠纷。

一、新闻评论如何侵权

新闻侵权有广义和狭义两种含义。广义的新闻侵权是指新闻侵害名誉权、隐私权、肖像权、名称权（姓名权）、荣誉权等一切可能发生的侵害人格权行为；狭义的新闻侵权则是指新闻侵害名誉权，并将隐私权也纳入名誉权的范围加以保护。① 新闻评论的侵权主要指狭义的新闻侵权，即新闻评论侵害公民和法人的名誉权。按照《民法通则》第一百零一条和最高人民法院《关于贯彻执行〈中华人民共和国民法通则〉若干问题的意见（试行）规定》（以下简称《意见》）第一百四十条规定，侵害名誉权的方式可以划分为三种：①诽谤；②侮辱；③宣传他人的隐私。评论主要是表达意见，那么，新闻评论侵权的重点就是诽谤和侮辱。所谓诽谤，是指传播虚假事实，贬低他人的某一方面或若干方面的社会评价，从而贬损他人的名誉；而侮辱，就是用伤害性语言贬损他人人格尊严的行为。所以，新闻评论只要是有真实的事实依据的，不侮辱他人的，就与侵害名誉权无关。反之，就会侵害他人的名誉权。当代社会，写新闻评论惹官司，已成为新闻侵权的一个重要内容。新闻评论侵权行为一旦发生，在侵权的责任人同受害人之间就会产生了一种特定的权利和义务关系，需要用法律来调整与规范。侵权行为是对他人（自然人和法人）合法利益的不法侵害行为。而新闻评论侵权则指新闻评论在写作和传播过程中侵害公民和法人人格权的行为。新闻评论侵权的形式多种多样，掌握其特征及成因，有利于预防新闻评论侵权行为的发生，并且顺利地化解评论侵权纠纷。

（一）侵害公民名誉权

1. 依据失实报道而写的新闻评论，侵害了公民及机关法人的名誉权。按照《民法通则》的规定，法人包括机关法人享有名誉权。机关法人的名誉主要表现在对其工作的评价上，比如是否正确地履行职务，对工作效率、工作质量、工作态度、人员素质的评价，等等。如果这几个方面存在失实，或根据失实材料对其进行批评、指责，都会损害其名誉。1988 年 7 月 11 日，《法制日报》头版头条刊登了题为《执法机关岂能滥用权力》的报道，该文认为广西三级工商局在处理广西贺县工贸实业公司锡矿砂纠纷案中，听从行政干预，滥用职权，违反程序办案，把属于河池地区工矿供销公司所有的

① 魏永征著：《中国新闻传播法》，复旦大学出版社 1999 年版，第 102 页。

3340 吨锡矿砂认定为贺县工矿供销公司所有，并作非法征收、压价处理，收取好处费，侵犯了河池地区工矿供销公司的财产。《法制日报》发表该文时，配发了名为《执法部门要为建立商品经济新秩序开道》的短评。该文指出：

（执法部门）根本不把行政法规当成一回事，符合自己口味就执行，不符合的就拒绝，同自己意见一致的部门就给予配合，不一致的就顶、就拖，甚至干涉司法程序，这难道是执法者应有的法律意识吗？

1988 年 9 月，广西壮族自治区、河池地区、河池市三级工商局以法制日报社、作者侵害名誉权向法院起诉。后经河池市人民法院对锡矿砂案的调查，广西三级工商局在处理锡矿砂案中没有滥用职权，原文所认定的主要事实也就没有事实根据，这意味着《法制日报》刊登的批评报道失实。而依据失实材料配发的短评，批评指责广西三级工商局，则进一步损害广西三级工商局的名誉权。①

2. 用侮辱性语言贬损他人的评论，侵犯公民的人格尊严。侮辱性语言包括两种：一是不说事；二是不讲理。不说事，就是不具有陈述事实的形式；侮辱性言辞则是言论人针对相对人发泄轻蔑、仇视等情绪并感染他人，并不是要他人信以为真，所以也不存在证实或证伪的问题。最常见的侮辱方式就是辱骂，那些粗鄙、下流的脏话，那些骂人是“猪”、“狗”、“畜生”之类的词语，完全不存在事实的成分，其含义就是把人贬低为“非人”，是典型的侮辱人格。有些词语带有比喻的性质，如以“蛀虫”称呼贪官、以“禽兽不如”形容重罪犯等，还有些词语历来是称谓那些受歧视人群的，如使用“妓女”、“小偷”、“流氓”、“扒手”之类词语，如果与实际事实相符，就不是侮辱；如果毫无根据地以此类词语指责他人，自然也是侮辱。不讲理，就是不具有理性表述的方式，侮辱性言辞并不追求说服的效果，而是用夸张而感性的词语来贬损他人，并使周围人受到感染而产生共鸣。从这个角度说，侮辱性言辞不属于意见。这里说的讲理，并不是要求有严格的逻辑上的归纳和演绎，并不是要求正确，而只是要求符合社会公认的常理。比如，把一个罪行确凿的贪官称为“蛀虫”是合理的，而以“蛀虫”来斥责某个有贪小便宜行为的普通人，就有侮辱之嫌。本案涉讼文章恰恰既摆了事实，又讲了道理。② 人格尊严是一般人格权的核心，侵害人格尊严就是侵害一般人格权。在新闻评论中，如果是被评论对象的人格尊严受到损害，就构成侵害一般人格权，应当承担侵权责任。

---

① 王瑞明、董伊薇、罗东川编著：《〈“无冕之王”走上被告席〉——新闻官司五十例述评》，人民日报出版社 1993 年版，第 58 页。

② 参见魏永征：《维护意见讨论的充分空间——从范曾诉郭庆祥等侵害名誉权案说起》，载《新闻记者》2012 年第 5 期。

1997 年 10 月，中国足球队在主场大连金州体育馆兵败卡塔尔队，失去了进军’98 世界杯的资格。赛后，媒体仁者见仁、智者见智。同年 11 月 10 日，《广州日报》发表了一篇署名梁清的评论文章，题目为《祸起女人乎》。该文说：

你知道为何会出现这样的奇怪结果？告诉你一个秘密吧，问题出在一个女人身上，祸起女人。这女人是中国队下榻的东方大厦的一位副总经理，国家队出发时，她不合时宜地出现在中国队的车上，虽经好说歹说，女副总经理下车了，但中国队的主场之利、还有“运气”也随之被带走了，戚务生是役连出昏招，原来事出有因。

这篇评论用侮辱性的文字，把中国队主场输给卡塔尔队的原因，归结到东方大厦的于明副总经理身上，这既与事实不符，又肆意侮辱了女性的人格尊严。这是一篇严重侵害公民人格权的评论。①

3. 评论缺乏事实依据，又用不恰当的讽刺、挖苦词语，这是典型的诽谤侵权行为。诽谤是基于事实的陈述而言的，捏造事实，虚构情节，造成的损害就是诽谤；反之，没有捏造和虚构事实就不构成诽谤。电视剧《济公》1 ～ 8 集由游本昌主演，后在拍摄 9 ～ 12集时因故易人。1988 年 6 月 18 日，《每周广播电视》报刊登了张君的题为《漫谈“开价”》的评论。文章写道：

一个靠济公抬高身价的演员，竟然向《济公》漫天开价起来，提出什么要“立体合同”，否则就“拜拜”！所谓立体者，拍摄费、主题歌录制费、音像出版发行费等等的美称也，一个信过佛、参过禅的“活济公”，竟也丢开“佛门戒律”，信奉起“孔方兄”来了。

1988 年 7 月 15 日，游本昌认为该文对他进行了无事实根据的中伤，向上海市中级人民法院起诉张君和每周广播电视报社侵害其名誉权。1989 年 11 月 17 日，上海中院一审判决认定，游本昌与《济公》剧组对电视剧《济公》9 ～ 12 集的拍摄时间未能取得一致意见，是游本昌未能继续参加电视剧《济公》的直接原因。被告仅凭游本昌曾提及“一揽子合同”（即把几项标的合起来订立一个合同）问题，就得出游本昌信奉“孔方兄”，因漫天开价不成而拒演“济公”的结论，与事实不符。文章又在此基础上使用了讽刺、挖苦的文字来贬低游本昌的人格，侵犯了原告的名誉权。判决两被告向游本昌赔礼道歉，并赔偿损失。从本案审理的情况来看，“立体合同”是该案诉讼的关键问题。可以这样认定：假如游本昌确实提出过要订一份“立体合同”，那么，《漫谈“开价”》一文便持之有据，批评是合理的；假如没有提出过，那便是批评失实，侵害

① 参见贾亦凡、李寿康：《祸起〈祸起女人乎〉——大连东方大厦副总经理于明状告〈广州日报〉始末》，载《新闻记者》1998 年第 3 期。

名誉权。因此，新闻评论缺乏事实依据，是造成诽谤侵权的最根本原因。①

二、新闻评论侵权的成因及构成

新闻评论的侵权行为可能会对公民和法人造成严重的伤害，同时，新闻评论的侵权行为还会导致十分消极的社会影响。与一般的侵权行为相比，新闻评论的侵权常常表现为传播速度快、影响面广和伤害程度深等特征，其社会危害也比一般的侵权行为更大。因此，认真研究新闻评论侵权行为的成因，寻找出预防新闻评论侵权行为发生的措施，就具有重要的现实意义。

（一）新闻评论侵权的成因

1. 新闻体制的转换和公众法律意识的增强，是评论侵权行为发生的社会原因。新中国成立以来，中国的新闻媒体属于机关报（台）性质。党报（台）刊播的评论既是新闻媒体的旗帜和灵魂，又代表着党和政府的声音，新闻媒体没有新闻评论就等于没有声音。因此，媒体刊播的新闻评论，上级党政部门均有十分明确的规定，评论是为现实政治服务的。在这种新闻体制之下，新闻评论侵权行为自然不易发生，即使发生了，党政部门也会运用行政干涉的手段来化解这种侵权行为所带来的影响。这是一种典型的“权大于法”的社会，权力的力量主宰着一切，被侵权的个人或集体都必须接受这种权利虽受侵害却无法申诉的事实。

但随着社会主义市场经济体制的逐步建立，我国各级各类新闻媒体程度不同地走向市场。新闻媒体从事实上的党政机关的组成部分，开始向其真正意义上的信息传播工具回归。一方面，党和政府的新闻媒体继续承担着喉舌和工具的职能；另一方面，它在市场经济的运行中又呈现出产业化的趋势，“事业单位，企业管理，独立核算，自负盈亏”，正是这种情况最真实的体现。新闻体制的这种变化，大大地拓展了我国新闻自由的空间，也增强了新闻媒体的自由度和独立性。特别是随着政治体制改革的不断深化，各级新闻媒体实行了社长（台长）负责制，他们作为独立的法人代表，新闻评论侵权行为引发的纠纷不再是通过行政手段来化解，而往往是诉诸法律来解决。新闻体制的转换虽然不会直接带来新闻侵权的增多，但是，体制的转换会使过去被掩盖的新闻侵权日益公开化、表面化，人们不能不重视权利被侵害的事实。

公众法律意识的不断增强，也使普通公民在权益受到侵害时，能够自觉运用法律武器来维护自身的权益。新中国成立后，尤其是“文革”期间，为政治推波助澜的新闻媒体刊发了许多侵害公民名誉权的新闻评论，被批评者的人格尊严受到严重侵害。1968年10月14日，《红旗》杂志第4期发表社论《吸收无产阶级的新鲜血液——整党工作中的一个重要问题》，中央电台也反复播送了这篇文章。该文首次提出要批判“中国赫

① 王强华、魏永征主编：《舆论监督与新闻纠纷》，复旦大学出版社2000年版，第149页。

鲁晓夫”——刘少奇，并对其进行人身攻击。一个国家主席都遭受恶意诽谤，至于普通公民的合法权益受到侵害，也就更加普遍寻常。当时，公民的法律意识淡薄，国家的立法和司法机关都不健全，公民不知道用法律手段来保护自己的利益，或者想寻求法律保护也常常是申诉无门。但是，这种情况到了20世纪80年代发生了根本性的变化。1982年通过的《宪法》明确规定：“公民在法律面前人人平等。”1986年又颁布了《民法通则》。从1985年开始，大规模地在全民中普及法律知识，开展了全国范围内的“一五”普法、“二五”普法和“三五”普法教育。许多公民认识到，媒体或评论作者侵害了自己的合法权益时，可以用法律手段来维护自己的权益。同时，它也提醒新闻媒体和评论作者，应该慎重公正地对待评论，而不能随心所欲地加以引申发挥，甚至歪曲和攻击。当前，我国的法制建设和公民法律意识不断增强，“讨个说法”已经成为每个公民在权益受到侵害时的自觉选择。因此，新闻媒体和评论作者应该有清醒的认识。

2. 评论作者的法律意识差和法律素质低，是导致新闻评论侵权的直接原因。在全民的法律意识普遍增强的情况下，一些评论作者的法律意识和法律素质没有得到相应的培养和提高，有些评论作者甚至滥用自己的“说话权”，对他人进行激烈的人身攻击，为个人或所属集团谋取利益。比如，1988年，陈佩斯接受湖南电视台等单位的邀请，赴长沙参加晚会演出，因同邀请方的意见不合而离去。于是，《湖南广播电视报》发表了题为《陈佩斯跑了》（1988年5月12日）的评论，文章这样写道：

> 陈说领导没接见，不知道陈佩斯究竟要求什么级别的领导接见才与他的身份相符？又说，陈的戏，有些是“戏不够，笑来凑。陈要大乐队是什么意思呢？”陈佩斯跑了，偷偷地跑了。人们在猜测，在思考。陈佩斯本来是个滑稽演员，却要唱歌。如果是临阵“怯场”而逃走，说明他萌生了自知之明。如果陈佩斯对自己的上述表现经过自我反省，觉得无地自容，因而愤然离去，那就颇有些令人忧虑——他已经走到悬崖上了。

陈佩斯认为，该文侵害自己的名誉权，向长沙市中级人民法院起诉湖南广播电视报社和作者。1989年5月，长沙市中级人民法院作出一审判决，《陈佩斯跑了》一文的内容基本属实，不构成侵害原告名誉权。陈佩斯不服，又向湖南省高级人民法院提起诉讼。1991年2月，湖南高院作出终审判决：《陈佩斯跑了》一文所叙事实和情节有的不够确实，而且所用的言词也不够恰当，对陈佩斯的名誉有所损害，湖南广播电视报社及作者应向陈佩斯赔礼道歉。这起评论纠纷实际上是文章的作者一方与陈佩斯的合同纠纷的继续。作者一方邀请陈来演出，但因故发生不快，陈在演出前走了，双方的争执和纠纷不可避免。但是，作者一方凭借手中拥有的报纸，发表谴责陈佩斯的文章，这就不公平了。报纸是社会公器，“公正评论”的原则是出于社会公共利益。尽管作者可以认为自己批评陈佩斯的违约行为是维护观众的利益。但是，作者毕竟是争执的一方。利用自己手里的媒体，对他人进行指责，就很难说是为了维护公共利益了。①

3. 用新闻评论取代法律，充当司法判决。在“文革”期间，新闻评论越权审判，充斥于新闻评论之中的是行政命令式和武断定罪的词句，它们干涉甚至代替司法机关作判决下结论，它们超越舆论机关的权限，误将自己理解为政府的权力机关，粗暴干涉司法独立。更准确地说，是砸烂公、检、法等政府机关后，党报、党刊的“义不容辞”和“得天独厚”的应时之举。含沙射影、指桑骂槐是新闻评论的温和干预，以政治帽子压人则是直接指认罪行。一顶“帽子”就是一个结论，宣告了某人的政治生命死刑或肉体生命死刑。如对刘少奇的批判套用的是“叛徒、内奸、工贼”三顶帽子。在三顶帽子“加冕”前没有任何司法部门的调查取证和认定，直到新闻评论判决两年多以后的1968年9月，才出台一份所谓的“审查报告”，同年10月才传达到群众之中。而此时，“以刘少奇为首的资产阶级司令部”、“以刘少奇为总头目的反革命修正主义集团”等话语，早已经由报刊铺天盖地地晓谕千家万户了。先有评论定性，然后按图索骥搜集材料印证罪行，这是“文革”中“两条路线”斗争的惯用模式。正因如此，无中生有的新闻评论发挥着指挥棒的作用，指到哪打到哪。评论中没有事实材料，没有说理论证和逻辑推理，其中的“判词”，就是“说你是你就是，不是也是”的强盗逻辑的产物，是一种文化“施暴”。

胡乱定罪是“施暴”，而“施暴”的另一种典型表现是惯于以主人身份发号施令。如1973年“两报一刊”国庆社论《认真学习，继续前进》写道：“学习十大，要抓住重点。我们要学习十大对时代和形势的分析，充分认识无产阶级文化大革命的必要性和伟大胜利，……要学习毛主席关于反潮流是马列主义的一个原则的教导，……要学习实行老、中、青三结合的原则，……要学习加强党的建设的问题，认识党的一元化领导最根本的是正确的思想和政治路线的领导，提高党委抓大事的正确性；必须重视上层建筑，热情支持社会主义新生事物；……所有这些……我们要学深学透。”像这样在评论中接二连三地“开‘要’（药）单”的现象，在“文革”报刊中随处可见。据范荣康的统计，1974年2月2日《人民日报》社论中一段不足300字的文字，共有九个“要”，提了九个要求。② 读者面对的仿佛是一个个语言失禁的“发话狂”，这个巨大的狂人心中有着太多欲望和要求，企图通过语言对他人“施暴”来获取快感。一旦外界人物有丝毫的不合这个巨人的欲望和要求的举动，巨人便拿起新闻评论这个法宝进行论罪，对他实施“文化”上的“革命”。③

---

① 王强华、魏永征主编：《舆论监督与新闻纠纷》，复旦大学出版社2000年版，第197页。

② 范荣康著：《新闻评论学》，人民日报出版社1988年版，第210页。

③ 参见肖燕雄：《文化霸权与“文革”新闻评论》，载《现代传播——北京广播学院学报》1997年第3期。

（二）新闻评论侵权的构成

新闻评论侵权主要有诽谤和侮辱。诽谤的方式是虚假陈述；侮辱的方式则是丑化。诽谤既有故意的，也有过失的；侮辱都是故意的。侵权行为是对公民和法人合法权益的不法侵害行为。按照民法的规定，民事侵权行为必须同时具备四个条件：一是致害行为具有违法性；二是损害事实客观存在；三是侵权行为与损害事实之间具有因果关系；四是致害人主观上有过错。① 新闻评论侵权的损害责任，其责任构成与民事侵权责任构成是一致的，新闻评论的侵权行为构成包括四个要件：

1. 新闻评论有侵害他人人格权的违法性质。它指作为新闻评论侵权行为的责任主体所实施的行为违法。违法是侵权行为在客观上与法律规定相违背，主要表现为违反法定义务和法律禁止的行为。人格是每个公民和法人固有的作为独立权利主体的资格，这种资格应该得到尊重。按照我国的新闻侵权法规，被明文禁止的行为主要有诽谤、侮辱和宣扬隐私。诽谤是最常见的新闻侵权方式。在新闻评论侵权行为中，评论的采访、发表、刊播等都表现为违法行为。

2. 新闻评论侵权所造成的损害事实客观存在。损害，是指某人因一定的行为或事件使其权利和利益遭受某种不利的影响。侵权行为中的损害可以分为财产损害、人身损害和精神损害。财产损害是财产和财产性权利的减损；人身损害是人身伤亡；精神损害是精神痛苦，常常表现为悲伤、忧郁、羞辱、绝望等。在新闻评论的侵权诉讼中，原告必须证明自己遭受了损害。损害事实是确定新闻侵权民事责任的首要条件。确定侵权行为的民事责任目的是使受害人因侵权行为而遭受的损害得以补偿，并尽可能使受害人回到未受损害的状态。

3. 新闻评论的侵权行为与损害事实存在着因果关系。因果关系是指客观事物、现象之间存在着前因后果的关联性。一个现象或事件的出现，是由另一个现象或事件的存在引起的，那么，它们二者之间就存在着前因后果的关联性，即是因果关系。侵权行为引起损害事实，侵权行为产生了受害人的财产损害、人身损害和精神损害，受害人的财产损害、人身损害和精神损害是由新闻评论的侵权行为引起的，新闻评论的侵权行为是因，受害人的损害是果。侵权行为与损害事实的因果关系分两种情况：一种是违法新闻评论与受害人的损害存在因果关系，也就是违法的新闻评论确实指认某一特定对象，称之为新闻评论有特定指向；另一种是指特定对象的损害事实确实是由侵权新闻评论造成的，但是，致害的新闻评论同诉称受到损害之间不存在因果关系。

侵权评论一定要有特定指向，只评论事件、现象，不涉及具体个人的新闻评论，即使发生失实或其他错误，但是，它不侵害特定他人的利益，就不是侵权新闻评论。比如，评论《牌桌上的腐败》（《益阳日报》1993 年 11 月 13 日）是针对“某部门两名工作人

---

① 《中国大百科全书》（法学卷），中国大百科全书出版社 1990 年版，第 473 页。

员”到一家企业检查工作时打牌赌博现象所写的批评性文章。纪检部门到报社了解情况，作者称，文章只是对一种现象的批评，没有具体对象，某公司负责人曾谈起类似情况。纪检部门再到某公司调查，公司提供国税局干部李克强曾去打牌赌博，李克强为此受到行政处分。于是，李克强向法院起诉《益阳日报》侵害其名誉权。称自己在该公司没有打牌赌博，是该公司为逃避处罚而捏造事实。被告辩称文章没有特指李克强，李克强是否赌博，应否受处分，与本报无关。1995 年 6 月，经益阳市赫山区人民法院审理，认为原告是否参与打牌赌博无法认定，原告所举证据不能证明其主张，判决驳回原告的起诉。从本案的判决情况来看，新闻评论泛指某种现象而无特定指向，即使全无根据，也不会构成侵权新闻评论。①

4. 侵权行为人的行为存在过错。过错，是指行为人通过违背法律和道德的行为表现出来的主观状态，它是行为人主观上的故意和过失。故意就是明知自己的行为会造成损害结果，却希望或放任这种结果发生。希望的心理状态是直接故意，放任的心理状态是间接故意。在我国，把故意的侵害名誉权行为称为诽谤。过失包括疏忽大意的过失和过于自信的过失。疏忽大意的过失是指应当预见自己的行为可能发生损害结果，却因为疏忽大意而没有预见到；过于自信的过失是已经预见自己的行为可能发生损害结果而轻信能够避免，以致发生损害结果。② 我国《民法通则》第一百零六条第 2 款规定：“公民、法人由于过错侵害国家和集体的财产，侵害他人财产、人身的，应当承担民事责任。”过错是新闻评论侵权责任构成要件中的重要因素，评论作者致他人损害，虽有损害事实和因果关系存在，但是，如果没有过错，那么，评论作者仍不负侵权行为责任。

第二节　公正评论：未侵权的新闻评论

西方学者指出：“每个人都有评论公众关心和感兴趣的事情的权利，条件是他是公正地，并且怀着诚实的目的去进行评论。这样的评论与批评都不是诽谤性的，不管他的措辞如何严厉，除非它们是被带着恶意写出来的。因而，我们可以认为，书、印刷品、图片、公开展出的雕塑、公共建筑物的建筑式样、演员和展出者都是报纸批评的合法对象，并且无论谴责的措辞如何严厉，这些公正地诚实地创作出来的批评都不是诽谤性的……它是就公众感兴趣和关心的事情进行评论。”③ 2007 年 8 月 28 日，台湾台北市地方

① 参见湖南省益阳赫山区人民法院民事判决书，（1995）益赫民初字第 501 号。

② 王强华、魏永征主编：《舆论监督与新闻纠纷》，复旦大学出版社 2000 年版，第 197 页。

③ （美）康拉德·芬克著：《冲击力：新闻评论写作教程》，柳珊、顾振凯、郝瑞译，新华出版社 2002 年版，第 160 页。

法院作出一项判决：新闻从业者胡忠信诽谤陈水扁之女陈幸好罪名不成立。该案缘由是，2005 年 10 月，胡忠信在电视评论节目中指责原告“前往美国开户，疑似洗钱”。台北市地方法院认为，此言论为评论和意见表达，不是陈述“确定有开户”的事实。法院认为，是否构成诽谤罪，必须探究被告在主观上有没有相当理由确信所发表的言论为真实之诽谤故意。胡忠信所提供的证人经调查和询问均表示，在纽约看见有人带着陈幸好到银行开户。法院据此认为，胡忠信收听到的陈述，在逻辑上及主观上有相当理由相信陈幸好确实在美国学习的过程中开户，而且有人证明在当天陈幸好确实没有上课。所以陈幸好不无可能利用当天银行上班日去银行开户，在没有证据证明没有这项事实的情况下，法院采取对被告有利的认定。[①] 这是“公正评论”的典型判案。

一、“公正评论”原则

“公正评论”（fair comment）又称“诚实评论”或“合理评论”，它是公民对于社会的公共事物，对于一切进入公共领域的人或事物，包括文化艺术、科技成果以及各种产品和服务等，应当享有自由评论的权利。而“公正评论”权利，则是指新闻媒体在涉及已经发表言论的诽谤诉讼中，对“公正评论”权的辩护主要包括社论、批评文章、读者来信以及分析性的新闻中发表的各种议论，并规定这种议论，只要意见公正，不怀恶意，即可不负名誉侵权责任，这也被称为“公正评论”原则。

英国有关“公正评论”的规则，最新表述见 2011 年英国司法部提交国会的诽谤法草案中的归纳：评论必须是公共利益问题；内容必须可识别为对事实的评论而不是（笼统的）归罪；评论必须具有足够的事实依据；评论必须明白或隐含地表明它（依据）的事实；评论必须是一个诚实的人对于可证明的事实应能做出的；如果原告证明评论出于恶意则抗辩无效。[②] 公正评论特许权是最广为接受的普通法辩护，但现在，因《纽约时报》公司诉沙利文案（1964）的裁决已不那么重要了。在该案里认定的有关公共人物的宪法特权较之传统的公正评论特许权要宽泛得多。

“公正评论”原则包括两个必要条件：一是真实，即材料必须是真实的；二是公正，即不是出于恶意的。媒体的批评违反这一原则，就触犯了诽谤法，将会受到法律的制裁。

1920 年，《芝加哥论坛报》刊登了一名州长竞选人的演说，指责芝加哥市政府财政败坏，信用破产，市政府因而提出控告。但 1923 年伊利诺伊州最高法院裁决市政府败诉，因为报纸与公民一样，可以自由地批评政府，具有批评政府的绝对权利。州最高法院的判决书指出，除煽动他人破坏现行法律，或以暴力及其他非法手段推翻政府外，其

---

① 参见乔新生：《新闻评论与新闻诽谤》，载《新闻记者》2007 年第 10 期。

② See Draft Defamation Bill Consultation，the Ministry of Justice of the UK，2011. 3. 15.，p. 18.

他任何反对政府的言论或文字都应该被认为是绝对权利，这一判决确立了报纸批评政府的绝对权利原则。也就是说，报纸除非以暴力或其他非法手段推翻政府，它的一切批评政府的言论都不应受法律的制裁。另外，扩大批评政府官员的权利。美国新闻界对于政府官员的批评在传统上也是应遵守“公正评论”原则，但1964年联邦最高法院的一个判决改变了这一传统原则，确立了“确有恶意”原则，从而扩大了新闻界批评政府官员的权利，使新闻界几乎可以像批评政府一样批评政府官员。

1960年，《纽约时报》刊登了一黑人组织指责蒙哥马利市警察局局长沙利文镇压黑人运动的广告，沙利文提出起诉，他列举了广告中的材料有几项是不真实的，结果法院根据“公正评论”原则，判决《纽约时报》赔偿沙利文名誉损失费50万元。《纽约时报》向美国最高法院上诉，最高法院否定了原判。判决书认为，《宪法第一修正案》的制定，旨在提倡大胆的辩论以有利于全社会。而在大胆的、积极的辩论中，不可避免地会有一些不准确的说法，如果抓住这些错误说法加以惩罚，就会窒息这种重要的讨论。判决书还指出：“对于公共问题的讨论，应当是不受约束的、大胆的、开放绿灯的。”凡有关批评政府官员的案件，除非能够证明批评者之使用不真实材料，是出于恶意，即“明知材料是假的，或有意忽视材料是否虚假”，否则一概不能依诽谤法起诉。“确有恶意”原则的确立，扩大了新闻界批评政府官员的权利。

1964年，美国最高法院在《纽约时报》案中，改变传统的“公正评论”原则，树立“确有恶意”原则。在1971年“罗森布鲁姆诉大都会新闻有限公司案”的判决中，最高法院又将“确有恶意”原则扩大到批评“公众人物”。这是一个非常重要而典型的判例，它改变了传统的“公正评论”原则，重新确立一个新原则，那就是，媒体在批评政府官员时，具有批评政府的绝对权利。最高法院的判决说，一个人虽然不是政府官员，但是他参加了公共活动，对社会公益有影响，就成为“公众人物”，报纸就有权利像批评官员一样地对他进行批评。西方新闻界认为，批评政府和官员应该遵守的传统原则就是“公正评论”原则，一旦违反这项原则，就可能被指控为诽谤，但通过一系列的判例，美国新闻界对政府及政府官员的批评权利一步步地扩大了，这表现在两个方面：一方面，批评政府的“绝对权利”原则。这一原则是1923年伊利诺伊州最高法院判决“芝加哥市诉《芝加哥论坛报》案”时确立的；另一方面则是批评官员的“绝对权利”原则。因此，公正评论包括四个要素：①评论之事项与公众利益有关。这是最重要的要素，牵涉对政府及官员的批评权利问题。②必须是对事实之评论而非事实之陈述。③评论必须公正。④须无恶意。

“公正评论”涉及的是诚实表达，是传播者对公共利益所表达的意见。为“公正评论”辩护的独特之处在于：①强调基于事实的意见而非对事实本身的报道；②允许评论各种公共利益事宜而非限于带有公开性质的活动。对于那些带有夸张、不合逻辑、讽刺挖苦、嘲弄奚落甚至是错误百出的评论，如果基本事实都可证明它们的合理性，便一律受到保护。而恶意会使“公正评论”辩护无效，但不得从公布者或发言者选择的词语中推论出恶意。恶意只能从检查传播者在公布于众时的动机上认定。在多数司法管辖区，如果评论或意见是建立在重大事实错误基础之上，那么“公正评论”辩护同样无效。在英、美、日等西方国家，包括我国的香港特别行政区，在其新闻侵权的免责理由中都采用了“公正评论”原则。按照这些国家和地区的法律，当大众传媒面临诽谤指控时，“公正评论”是仅次于真实的又一个重要抗辩理由。

但是，“公正评论”不是无条件的，而是有条件的：第一，评论对象一定与社会公益有关，或是一般公众关心的事件；第二，没有恶意，其目的不是为了与公共利益无关的单纯人身攻击，而是与公益有关；第三，构成评论前提的事实，应该是真实、可靠的；第四，立场应当公正，但不一定客观。美国学者在谈到“公正评论”时强调：“法院广义地解释公正评论。对于带有夸张、不合逻辑、讽刺、挖苦、嘲弄奚落甚至是错误百出的评论，如基本事实都可证明它们的合理性，便一律受到保护。”① 同时，评论作为“社会守望者”，引导社会舆论和实行舆论监督的重要方式，它利用媒介的“议程设置”的特殊功能，引导社会大众关注社会焦点，洞察社会现象，剖析社会弊端，促进社会发展，体现了媒体所肩负的扶正祛邪、激浊扬清的神圣社会责任。因此，公正评论原则是为了给言论自由和舆论监督营造宽松的社会环境，体现了在言论自由与公民的人格权之间，法律对与社会公益有关的言论予以优先保护的倾向，其目的是要激励和保护公众追求真理、勇于探索、畅所欲言，敢于就公共事务发表各种意见以维护社会整体利益，有利于在社会形成一种高度民主和自由的舆论氛围。

二、正确使用“公正评论”原则

言论包括事实和意见两部分。在对诽谤指控的抗辩中，“公正评论”的抗辩理由就是把事实和意见区分开来。任何人、事和物，一旦进入公共领域，必定要受到公众的评论。评论的对象，可以是人，即所谓的“公众人物”；可以是事，指各种与公共利益相关联的事件；可以是物，包括各种物质产品和精神产品。事实是客观的，意见是主观的。事实只有一个，而意见难免众说纷纭。对同一事实，有赞成的，也有反对的；有喜欢的，也有讨厌的；有肯定的，也有否定的；有全面的，也有片面的，甚至偏激的。这些意见当然有的对，有的错，但是，如果把错误的意见都等同于侵权，这就无异于取消了发表意见的自由，剥夺了公民的评论表达权。所以，美、英、日和我国香港地区，为了让公众和新闻媒体正确使用“公正评论”的原则，均制定了一些具体的法律规范和原则。

---

① （美）巴顿·卡特等著：《大众传播法概要》，黄列译，中国社会科学出版社 1997 年版，第 157 页。

（一）只涉及公众注意或关心的问题

“公正评论”的权利只涉及公众注意或关心的问题，不涉及个人的隐私。新闻评论的对象必须与公共利益相关，即媒介要从公共利益的角度对社会、政治、经济、文化、科技等公共领域的事务发表意见和看法。评论必须出于公心，要从促进社会进步与发展、维护社会安定与和谐的大局出发，对与公共利益有关的各种现象和问题进行讨论和评判。公共事务会涉及与公共利益有关的具体的人和事，包括对一些人和事做出批评性的甚至否定性的评判，但只要评论是出于公众利益而不是着眼于小团体利益和个人利益，就可以作为抗辩事由而受到法律的保护。

评论是否合理？最有效的辩护必须证明自己没有人身攻击，没有谩骂，否则就被视为侵权，并承担赔偿责任。比如，1959 年，利伯雷斯诉《每日镜报》及专栏作家卡桑·德拉（即威廉·康纳）案中，发现该报专栏作家卡桑·德拉所使用的语言超出了合理评论的范围。1956 年利伯雷斯来到英国时，卡桑·德拉在《每日镜报》上发表了两篇文章介绍了美国钢琴家利伯雷斯。辩护人指出，卡桑·德拉文章的意思是说利伯雷斯是同性恋者，结果，他上台时场内响起“鸡小子”、“妖精”的呼喊声。卡桑·德拉和《每日镜报》则辩称，那些受到指控的词句是事实，没有失实。另外，就全文来看，其评论是公正的，但是，报社和作者还是输了官司，利伯雷斯获得了 8000 英镑的赔偿。① 从这个案例来看，利伯雷斯作为一位著名的钢琴家，属于“公众人物”，它的言行受到公众的注意和关心，但是，这绝不涉及他个人的私生活。卡桑·德拉在《每日镜报》上大谈特利伯雷斯是同性恋者，这就侵害了他应有的权利。所以，即使卡桑·德拉和《每日镜报》辩称事实没有失实，但仍然是他们的评论侵权了。

（二）允许事实偏差

媒体对“公众人物”的评论，允许事实偏差。公正评论的对象为“公众人物”。公众人物是美国最高法院在 20 世纪 60 年代提出的概念，“指因特殊地位或表现而为公众所瞩目者，如各级政府官员、主动寻求公众评价的各种公开的候选人、体育艺术明星、因重大不凡表现而影响社会的发明家和企业家等”②。一般认为，公众人物的言行经常与公共利益密不可分，从维护公众利益的目的出发，应当由公众对他们予以监督，允许大众传播媒介对他们的表现加以评价。当然，对于公众人物纯属个人事务、与社会公共利益无关的事项则不在评论之列。任何事物，一旦进入社会公共领域，必定会成为公众评论的对象，其中可以是人，即所谓“公众人物”，也就是英语中的“public figures”。

---

① 参见中国社会科学院新闻研究所、北京新闻学会编：《各国新闻出版法选辑》，人民日报出版社 1981 年版，第 230 页。

② （美）巴顿·卡特等著：《大众传播法概要》，黄列译，中国社会科学出版社 1997 年版，第 47 页。

公民或法人一旦成为“公众人物”，名誉权受保护的范围就要有一定的限制，其缘由主要有两个方面：一是“公众人物”的行为已构成一种社会现象，涉及公共利益，因此，他们的行为必须受到社会的评论和监督。二是“公众人物”较之普通人或法人，有更多的机会和条件接触新闻媒介，或用其他沟通方式来为自己澄清，也有更多保持名誉的手段，所以，他们也应接受公众和舆论更多的评论。采用大陆法系的日本也引进了“公正评论”的原则。在日本，有这样一个案例，有人散发批评一位小学教师的传单，骂他“无能有害”。针对这起诉讼判决，日本最高法院认为，对于关系到公共利益的事项，自由地进行批评、评论，是公民行使言论自由的权利，应当尊重。其批评的对象是公务员（日本小学教师为公务员），即使上述批评、评论导致该教师的社会评价下降，但其目的和行为完全是为了社会公共利益，且主要事实被证实时，只要不涉及人身攻击、偏离评论界限，那么，这种行为就不会构成损害名誉的侵权行为。①

2013 年 1 月 29 日，香港《信报》刊发了题为《诚信问题已非要害，梁氏涉黑实可双规》的评论，作者为曾任《信报》总编辑及中央政策组全职顾问的练乙铮。《信报》却收到梁振英以个人名义发出的律师信，指出该篇文章内容与事实严重不符，损害了梁振英的名誉，有诽谤之嫌。《信报》作出回应声明，解释该文章并非指梁已经涉黑，只是基于前全国政协委员刘梦熊一方所言的假设性陈述及分析，并已再三提醒读者，刘梦熊提供的信息未必可靠。声明表示，文章提出讨论的议题涉及公众利益，而在论点铺陈之间，已经慎重而清楚表明相关论据应该再经不同方式求证，不应轻率达成任何结论。声明最后强调：“本报管理层、编辑部及文章作者并无指称梁先生已经涉黑，若因文章而引起读者对梁先生产生不公的结论或引来不便，我们谨此致歉。”而梁振英在声明中回应称：“我一向尊重言论及新闻自由，但该文章指本人涉黑，指控严重，不得不严肃处理。我注意到并接受《信报》今日启事中的最后一段，即‘本报管理层、编辑部及文章作者并无指称梁先生已经涉黑，若因文章而引起读者对梁振英产生不公的结论或引来不便，我们谨此致歉’。”针对此事，《信报》总编辑陈景祥在接受电视访问时表示，《信报》声明中致歉，对象是读者，而非梁振英本人。读者有可能看完文章后误解梁振英涉黑，这并非文章的本意。他表示对梁振英要求撤回文章及不希望再有类似言论感到震惊。而文章作者练乙铮则表示对事件感到意外，但不会影响日后评论的风格。他说，这是在任行政长官首次透过私人律师信警告报章的文章，推测是梁振英的一时冲动，应不会成为惯例。梁振英向报纸及评论员发出私人律师信，这在香港是首次由在任特首采取类似行动。②

---

① 刘迪著：《现代西方新闻法制概述》，中国法制出版社 1998 年版，第 112 页。

② 《〈信报〉事件，梁振英“私”事“公”布被批》，载《联合早报》2013 年 2 月 9 日。

（三）事实要真实

“公正评论”要有事实根据，且所依据的事实一定要真实。评论必须植根于事实的土壤、基于一定的事实发表意见，其前提条件：一是要有事实，是就事实有感而发；二是事实基本真实，不是捕风捉影，主观臆断。事实是评论的由头，也是评论的论据，是评论具有强大的说服力的保证。论据出现重大失误，论点就可能成为无稽之谈而授人以柄。对此，有美国学者指出：“如果评论或意见是建立在重大事实错误基础之上，公正评论辩护同样无效……例如，某位报纸专栏撰稿人在文章里称‘琼斯医生是杀人凶手’，若与事实不符，此描述即为诽谤。可是，如果读者知道琼斯医生在某一例子里实施了安乐死，他们可自由表态是否同意琼斯医生是凶手的意见。”① 评论是传播观点的，不是传播事实的，但由于新闻评论的广泛影响，作者的判断不慎，确实可能传播并非真实的消息。

2004 年 8 月 24 日，《中国青年报》发表评论《为什么第二代身份证要日本企业造》，就被《新闻记者》杂志列为 2004 年十大假新闻。② 这是唯一一篇由事实错误所造成的“假新闻”。雅虎中国于 2004 年 8 月 20 日转载《国际先驱导报》驻东京记者的报道，中国六个试点城市的第二代身份证的印制业务将交由一家日本企业担任。第二代身份证采用彩色数码照相技术，而这个日本企业的打印机在所有的测试、比较和论证过程中表现优异，因而被选中。这篇报道严重失实。事实是，为确保证件质量，经公开招标，选用包括富士施乐、惠普在内的打印设备，用于第二代居民身份证表面照片和文字信息的打印，但所有的第二代居民身份证均由公安机关制证中心印制，制证过程是在安全可控环境下进行的，不存在身份证由外国企业印制的问题。作者的失误，在于他只是看到雅虎转载的报道而没有查找原文，便信手写来。这是当前不少时评的通病。但是，这还不是问题的全部，作者被狭隘的民族主义情绪所左右，丧失了理性的思维，以理性、建设性的声音，在社会上建立起一道防止某些极端倾向或者思潮的“防火墙”。如果事情本身失实，评论也就难以合理公正了。③

在中国，人们早已意识到“公正评论”的事实依据要真实、准确。2000 年 4 月 1 日，《焦点访谈》开播 6 周年纪念日，《焦点访谈》使用了新制作的片头，并采用了栏目的新的定位语：“用事实说话”。《焦点访谈》作为电视评论类栏目，就是“用事实说话”，不说空话，不说套话，不说大话，更不说假话。从法律上讲，它体现“公正评论”的操作原则，即评论的意见一定要有事实根据。评论必须把所依据的事实交代清

---

① （美）巴顿·卡特等著：《大众传播法概要》，黄列译，中国社会科学出版社 1997 年版，第 47 页。

②③　参见陈斌、贾亦凡：《2004 年十大假新闻》，载《新闻记者》2005 年第 1 期。

楚，意见要同事实分开表述。[1] 在英国，法庭面对“公正评论”的辩护，也要求评论所依据的事实一定要真实。当一个评论作者出庭时讲：“假如我们得到的消息准确，评论就会公正”，这显然是无济于事的。唯一可辩护的是“事实准确，根据事实发表的评论公正”。[2] 但是，也有例外。评论是依据特许的材料，如根据诉讼事项的报道而写的。在这种情况下，即使在特许报道中提到的事实变得不真实了，这种辩护还是有效的。[3] 1998 年，美国德克萨斯州牧牛业协会控告电视脱口秀节目主持人奥普拉·温弗里，指控温弗里 1996 年在她主持的一期节目中谈论疯牛病，并警告美国观众，牛肉会将疯牛病传给人类。自那集“脱口秀”节目播出后，美国牛肉价格暴跌，一直跌到近 10 年来的最低点。于是，德州牧牛协会控告奥普拉·温弗里诽谤牧牛业，并索赔 1100 万美元。但陪审团最终裁决主持人奥普拉·温弗里无罪。该案体现美国的立法精神，即媒体可以对某事发表负面的评论，只要该评论有一定的事实根据，法律就会站在媒体的一边，保护言论自由。

（四）以普通人的认知为标准

评论意见当否应该以普通人的认识为标准。所谓“普通人标准”，是指某些评论虽然片面、偏激，甚至具有诽谤性，但是，这些只要是普通人都会具有的认知，那么，它就应当为法律所容许，而不能视为评论侵权。为此，英国的一个具有经典性的判词写道：“尽管他有很大的偏见，尽管他的主意很夸张和固执，一个普通人是否可能说出这样的指责（即被指控为诽谤的指责）呢？若果有此可能，无论他的指责是怎样错误、怎样偏颇，都仍然在法律容许的范围之内。”[4] 在中国，一些涉诉评论作品的法律审判也吸收了“普通人标准”原则。

1995 年 12 月 4 日，《常州日报》记者姚庚荣出席了气功师沈昌在常州市体育馆举办的“沈昌人体科技传授报告会”，聆听了沈昌的报告后，觉得沈昌是打着“人体科技”的幌子，愚弄群众，骗人钱财。于是，他在《常州日报》上用“秋云飞”的笔名撰写了《心想事成太荒唐》的评论文章。该文采用评点的方式，即录引一段沈昌的讲话，再写自己的点评。1996 年 1 月 26 日，《工人日报》转载了姚庚荣的文章，并且加了一个编者按，对沈昌打着科学幌子宣扬封建迷信、诈骗钱财、牟取暴利、危害社会的言行进行了批判。

---

① 袁正明、梁建增主编：《用事实说话——中国电视焦点节目透视》，上海人民出版社 2000 年版，第 205 页。

② 宋克明著：《美英新闻法制与管理》，中国民主法制出版社 1998 年版，第 165 页。

③ 俞燕敏、鄢利群著：《无冕之王与金钱——美国媒体与美国社会》，中国社会科学出版社 2000 年版，第 184 页。

④ 王强华、魏永征主编：《舆论监督与新闻纠纷》，复旦大学出版社 2000 年版，第 165 页。

同年4月，沈昌到北京市东城区人民法院对《工人日报》和《常州日报》记者姚庚荣提起公诉。同年10月，东城法院驳回原告沈昌的起诉，后来北京市第二中级人民法院也驳回了沈昌的上诉。沈昌在大庭广众之中传授气功，他的行为涉及公共利益，就应当允许评论，可以赞成，也可以反对，只要评论有事实根据，不侮辱沈昌的人格，那么，就不能说反对者就是侵犯了名誉权。姚庚荣的评论的确比较尖刻，比如“吹牛”、“信口雌黄”、“胡言乱语”、“被‘托儿’牵着走”等用语，一般场合下会被认为是过分了。但是，在“公正评论”原则的“普通人标准”中，这些评论用语是普通人都会具有的认识，就应当为法律所容许，而不能视为评论侵权。沈昌说用意识吃烧鸡就可以吃饱，只要用心想就可以消除肿瘤，普通人都会说这是吹牛，评论这样说也就没有什么不可。①

（五）对事不对人

评论者主观上无恶意，且主要对事而不对人。评论不能完全淡化感情色彩，基于情绪化的表述，有时出现比较片面和比较尖刻的言词也是可以理解的。但有一点是必须坚持的，即评论者主观上应出于诚意和善意，而不能把评论本身当作贬低他人人格、对他人进行人身攻击的一种手段。“辱骂和恐吓决不是战斗”，这是当年鲁迅先生为评论制订的一条标准，至今仍有现实意义。要做到这一点，就要注意评论者不当“裁判员”、“审判员”，尽可能不煽情、不炒作、不偏激，慎用那些带有贬损、嘲弄、污辱性的词语。有些评论形式，像电视评论、广播评论和网络评论，应当邀请一些权威人士或专家学者发表意见，以增强评论的公正性和专业性。中央电视台的《今日说法》、《焦点访谈》、《央视论坛》等栏目就是采用这种方法的典范。

“用事实说话”是新闻报道的基本规律，对评论同样有指导意义。评论的着眼点应放在事实上，当然就允许和提倡发表各种对事实的不同看法，见仁见智，各种观点都可以摆出来。即使有些意见是偏激的、错误的，也算一家之言，允许展开争鸣，在讨论中深化认识。要求评论者的观点都是百分之百的正确，大家众口一词，说的都是同一个标准答案，显然不合理。评论如果将“兴奋点”由事实转移到对人的评价上，就可能涉及对特定人的品德、才能方面的评判，某些偏激的言词就可能伤害特定人的感情，构成侮辱他人人格，引发因对特定人的评价不当而产生的新闻侵权纠纷。中央电视台的《焦点访谈》节目进行舆论监督的一条经验就是“对事不对人”，他们在总结这方面的经验时提出：“我们关注的第一目标是事实本身，而非张三、李四具体的参与者。围绕主题事实出现的人物，也只是为了证明事实，而并非作为‘前景’和‘衬托’被无原则地层示。”②

① 王强华、魏永征主编：《舆论监督与新闻纠纷》，复旦大学出版社2000年版，第184页。

② 参见再军：《批评性报道的采访技巧和角色把握》，载《中国记者》1999年第6期。

第三节　新闻评论伦理失范的表征及防范

西方社会认为："言论自由是以对于他的思想负有义务为基础。如果一个人不负担起这个对于他的良心的义务，如果他反而运用言论自由去煽动仇恨、诽谤、说谎，如果他故意利用言论自由来玷污真理的源泉，那么他就没有要求言论自由的权利。只有在他负起相伴随的道德义务时，他才有道德权利。"① 因此，伦理就是关于人的言论行为是否恰当、是否合乎道德的规范。美国学者康拉德·芬克指出："伦理是一个原则系统，一种行为的道德或规范。它是被个人、群体或文化确认了的价值和生活准则。它寻求指导人们的行为：什么是好的，什么是坏的；什么是正确的，什么是错误的。"② 而按照波斯纳的话说，就是关于"责任的缺位"，或者"作品质量控制之缺位"，即便被发现"出售有瑕疵的产品，他们所受到惩罚也接近于无"。③ 这事实上是在提醒人们，新闻评论所涉及的伦理问题，最主要的是新闻媒体或作为评论作者的专家本身应有的公信力，特别是社会责任问题。美国著名报人普利策对他的"理想之笔"提出七项要求：①历史知识，特别是本国史，是最重要的。②简明与净化是绝对必需的。③确信正义而无须惧怕。不需要静候指示的作者，而需要创造性的培养。④坚持主张，继续辩论，直至整个问题真正结束。⑤找一个能以"幽默笔触"写文章的人，但屡试不得。⑥新闻纸是协助形成与领导舆论的发展，如舆论在轻率与错误中形成了，则首先提出而反对之。⑦勿以今日工作为满足，力求更好的明天。因此，普利策这位经验丰富、眼光独到的报人对于评论作者的要求是相当高的，既包括文字能力，也涵盖社会责任等精神领域。④

一、中西方新闻评论的伦理规范

（一）西方新闻评论的伦理规范

曾几何时，新闻评论与读者之间的关系是非常简单明确的，新闻评论的伦理问题并不突出。如今，随着媒体发表评论空间的日益开放，评论的主体也越来越多元化，往往

---

① （美）弗雷德里克·S. 西伯特等著：《传媒的四种理论》，展江等译，中国人民大学出版社2008年版，第85页。

② （美）康拉德·芬克著：《冲击力：新闻评论写作教程》，柳珊、顾振凯、郝瑞译，新华出版社2002年版，第102页。

③ （美）波斯纳著：《公共知识分子：衰落之研究》，徐昕译，中国政法大学出版社2002年版，第204页。

④ （美）威·安·斯旺博格著：《普利策传》，陆志宝、俞再林译，新华出版社1989年版，第201页。

代表着社会不同的团体利益和个体利益，这实际上是开放社会中的正常现象。在这种社会背景的背后，涉及新闻评论的伦理问题也就出现了。

美国《纽约论坛报》的创办者格里利最先在该报的创刊词中提出，要摒弃大众化报纸的不良倾向。他指出："它（《纽约论坛报》）将努力维护人民的利益和促进他们道德的、社会的和政治的权益。它将摒弃许多著名便士报上的不道德的、下流的警察局新闻、广告和一些其他材料。我们将尽心尽力地把报纸办成赢得善良的、有教养的人们嘉许的、受欢迎的家庭常客。"① 1908 年，美国密苏里大学新闻学院创办人兼首任院长沃尔特·威廉博士制定了《记者守则》，在西方首次提出了系统而完善的新闻职业道德规范。《记者守则》指出，一份大众化报纸应该为大众所信赖，如果没有完全做到为大众服务，就辜负了这种信赖；最成功的以及最能取得成功的新闻事业，必须敬畏上帝和尊重人类，坚持超然地位，不为成见和权力的贪欲所动摇；广告、新闻与社论，均应为读者的最大利益服务，它们应有一个真实和廉洁的标准。②

1921 年，美国密苏里州新闻协会制定的《密苏里规约》明确要求：社评应该总是公平和公正的，不应受到商业或政治经验的控制，撰稿人如果不愿公开署名，那么他的任何言论都不能刊登。受控制的新闻报道或从商业角度作出的评论都不配登在报纸上。③ 20 世纪 40 年代，由美国一些大学教授组成的新闻自由委员会提出："大型大众传播机构应该将自己视为公共讨论的共同载体……社会中所有重要的观点与利益都应该在大众传播机构上得到反映。"④ 这实际上是在为新闻媒体确定了评论制度的伦理责任。1975 年，美联社编辑主任协会制定的伦理规则明确要求："报纸应为人们交流评论与批评提供论坛，特别是当那些评论与社论立场相反的时候。"⑤ 这表明，美国新闻界在新闻评论中接受了这种伦理责任。

评论写作，实际上就是一种投身于公众利益的职业，作者的首要职责是提供信息服务，并引导读者作出理智的判断。美国全国社论撰稿人大会通过《基本准则声明》明确要求，社论撰稿人必须出于对人格完美和恪尽职守的社会伦理：①社论撰稿人应当诚实、全面地提供事实。②社论撰稿人应当以证据的力量以及对公众利益的深入思考为基

① 李子坚著：《〈纽约时报〉的风格》，长春出版社 1999 年版，第 86 页。

② （美）新闻自由委员会编：《一个自由而负责的新闻界》，展江等译，中国人民大学出版社 2004 年版，第 25 页。

③ （美）利昂·纳尔逊·弗林特著：《报纸的良知——新闻事业的原则和问题案例讲义》，萧严译，中国人民大学出版社 2005 年版，第 375 页。

④ （美）新闻自由委员会编：《一个自由而负责的新闻界》，展江等译，中国人民大学出版社 2004 年版，第 13 页。

⑤ 转引自（美）康拉德·芬克著：《冲击力：新闻评论写作教程》，柳珊、顾振凯、郝瑞译，新华出版社 2002 年版，第 8 页。

础，从所述事实中得出公正结论。③社论撰稿人绝不可以利用自己的影响来谋求任何形式的私利。④社论撰稿人应当意识到……应当给予不同观点表白自己的机会，忠实地编辑以真实地反映各种见解。⑤社论撰稿人应当经常检查自己的结论。社论撰稿人应乐于接受新信息，纠正错误的结论。当自己的观点有实质性变化时，必须让读者明白。⑥社论撰稿人应当有勇气树立牢固的信念，决不写任何有悖社会良知的作品。许多社论版上的文章并非出自一人之手，而健全的集体判断只能通过健全的个人判断来取得。⑦社论撰稿人应当始终不渝地履践保守隐私的承诺。但做出这种承诺，只能是出于满足公众获取信息需求的目的。⑧社论撰稿人应当阻止那些由外部供稿机构提供，并以本报名义刊发的社论。如果没能公开这类社论的来源，那你的职业道德就有问题。⑨社论撰稿人应当倡导深思熟虑的新闻批评，并促使本声明确立的规范标准的遵守执行。①

1944 年，日本新闻协会制定的《新闻伦理纲要》要求："撰写评论，故意违反事实以党同伐异，实在违反优良的报业精神。"它还对"评论原则"作出如下表述："评论应为撰写个人信念的直率表现，而非阿谀取媚的言辞。更有甚者，撰写人在写评论时，应秉持服务公众的精神，成为那些没有机会发表意见的代言人。"② 日本新闻协会制定的新闻伦理纲领强调，新闻自由要求报纸报道新闻或发表评论，除非妨碍公共利益，或受法律明文禁止，应享受充分的自由，包括评论任何特定法规是否得当的自由在内。报纸所具有的权利，应视为一项基本人权，予以维护。而日本新闻协会制定的新闻伦理纲领规定：评论应为撰写人个人信念的直率表现，而非阿谀取媚的言辞。更有甚者，撰写人在撰写评论时，应秉持服务公众的精神，成为那些没有机会发表意见者的代言人。撰写评论，故意违反事实以党同伐异，实在违反优良的报业精神。③

（二）中国新闻评论的伦理规范

中国新闻评论的伦理问题，是随着新闻评论在当代社会的充分发展、评论的参与者不断扩大，以及评论日益增长的社会影响力而逐渐受到重视的。

早在 1910 年，梁启超在《国风报叙例》这篇重要的新闻文献中就提出"欲尽报馆之天职者，当具八德"的主张，即"忠告"、"向导"、"浸润"、"强聒"、"见大"、"主一"、"旁通"和"下逮"。梁启超提出："凡时评不攻击个人，非避怨敌，以得失之大，原不在是也"，"凡论说及时评，皆不徇党见，不衍陈言，不炫学理，不作恢语"等伦理标准。我国早期新闻学者徐宝璜提出社论写作应该：宗旨正大，否则纵有所代表或创造，无非不健全之舆论耳。主持笔政者，应有洁白之胸怀，爱国之热心，公平陈

① （美）康拉德·芬克著：《冲击力：新闻评论写作教程》，柳珊、顾振凯、郝瑞译，新华出版社 2002 年版，第 8 页。

② 周鸿书著：《新闻伦理学论纲》，新华出版社 1995 年版，第 210 页。

③ 黄瑚著：《新闻伦理学》，新华出版社 2001 年版，第 302 ～ 303 页。

情，听良心之驱使，作诚恳之文章，为众请命，或示人以途，总以国利民福为归，虽有所触忌，亦见义勇为，当仁不让。如是则其所撰之社论，自为读者所重视，政治因之改良，社会因之进步。若以此为凭借，择一二要人而肆其攻击，或行其奉迎，因以博官猎贿，或受人人一派之指挥，发不问事实专偏袒一面之议论，是不明记者之责任者。①

张季鸾的政治立场十分鲜明，其社会责任感强烈，批评矛头往往直指当权者，揭露其反动与虚伪的真面目。1926 年 9 月 1 日，在《大公报》续刊号上，张季鸾撰写社评《本社同人旨趣》，并提出“不党、不卖、不私、不盲”的“四不”办报方针，且郑重其事地提出并逐条阐述。张季鸾言论所强调的“四不”原则：“不党”就是“吾人既不党，故原则上等视各党，纯以公民之地位，发表意见，此外无成见，无背景。凡其行为利于国者，拥护之；其害国者，纠弹之”。② 张季鸾“不党”的含义，就是不依附于任何政党；不成为党争的工具；等视各党，无成见；对各党行为不保持中立势态，而是从国家、公民的立场发表评论。张季鸾等人深知：欲言论独立，必先经济独立。“不卖”就是“不接受一切带有政治性质之金钱补助，且不接受政治方面入股投资是也。是以吾人之言论，或不免囿于智识及感情，而断不为金钱所左右”。③

“不党”与“不卖”所确立的独立性原则，在于把报纸作为社会公器。“不私”，就是“本社同人除愿忠于报纸固有之职务外，并无他图。易言之，对于报纸并无私用，愿向全国开放，使为公众喉舌”。④“不盲”就是“夫随声附和，是谓盲从；一知半解，视为盲信；感情冲动，不事详求，是谓盲动；评诋激烈，昧于事实，是谓盲争。吾人诚不明，而不愿陷于盲”。⑤ 张季鸾要求报人必须独立判断、充分辨识、冷静探究，实事求是、客观公正地发表言论。因此，张季鸾的理想报刊，就是政治与经济独立，作为社会公器，且秉持理性精神，积极为社会服务。

1933 年，新闻学家郭步陶在其《编辑与评论》一书中写道：“评论是社会中公开的作品，对于国家政治、人心风俗等，都有极大的影响。所以在下笔时，须先自己警戒道：凡是妨害公安的言论，妨害人名誉的言论，妨害社会风化的言论，都是法律所不许的。能常记心中，那些一味谩骂，不负责任的空论，自然不会写出来了。又有一事可以说，而在法律上或道德上有所限制的，作评论的人，也不可不知道一二。例如诉讼评论，须在断案以后；文艺评论只能批评文艺，不能批评到作此文艺的人，其它可以类

① 松本君平、休曼、徐宝璜、邵飘萍等著：《新闻文存》，中国新闻出版社 1987 年版，第 351 页。

② 张季鸾：《本社同人之旨趣》，见王芝琛、刘自立著：《1949 年以前的〈大公报〉》，山东画报出版社 2002 年版，第 12 页。

③④⑤ 同上书，第 13 页。

推。"① 这些论述涉及评论者的社会责任、写作宗旨、写作方式和写作动机等，也是较早讨论新闻评论伦理的著作。

在我国台湾地区，报业道德规范中关乎新闻评论的内容包括：一是新闻评论是基于报社或作者个人对公共事务之忠实信念与认识，并尽量代表社会大多数人民之利益发言；二是力求公正，并富有建设性，尽量避免偏见武断；三是对于审讯中的案件，不得评论；四是与公共利益无关之个人私生活不得评论。②

二、新闻评论伦理失范的表征

社会责任理论提出报纸的六项职能，即：①提供关于公共事务的消息、讨论和辩论，为政治制度服务；②启发公众，使他们能够实行自治；③作为监督政府的一个哨兵，以保卫个人权利；④主要通过广告的媒介，沟通商品的和服务的买卖双方，为经济制度服务；⑤供给娱乐；⑥维持财政的自给自足，使报刊能够不受特殊利益的压迫与控制。③ 因此，评论工作者应该是冷静的介入者，也是公正的旁观者。旁观的角色定位非常重要，旁观才能保持中立，有了中立才够客观公正。旁观者的意思是说，评论员不能选择站在哪一方的利益立场上，不能卷入到新闻事件之中，不能与当事人产生利益关系。法国学者雷蒙·阿隆所用的"旁观的介入者"，就是在评论公共事务上，要运用理性提供自己的见解、贡献自己的力量。当然，评论者也要介入社会和干预时事，但这种介入应该是以旁观的身份介入，而不是像当事人那样卷入。一个网上段子说得非常好：世上本有真相，调查的人多了，也就没有了真相。这就需要评论员以公正旁观者的角色去审视那些新闻事件。那么，当代社会新闻评论伦理失范的表征如何呢？

（一）为利益集团代言，危及公共利益④

专家或媒体的天职应该是探究真理并服务于社会，但是，当前社会普遍存在着一种现象，却是"谁请专家，专家就替谁说话"。一些专家如明星般穿梭于各种商业论坛，拿着天价的出场费，却用种种"学术话语"包装其利益动机。特别是房地产专家一再遭人炮轰，就是因为他们一些"雷人"言论，比如"买房就是爱国"、"廉租房应该是没有厕所的"、"未婚同居、丈母娘刺激楼市刚性需求"，屡屡挑战着公众的认知底线。人们不禁要质疑：他们究竟代表谁的利益？

（二）无视学术规范，以偏概全⑤

严谨治学，是科学伦理和学术道德的要求，也是学者从事研究必备的特质。然而，

---

① 郭步陶著：《编辑与评论》，商务印书馆 1938 年版，第 218 页。

② 林大椿著：《新闻评论学》，台湾学生书局 1982 年版，第 125 页；张铭清主编：《海峡两岸新闻与传播研究》，九州出版社 2009 年版，第 112 页。

③ （美）施拉姆等著：《报刊的四种理论》，展江等译，新华出版社 1980 年版，第 85 页。

④⑤ 参见范兵：《"专家时代"的新闻评论伦理初探》，载《新闻记者》2010 年第 4 期。

现在有些专家却耐不住寂寞，不遵守应有的推理规则，不尊重基本的科学规律，故作惊世骇俗之语、慷慨激昂之论。比如，针对群众的上访现象，有专家出此“雷人之语”：“对那些老上访专业户，我负责任地说，不说100%吧，至少99%以上精神有问题——都是偏执型精神障碍。”此言既出，引起公愤。再如，对于人们关心的养老问题，有专家发表惊人言论：假定经济增长速度20年后不变，有1000万元在一线城市也难养老。此言一出，众皆哗然。如此基本假设与结论，显然缺乏相应的科学依据。

（三）评论表达体现为极端主义

所谓评论表达体现为极端主义，即采用非敌即友、非红即黑的表达方式。极端主义大多固守一隅而放弃全面、客观、公正的立场，习惯从一个角度、一个方面、一个层次看问题，又有意识地遮蔽其他角度、方面和层次。作为一种偏激的价值观，“极端主义”的判断扭曲了事物的本质，这有悖于行为的内在规律；作为一种片面的方法论，“极端主义”审视和思考问题的方法，违背了事物的内在逻辑；而作为一种情绪化的社会心态，“极端主义”的言行不仅是对他人权利的漠视和侵犯，更容易激化社会矛盾。极端主义泛滥最关键的原因，就是阶层的两极化。贫富差距拉大的现实下，富人是垄断着财富资源的少数，穷人是充满着“相对被剥夺感”的多数，而作为社会稳定器的中产阶层则并未壮大。这种状态最容易滋生极端主义情绪和思维，极端主义情绪盛行的社会基础：一方面阶层的严重对立冲突容易产生社会矛盾；另一方面，少数人垄断着权力和财富，于是多数人则极容易利用道义优势来制造舆论。

诸如此类的言论，严重地背离了公共知识分子的良知。

三、如何防范新闻评论的伦理失范

联合国新闻自由小组委员会制定的《国际新闻道德信条》指出：“发表任何消息或评论的人，应对其所发表的内容负完全的责任。”① 当前的中国，“随着媒体发表评论空间的开放，评论的主体也日益开放、日益多元化，他们往往代表着社会不同的利益和个别的利益。这实际上是开放社会中新闻评论的正常现象。但也正因为这个背景，涉及新闻评论的一些新的伦理问题也出现了。比如，评论写作者的利益冲突问题。评论写作的正义性与合道德性，也就不再是一个无须审视的前提”②。新闻评论的伦理，既反映评论写作、传播动机的道德性，也表现为社会影响的公益性。

（一）评论写作必须重视伦理问题

新闻评论传播的伦理问题，是基于新闻评论对公众的重要影响而产生的，是新闻传播的参与者社会责任问题。这种“言论是一种试图影响人、改变人——改变人的价值

① 陈桂兰主编：《新闻职业道德教程》附录，复旦大学出版社1997年版。
② 何怀宏著：《底线伦理》，辽宁人民出版社1998年版，第14页。

观、行为和信仰的文本，因此，它不能不受到伦理的审视……就像论说可以用来帮助人们做出更好的决定并改变他们的生活一样，论说也可以破坏和伤害人们。作为民主社会的公民和‘私民’，我们必须以监督和批判的眼光审视我们所制造和接受的论说"①，这是美国学者在其《批判性思维与交流：论说中的推理应用》一书中对"论说"行为的伦理思考，因为"伦理学就是人们对于行为规范或者说正当性的反省"②。新闻评论在对待评论对象上存在的伦理问题，这些在语言上一般表现为侮辱人格、恶意诽谤、说假话、起绰号等，即使那些评论对象在思想行为上存在着有悖常理之处，但这并不影响其保有和使用姓名的权利，只能暴露出评论写作者的素养不足。这种现象在网络评论上表现得更为严重，不负责任的言辞，丧失理性的指责，令人不堪忍受的人身攻击，不顾及身份的互相谩骂。新闻评论的伦理缺失现象是一个复杂的社会问题，它既有历史的根源，也有市场经济下的恶性发展，涉及政治、经济、文化等多个方面。这诚如马少华所说："中国新闻评论的伦理建设，应当从具体的批评实践开始……通过来自于广大受众的具体的批评，使人们重视新闻评论的伦理问题，并且逐步掌握观察、发现、分析新闻评论伦理问题的能力，在广泛讨论和广泛认同的基础上，逐步建立约束新闻媒体评论者与社会各界评论者的普遍规范。"③

（二）确保社会责任的实施

社会责任的缺位，更容易导致新闻评论伦理的缺失。社会责任理论认为，人类理性和道德感是值得部分地怀疑的。人并非完全是理性动物，易于堕落，其所作的选择经常受到自私的情欲的影响，并时常不能作出正确的选择。社会责任论者对电影、广播、电视、连环画等各种媒介的内容进行研究，发现人性充满丑陋的一面。这样，社会责任理论就扬弃了那种以自我为中心的伦理观念。它认为，社会本身虽无目的，它却代表所有个人"整体"的利益；换而言之，"社会公益"高于"个人利益"。因此，社会责任理论强调"最大多数人的最大利益"，要求媒体承担起"自己良心的义务"。④

2012 年 5 月 30 日，《环球时报》发表了一篇名为《反腐败是中国社会发展的攻坚战》的社评。腾讯网在转载文章时，将标题改成《要允许中国适度腐败，民众应理解》。《环球时报》主编胡锡进称其"恶意"修改标题，"误导读者"，并要求腾讯网对此道歉。腾讯网在网站上发布道歉称："5 月 29 日，腾讯网新闻频道在转发《环球时

---

① Critical thinking and communication. The Use of Reason in Argument. fourth edition, *Allyn and Bacon*, 2002, p. 32.

② 参见马少华：《新闻评论的伦理责任和伦理问题》，载《国际新闻界》2005 年第 3 期。

③ 参见李朝霞：《新闻评论伦理的发展和存在的问题》，载《青年记者》2012 年第 2 期。

④ （中国台湾）方兰生著：《新闻自由与新闻自律》，允晨文化事业股份有限公司 1984 年版，第 54 ～ 55 页。

报》评论文章《反腐败是中国社会发展的攻坚战》时，因改了原文标题导致不必要的误解，造成不良影响，在此向环球时报致歉。”然而，这场媒体间的道歉行为并没有结束。《中国青年报》评论员曹林在评论版头条针锋相对地向《环球时报》的反腐文章提出质疑。曹林认为，那句“腐败在任何国家都无法‘根治’，关键要控制到民众允许的程度”不过是“粉饰于其观点之表的文字游戏”，究其实质所指正是让人大跌眼镜的“宽容腐败论”。对于曹林的评论，胡锡进在微博中表示：“《环球时报》从未用过‘适度腐败’这个词”，并表示“坚决支持加快针对治理腐败的政治体制改革，严堵制度漏洞”。稍后又直接地回复《中国青年报》的评论称：“《中国青年报》猛烈抨击环球时报。这样不好，背离了报纸不相互攻击的行业道德。”① 实际上，这篇文章的观点或许值得商榷，但要说它是劝导民众容忍腐败的“误国之论”，似乎有过度解读之嫌。《反腐败是中国社会发展的攻坚战》说：“腐败在任何国家都无法‘根治’，关键是要控制到民众允许的程度。而要做到这一点，对中国来说尤其困难。”这段话虽将“腐败”与“民众允许”相连，但原意还是要控制腐败，算不上是为腐败开脱。但是，这种联系不仅为其他媒体提供了可以吸引眼球的“卖点”，更与社会期望相悖，刺痛了那些希望通过政治改革来解决腐败顽疾的人们的神经，自然引起社会的一片哗然。社论又说：“中国官员的法定工资很低，一些地方官员的福利常常通过‘潜规则’实现”，“法定工资很低”，这一说法让那些在私企“披星戴月”的上班族情何以堪？更让人无法接受其观点。

（三）学习和借鉴西方的经验，强化自身的伦理建设

西方社会对评论“专家化”的伦理建设有着一定的借鉴意义。比如，“撰稿人如果不愿公开署名，那他的任何言论都不能当社论刊登”；“受控制的新闻或从商业角度作出的评论都不配登在报纸上”；“在论证中不得使用不利于读者把握、理解事实，独立、清醒地进行判断的论证方法或修辞手段”；“大型大众传播机构应该将自己视为公共讨论的共同载体”，“社会中所有重要的观点与利益都应该在大众传播机构上得到反映”。② 同时，应当自觉秉持客观公正的理念，以多种形式集纳各方意见，引导公众参与，形成观点的良性互动。正如有学者所指出的：“我国新闻评论的伦理建设，应当从具体的批评实践开始，而不一定从一整套规范开始。因为只有批评，才能发现问题，引发思考和认同。通过来自广大受众具体的批评，使人们重视新闻评论的伦理问题，并且逐步掌握观察和分析新闻评论伦理问题的能力，在广泛讨论和广泛认同的基础上，逐步建立约束新闻媒体评论者与社会各界评论者的普遍规范。”③ 一方面需要强化专家群体的自律行为；另一方面更需要媒体自觉引导受众的共同参与。这诚如西方哲人所说的：

① 参见《反腐败是中国社会发展的攻坚战》，载《环球时报》2012 年 5 月 29 日。

②③ 参见马少华：《新闻评论的伦理责任和伦理问题》，载《国际新闻界》2005 年第 3 期。

“公民，而不是特殊群体（如专家等），在决定什么是真的、什么是假的、什么是对社会有用的、什么是对社会无益的这一点上，具有最终的发言权。”①

其实，如何强化评论作者的责任意识，西方是有现成经验的。比如，安迪·鲁尼作为美国 CBS 著名记者，一直在《60 分钟》担任评论员的要职。鲁尼总能够在普通的生活中以其独到的眼光发现新闻事件，加上他犀利的评论分析，幽默诙谐的语言，总是能够在对时事的评论中迸发出精彩的思想火花。比如，鲁尼在对一位摇滚乐歌手自杀的新闻作出的评论中，就美国当代年轻人消极对待生命、敌视社会、厌恶工作以及在年轻人中普遍存在的吸毒、偶像崇拜等问题提出质疑，并套用肯尼迪总统就职演说中的名言，向人们发问：“他们（当代年轻人）是否向他们索取很多的这个世界奉献出什么?”为了加强自己的论据，鲁尼引证了发表在同一张报纸上的一位学者逝世的新闻作比较，通过对这个学者生平的简介，倡导了美国传统的对生命珍惜、对社会尽责、对工作敬业、对家庭负责的生活态度。而作为《60 分钟》的时事评论员，鲁尼在这期节目的最后发出批评的声音。虽然从他的年龄和观点来看，鲁尼很多时候是在赞美“过去的美好时光”，然而在现代化的进程中，传统美国人身上的许多美德正在失去，鲁尼更像是一名忠实的麦田守望者，他提醒现代人在现代生活中不该付出的代价。② 这是一种负责任的表现。

---

① （美）费耶阿本德著：《告别理性》，陈健等译，江苏人民出版社 2002 年版，第 216 页。

② （美）唐·休伊特著：《60 分钟》，司诗远、林洲英译，清华大学出版社 2004 年版，第 93 页。

第十章　西方新闻评论写作原则

康拉德·芬克认为，西方社会价值观包括下述内容：①揭示真理；②正义；③人情味；④自由；⑤服务社会。[①] 它们对美国新闻事业产生巨大的影响。具体而言，美国主流新闻界通常信奉如下道德和行为准则：①自由主义者；②客观性；③社会责任感；④人民的知情权；⑤为公众利益服务；⑥监督权贵；⑦保持平衡与公正；⑧具有同情心；⑨保卫《宪法第一修正案》；⑩保持独立性。[②] 因此，西方新闻评论强调，评论最重要的目的是为读者大众服务；为读者、社区和国家提供一个论坛——这是一个自由交换观点的市场；同时，要做社会的守望者，为读者提供信息并引导他们去促成变革。[③] 那么，这些具体内容又是什么呢？一是为读者提供服务。评论是一个致力公众利益和公众服务的职业，应该始终代表公众利益。二是为读者提供一个公共论坛，通过向读者提供信息，并使他们就当下议题作出判断来为公众利益服务，要为不同的声音提供表达的机会，以反映各种表达出来的观点。为人类创造一个自由交流思想的市场，并让所有的观点都为人们所知晓。三是做社会的守望者，也就是评论要成为一种独立的监督机制，并以此制约各种社会力量，包括各级政府机构的行为。四是不仅为读者提供信息，还要引导读者作出理智的判断，并提出建议与忠告。为此，西方评论界确立评论的原则，即：①独立性；②为公众利益服务；③争取在社会舆论中的领袖地位。[④]

第一节　独立性原则

《纽约时报》的社论方针，向来标榜立场的超党派性，其社论版主编约翰·欧克斯

---

① Conrad Fink. *Media Ethics*. Boston，1995，p. 13.

② （美）新闻自由委员会编：《一个自由而负责的新闻界》，展江等译，中国人民大学出版社 2004 年版，第 109 页。

③ （美）康拉德·芬克著：《冲击力——新闻评论写作教程》，柳珊、顾振凯、郝瑞译，新华出版社 2002 年版，第 213 页。

④ 郭步陶著：《编辑与评论》，商务印书馆 1933 年版，第 174 页。

指出："社论版除非能去掉党派性，力争在国家事务中起主导作用，否则它是没有价值的。"① 美国《华盛顿邮报》在其言论版注明："一份独立的报纸"②。独立性是西方评论写作的首要原则。新闻评论保持独立性，主要包括五个方面的含义：①绝对地尊重事实，在深入地掌握全面、准确的事实材料的基础上立论。②持论公正，特别是要能够公正地对待对立面的意见和人。③洁身自好，不做政客或其他利益团体的附庸，不充当一党一派的喉舌。④经济独立。报纸一般不应接受捐款或赞助。有时候，尽管出资一方并非别有用心，但当读者知情时，便可能怀疑报纸观点的独立性。所以经济独立具有双重意义：一是维护报纸实际的独立立场；二是维护报纸在读者心目中的独立形象。⑤报纸不强求评论写作与其本人信念相违背的文章。开明的做法是在对特别重大的问题表态时，允许持不同见解的评论员暂时搁笔；允许他们在报刊上同时公开发表不同意见，当然，这只能以个人名义署名来发表的。③

一、西方评论的独立性原则

在西方新闻史上，一些著名的新闻媒体或个人均阐述其独立性原则。

1. 约瑟夫·普利策为《世界报》确定的原则：永远致力推动社会的进步与改革，决不向不公正或腐败现象妥协；永远同任何党派别有居心的宣传唱反调，决不从属于任何政党；永远同为富不仁和损害公众利益的人作对，永不丧失对穷人的同情心；永远为公众利益服务；决不仅仅满足于刊登新闻报道；永远坚决地保持独立性，决不畏惧向危害社会的势力进攻。

2. 《纽约时报》强调，本报立志一如既往地保持高度的社会责任感，并在这种责任感的驱使下努力保持报纸的独立性。绝对无所畏惧，不屈从各种压力；无私地服务公众利益，不使报纸变成实现个人野心或党派政治的工具，也不使它成为个人或宗教偏见的喉舌。

3. 《华盛顿邮报》提出，报纸的责任就是最大限度地为读者和社会服务，而非服务于其所有者的私利。为了追求真理，为了大众的幸福，报纸应当准备贡献一切。报纸不应与任何特殊利益团体结盟，而应当保证公正、独立自主和全面地审视社会上的人与事。

4. 日本新闻协会规定，除妨害公共利益或为法律所禁止的情况之外，报纸拥有完全的报道、评论自由。但报道与评论的限度，对于报道与评论的自由，报界应当自我节

---

① 李子坚著：《〈纽约时报〉的风格》，长春出版社 1999 年版，第 10 页。

② 参见周勇进：《〈美国媒体怎样报道大选?〉，南都记者专访〈华盛顿邮报〉总编寻找答案》，载《南方都市报》2012 年 11 月 2 日。

③ 李良荣等著：《当代西方新闻媒体》，复旦大学出版社 2010 年版，第 276 页。

制。新闻工作者必须懂得，有意歪曲事实真相进行评论，是有背新闻道德的行为。评论不能没有原则，见风使舵讨好社会舆论，必须大胆表明信仰。执笔者应伸张正义，为想说而没有说话手段者代言。报纸作为公器的本质，由此而得到发扬。公正，个人名誉应与其他基本人权一样，受到尊重和拥护。①

这些阐述均强调，报纸不能为所有者私利服务；同时，作为理论原则，它们或多或少地带有一定的理想色彩，由于主客观因素的干扰，评论在实践中往往不能严格遵循这些原则，甚至会出现背道而驰的做法。所以，对理论观点的了解不能取代对西方评论实际状况的认识，两者之间总是存在着相当的距离。西方新闻界对此问题做过大量的实际调查和分析，结论并不乐观。事实上，经济独立对于大多数报纸而言是相当困难的，当它们因为生存竞争的压力而求助于外界时，就不可避免地带上了特殊利益团体的色彩，进而也会影响到评论的独立立场。

美国《宪法第一修正案》明确规定，国会不得制定剥夺人民言论或出版自由的法律。该法案第一条明确要求："保障人们发表的言论及撰写、出版和分发的文章书籍，不得受到事前约束。非但如此，第一修正案还限制政府在无正当急迫理由的情况下，因个人曾发表意见或撰文而加以事后惩罚。"② 但在西方，或多或少地存在着干涉新闻自由的现象，这里还有一个十分重要的技术因素，那就是大多数报纸偏于一隅，只以一小城市做基地，这时便很难对发生在其他地方的事实作深入全面的了解，评论的立论往往只根据通讯社、大报等的报道，可能由此而受到其中偏见的影响，失去独立与公允的判断。当然，像《纽约时报》、《华盛顿邮报》和《华尔街日报》等拥有雄厚的财力足以保证经济独立、举足轻重的舆论地位又足以使它能够顶住外部的压力，更不存在偏居一隅的困扰，能够消除来自外界的对评论独立立场的干扰因素，却有其内部的问题，即媒体所有者的经济利益、政治观点等对评论倾向性的影响。事实证明，对于重大社会问题的分析和判断，特别如总统选举，"开明主人"也会公开干预评论立场。比如，《华盛顿邮报》曾因揭发"水门事件"而大获赞誉，但在调查之始，邮报老板格雷厄姆夫人慑于白宫压力，几次进行干预，甚至要求停止调查。③

2013 年 1 月 26 日，美国有影响力的《华盛顿邮报》发表社论，呼吁美国政府支持日中搁置尖阁诸岛（即钓鱼岛）争议。社论说，日本首相安倍晋三预计下个月访美，在其与美国总统奥巴马举行会谈时，应该在不鼓励北京好战态度的情况下，寻求化解目前日中紧张局势的途径。社论还说，尖阁诸岛局势不断升温，令日中出现军事冲突的风

① 刘明华译：《日本新闻协会 30 年》，中国人民大学出版社 1998 年版，第 309 页。

② （美）T. 巴顿・卡特、朱丽叶・L. 迪等著：《大众传播法概要》，黄列译，中国社会科学出版社 1997 年版，第 4 页。

③ 李良荣等著：《当代西方新闻媒体》，复旦大学出版社 2010 年版，第 278 页。

险增加，而美国作为日本的盟友，将无法避免卷入冲突，从而陷入进退两难的处境。社论表示，幸运的是，日本首相安倍晋三向北京派遣了特使，并转交了亲笔信，双方紧张关系出现降温。《华盛顿邮报》的社论指出，中日之间的岛屿纠纷因日本政府 2012 年 9 月“购岛”给了中国强烈反弹的理由，激化了中国在争议岛屿的挑衅行动。社论分析说，如果中日在尖阁诸岛的对峙由不测事态发展到军事冲突，作为日本的同盟国，美国卷入冲突的可能性比过去上升了。社论称，日本公明党代表山口那津男作为日本新政权的首位访华要人，与中国新领导人习近平的会谈是“事态沉静化的征兆”，值得欢迎。社论同时对即将访美的安倍晋三建议，“不要回应中国挑衅、应探索缓和紧张的道路”，呼吁当前应像过去一样搁置尖阁诸岛主权纠纷，并说美国也应通过支持搁置令纠纷趋于平静。美媒这种“支持搁置钓鱼岛主权争议”的声音，引发日本媒体议论纷纷，一些媒体甚至将这解读为“美国要向安倍提要求”。①

实际上，西方新闻评论强调独立性原则，是由中西方媒体体制差异所决定的。大众传播媒介作为上层建筑的重要组成部分，决定于不同的经济基础。西方媒介建立在私人所有制的基础之上，成为私人经营的经济实体，具有相当大的独立性。媒体的主要经济来源为广告收入，不需要从政府那里获取财政支持，经济上的独立直接促成了政治上的独立。各家报纸既不从属于某个党派，也不属于政府，在新闻传播活动中可以独立行事，无需事事受到政府的牵制。这点为“受众本位”提供了可能性，又促成了西方“受众本位”的必然性。② 美国《报业法规》第一条“独立”，对于党派色彩的社论提出强烈的批评，强调富有党派色彩的社论，这会偏离真理，并破坏美国报纸的独立精神。西方常把新闻媒体描绘成社会的“第四权力”。斯楚特认为，媒体的权威性是双重的：一方面，“它是一种向人民传达信息，提供或增加事实根据的威权”；另一方面，“也是一种说服的威权，以达到形成和转变态度的目的”。③

西方新闻界强调，媒体的作用就是向权势挑战。比如，1979 年，美国卡特政府增加国防费用3%。《华尔街日报》通过各方调查和有关资料的研究，从中了解和掌握了大量的材料，撰写了这篇题为《3%意味着什么》的社论，揭露了国防费用增加中存在着的“虚假性”。由于报社精心撰写社论，获得 1979 年的普利策奖。李普曼强调说：“离开批评和真实可靠的消息，政府就不能统治国家；因为没有充分的方法使政府能够

---

① 参见《日本否认搁置钓鱼岛争议，称一步不退让》，载《环球时报》2013 年 1 月 28 日。

② 参见吴廷俊、章晓芳：《传者本位与受众本位》，载《新闻爱好者》2002 年第 9 期。

③ 转引自（美）埃德温·埃默里、迈克尔·埃默里著：《美国新闻史》，展江译，中国人民大学出版社 2004 年版，第 402 页。

不断了解公民的思想、行为和期望。”①

二、独立性原则的实践

在美国，新闻传播自由，一方面是由于《宪法第一修正案》的庇荫，另一方面则是由于媒介在高度发达的商品经济社会中保持经济上的自立，在履行其社会职能时得以摆脱外界的干预，但这并不意味着新闻界超然于特定社会的主流价值观之外。“人能在市场上五花八门的思想中找出真理；因为人是具有理性的，所以人能够辨识真和假，善和恶。”② 以新闻自由为核心的新闻价值观是为既存资本主义社会秩序服务的，新闻界与美国政府“这两股势力都是致力于同一个目标——维护民主体制和现行制度”。与主流政治思想一脉相承，美国新闻媒介的自由思想体系由四个基本信条构成：①摆脱外界干涉，摆脱来自政府、广告商甚至公众的干涉；②为实现“公众的知情权”服务；③新闻媒介探求真理，反映真理；④客观公正地报道事实。西方新闻界将新闻与评论严格分开的惯用做法，被美国的《华盛顿邮报》、《洛杉矶时报》，英国的《金融时报》等西方等主流媒体所采用，这样是为了使新闻报道更加客观公正，使得评论更加独立自主。如《纽约时报》的社论版与该报其他评论版庄重而不温不火的基调有所不同，它所刊登的社论常常对时事政治进行尖刻的批评。这诚如西方新闻界所说的：“记者的文章是客观的，社论作者的文章是主观的。换句话说，记者告诉人们这个世界是怎样的，社论作者告诉人们这个世界应当怎样。”③

比如，2001 年，小布什总统在阿富汗战火正酣时，突然发表谈话透露，将考虑对伊拉克动武，因为有迹象表明伊拉克总统萨达姆与本·拉登的恐怖组织有联系。后来人们看出，小布什与当初发动海湾战争的老布什总统一样，始终将萨达姆政权视为眼中钉，意欲尽早拔除而后快。谁知，就在小布什总统发表这番语气暧昧的讲话后的第二天，《纽约时报》在社论版头条位置刊出题为《在不适当的时候作出的不适当的决定》的社论，严斥布什讲话。社论的第一段更语出惊人：布什政府若在眼下打击恐怖组织的关键时刻扩大范围去攻打伊拉克，将犯下严重错误。此时考虑这一问题，既选错了时间，也选错了对象……文章分析了当前的形势，并论述攻打伊拉克之谬误，言辞犀利，毫不含糊。后来随着事态的发展，证明《纽约时报》的观点是正确的，直至阿富汗战争告一段落后，美国正式联络欧洲盟国表示要对伊拉克动武，却仍未得到阿拉伯国家的

① （美）沃尔特·李普曼著：《公众舆论》，阎克文、江红译，上海人民出版社 2002 年版，第 101 页。

② （美）弗雷德里克·S. 西伯特等著：《传媒的四种理论》，展江等译，中国人民大学出版社 2008 年版，第 64 页。

③ 转引自胡舒立著：《美国报海见闻录》，中国广播电视出版社 1991 年版，第 213 页。

支持，以至副总统切尼中东之行的重点不得不从说服阿拉伯国家支持打击伊拉克转移到调停巴以冲突上来。换句话说，即使在布什当初发表那番谈话后的半年，打击伊拉克的时机仍未成熟。在其他社论中也多次感受到《纽约时报》社论版咄咄逼人的口气。

社论观点是否正确，主要是看它们对公众和社会是否有利，并是否有效地维护公共利益。比如，2009 年 3 月 22 日，美国《纽约时报》罕见地同时发表社论和三篇专栏文章，抨击奥巴马总统对经济与国家安全问题的处理。实际上，《纽约时报》一向对奥巴马算是友善，虽然经常批评他，但在同一天发表社论和专栏作家芮奇、佛里曼和莱琳、杜德的文章来抨击奥巴马，却是史无前例。该报专栏作家、同时也是诺贝尔经济学奖得主的克鲁格曼，也在其专栏中批评奥巴马尚未公布的银行纾困计划必定失败。《纽约时报》在奥巴马上台后的此一举动，说明华府及纽约地区的媒体认为，奥巴马越来越不知所措，没有充分感觉到日益高涨的民众愤怒。但奥巴马政府不大会像布什总统那样，对这类评论置之不理，视为无足轻重的吹毛求疵，至少在公开场合不会这样说。大选期间以及奥巴马刚上台时，这些媒体一直同情奥巴马，有时还过分地表达热情。奥巴马及其高层助理密切关注《纽约时报》，并对其报道和评论迅速做出反应。比如，奥巴马提名的卫生与福利部长戴希尔欠税问题曝光后，《纽约时报》在头版发表一篇严厉的报道和社论，分析此事对奥巴马的不利影响，当天戴希尔就撤回提名。奥巴马阅读《纽约时报》时想必大吃一惊。社论批评奥巴马政府对某些问题发出“令人混乱而矛盾的声音”，还说奥巴马不愿调查布什政府在“反恐、国家机密、窃听、关押和审讯恐怖嫌犯”方面的行动。芮奇说，白宫并未吸取戴希尔事件的教训；佛里曼说，美国缺乏“振奋人心的领导”，奥巴马“错过教育美国人民的大好机会”；杜德则批评第一夫人在白宫开辟菜园是作秀。①

西方媒体主要为私人投资，在经济上保持独立，在政治上也是独立的。不管私营媒体在暗中和政府、财团有什么默契、交易，至少，它们在名义上并不依附于政府、政党，也不依附于财团。尤其是西方一些大报，像美国的《纽约时报》、《华盛顿邮报》、《华尔街日报》，英国的《金融时报》、德国著名施普林格集团旗下的《图片报》、《世界报》等，都有独立的办报立场。这批私营媒体对政府的一些重大政策、决策采取独立的立场，往往能发表深刻的、精辟的独到见解，从而对社会、对政府决策产生较大的影响。

同样，在日本，主流传播媒体坚持批判政府或提出建议乃是一种常态，这显现其独立性的原则和立场。比如，2012 年 11 月 16 日，日本国会众议院宣布解散，东京政治旋转门再度转动，日本将产生自 2006 年 9 月以来的第七位首相。同年 11 月 18 日，日

① 参见《〈纽约时报〉一天登四篇评论抨击奥巴马执政混乱》，http://news.xinhuanet.com/zgjx/2009－03/25/content_ 11068104.htm。

本《朝日新闻》发表社论认为，日本必须选出一个强有力的政府，才能够处理与中国和韩国的纷争。该报指出，现在不仅日本人讨厌日本政治，连其他国家也开始厌倦日本旋转门式的政治。过去六年，日本大约每12个月就更换一位首相。《朝日新闻》在评论中指出，日本政治若是这样持续不稳定，根本无助于解决多个外交问题，包括其与中国、韩国和俄罗斯的领土纷争。该报认为，外界对这次大选的热忱不及2009年民主党推翻自由民主党的情况。评论说："这很有可能是因为外界认为，反正新政府也会与先前一样不稳定，上台的首相又会是另一个短命首相。"此外，日本也与韩国和俄罗斯有主权纠纷。《朝日新闻》的评论说："若我们无法拥有一个强大而稳定的政府，不只是无法解决与俄罗斯和韩国的领土纠纷，就连冲绳岛是美国军事基地的问题也不会得到解决。"《读卖新闻》则在一篇评论中批评民主党，在尝试结束官僚控制决策的局面时管理不善，以至于出现官僚被动等待指示、而政治领导又迟迟无法得到重要信息的局面。该报指出，民主党三年前上任前承诺，推行173项政策来改善人民的生活，但至今只实际实施了三成的政策。①

时间到了2013年4月23日前后，日本副首相麻生太郎等3名内阁成员和168名国会议员，相继到靖国神社参拜；80多名日本右翼分子公然乘坐10艘渔船"围攻"钓鱼岛海域，引发了中日海上执法力量的激烈交锋。日本新一轮挑衅性动作，让中日之间的矛盾火苗再度点燃。更令人担忧的是，安倍晋三引导日本社会向右转的危险策略，不但没能引起多数日本民众的担忧和批评，反而为其赚到越来越高的人气，安倍内阁的民意支持率接近70%的历史高位。但是，日本舆论并非一边倒，也有媒体担心安倍晋三利用挑衅中国为自己加分的危险策略，很可能会将中日关系拉进彻底破裂的深渊。比如，4月25日，日本《朝日新闻》刊发了名为《为何要播撒"靖国"火种?》的社论，质问安倍晋三：为什么非要在有望与邻国改善关系的紧要关头，忽然播撒火种呢？原文写道：

目前日本必须与周边各国改善关系，如此紧要关头，安倍政权到底在干什么？包括副首相兼财务大臣麻生太郎在内的3名阁僚，在21日春季例行大祭期间参拜了靖国神社。安倍此次虽未前往参拜，但也以首相的名义供奉了祭品"真榊（音shen）"。

对此，韩国外交部表示强烈抗议，外长尹炳世也因此取消了原定于本周末的访日计划。中国外交部向日本提出"严正交涉"。内阁官房长官在记者会上说："（参拜）不应该影响到外交。"然而，参拜靖国神社是涉及历史认识的问题，中韩两国的抗议是理所当然的，这应该是可以预想到的。

就目前的日本外交而言，应最优先处理的课题之一，就是日、中、韩三国联手平息

① 参见《日本须选出强大政府，处理与中韩领土纷争》，载《联合早报》2012年11月19日。

朝鲜长期以来的核威胁。而韩国外长访日也是为实现此共同目标而进行协调的一环。

确实，目前日中、日、韩围绕尖阁问题（中国称钓鱼岛）以及竹岛（韩国称独岛）问题关系紧张，对于中国海监船在尖阁诸岛周边不断侵犯领海的行为提出抗议也是应该的。但与此同时，正如安倍首相本人所说的“从大局的观点出发推动关系”那样，安倍也在坚持不懈地想要修复关系。

目前正是这样一个特殊且微妙的时期。在这样一个时期，在靖国问题上制造事端，令外交关系紧张，不正是与原来的方向背道而驰了吗？如果因此影响了改善外交关系，只会损害国家利益。

原本安倍首相一贯主张参拜靖国神社，但在第一次担任首相期间，他并未参拜靖国神社，目的是为了改善已经恶化的外交关系。本次安倍首相就阁僚参拜一事称，“（参拜）是基于自由意识的个人行为”，是否参拜由每个人自己去判断。如果安倍觉得只要自己不去参拜就可以“轻松过关”的话，那不得不说这一想法太过浅显草率。

安倍首相在“梅开二度”之后，一直没将历史问题摆上桌面，而是优先解决经济问题。但是，现在发现他的言行开始越来越“显眼”。

今年2月进行的国会答辩中，安倍曾说：“没能在（第一次）任期中参拜靖国神社感到非常悔恨。”关于为过去日本殖民统治和侵略表示道歉和反省的“村山谈话”，他在昨天的国会上表示：“安倍内阁不会继续原封不动地继承”。

是不是因为担任首相以来的高支持率，使他的危机感日渐淡薄了？希望安倍首相，还有诸位阁僚，能在言行上自我克制。

社论说，在需要与近邻国家改善关系的时刻，安倍政权究竟想干什么？参拜靖国神社是关系到历史认识的问题，中韩两国予以谴责是预料之中的事情。日本与中韩两国的关系因“尖阁诸岛”（中国钓鱼岛及其附属岛屿）和竹岛（韩国称独岛）问题而持续紧张，正如安倍首相所说“要从大局出发改善关系”的那样，需要谋求改善关系。如果改善关系因靖国神社问题而变得遥远，那么只会损害日本的国家利益。因此，无论是针对民主党抑或自民党，《朝日新闻》的社论对两党的行为表达不满，并进行严厉的批判，凸显其独立性原则。

又比如，2013年1月，超百万平方公里面积的雾霾天气再度席卷中国，多地空气质量达到重度污染级别。这些大规模的空气污染主要来自汽车、工厂、取暖的锅炉和火力发电厂等，且空气比重较大的冬季尤为容易产生大气污染。同年1月30日，日本《朝日新闻》刊发了《改善中国大气污染质量符合日中两国利益》的社论，向政府提出建议。原文这样写道：

中国的大气污染问题严重至极。北京等大范围地区连日来始终被含有有害物质的浓雾所笼罩。

此事与日本绝非无关。因为中国的污染物会随风流向日本造成“越境污染”。而且由于日中两国经济关系紧密，我们要考虑到尚有14万日本人生活在中国。

改善大气质量是中国政府的当务之急。如果日本能够拿出优异的环境技术予以合作的话，那将符合日中两国的利益。虽然日中两国因尖阁诸岛（即我钓鱼岛及其附属岛屿）问题关系冷若冰霜，但在环保领域双方应该摒弃杂念，通力合作，这对推动两国关系前进有积极意义。

目前经济增势迅猛的中国，就像日本的高速增长期一样，正在置环境政策于不顾。一些无良企业唯利是图，视环保规定为无物。

但是，中国普通市民的环境意识正在迅速发生变化。出于对环境的关心，中国各地相继发生多起反对建设不环保工厂的运动。

中国政府已经开始将政策向提高人民生活质量倾斜，不再是经济成长一边倒。他们开始奖励节能并鼓励在环境领域引进外资。在去年11月举行的中共十八大上，共产党也强调要建设环保型社会。

曾经与公害苦战多年的日本经验，对中国来说应该具有极大的参考价值。日本政府应该灵活利用自身丰富的经验，在中国的环保问题上起到积极的桥梁和助推作用。

《朝日新闻》的社论认为，中日两国的地理位置唇齿相依，经济关系非常紧密，中国的环境对日本来说，其重要性不言而喻。从战略互惠立场来看，日本政府理应在节能、环保等方面尽力配合中国政府，提供有效的技术支持等来共同应对污染问题。具体来讲，日本的地方政府可以也正在扩大与华环境合作；对日本企业来说，也不乏机遇；此外，大学和各研究机构之间的合作也很必要。评论指出，日本在环保方面的经验良多。因此，社论强调，日本政府帮助中国改善大气污染质量，符合日中两国的利益，这是向政府提出建设性的意见。

第二节 公平性原则

一、什么是公平性原则

公正即公平，也就是评论写作要遵守的“公平原则”。西方新闻学者强调：“公正”主要是对评论（言论）的要求。他们对新闻工作总的要求：客观处理新闻，公正发表评论。现代资产阶级报纸标榜“超党派的独立报纸”，它的社论就必须以“公正言论”为口号。1923年，美国的《新闻规约》第六条规定：公平——报纸不应当发表那些影响名誉或道德品质的非官方的控告。《新闻规约》第一条“独立”明确规定，即便是属于党派的报纸或者有着鲜明党派色彩的报纸，也必须保持其言论的公正。为此，西方报纸常常采用“社论版对页”方式体现它们的公正性原则。社论版的责任不仅是客观地观察问题，而且还“要向读者指明方向，指明我们真诚相信的公众利益何在”①。很显然，评论作品一旦失去公正的立场，无原则地为某些特殊利益所驱使，就根本谈不上“服务公众利益”；而当其失去读者的信任时，它在社会舆论中的地位自然岌岌可危。

但是，西方媒体的社论在标榜其超党派公正客观性的同时，有其深刻的局限性。也就是说，口头上标榜公正，并不等于它是真正公平公正的。比如，2001年，“9·11”攻击发生后不久，美国主要媒体即开始连日登载和播放关于伊拉克萨达姆政权和本·拉登“基地组织”之间联系的专题节目和新闻。布什政府进攻伊拉克是基于两个重要的罪名：一是萨达姆和拉登的“基地组织”互相勾结；二是萨达姆藏匿有对美国世界带来威胁的大规模杀伤性武器。虽然布什政府用于证明这两重罪名的证据始终都极不令世人信服，但美英两国还是凭借这样的证据入侵伊拉克。当战争爆发并进行时，记者是否意识到这一点已经并不重要，因为在“9·11”恐怖袭击激发的美国爱国主义以及布什政府的公关推动下，美国的主流媒体对于入侵伊拉克不但几乎没有反对的声音。在战争爆发后，连先前观望和犹疑的媒体也几乎完全为“国旗所包裹”，变成美国爱国主义和民族主义的引擎。这可以从美国二大主流报纸《纽约时报》和《华盛顿邮报》的社论中明确地体现出来。②《纽约时报》的“鹰派”专栏作家托马斯·弗里德曼分别在2002年12月7日和2003年1月5日发表两篇文章，力挺布什政府的立场。他曾公开宣称：“没有一个看不见的拳头，市场看不见的手就永不会有效。没有F－15战斗机的设计者麦道，也就不会有繁荣的麦当劳。”③ 而在2002年12月7日的专栏文章中，弗里德曼直截了当地说，美国人不必去理会那些核查人员，而是应该把伊拉克的科学家都弄到国外，让他们吐露关于大规模杀伤性武器的详情：“如果这个伊拉克人担心人身安全，美国官员应该准备发给他全家绿卡和金钱。为什么不呢?”在2003年1月5日的专栏中，弗里德曼更加直白地说，美国就是为了石油才攻打伊拉克的：

我们不要再扯淡了。布什班子瞄准了萨达姆，是因为如果他（萨达姆）获得了大规模杀伤性武器，这就会让他得到梦寐以求的东西：不是进攻我们，而是把他的影响力扩展到世界最大的石油资源波斯湾上。

弗里德曼说，这个恶毒且自大狂的独裁者会在给世界工业基地提供动力的自然资源上获得巨大的影响力，美国这样担心没有丝毫的不合理或者不道德。当然，专栏作家的观点可能仅仅是个人观点，《纽约时报》可能会给予弗里德曼相反的观点提供空间，但

① 参见美国《编辑与出版人》杂志1976年10月9日，第10页。

②③ 张巨岩著：《权力的声音——美国的媒体和战争》，生活·读书·新知三联书店2004年版，第40、20页。

这并不能否定该报纸挺战的事实。[①] 而作为报纸灵魂的社论可以再清楚不过地表明它的立场。2003年2月23日，《纽约时报》的社论《权力与领导：伊拉克的真实含义》就是一种在种种措辞包裹下的挺战言论。这篇社论开头说："关于伊拉克的辩论已经让每一个人疲惫不堪了。许多人现在认为美国的入侵不可避免，更多的人已经绝望，听任其发展了。而没有比呼吁再多点讨论更不讨人喜欢了。"《纽约时报》在指出"值得开战"之后，紧接着点明了它的立场和担忧："现在的情形对我们中间认为值得开战，不过对需要一个更广泛联盟的人来说并不乐观。"然后，《纽约时报》就给布什政府开出一剂有效的药方：

虽然侯赛因先生在最后一刻幡然悔悟的可能性极小，但还是有个方法来检验这是否可能。伊拉克曾努力发展了地对空2号导弹，足以打到海湾战争后联合国设定的范围以外。(联合国核查人员) 布里克斯先生星期五告诉伊拉克人应把它们摧毁。

这一药方的功效在于：

联合国在本周应该告诉侯赛因先生，他必须让检查人员亲眼看到他立即摧毁那些导弹，否则将由国际社会支持的外部力量来执行。对那些希望让联合国作为世界危机仲裁者来最后作决定的人而言，这一清楚的信息将会解决最使他们头疼的问题。这也将使法国及其支持者确定它们自己的底线，而不光是批评华盛顿的底线。

很显然，《纽约时报》并不认为萨达姆真的会答应销毁自己的那些救命武器，它所提供的这一建议的主要目的，不过是为了给那些反对美国动武的国家最后一个认清萨达姆面目的机会，如果萨达姆拒绝这一看来几乎不可能被接受的条件，动武也就无可厚非了。当然，在萨达姆销毁了若干枚导弹之后不久，美国即攻入伊拉克。所以，《纽约时报》提供的这一建议是可有可无的。

在提供了药方之后，《纽约时报》的社论随即为布什打算进攻伊拉克的政策辩护说：

虽然许多美国人对布什政府为何要在此时打仗感到迷惑，但考虑到"9·11"之后，总统意图让世界变得更加安全，而他的最重要的任务之一就是消除伊拉克生产生化核武器的能力。在世界所有的军事强权中，伊拉克是唯一未受挑衅而入侵其邻国，并对其敌人甚至本国人使用化学武器的国家。但是，朝鲜赤裸裸地声称自己在发展核武器，美国为何却不干涉呢?《纽约时报》为政府面临的这一尴尬辩解说，那是因为"联合国

① 张巨岩著：《权力的声音——美国的媒体和战争》，生活·读书·新知三联书店2004年版，第23页。

没有让朝鲜解除武装而且永远解除武装”。

在这里，与伊拉克问题相反，美国是遵从联合国的。[①] 为了平衡其明显的挺战立场，《纽约时报》的社论在文章的最后就美国如何更好地领导世界提出了“给帝国的忠告”。社论认为，世界各国反对美国入侵伊拉克，是出于对美国的罗马帝国般的权力的嫉妒。它接着分析说：

一次不为我们许多传统盟友和将来可能与之结盟的强权所支持的对伊拉克的战争，将表明我们可以做我们想做的。但这不会使世界乐意坐视我们胜利。伊拉克只是对美国领导的一个偶然考验。（对美国领导能力的考验）应该是，我们让世界分裂成吵闹的、只靠对我们的权力的嫉妒才联合起来的阵营，还是用我们的影响力把世界统一在一个有共同进步图景、人权和对对方负责的世界？

可以看出，《纽约时报》的言论本质上是挺战的，不过它是从更高更远的角度看待这一战争的，它所关心的是如何在有联合国授权和广泛盟友支持下开战，因为这对美国领导世界是有利的。对《纽约时报》而言，伊拉克不过是一个对美国领导世界和统一世界的意志的偶然考验而已。

《纽约时报》的长篇社论运用种种似乎是客观分析的言语来平衡其本质上是挺战的态度。它在细节上似乎对布什政府有所批评，但在大流上却给予认同。它提出了可能出现不利情形的警告，又对美国如何通过伊拉克的考验而对世界予以领导提出建议，因此，它是一个政府的“诤臣”，而这和美国主流媒体历来扮演的角色是一致的。

如果说，《纽约时报》还对它的挺战声音有所掩饰的话，那么《华盛顿邮报》则直截了当地表明自己支持战争，它直接宣称对伊拉克的战争是“必要的”。[②]《华盛顿邮报》的社论标题为《民主的选择》，这则社论把美国境内和世界其他地方反对美军入侵伊拉克的示威游行称为民主政治中正常的考验。但它认为，这种考验不应该干扰政府的正确决策，即应该走向战争。该报的社论指出，民主社会的最大美德是它们不轻易走向战争，即使在它们受到攻击时也是如此。在它们没有受到迫在眉睫的攻击，但却受到应否使用武力的挑战的时候更是如此。《华盛顿邮报》的社论在这里运用了一种奇怪的逻辑，因为按照这个逻辑，它把主动发动战争的企图称为“受到应否使用武力的挑战”，而在没有受到攻击的情况下准备使用武力攻击他国，反而成了“民主社会的美德”。[③]

《华盛顿邮报》还对德国和法国领导人的反战姿态进行抨击，并赞扬支持美国政策的其他国家的领导人，它的这一区分显然和国防部长拉姆斯菲尔德为了分化欧洲而把欧

①②③张巨岩著：《权力的声音——美国的媒体和战争》，生活·读书·新知三联书店2004年版，第32、31、30页。

洲分为“新欧洲”和“旧欧洲”的做法是一致的。社论说，欧洲的情况有些复杂，“包括法国总统希拉克和德国总理施罗德在内的一小撮领导人选择骑在反战和日益增加的反美舆论的浪头上。引人注目的是，更多数量的18个国家的领导人超越了民意调查而重申了他们对美国的支持”，这些人包括英国首相布莱尔和西班牙首相阿兹纳尔。《华盛顿邮报》称赞这些领导人说：

他们的立场是原则性的；他们认识到了这是一个选民会逃避而领导人必须坚持险途的少有的时刻。他们知道他们会对结果负责。如果下月伊拉克被成功解放和解除武装，它的人民会感谢布莱尔先生和阿兹纳尔先生。如果萨达姆还呆在台上，他也会知道是哪些领导人帮忙保住了他。

可以看出，《华盛顿邮报》在这则社论中用民主还是独裁以及拥护美国还是反对美国这两条标准来画线。当这两条标准合二为一之后，就变成了美国代表民主，反对美国就是和独裁站在一起，这也和布什政府在反恐战争开始不久提出的口号是一致的。但这则社论甚至都没有提到布什政府所说的攻击伊拉克是为了反对恐怖主义这一最重要的战争口实，因为在明确的战争意愿前面，这一口实已经不重要了。[①] 这充分证明，西方社论标榜其超党派公正客观性立场有其深刻的局限性。

二、公平性原则的实践

从1971年起，《纽约时报》便设置“社论版对页”（Op – Ed），即在A叠倒数第3版刊登来论，同刊登在第2版的社论版“对着干”，显示编辑部重视民意的表征。西方国家的严肃报纸经常把社论版一分为二，一半刊登社论，另一半刊登来论，更显示社论与来论唱对台戏的劲头，这是西方新闻所谓的“舆论平衡”的一种办法。在西方国家报纸的专栏群中，政治评论专栏最有分量、最有特色，因而也最具吸引力，一是由于该专栏的不少评论来自自由撰稿人和著名的专栏作家；二是这些作者的作品往往敢于发表不同于传媒和不同于政府的独立见解；三是这些作品写得尖锐、泼辣、吸引人，调动人们的阅读兴趣。社论版对页通常在社论版右边的评论版，主要由社外作者撰写。该报读者来信很踊跃，一年可达数万封，但实际上按一天刊十多封计算，也仅4000来封。关于这个版面的诞生过程，还有一段有趣的故事呢。那是1960年的某一天，时为社论委员会委员、一年后升为社论版主编的约翰·欧克斯，收到朋友的一篇来稿。他非常喜欢这篇稿件，但觉得它“在来信栏用太长，在杂志上（指随报附送的每周一期的《纽约时报》杂志）用又太短，遂劝他另投别处。令我感到沮丧的是这篇稿件很快在《先驱

① 张巨岩著：《权力的声音——美国的媒体和战争》，生活·读书·新知三联书店2004年版，第40页。

论坛报》上刊出了。这家报纸竟可以刊登这样长的评论文章!”① 他对偌大的一份《纽约时报》无处刊登这样一篇好文章而感到愧疚。于是，他在执掌社论版主编大权后，立即向当时的发行人建议开辟这样的评论版——专门刊登社外作者写的时事评论。他进而建议将该版放在社论版的对面，即社论版的下一页，过去这一页用来刊登死亡报道、其名称定为“Op-Ed”，即“面对”“社论版”两个英语的缩略形式，又译为“社论版对页”或“评论版”。

同样，《今日美国》社论版总是配发一条意见相反观点的文章。编辑们采用“今日辩论”的栏头把两篇文章组合在一起。比如发表一篇社论，对联邦政府起诉烟草业主、要求对吸烟导致的伤害进行赔偿的做法是否有效提出质疑，它认为更多的税收和更强的监管才是更有效的。紧随着这篇文章的是评论性文章，它批评政府的诉讼，并争论说吸烟者已经付出了比规定更多的税。这篇文章的作者是竞争性企业机构——一家设在华盛顿特区的非营利性自由市场组织的顾问萨姆·卡兹曼。优质报纸的评论构成一般分为两大部分：一是刊登社论，表达报社的观点；二是刊登来论，反映社会的意见，常常表达和社论的不同看法。多元的观点同样刊登，这既体现优质报纸的“平衡”原则，又增加报纸的可读性。比如，《今日美国》的社论版每天都安排两篇观点对立的文章，叫作 Today's Debate（今日争论）。其中一篇称为“我们的观点”（Our View），另一篇则称之为“反对观点”（Opposing View）。既然是“我们的观点”，当然就等同于“社论”性质，“反对观点”则要依靠编辑对观点对立的阵营中精心组织、选择合适的作者。比如，在2002年3月27日的社论版上，“我们的观点”文章的题目是 *HHS Weakens Protections*（《卫生部削弱了隐私保护》），HHS是美国政府机构 Healthand Human Service 的缩写。这篇文章对美国政府在医疗信息的隐私性保护方面的退步提出了批评。因为新的规定取消了必须患者明确同意医院才能公开他（她）的医疗信息的条款，而改为让患者看一个“注意事项”（notice），这个注意事项中包括同意医院公开其医疗信息。这样的一个程序可能使患者稍不注意就放弃了自己的权利。

而“反对观点”的题目是：*Less Paper Work/3 Better*。这篇署名文章的观点是：这样一个注意事项将给患者同样的隐私权。在文章结束之后，报纸还特别注明：这篇反对文章的作者 Dick Davidson 是美国医院联合会的主席，这位HHS的主席曾拒绝撰写“反对观点”。这项建议要求立法机构赋予各州州长在紧急状态下的特权：包括公开患者信息，征用医院、车辆，以及对生物病毒的感染者实施隔离措施，等等。但是，这个立法建议受到美国[illegible]有的保护个人信息和财产权利的法律的限制，争议就在这个问题上展开。《今日美国[illegible]点是支持这个立法建议的，表现在“我们的观点”文章的标题上即是 *Old Laws Pose [illegible] Threat*——它认为落后的法律跟不上形势的需要。而“反对观

① 李子坚著：《〈纽约时报[illegible]春出版社1999年版，第154页。

点”栏则发表了Duane Parde的文章《CDC的建议是极端主义的》。Duane Parde是美国国会一个立法委员会（American Legislative Exchange Council）的执行主席。他认为：这项立法建议与美国人民的一些基本的权利和自由相违背，“如果国家在这个问题上走得太远，那不啻于给世界恐怖主义分子奉上了一份迟到的胜利”。下面就是这两篇观点完全对立的文章。其中，今日论争的题目为《医疗隐私，卫生部削弱了隐私保护》，原文写道：

我们的观点：新规定把原来明确的同意格式改为发布带注意事项的健康资料。去年7月，一名伊利诺依州妇女与堕胎有关的医疗记录先是被地方医院公开，然后被反堕胎者在互联网上公布。像其他数不清的案例一样，隐私权的保护难以跟上现代技术的发展，造成了对医疗机密的大量侵犯行为。

类似那样的案件促使国会6年前通过一项法律，以保护隐私。

克林顿政府最终执行了这个法律，布什政府起初也接受了这个法律。但是，现在，他的政府把立场倒转过来，更加在意医疗工业的方便，而不是患者的保护。

卫生部长汤米·托马斯改变了一个关键的要求：患者的医疗信息如何使用，必须由他们明确同意，而替代这个办法的是：规定医疗提供者必须“告知”患者他们将怎样做。“老”的规定，即使从未生效，毕竟给了患者一种权力——就是有权说不。而布什政府新的规定却取消了患者的那种权利。

这种改变是由于保险业、医生和团体的恳求。近10年间，它们到处宣扬隐私保护会延误危急病症的治疗，阻碍医疗提供者之间应有的交流。但是，为了避免这种可能的危害，例外条款其实已经写入法律了，比如，在一些紧急情况下的，可免除对患者隐私权的保护。

据卫生部发言人的说法，老的规定的问题在于，给患者提供的控制很少。如果在一个非紧急的医疗情境中，药剂师要求消费者签署一个同意表格，那么他们唯一的选择，就是直接走出门去。

的确，在那样一种情况下，他们的权力会受到限制，但是，政府现在的决定，却给他们的更少。消费者面对必须填写的同意表格时，都会严肃认真地对待；而面对一个“通知”，则不会这样。如果没有一个必须签署的要求，这样一种以技术化的语言写出的表格，很容易就会被不假思索地扔在一边。

卫生部的决定背离了政府签署的其他几个有用的决定，比如，限制数据市场化，限制那些毫不顾惜他者利益的信息共享，这类信息共享不断地给患者带来麻烦。

这种影响明显地表现在最近的标题上：就在上个月，明尼苏达大学的研究者侵犯了400个器官捐献者的隐私，把他们的名字透露给器官移植的接受者。仅仅在3个月之前，有一所大学的心理学家错误地把20个孩子的心理健康记录发到了网页上。

去年12月，125名南达科他州精神病患者的医疗记录被一名医学学生不经意地倾倒进便利店的废纸篓里。这些记录被一名报纸编辑发现了。

去年5月，一个政府健康网站公开了数千名酒精和毒品成瘾信息被调查者的情况，包括他们的姓名、地址、电子邮件信箱和电话号码。

我们曾经有过粗制滥造的医疗隐私保护法，但是那样一个时代已经过去了。随着政府来年运行得更为有效，它应该努力致力于看到自己充满活力地被人民推动。

接着刊登的是完全反对意见的文章，题目为《告知将提供患者同样的医疗隐私权》，文章这样说道：

保护患者隐私是医院的核心使命之一，也是数千个美国医院每天承诺的义务。我们希望联邦保护医疗隐私法律将更有利于完成这个使命。遗憾的是，原来的法律不利于实现这个承诺，因为它给患者设置了障碍，同时也给消费者带了无尽的文字负担。

但是最近卫生部长汤米·托马斯提出的修改方案却正确地击毁了那些主要的障碍之一。去除掉患者就医院对患者医疗信息的通常利用签署一项同意表格这种多余的要求，而代之以更为简单有效的办法，即写好了的告知事项。这是一种在常识的意义上有利于增强患者隐私保护的办法。

为什么它这么重要呢？原来要求没有给患者提供更多的信息，在增强患者隐私权方面也无所作为，却同时让患者和医院填写了数不清的表格。患者必须阅读并签署一个长长的文件，再把它们交回医院之后，才能去做一个简单的X光透视。每一次患者去看医生、药剂师或者去医院，他们都要重复这些文字工作，即使他们在前一天已经做过一次了。

而办法改变之后呢，患者仍然会得到一个附加的10页隐私权文件，很容易看懂。患者会被简单地问到是否看过了他们接到的告知事项。我们相信这样一种做法将会达到同样的目的。而且不止我们这么认为。

关注此事的消费者团体最近被要求反对这项告知和同意的格式文本。他们的答复是：要求患者阅读和签署长长的法律文件是不必要的文牍之累，这也会把医生、护士本该投在患者身上的关照转移到别的地方。消费者对于医院把太多的工夫做在医疗隐私权告知和多余的同意格式文本上面，而不是放在他们身上，几乎是一致的批评态度。

明白而简单，患者在新的建议中有着同样的隐私权，只是少了一些要填写的文书罢了。结果是：对于每个人来说，会得到更多的照料，同时会减少一些文字工作。这是患者和医疗提供者都支持的目的。

迪克·戴维斯是美国医院协会的主席。卫生部部长汤米·托马斯拒绝写一篇反对的观点，这种把不同观点的公众言论与社论摆放在对等位置的做法，采用者并不多见，是

《今日美国》独特的做法，但它反映的评论编辑理念在西方报业比较普遍，既强调冲突，也表现为对不同观点的宽容。①

第三节 公共利益原则

公共利益是指满足社会或群体中全体成员或大多数成员的需求、实现他们的共同目的，代表他们的共同意志，使其共同受益的一类事物。评论是否正确，主要看它们是否对社会有益。社论的社会责任，就是为社会公众的利益表达媒体的意见。毛泽东同志说过："共产党人的一切言论行动，必须以合乎最广大人民群众的最大利益，为最广大人民群众所拥护为最高标准。"② 因此，党的路线、方针、政策和一切言论行动，都是以人民的利益为出发点的。在社会生活的许多领域，人们通常会使用公共资源来满足个人的利益，而且这两者之间会存在着矛盾。早在2000多年前，古希腊学者亚里士多德就认识到："凡是属于最多数人的公共事物常常是最少受人照顾的。人们关心自己的所有，而忽视公共利益，他们至多只留心其中对他们多少有些相关的事物。"③ 在现实社会中，侵害公共利益的社会现象普遍存在。媒体的社会责任就是维护公共利益，避免公共利益遭到他人的侵害。1923年，美国报纸编辑协会通过《新闻职业规范》，明确了报纸要为公众利益服务，不得受到任何经济、政治的制约与影响，那就是"无论为了何种目的，支持与公众利益相悖的任何私人利益都与诚实的新闻实践不相容"④。

一、什么是公共利益

英国传播学者麦奎尔指出，公共利益是为了平衡"广泛的"、"共同的"、"长远的"利益与"个体的"、"特殊的"、"短期的"利益之关系，特别是要保障前者不被后者所损害。他又说，媒介的公共利益，应该是那些"假定的、复杂的信息、文化和社会利益，它们对广泛的社会有利，它们超越那些传播者和接受者们个体的，短期的和特殊的利益"。⑤ 媒介公共利益的核心是政治和文化的多元化，它涵盖广播电视规制的各项内容，包括所有权、市场准入、传播内容、媒介使用等。因此，公共利益就是那些与

① 辜晓进著：《走进美国大报》，南方日报出版社2002年版，第190页。

② 《毛泽东新闻工作文选》，新华出版社1983年版，第219页。

③ （古希腊）亚里士多德著：《政治学》，吴寿彭译，商务印书馆1999年版，第324页。

④ 转引自童兵著：《比较新闻传播学》，中国人民大学出版社2002年版，第212页。

⑤ （英）丹尼斯·麦奎尔著：《大众传播理论》，崔保国、李琨译，清华大学出版社2006年版，第205页。

每个公民息息相关，或与公民日常生活有很高关联度的社会活动。

对公共利益的界定，大致有三种角度：①从人数上界定；②从利益平衡角度；③持过程主义观点，关注公共利益的确定过程及背景因素。其中最普遍和传统的界定是从人数的多寡着眼，这是众多公共利益界定的共同处，即“所有公民分享的利益”就是公共利益；或者说，公共利益就是“共同利益”，满足需要者需要的、社区所有成员分享的就是公共利益。英国著名的大法官丹宁勋爵指出：“公共利益的范围不宜限制得太窄。当一件事足够大得影响到别人，而这些人又理所当然地或者对此感兴趣，或者对此关注的时候，这件事就应当被认为是事关公共利益。任何人对此都可发表评论。”[①] 所谓政治事件，是指与国家政治生活有直接联系的活动，而社会事件则是指在社会领域发生的一些事，虽然与政治活动不直接相关，但它涉及多数人的利益，为大多数人所关注，如物价上涨、造假贩假等。一般认为，公众利益包含了以下原则：“独立——在政治上不为政府或其他利益集团所左右；平等——实现不分等级享受同样的服务；全面——满足不同层次、不同口味的现实需要；多元——反映不同的观点，照顾少数人的兴趣；不迎合——不追求最大的观众数，不一味迎合观众。而是通过节目来培育民主精神，提高公众的文化品位。”[②] 那么，可以来看看普利策奖的评论部分。

公共利益就是公众的利益。那么，什么是公众呢？根据哲学家杜威的定义：“公众”是一种存在于公民之间的社会关系，他们借此可以为关乎其利益的问题集合起来、讨论和采取行动，尤其是对付那些由大的机构权力——如政府——引起的问题和事件。从这个角度而言，所谓传播的公共利益，应该是媒介允许并鼓励、提升公众的参与和表达。公共利益是社会活动的前提和基础，也是人类维持正常社会交往与社会活动的前提和基础。西方评论界强调，评论作者始终要代表公共利益，不是个人的利益或新闻媒体的利益，更不是那些与更广泛的公共利益背道而驰的任何特殊利益集团的利益。

1878 年，普利策在接办《邮讯报》之后，为了赢得更多的读者，打出了彻底摒弃报纸党争的口号，声明自己“不为党派服务，而为人民服务，不是共和党的喉舌，不追随任何主张，只遵循自己的结论”[③]。普利策的这一声明确立该报的两大特点：一是关心公众利益，致力于改善大众生活，消除社会弊端；二是强调新闻的人情味和娱乐性。因为在普利策看来，受众心理是“既希望得到娱乐，也希望有一个能反映进步态度的有效领导”。他的这一主张直至今天在西方新闻界仍有很大的市场，成为西方新闻

---

① 转引自窦丰昌：《如何判断评论是否侵权》，载《新闻战线》2001 年第 6 期。

② 参见（加）赵月枝：《公众利益、民主与欧美广播电视的市场化》，载《新闻与传播研究》1998 年第 2 期。

③ 转引自（美）丹尼斯·布里安著：《普利策传》，曹珍芬等译，中国财政经济出版社 2004 年版，第 53 页。

传播界普遍能接受的观点。如美国“全国社论撰稿人大会”在其《基本准则声明》的第一条就规定：“社论写作远不是另一种生财之道。它是二个投身于公众利益和公众服务的职业。”① “美联社报纸总编协会”在道德守则中建议报界“为公众利益”服务。这诚如法国新闻学者贝尔纳·瓦耶纳所说：“人们在观念上由理性权威取代了话语的权威，因为理性非个人私有，所以一切事实务使众所周知，各种观点可以自由流传，以便人人都能作出自己的选择。”②

美国主流报纸仍然遵循着普利策的原则，即去除党派性，着眼于公众利益，用“良好社会慎重有礼的语言”发表意见，努力在国家和公共事务中发挥导航作用。社论版的责任乃是“要向读者指明方向，指明我们真诚相信的公众利益何在”③。评论要对媒体和受众双方都有益处，媒体可以借评论来阐述自己的编辑方针，发表本报对世界上和周围生活中发生的重要事件的看法；读者则可以从评论作者博学广闻的议论中大受裨益。《查帕奎迪克岛写可信度》一文发表在 1979 年的《华尔街日报》上。这篇社论将焦点放在爱德华·肯尼迪可能参加的竞选总统的活动上，它以一种公平与公正的口吻，伴着富有同情心的导语，回忆了那个使人震惊的事件，也就是在 10 年前玛丽·乔·科佩奇尼在查帕奎迪克岛上死亡。该事件扼杀了这个来自马萨诸塞州的美国参议员成为入主白宫的第二个肯尼迪的机会。文章这样写道：

查帕奎迪克岛的玛丽·乔·科佩奇尼之死是背负在参议员爱德华·肯尼迪身上已达 10 年的十字架，他为此应得到任何一位多情男女的同情。人人都会脆弱，人人都会犯错，命运将他们中的大多数抛入可怕的悲剧中，就像对待这位参议员一样。这个死亡是一起私人事件，我们不需要作出什么判断。

但我们完全有权判断查帕奎迪克事件的另一面，既然该参议员准备问鼎国家最高职位，我们更应作出判断，他是否能胜任总统之职很大程度上取决于国民是否感觉他是一个这样的人：他能够对自己的行为完整地、坦率地作出令人信服的解释。就像目前不止一位的总统痛苦地领教过的那样，没有这种信任的国家领导最终是不可能存在的。选民可以原谅对一时行为不检的公开坦白，但却受到不可信解释的困扰。的确如此，信任的契约总是一个法律问题。

---

① （美）康拉德·芬克著：《冲击力：新闻评论教程》，柳珊、顾振凯、郝瑞译，新华出版社 2002 年版，第 324 页。

② （法）贝尔纳·瓦耶纳著：《当代新闻学》，丁雪英、连燕堂译，新华出版社 1986 年版，第 16 页。

③ 转引自展江：《美国主流政治文化和新闻精神的产物——普利策新闻奖价值取向论》，载《新闻与传播研究》1999 年第 1 期。

爱德华·肯尼迪作为美国肯尼迪家族的中最年轻、最有前途的一位政治家，却没有竞选上总统，这主要缘起于一起车祸。1969年7月18日，爱德华在查帕奎迪克岛举行派对，派对结束后，他驱车带一名女孩玛丽同行，不料过桥时发生交通事故而坠桥，爱德华自己爬出车子游到岸上得以脱险，随后离开现场。但直到这名女孩的尸体被发现，爱德华都没有向警方汇报此事，而是找了两个助手料理现场，并直到9小时后事故被发现，他才向有关当局报告。连他自己都认为这种行为是“不可理喻，不可辩解，不可原谅也不可解释”。他否认自己酒后驾车，也否认自己与玛丽有染，他的理由是事故发生后方向感丧失，这种解释让人想起一则著名的笑话。弗雷德在高速警车追逐下靠在路边。警官：“给我一个很好的借口，我不会给你开罚单。”“三个星期前，我妻子离开我嫁给了一个警察。”弗雷德说：“所以当我看见你的车来，我还以为你要带她回来了呢。”这也成为爱德华·肯尼迪此后政治生涯中的人格污点。1970年，马萨诸塞州最高法院对此案做了秘密审理，最终大陪审团做出了无罪判决。但外界对此案一直有各种版本的猜测，这也成为他的政敌利用的绝好武器。文章接着分析说：

我们发现令人烦恼的是，该议员对事故的解释难以令人置信，难题就出在随之而来的照片和詹姆斯、博伊尔法官的侦察报告的要点摘录上。

自那场事故之后的次日早晨，该议员坚持他在交叉路口错误地向右而没有向左拐，这样便不知不觉地从那个倒霉的桥上翻了下去。这要使我们相信他从一条铺好的路经过一个倾斜角转入另一条未铺的路，远离一条在邻近交叉口有点朦胧但指向明确的漆线，并且偏离它。我们清楚，没有一个考察过这条岔路口的独立的观察员会认为这个错误有丝毫的可信度。詹姆斯·博伊尔法官在法庭上正式提出这是一个“假想事实”，参议员是故意转弯的。

10年来，肯尼迪先生成功地躲避了对这个故事的严厉质疑。在同意接受今年夏天3个新闻机构对该事件作10周年采访时，他坚持以禁止录音为先决条件，允许他的工作人员回答提问。在CBS星期日晚的电视采访中，针对罗杰·马德的提问，对该事件第一次有了更进一步的必要解释。在对那个转弯的解释中，该议员现在要我们相信，科德角周围铺好的路和未铺好的路是无法辨别的。该议员在那个错误的转弯上的解释几乎无懈可击，但如果你在这关键之处不相信他，他陈述的其他部分就值得重新考虑了——他匆匆离开他的朋友以及顾问约瑟夫·加其和保罗·马卡姆，横渡最深的通往埃德加镇的水道；他在晚餐前只喝了两杯饮料；由于长达10个小时的恐慌，事故报告也交晚了。

我们期待，在明天该议员宣布成为候选人之后能进一步强调这些问题。当然，再揭如此老旧、如此私密、如此不幸的伤口是有些颇费踌躇。抛出第一块石头的人将不会受欢迎。

自从关于查帕奎迪克的5本书和大量文章问世以来，有一种认为该故事是编造出来的趋势。但参加过那个派对的人从未曾向公众的质问屈服。我们甚至不能从该议长的顾问罗伯特·麦克纳马拉、西奥多·索伦森和帕克·马歇尔这些有独立才干的人那里得到一点口风。

正如马德先生在调查采访中暗示的那样，公众和新闻界目前对可信性高度敏感，有目共睹的是，林登·约翰逊、理查德·尼克松就是因为他们的话不再可信而被迫下台。尽管查帕奎迪克悲剧不直接涉及政府部门的行为，但有关人士很难避免被追究其可信性而且会超出事件本身的性质。

这些问题不应回避。既然爱德华·肯尼迪宣布竞选总统，选民将不得不扪心自问是否能相信他这次对一生中主要危机的解释，是否会相信他对他任总统后发生危机的陈述。

这篇文章重点探讨西方社会极其重要的信用问题。人们在日常生活中需要讲究“诚实”与“可信”，它对一个国家乃至一个民族至关重要，因为一个社会只有讲信用，才能够形成一个良好的“信任结构”，而这个信任结构正是一个社会正常运转的基石。这篇社论写于爱德华·肯尼迪正在考虑总统竞选的时刻，与传统样式不同的是，社论以描绘肯尼迪翻入那座倒霉的戴克桥那张有争议的照片作为佐证。社论在其他许多出版物上激起反响，这是当年巴特利影响最大的成就。罗伯特·巴特利，1937 年 10 月 12 日生于明尼苏达州。1962 年任《华尔街日报》正式记者，1972—1979 年任《华尔街日报》社论版主编。这篇社论反映了作者坚定捍卫西方社会核心价值观的信念与决心。

二、公共利益的实现

利益是人类历史上最令人心动的现象之一，人们生活在利益之中，人类社会活动都是围绕利益这个主轴来进行的。《牛津法律大词典》认为，利益是个人或个人集体寻求得到满足和保护的权利请求、要求、愿望或需求。英国著名科学史家丹皮尔认为：“当我们用词把这样形成的抽象观念固定下来的时候，我们就有发生错误的危险。词不应看做事物的准确图画，它们不过是某些观念任意规定的符号而已，不过是凭借历史偶然性选择的符号而已，随时都有改变的可能。”① 在现实生活中，公共利益高于一切，也就是，如果新闻媒体反映或披露的事件与大多数人的公共利益有关，那么，新闻媒体有责任和义务提醒社会和政府，以引起人们的注意。当代中国新闻评论，越来越注意为公众服务，主要体现在积极宣传党的政策，激励人们的工作热情，弘扬精神文明，无情地针砭时弊，善于释疑解难，等等。“凡事预则立，不预则废。”新闻评论给自然疫情打个预防针，可以防患于未然，评论也可以给不良社会现象打打预防针，增强人们的免

① （法）丹皮尔著：《科学史》，李衍译，商务印书馆 1975 年版，第 271 页。

疫力。

比如，“订单农业”在过去恐怕没有多少人知道，而现在，全国上下兴起“订单农业”热。农民朋友一手拿订单，不愁东西卖不出去；一手搞种养，踏踏实实走上致富路。这本来是件好事情，但是，也有订单伤农的现象发生。老实巴交的农民朋友缺乏自我保护意识，该不该继续签订单，签订单时提防什么样的问题，心里也不是都有谱。为此，评论《警惕伤农订单》对伤农订单作了简明扼要的总结，有以推销种子等物资为目的、收得钱款就逃之夭夭的“虚假订单”，有拿订单的多少当政绩、置生产效益于不顾的“政绩订单”，人们看了就会提高警觉性，日后再签订单，就能够识别各种伤农订单，增强了对伤农订单的免疫力。

社会责任理论扬弃以自我为中心的伦理观念，它认为，社会本身虽无目的，但它却代表所有个人“整体”的利益；换言之，“社会公益”高于“个人利益”。因此，社会责任理论强调“最大多数人的最大利益”，要求人们承担“自己良心的义务”，并诉诸新闻从业者的道德自律与社会舆论约束。西方主流媒介把关怀弱势群体，监督、抨击强权阶层作为自己的光荣使命。一直以来，它们热衷于报道与公共利益有关的各项新闻，并发表维护公共事业的评论。西方评论界强调，评论作者始终要代表公共利益，而不是个人的利益或新闻媒体的利益，更不是那些与更广泛的公共利益背道而驰的任何特殊利益集团的利益。

普利策新闻奖历来被认为是美国新闻界的“最高荣誉”，代表着美国新闻界的评价标准。普利策奖的评论部分的选题范围，大部分有关民生或公益事业的环保、犯罪、公共安全等内容。在西方社论作者挑选评论对象时，最主要的选择标准是新闻事实的重要性程度。在众多具有重要性的可评论事件中，社论作者则要挑选出哪一件新闻事实对于报纸的读者具有最广泛的影响力，同时还要照顾到究竟是哪种事实在评论时会吸引更多读者的兴趣。

公共利益是多种元素的混杂，它涉及媒介、政府、社会和公众多方的关系，从微观层面的隐私权保护、新闻侵权等，再到宏观层面的政治、经济和文化权力的结构，尤其是在制度框架里，需要政治和文化利益表达机会的公平性。在现实生活中，为了维护社会公共利益的需要，公共利益高于一切。也就是，如果媒体反映或披露的事件与大多数人的公共利益有关，那么媒体有责任和义务提醒社会和政府，以引起人们的注意。① 西方新闻界认为，“在公开场合评论或批评个人的言行也可被特免，只要其精神是公平和理性的，而且不带恶意。但是这种特免权只适用于评论或批评，不适用于对事实的虚假陈述。在涉及公平评论时，为使被告免于责任：（a）发表的言论必须与公共利益有相当

① 参见夏倩芳：《公共利益界定与广播电视规制——以美国为例》，载《新闻与传播研究》2005 年第 1 期。

大的联系；（b）表达的必须是一种意见，而不是断言一桩事实；（c）不能超越公平评论的界限；（d）不能是出于恶意而发表的"①。美国报纸主编协会规定："除了忠于公众利益，免于任何义务的自由至关重要。无论出于什么原因，推进与大众福祉相违背的任何私利都与诚实的新闻事业不相容。私人消息来源提供的所谓新闻通信应在刊登前公示其来源，而不应在其宣称所具备的新闻价值（形式的和实质的）得到证实前刊登。在蓄意背离事实真相的社评中，党派偏见破坏了美国新闻事业的最佳精神。②"

新闻评论要发挥社会的"誓示"功能。所谓"誓示"功能，一是及早预警，防微杜渐。社会在复杂的运动中会出现这样那样的问题，然而许多不良的现象并不是明摆着的，尤其是处于萌芽状态的时候，由于矛盾没有充分发展，人们往往意识不到或者仅有一点察觉却不清楚发展下去会怎么样。捕捉到这些信息并及早提醒人们防微杜渐的新闻评论就显得弥足珍贵，因为早发现、早采取积极措施，是能够避免某些坏事情的发生或发展，即使不能避免，也能够降低其损害程度，而不至于一点思想准备都没有。

比如，1998年，《人民日报》发表的抗洪救灾的系列评论是浓墨重彩的一笔，其中不乏预警的例子。根据人类同自然灾害斗争的历史经验，大灾之后可能会有大的疫情发生。预见到这种情况，在抗洪斗争还在如火如荼地展开的同时，同年8月20日，《人民日报》发表评论《确保大灾之后无大疫》，及时提醒人们灾后防疫工作要提前部署："及早动手，采取措施密切监视疫情的滋生和蔓延，做好各项应急准备一旦出现疫情，就能迅速将它扑灭，使危害减少到最低程度。"事实证明，由于动手早，准备充分，"大灾之后无大疫"的目标终于实现了。

二是反面示警。预警式评论是一部"社会听诊器"，发现问题，适时诊治。然而，社会运作远比想象的要复杂，有的坏事情是在潜藏隐蔽、不为人知的状态下酝酿，在一定的时机突然爆发；有的坏事情虽然曾预警过，但是没有引起足够的重视以致酿成大祸；或者还有其他情况；不一而足，都不足为怪。反面的事件既已发生，任其自生自灭是最要不得的。

---

①② （美）利昂·纳尔逊·弗林特著：《报纸的良知——新闻事业的原则和问题案例讲义》，萧严译，中国人民大学出版社2005年版，第91、127页。

第十一章　中国新闻奖与普利策奖获奖评论比较

著名哲学家黑格尔指出："假如一个人能看出当前极显而易见的差别，譬如，能区别一支笔与一头骆驼，我们不会说这人有了不起的聪明。同样，另一方面，一个人能比较两个近似的东西如橡树与槐树，或寺院与教堂，而知其相似，我们也不能说他有很高的比较能力。我们所要求的，是能看出异中之同和同中之异。"① 在此，黑格尔的真知灼见，乃是考察中美新闻评论的重要依据和原则。

普利策新闻奖于 1917 年根据美国报业巨头约瑟夫·普利策遗愿而设立的，直至 2013 年，其不断完善的评选制度已使其成为全球性的一个重要奖项。普利策奖分为新闻奖（14 个奖项）和文学艺术奖（7 个奖项）两项，其中评论奖包括：文艺批评奖，为文艺批评文章。社论写作奖，为杰出的社论写作，要求风格清晰、道德感强、推理合理以及在导向正确的前提下能够影响舆论。社论写作奖是普利策当年遗嘱中列举的最初四项新闻奖中的一项，评选当年撰写的最佳社论，评价标准是"条理清晰、道德高尚、推理无误和在正确的方向上对舆论具有影响力"②。社论性漫画奖，为杰出的漫画或一年中发表的漫画选辑，要求有创意、有社论效力、绘画水平高且形象生动。1922 年，普利策新闻奖委员会适时设立社论性漫画奖，以表彰优秀的政治漫画和滑稽连环漫画创作，但是，此后大量的评论性文章不时出现在其他各类获奖作品中，评论奖项的设置没有完全涵盖全部评论作品。为了改变这种混乱的局面，从 1970 年始，普利策新闻奖委员会增设"评论奖"和"艺术批评奖"两个奖项。哥伦比亚大学校长安德鲁·柯蒂尔指出："在美国的任何日报，周报或者星期日报纸上刊登的批评性文章，包括对公共事务进行评论的专栏或其他形式的评论，不包括社论，都可以列入评选评论奖的范围。"③自此，普利策新闻奖的格局最终形成。

---

① （德）黑格尔著：《小逻辑》，贺麟译，商务印书馆 1980 年版，第 253 页。

② 参见展江：《美国主流政治文化和新闻精神的产物——普利策新闻奖价值取向论》，载《新闻与传播研究》1999 年第 1 期。

③ （美）沃尔特·李普曼等著：《新闻与正义》（Ⅱ），展江主译评，海南出版社 1998 年版，第 840 页。

普利策新闻评论类奖的桂冠得主多为专栏评论作家。如1970年增设的首届评论奖就颁发给了马奎斯·蔡尔兹——一位在《圣路易斯邮讯报》撰写评论40多年的著名报人，从那以后，评论奖每年都被优秀的专栏作家收入囊中。专栏文章是最具个性化的言论文体，专栏作家可以自由地为自己的专栏寻找独辟蹊径的题材，也可以自由地采用新颖的、令人兴奋的方式去写作。

中国新闻奖是由中共中央宣传部批准设立、中国记协主办的中国新闻奖。1990年评出首届中国新闻奖，共设17个奖项，凡是有全国统一刊号的报纸、通讯社，经国家正式批准的广播电台、电视台，或经国务院新闻办批准的由新闻主管部门和新闻单位设立、具有登载新闻业务资质的新闻网站刊播的新闻作品等，均可参加评选。中国新闻奖涵盖报纸、广播、电视和网络四大媒体，普利策新闻奖则是报纸的专项奖，2010年始，它又拓展至网络媒体，但载体的差异并不影响传播内容的比较研究；同时，中西方社会和文化差异也会影响中美两国最高新闻奖的评选标准以及表达方式。

第一节　中国新闻奖与普利策奖获奖评论的差异

普利策新闻奖是美国新闻界的“最高荣誉”，代表着美国新闻界的评价标准。美国普利策新闻奖为全世界新闻界所关注，且地位崇高，究其原因，一是凭借美国无与伦比的综合国力，以及新闻媒介的辐射力而名声远扬；二是对美国主流报界声誉的一次检验；三是为数众多的候选作品和多层次的严格遴选确保获奖作品的高水准；四是普利策新闻奖已成为美国新闻文化和社会文化中一道景观。[①] 这诚如德国鲁尔大学教授海因茨·狄特里希·菲舍尔所说的：“普利策奖获奖作品的重要性无论怎么强调都不为过。单篇报道作品显示，文体的高度纯熟。而主题和对这些重大历史事件的解释则具有恒久的意义。历史学家、新闻工作者、政治家、社会学家、语言学家和作家将能够品赏玩味这些经常是令人激奋的和信息量丰富的读物之价值所在。”[②]

中国新闻奖制度的设计反映了当代社会的现实特点。任何制度都是一种规则或规范的安排，一种理性的选择。中国新闻奖的政治意味浓厚：一是评选强调政治导向正确。一般而言，中国新闻奖的获奖评论作品，都与重大事件、重要人物和典型报道密不可分。中国新闻奖是“中国政府对年度国内外重大事件的‘观点浓缩’，是国家认可和肯

---

① 参见展江：《美国主流政治文化和新闻精神的产物——普利策新闻奖价值取向论》，载《新闻与传播研究》1999年第1期。

② Heinz-Dielirich Fischer（ed.）. *Outstanding International Press Reporting*，V. I：1928—1945. Berlin：1984，p. 21.

定的主流价值观念”①。中国的新闻评论信奉“以正面宣传为主”的方针政策，它以正面宣传、讴歌真善美作为标准；且媒体作为党和政府的“喉舌”，是各级政府的宣传部门，政府以政治需求为出发点，主导媒体的舆论导向。二是评选讲究平衡性。中国新闻奖评选细则明确规定，要统筹兼顾中央媒体与地方媒体，报纸、广播电视与网络媒体，发达地区与欠发达地区的参评作品。而普利策新闻奖的评选中经常出现一家媒体独大、一举囊括几项大奖的情况，这在中国新闻奖的评选结果中几乎不可能出现。比如，2013年的普利策评论奖由《华尔街日报》的布雷特·斯蒂芬斯获得，以表彰他系列有关美国外交政策和国内政治的专栏文章。中国新闻奖实行“配给制”，分配给各报送单位的名额就是一定数量的，也是按其影响力或规模大小进行分配。《中国新闻奖评奖办法》规定：“为调动更多新闻单位的积极性，在消息类、评论类、通讯（专题）类、系列（连续、组合）报道类4个项目中，每个刊播单位获一等奖不超过1个。”明显讲究平衡，这反映中国的政治社会现实。中国新闻奖“平衡性”的评奖原则，照顾到了不同地区、不同类型、不同风格媒体的利益，调动参与者的积极性。这是一种折中的妥协方案，富有“政治智慧”。②

那么，普利策奖与中国新闻奖获奖评论作品差异性究竟如何呢？

一、评论选题的差异

在西方，政府与媒体并不是上下级或领导与被领导的关系，在政治上是平等的，在经济上受自由市场经济的影响。媒体要将有价值的信息和观点销售给自己的受众，就必须是将读者迫切需要的内容确定为自己的评论选题，评论选题的确定主要源于读者的需求。媒体通过各种分析和研究来确定自己的目标受众，再根据目标受众来确定评论选题。为了弄清楚和确定与读者当下的重大利益密切相关的选题，让评论选题在有限的报纸版面聚焦那些重大影响力的事件，通常采用三种办法：一是编辑委员会集体主动讨论和策划评论选题。二是通过与社区团体及市民建立机制性双向交流来寻求读者的帮助。三是正式的焦点群体访谈。经研究选取一组成员，他们能广泛地代表区域范围市场和人口统计特征市场，或代表一些特殊的受众。因此，西方媒体的评论选题，经常把犯罪、职业、教育、健康和交通等社会问题作为评论的核心问题，这些选题最能影响到普通读者的日常生活，自然就成为媒体密切关注的核心问题。比如，肥胖问题一直是困扰整个美国的社会问题，如今美国有20%以上的人口得了肥胖症，为此，《纽约时报》发表了名为《肥胖色情》的评论，原文写道：

---

① 参见尹韵公：《中国新闻奖青睐什么样的报道》，载《军事记者》2007年第2期。

② 参见蔡尚伟、冯结兰：《制度设计视角下的中国新闻奖——兼论中国新闻评奖制度的改进》，载《现代传播》2012年第2期。

每个时代都有它自己的禁忌，有它自己认为的色情。现代美国的色情是什么呢？在最清晰的图案影像通过计算机和有线电视传送的时代，当然不是性。但如果我们的色情不是性，又该是什么呢？

是死亡，在英国《邂逅》杂志社工作25年之久的英国人类学家杰弗里·戈勒这样指出。他写道，在维多利亚时代，性说不出口——而死亡是寻常的：“孩子们受到鼓励去思考死亡……坟墓是每个古老村庄的中心”。

渐渐地，对性的谈论越来越开放，死亡倒变得避讳起来。戈勒先生可能会记起没有一部现代小说或戏剧会像维多利亚和爱德华时代的作家那样表现濒死景象。这时，讨论要透过水晶圈的占卜来进行了。现在，哎呀，你听见过时的叮当声，它可能还在对带小孩参加葬礼提出疑问。但死亡无处不在，比如舞台上的濒死景象，你马上想起了汤姆·康蒂，或玛丽·泰勒·莫尔，在“这是谁的生命里?”

杰克·罗森塔尔的这篇社论以不无忧虑的口吻，探讨美国社会日益严重的肥胖问题，即体重超常者经常会受到其他人的嘲弄，甚至受到社会歧视的社会问题。记者自己也是肥胖人，对此深有体会，所以，评论文章才能写得入木三分、鞭辟入里，并起到了以情感人的传播效果。文章接着分析说：

如果性和死亡都不是现代色情，那又是什么呢？人类学家谈到，原始人羞于进食就像羞于排泄一样，这便有理由想到我们的社会在做同样的事情——我们的色情是肥胖。

它的一个方面在1963年的电影《汤姆·琼斯》中变得很明显，“在一个无可比拟的场景里”，博斯利·克劳瑟在《时报》上写道，乔伊斯·雷德曼和艾伯特·芬尼“进餐时的动作如此猥亵，手法又如此高明，让人欲抨击不能，那是电影最精彩的部分之一”。

虽然如此，但也仅是一个方面，肥胖的色情提供了一种对快乐的选择。你可以带着猥亵的感觉品尝禁吃的水果，暴饮暴食。或者，抵抗住诱惑，你会变成一位现代清教徒，告诉别人肥胖是多么不健康，多么令人厌恶。

这第二种快乐看来更令人满意。真的，如果我们中的某些人在某些时候有强烈的食欲，剩下的那部分人便抑制不住要幸灾乐祸。社会发出络绎不绝的严厉信号：一个年轻的修女，5英尺1英寸，210磅，由于她的体重，她被从家庭保健护士的岗位上解雇了……洛杉矶校董会公布规定，限制教师的体重……威斯康星州官员因为一对夫妇超重而不让他们收养小孩。体重多少？丈夫6英尺2英寸，重215磅；他的妻子，5英尺7英寸，重210磅。

如此残酷的教化终于在几年前的儿童不宜片《绿门背后》中达到故意作恶的地步。在与马戏有关的色情特技的一个片断中，一个无比粗野肥胖的马戏女人分明在性快感中扭动着腰肢。看，电影在说，真正令人作呕的不是性，而是肥胖。

社会压力反对过度肥胖，这无疑有益于一代人的健康，麻烦的是我们对此如此缺乏幽默感，如此残酷无情，如此狠心地惩罚超重者。那些自认为在其他方面很开明的人在肥胖问题上却像清教徒似地道貌岸然。

在新泽西州基恩大学从事社会学工作的杰克·卡默曼去年冬天对《时报》记者说："在美国，超重者不仅是受诬蔑的一群人，而且人们希望肥胖人与嘲笑他们的人取得一致，以此来贬低自己。"

他是对的，他的发现向我们所有人揭示：不宽容与褊狭比任何形式的色情还要猥亵，还具有破坏性。

性和死亡一直是色情的主题，但在现代社会，它们已经过时了。文章一层层对此问题作了进一步深入的分析和论述。那么，读者要问：在高科技如此发达的现代社会，色情究竟是什么呢？文章回答：是肥胖。这个答案似乎出人意料。文章从不同层面论述了肥胖是比性、死亡还要严重的社会问题。如几部电影中猥亵观众眼睛的，不是性，不是死亡的恐怖，而是被丑化的肥胖。作者故意把肥胖比成色情问题，以此来反衬出社会对胖人的厌恶之情，这种比喻既反映了肥胖的人们对所受歧视的不满，又流露出他们的无奈。电影中公然丑化胖人的行为举止，是社会歧视肥胖人的典型行为。文章接着又列举肥胖人在社会上受到的种种歧视、可怜的处境，以及世人的残酷无情。最后，社论向世人发出这样的呐喊："不宽容与褊狭比任何形式的色情还要猥亵，还具有破坏性。"这是肥胖人共同的心声，也是他们向社会提出的有声抗议。整篇文章文笔轻快，富有文采，然而全篇充斥着一种黑色幽默，让人笑过之后感到心情沉重和压抑，从而引导读者进入更深层的思考，感觉到问题的严重性。这是一篇振聋发聩且很有分量的社论，体现了其关注社会问题的价值取向。

在中国，新闻媒体隶属于党的机关，服从于党和政府的领导。媒体作为党和人民的"耳目喉舌"，评论选题要体现"上面的精神"与"下面的情况"的结合。邓拓在谈到党报评论选题的根据时指出："从最满意的情况来说，它可以找到五个方面的根据：①党中央和国务院的决定和指示；②地方各级党委和政府提供的情况和意见；③党和政府主管部门提供的情况和意见；④记者提出的新闻报道题目和线索；⑤读者来信反映的情况和问题。"邓拓所说的五个方面的根据对我国评论选题的确立影响很大，为我国以后的评论选题基本上确立一个标准。大致说来，它们都是指要围绕"上面的精神"。[①]它包括党和政府的决策、部署、方针、政策、现行的法律、条例、党和国家领导人的讲话等，这些都是新闻评论选题的重要根据。"下面的情况"，则包括现实社会生活中出

① 参见邓拓：《怎样改进报纸工作》，见《中国共产党新闻工作文件汇编》（中册），新华出版社 1980 年版，第 483 页。

现的新事物、新经验、新情况和新问题。而来自“下面的情况”一定要和“上面的精神”结合起来，用“上面的精神”分析“下面的情况”，用“下面的情况”观照“上面的精神”，这样才能确定是否把它作为评论选题的依据。比如，在2010年的南非世界杯上，“中国制造”的“呜呜祖拉”上演了一场商业神话：中国玩具商根据非洲土著用于驱赶狒狒的乐器仿制的塑料喇叭，已经成为南非世界杯的象征。据统计，中国出口的“呜呜祖拉”产值在2000万美元左右，但利润仅为5%，也就是说中国的制造商和产业工人分得的蛋糕少得可怜。“呜呜祖拉”在世界杯上为何赢了市场却输了利润呢？究其原因，是在全球产业链的环节中，“中国制造”仍然只是占据着利润的最低端。于是，评论《呜呜祖拉吹响“中国制造”警音》这样说道：

“呜呜祖拉”被视为世界杯赛场上的最强音，但是对于中国低端制造业来说，不啻为最振聋发聩的警音。它再次警告，低成本、低价格曾经是中国低端制造业在国际市场竞争中的“杀手锏”优势已经逐渐丧失。处在中国制造最原始阶段的代工工厂，只有重视知识产权的保护、完善自己的销售渠道、掌握定价并且合理定价，同时在大环境上得到政府的扶持，才能够真正地向“中国创造”实现经济转型。到那一天，中国必将从制造业大国向制造业强国蜕变，“中国制造”必将成为“中国创造”。

“呜呜祖拉”体现中国制造的潜力，也给正在转型升级中的中国制造上了生动的一课，因为传统制造业惯性之下，转型升级面临着巨大的阻力，告别低成本竞争优势给中国制造业带来的煎熬，将是长时间的。当全世界都认为男足失利的中国成了世界杯商业上的赢家时，“呜呜祖拉”的中国制造厂家却沮丧不已：一个60厘米长的塑料喇叭在南非世界杯赛场的售价是60兰特，在欧洲和美洲的售价大体也在7～8美元，但制造商的离岸价仅为0.3美元。在世界杯赛场上吹出最强音的“呜呜祖拉”给了中国制造信心，但更多的却是教训。在100℃高温的注塑机旁每天工作12小时的工人，每生产一个“呜呜祖拉”只获得1美分。制造商的利润也同样可怜，每个“呜呜祖拉”只赚1.5美分。“呜呜祖拉”在世界杯上赢了市场却输了利润。中国人赚小钱，外国人赚大钱，不仅“呜呜祖拉”如此，世界杯赛场上的假发、眼镜、荧光棒同样如此，中国每年出口的服装、电器、日用品也大抵如此。因此，评论指出，对于吹响足球世界杯南非赛场的“呜呜祖拉”，不少人陶醉在中国制造的盲目喜悦之中，掀开表层的热闹往里面看一看，十分微薄的利润让人倍觉难堪。同时，这些警示提醒人们，中国制造必须向中国创造转型。这无疑给中国制造敲响了警钟。

总体而言，中美新闻评论的选题差异，最主要还是由评价标准的差异所决定的。中国新闻评论写作较多地直接采用立党的政治纲领、工作方针和法规政策等尺度来评价对象。评论对象的是非曲直、善恶利弊，多以符合政治原则与否作为立论的根据。美国新闻评论写作更多地采用人性观念、政治原则和审美意象的评价尺度，更多地以人性观念为主要评价尺度。他们面对事实对象，强调凭人心体察，从人性解译，用道义或正义原则决断。这些评价尺度，造就了中西方新闻评论在立论上所存在的巨大差异。

二、评论立论方式独特

西方重视事实论证，中国则重视逻辑论证。无论是在西方，抑或在中国，都强调评论写作的首要任务是要给出一个观点，而且还要给出这个观点成立的理由。缺少支撑的观点是不会说服读者、帮助读者理解问题的，也无法引导读者讨论问题的质量。在西方科学史上，西方人主要是依靠实验推动着科学的进步和发展。评论写作不能空泛地高谈阔论，而是循循善诱，紧紧地抓住生活中或社会上的现实问题，从阐述中引发道理，从事实升华到哲学层面，与事实的陈述并肩而行，让读者十分自然地接受并理解其观点。因此，大多数评论撰稿人在从事评论写作之前，大都练就了高超的硬新闻报道技能。

在西方，对评论撰稿人的要求是很高的，他们称："分析、评述和社论必须由那些资质、经验和判断力都合乎要求的人来撰写。"美国报纸主编协会在其准则声明中指出：评论的重要目的，在于通过向人民提供信息，并使他们得以就当下议题作出判断来为公众利益服务，从而引导公众作出自己的判断。比如，美国《圣路易斯邮报》发表过名为《让人们自己拯救自己吧》的评论，这是一篇风格独到的评论文章，前半部分侧重于叙述，言简意赅地介绍了影片内容。原文这样写道：

美国自然史博物馆是纽约市最大的博物馆之一。为了纪念建馆一百周年，博物馆举办了一个展览。这个展览向千百万人全面介绍了人们在这个多灾多难的星球上过去和现在生活的情景，那些充满自信的人看完这个展览后一定会大吃一惊，如梦方醒。

这个展览称作"人会幸存下来吗?"它用电影、配上解说及图片向人们详尽地介绍了生活的基本要素（空气、土地和水）遭到严重破坏的情形。

解说词指出，工厂每天都要喷射出臭气熏天的浓烟，这些空气中的垃圾，每年多达一亿三千三百万吨。污水排向大大小小的河流，使河流差不多变成了阴沟。

电影还展现了人口爆炸的后果的画面。在亚洲和拉丁美洲的许多地区，人口的增长使食品供不应求。电影中有关亚洲人在饥饿线上挣扎的镜头深深地拨动了人们的心弦。看见自己的同类这种悲惨的情形，在丰盛的晚餐桌旁的任何人都会坐立不安。千百万芸芸众生像出于本能觅食的鼠类一样在镜头中闪过。

在展览的后部分，出现了一些个人主义者表示异议的声音，他们对限制天空、土地和水源的开发深为不满。"为什么我们不能在自己的土地上为所欲为?""我办工厂还要请教谁?""为什么我们不力争超过俄国人?"污染造成的最大影响是对空气中氧气和动植物赖以生存的新鲜水源的破坏。

然后，文章自然地过渡到后半部分的分析与评论：

近几十年来，人们借助于技术已开始毁坏了自有生命以来亿万年形成的生态环境。对展览中提出的问题必须毫不迟疑地作出肯定或否定的答复。

美国在震惊之余开始觉醒，开始意识到我们在毁灭的道路上到底滑了多远。为了阻挡这股潮流，现在已迈出了第一小步。但是作为对"人会生存下来吗?"的答复，这只不过是在茫茫荒原上留下的试探的足迹。

华盛顿设立了负责净化河流和防止城市空气污染的机构。内务部设立了联邦水污染控制管理局。内务部长沃尔特·希克尔作证说，政府每年需六亿美元才能有效地修建污水处理工厂，这个数目差不多比下一财政年度的预算多四亿美元。

以缅因州参议员埃德蒙·马斯基为首的净化运动的负责人估计，要想在1969年到1973年迈出较大的步伐，就需要一百亿美元经费。但目前预算是每年二亿一千四百万美元，你看这四年中我们到底能走多远。

在修建污水处理工厂拨款方面，联邦占60%，各州占40%，但多数州实际用于净化的费用比联邦的估计要高出很多，特别是在大城市较多、河流污染严重的州更是如此。以纽约州为例，联邦估计为十亿美元，该州估计比这两倍还多。在宾夕法尼亚州，联邦水污染管理局估计开支为三亿三千一百万美元，可是州里估计为四亿五千四百万美元。以河湖之乡著称的缅因州，联邦估计为四千七百万美元，可是该州估计为一亿四千八百万美元。

全国空气污染控制中心设在卫生、教育及福利部内。明年的预算是九千五百八十万美元。与净化水源的预算相比，这项为亿万人每天为之呼吸的空气去掉毒素的工作的预算真是太微不足道了。"人会幸存下来吗?"

文章的最后一段，则是以一个风趣幽默但意味深长的小故事结束全文：

这一展览生动地展示了这些毒素怎样侵蚀人们的机体，使许多人身患呼吸道疾病。威斯康星州参议员盖洛德·纳尔逊在保护环境方面呼吁最为强烈。他曾经讲过一个故事，说的是地球上的动物召开会议指责人类破坏了它们生存的世界。当投票确定人类犯有这些罪行时，只有一个动物例外。原来，狗没有投票。会议主席说："别理睬它，它是汤姆大叔。"

在这篇评论中，从作者参加展览时看到的一部电影谈起，由电影中描绘的环境污染联想到本地、本国的环境污染问题，进而对政府在保护环境、消除污染等方面的工作预算作了详细分析和探讨，并指出这些经费的严重不足，影响到环境的治理。文中列举的大量数据颇具说服力，还多次引用了这么一句话："人会幸存下来吗?"并辅以描述影片中环境污染的恐怖场面和恶劣后果，读后足以发人深省，给美国政府敲响警钟。由此可见，作者对生态环境有着强烈的保护意识，对人类未来命运的特别关注。全文结构紧凑清晰，令人回味无穷，此文因此而获得当年的普利策新闻奖。

比如，2002 年，《纽约时报》的托马斯·弗里德曼因准确而全面地对“9·11”事件给全球局势产生的恐怖威胁进行深入分析和论述获得普利策奖。他在《不问什么……》一文中运用了一段论据，讲到“9·11”事件后人们的两种反应：一是人们认为这场战争是打在自家后院的；二是人们愿意为国家做些什么，这从人们为受难者家属捐献的钱款数额中就能明显看出来。这些材料是作者细心观察到的国内事实。正是通过这些事实，作者论证了这样一个观点，那就是“9·11”事件在人们心中留下了深深的伤痛，人们非常想为这个国家做些事情。

中国的新闻评论主要是依靠严密的逻辑力量来说服读者。在论述抽象道理的过程中当然也会添加一些活泼因素，使得新闻评论不仅富有严密的逻辑性，而且生动活泼，把道理讲活，把抽象道理讲得具体可感，但总的说来不及西方的新闻评论那样更具可读性和吸引力。与西方强化人性观念的写作相比，中国的新闻评论离个人较远，易于使观点和说理生硬。但是，仅凭政治上正确，有时也难以服众。美国新闻评论多以人性观念为主要评价尺度，使其具有普适性与贴近性，而这种普适性贴近个体易于生活化，易于被人们所接受，传播效果则更好。

比如，2003 年 8 月 25 日，中国工程院院士增选第一轮近 3/4 被淘汰，此时大家都不难发现在淘汰名单中不少省部级以上领导干部赫然在列，对此现象人人似乎都有话说，但谁也没有说。在这个时候，记者意识到作为新闻工作者应当肩负起应有的社会责任，发挥自己应有的舆论监督作用。同年 8 月 29 日，《科技日报》刊发了由张帆撰写的名为《由高官落选院士想到》的评论，原文写道：

刚刚结束的中国工程院院士增选第一轮评审工作引起了社会各界的广泛关注。面对由 628 位有效候选人一下锐减为 170 位的初审结果，人们发现：几位现任我国省部级以上领导之职的候选人没有进入复审名单。

这一现实使人感慨：之前的担忧，看来颇有“杞人忧天”之嫌！

这篇评论抓住“高官落选院士”这一新闻由头，并据此展开深入的分析和议论。首先提出对高官评选院士这一现象的质疑，但并未将落脚点仅仅放在此处，而是进一步将主题深化，推及更广泛的维护社会公信力的层面。文章接着分析道：

人们究竟担忧什么呢？忧的是官高权重会对公正评审构成妨碍的可能。依笔者之见，这种担忧并非空穴来风，社会上的权学交易几成热潮，一官半职者往往利用手中的权力，通过种种渠道谋求硕士、博士学位，甚至教授称号。

传统的“官本位”思想无疑让学术在许多场合，出于对“官”们敬畏，低下了自己清高的头颅，采取了暧昧迎合的态度。

正是基于这样的担心，人们才会对“高官竞选院士”另眼相看，有所疑虑：评审会不会因为他们身居要职，而通融照顾，削弱对他们学术能力的严格审核？如果是这样的话，这将是对其他候选者怎样的不公！

不过，从复审名单看，人们对此次的院士增选可大放其心，数位高官的初审落选，已经排除“仕高则学而优”的可能——这是好事，说明我们越来越尊重学术的纯洁性。

但转念一想，笔者又产生如是疑问：如果因为是高官，就反过来认为他们的学识一定不足以当院士，是否也流于偏执？这样对高官们是否公平？如果他们本身真的具有这样的实力，那岂不是反因官职受害？

如此看来，无论怎样处理“高官申报院士”，都会引起是否公平的质询——这是其本身敏感性所决定的。那怎样才能达到一个相对的、为大多数人所接受的公平呢？笔者以为，可能恰恰是对高官们的“不公平”，才比较容易获得相对的公平。这是因为，在一个现代的法制社会，牺牲自身利益，对类似容易引发公众猜疑的行为进行规避，维护社会的公信度，乃是官员们的责任，也是他们身为公务员不得不作出的牺牲。

这篇文章的文字流畅，可读性、思辨性极强，是媒体对这一事件最早的评论。在构思此文时，记者反复斟酌，最终选定了维护社会公平的角度，就此事进行评论。所谓公平正义，也就是我们通常所说的公正，一般来说，反映的是人们从道义上、愿望上追求利益关系特别是分配关系合理性的价值理念和价值标准。从更广泛的意义上说，构建和谐社会，实现社会公平与正义，有必要从人类社会发展的角度，全面认识和理解社会公正问题。因此，社会公平这个角度可谓切中问题的要害，且一语中的。文章刊发后，因为是首篇对此事件的评论，所以引起社会强烈反响，迅速被中国新闻社、人民网、新华网、新浪网等国内多家权威和重要媒体加以转载，有些论坛甚至由此展开激烈的讨论。

综上所述，无论中国还是西方，都强调新闻评论对社会和读者的作用与影响，但在如何吸引和说服读者方面却是不一样的。① 也就是说，西方的新闻评论侧重于事实判断，中国的新闻评论则更强调价值判断。因此，中西方的新闻评论在选题、语言和论证诸方面都呈现出较大的差异性。这种差异性背后除了观念的不同外，更能体现出体制、文化和思想等因素。但是，需要强调的是，这种差异既不是妄自菲薄、追慕西方，也不是那种自高自大、自以为是的行为。

---

① 参见魏明革：《中美评论写作之比较》，载《新闻爱好者》2004 年第 1 期。

第二节　中西方新闻评论写作存在宣传与传播的区别

《华盛顿邮报》驻北京记者马棣文说过："中国记者一直是党和政府的宣传工具，他们的道义、责任是为中国的繁荣富强服务。（然而）美国记者没有为这个国家利益服务的道德责任感。我们的目的就是揭开事实的真相，让人们自己做出正确的选择。"① 美国《时代》周刊记者吉米认为，中美新闻观是有差异的。他说："许多中国人把我们这些外国记者看成是我们国家的政府，或我们国家新闻机构的代表或发言人。这是因为很多中国记者被视为政府的发言人，如《人民日报》被描绘为'党的喉舌'。"②

在中国，新闻媒体是作为党和政府的喉舌而存在的，新闻媒体在国家运作和社会调控中担负着重要的角色，这一性质决定了媒体的职能主要是舆论工具，即在坚持党性原则的前提下，以意识形态为主导，传达党和政府的声音，宣传党和政府的工作目标。中国新闻评论作品对其评议对象多采取赞扬的态度。这种持赞扬态度的作品主要有两种情况：一是党和政府的决策与方针政策；二是优秀人物的品格精神。其批评所针对的情况主要有两种现象：一是不良的社会风气；二是下级工作人员错误或腐败现象。评论写作总是在追寻与倡导高尚的社会理想、集体价值、事业理念，并在此基础上实现着媒体舆论的统一，实现着对舆论的指导的职能。在中国的评论写作中，最高的和具有全局统摄作用的首先是党性原则，然后是政策和法规。这样的理论观念，把中国社会各阶层公众的需要和意志进行了有序化处理，形成了既源于现实又高于现实、超越个体的对社会公众需求与意志的理性把握。

一、中国评论写作强化宣传功能

在中国，大众媒介作为政府和执政党掌握的政治宣传和教育工具，主要表达占支配地位的意识形态，体现执政党和政府的路线、方针和政策。列宁曾明确表示："我们不打算把我们的机关报变成形形色色的观点的简单堆砌。相反地，我们将本着严正的明确的方针办报。一言以蔽之，这个方针就是马克思主义。"③ 他还指出："工人报纸应当清除无产阶级意识中的资产阶级唯心主义成分，而不应当用自己的篇幅来传播这种倒胃口的大杂烩。"④ 毛泽东同志则主张，党的新闻媒介主要是宣传贯彻党和政府的路线、方

① 转引自李希光著：《转型中的新闻学》，南方日报出版社 2005 年版，第 109 页。

② 李希光著：《中国有多坏?》，江苏人民出版社 1998 年版，第 118 页。

③ 《〈火星报〉编辑部声明》，《列宁全集》（第 4 卷），人民出版社 1958 年版，第 316 页。

④ 《列宁论报刊与新闻写作》，杨春华、星华编译，新华出版社 1983 年版，第 399 页。

针、政策。他说："我们的政策，不光要使领导者知道，干部知道，还要使广大的群众知道。"那么，怎样才能使群众知道呢？"有关政策的问题，一般都应当在党的报刊上或刊物上进行宣传"；"报纸的作用和力量，就在它能使党的纲领路线，方针政策，工作任务和工作方法，最迅速最广泛地同群众见面。"① 传播党的意见和主张，不仅有利于统一思想，有利于进行合法性论证，而且还有利于规范公民的政治行为，维系社会政治体系的平稳运行。宣传是中国新闻媒体的基本职能，它是传播一定的观念和论据，以同化特定对象的认知与态度，进而影响、控制其行为的一种努力，宣传的最终目的是缩小宣传者与宣传对象之间在观点和态度上的距离。而西方媒体虽然曾有过宣传的渗入，但越来越突出它的资讯扩散、传送信息的传播。传播是社会信息的传递或社会信息系统的运行，它是一种行为，一种过程，一种系统。传播与宣传正好相反。传播是双向的，是一种互动行为；而宣传是单向的，是把主流意识灌输给公众。

中国近代报纸全面模仿西方，近代报人的新闻传播观念主要承袭了西方的新闻传播观念。但由于东西方不同的经济形态、社会制度、风俗习惯、文化传统，乃至体现文化精神核心特质的不同思维方式和价值取向，中国人的新闻传播观念有其异质的特性。很长的一段时期，在中国人的观念中，新闻即宣传，宣传即新闻。喻国明曾把中国媒体宣传概括为"一元化报道模式"，他甚至总结出这种"一元化报道模式"的特征：一是在信息流动方面表现出强烈的自上而下的单向灌输性；二是在内容的筛选和评价方面表现出强烈的唯政治利害性；三是在报道角度和报道观点方面表现出强烈的工作业务性；四是在发表言论和表达意见方面表现出强烈的一元化与"高纯度"；五是在新闻工作的价值取向方面，表现出强烈的"宣传→引证性"。因此，在这种形势下，新闻媒体形成"多种声音，一个方向"的多元舆论表达机制。② 在中国，新闻媒体作为党和人民的喉舌，总是自觉或不自觉地分析和评论一些人或事，正确反映该时代人民的思想感情，发挥"人民的文化和精神教育的强大杠杆"的功能。③

比如，开发与保护，是当今中国经济发展，尤其是建设新经济区必须解决好的根本问题，是关系到中国转变发展方式的重大问题。在山东半岛蓝色经济区建设上升为国家战略之前，《大众日报》的《留白的艺术》一稿就很有前瞻性地提出这个问题，并提出通过发挥政府和市场作用、实现科学发展来解决，给决策者以提醒和建议，对全国也很有借鉴意义。原文这样写道：

---

① 《对晋绥日报工作人员的谈话》，《毛泽东新闻工作文选》，新华出版社1983年版，第149页。

② 喻国明著：《中国新闻业透视——中国新闻改革的现实动因和未来走向》，河南人民出版社1993年版，第56页。

③ 《马克思恩格斯全集》（第40卷），人民出版社1985年版，第329页。

留白，传统绘画的一种极高境界，讲究着墨疏淡，空白广阔，以留取空白构造空灵韵味，给人以美的享受。

在蓝色经济版图上充分留白，亦是别有韵味。

文章从事实出发，用事实说话，且文笔形象灵活，颇有文采和诗意；它以传统绘画中的留白比喻“保护”，并以“留白”作题，生动贴切，主题鲜明，文章具有很强的可读性。文章接着分析说：

莱州拥有山东半岛北部最大的浅滩，面积达5500公顷，浅滩及附近海岸蕴藏的石英砂资源，具有可观的经济效益，可谓寸土寸金。但为了保护海洋生物资源和生态环境，莱州在去年申请设立了省级特别保护区，对一切向浅滩掘金的活动说“不”。面对巨大利益毅然“留白”，“舍”与“得”、“进”与“退”尽在方寸之间，“画”之格调，高下立判。

发展蓝色产业，要的是高端、高效和生态，开发与保护并重是基本要求。如果说开发是“运笔”，那么保护就应该是“留白”了。依照我们目前的开发技术，全面开花式的开发，资源利用率不会很高，浪费在所难免，在很多方面还难以达到开发与保护共赢。为此，采取有取有舍的态度，对于那些技术和市场条件成熟的资源，在科学规划的基础上，给予积极开发；对于那些开发条件不具备的资源，则“冷藏”起来，留足空间，留给子孙后代们破土开发，这是富有远见的选择。

……

在蓝色经济区走走看看，积极作为而又科学务实者，大有人在。在海阳市的蓝色工业园区，有一个铁的规定，入驻园区的项目，厂房建设不能低于两层，并且鼓励盖多层厂房。在市场法则效应失灵的时候，发挥“政府之手”的作用，是制止资源浪费的有效办法。

但从根本上消除资源浪费，还是要走市场的路子，通过理顺能源资源价格体系，建立起有利于资源节约、环境保护、可持续发展的体制机制。过去那种不能反映资源稀缺程度的价格体系，只能诱导和放任企业大手大脚耗费资源，甚至寅吃卯粮。而理顺资源价格体系，企业生产成本相应上升，将倒逼企业加快自主创新，降低生产耗费，从而促进发展方式转变。

深圳的可用土地本多于香港，到2003年末，深圳的GDP仅为香港的1/6，却已出现用地紧张情况，而香港只开发了可用地的22%。有经济学家分析，粗放型发展方式是出现这种症状的病根。据此，在蓝色经济区建设过程中，要将蓝色经济区建设与高端产业聚集区、高效生态经济区建设结合起来，发展高端高质高效产业，上生态环保项目，大力提高资源的利用效率，为资源环境充分留白。在这种意义上，留白的艺术，其实就是科学发展的艺术。

这是一篇调研式的评论。作者深入山东半岛8个县市区、近20家企业调研，既采访党政领导和经济工作者，又听取基层意见，从鲜活材料中提炼观点，从生活中学习语言。作品反响强烈，山东半岛蓝色经济区建设办公室的领导称赞稿子写得及时，抓住了要害，为纠正经济区建设中只重上项目而忽视环保的偏向，提供了思路和对策。

一是前瞻思维，指导性强。处于当今信息爆炸的时代，随着各种信息的迅速跃动与交汇，受众再也不满足于那些浅层次的动态新闻，而是希望了解事件的前因后果，特别是渴望了解事物发展的趋向与对前景的预告。要满足受众的这种新要求。所谓前瞻性思维，就是记者对客观事物率先认识与预测，对未来可能发生的变化及其走势进行洞察，它包含了对事物细致的观察、透彻的分析以及用发展的眼光正确估量等一系列繁杂的思维活动。这篇评论在这方面是做得成功的。

二是言之凿凿，感染力强。新闻评论必须“言之有物、言之成理”。若达到这样的要求，一篇新闻评论就立起来了。那么，何谓言之凿凿？凿，有开通、明确、真实之意。新闻评论只有言之凿凿，才有说服力。说服力来源于理性的力量，来源于逻辑的力量，来源于分析的力量。优秀的评论作品，往往在逻辑上无懈可击，以理服人。这篇获奖评论，在说理的逻辑力量和分析力量上都是很成功的。为此，采取有取有舍的态度，对于那些技术和市场条件成熟的资源，在科学规划的基础上，给予积极开发；对于那些开发条件不具备的资源，则“隐藏”起来，留足空间，留给子孙后代们破土开发，这是一种富有远见的理性选择。①

二、西方评论写作重视传播功能

表达意见是大众传播媒介最主要的职能。在西方，大众媒介是私营企业，社会各界倾向于把大众媒介看成公共领域的重要组成部分，是展现社会各种意见的场所，各种意见、主张在此论争，显示其存在的合理性，以争取广泛的受众。当然，在自由主义社会里，大众传播媒体最终是由经济上、政治上占支配地位的阶级所掌握的，尤其是主流媒介，几乎完全操纵于权势阶层之手。但是弱势群体的意见、少数派别的观点也能够找到表达的平台，虽然在效率上不能与权势阶级控制的主流媒介相提并论。因此，通过大众传播媒介，个体可以看到对于社会现象、社会问题的各种意见、态度，既有官方的，也有民间的；既有权势阶级的，也有弱视群体的……人们就此可以自由地进行甄别选择。

同时，西方的新闻评论也是对抗滥用权势和拥有特权的重要屏障。普利策高度重视报纸的社论版。他认为，报纸要通过社论版来制造健康的公众舆论，要敢于揭露腐败现象，提出社会改进意见，支持进步事业，维护民主思想。普利策一贯秉持的评论风格始

① 参见刘保全：《前瞻思维　言之凿凿——评第21届中国新闻奖评论二等奖作品〈留白的艺术〉》，载《新闻与写作》2012年第3期。

终是评奖的最终标准，那就是，站在公众立场上立论，摒弃党派色彩和人身攻击，追求简洁明快的文风，本着道义的精神、公正的理性，以及作者以自己认为正确的方向去引导舆论。在这一宗旨的指导下，绝大多数的获奖评论作品强调以理性的思考、令人信服的分析、清晰准确的文字来表达观点，进而引导受众。比如，20 世纪 60 年代，美国南方发生了两起社会暴动，于是，《亚特兰大宪法报》主编发表了抨击朱利安·邦德议员席位和枪击詹姆士·梅雷迪斯事件的评论文章。尤金·帕特森作为《亚特兰大宪法报》主编，继承了前任拉尔夫·麦吉尔的传统。他们两人的观点和为争取民权的斗争的精神是一样的，但帕特森并不像他的前任那样有耐心。正是由于这个原因，1966 年冬天，当佐治亚州议会将批评越南战争的黑人朱利安·邦德排除在外时，虽然当时的《亚特兰大宪法报》还是支持战争政策的，帕特森却挺身而出，对此事表示抗议。同年春天，当黑人大学生詹姆士、梅雷迪斯遭冷枪袭击时，帕特森对他所说的南方“病态的灵魂”表示遗憾。1966 年 6 月 7 日，尤金·帕特森在《亚特兰大宪法报》就这一事件所撰写的名为《枪击詹姆士·梅雷迪斯的事件》社论，原文这样写道：

“啊！”当詹姆士·梅雷迪斯中弹倒在密西西比公路上时，他喊道，“啊！流血的兄弟，你为南方的白人哭泣吧！你只会含泪而死去。但是，南方的白人将伴随着虚弱的灵魂继续生存。”

“我们没有什么差别，”南方的白人要说。我们果真是这样吗？

让我们看看这严酷的差别吧。看看谁的脸映在血泊里。

“但到处都有人遭到枪击，”我们要说。是啊，总统自己也尝到一个疯子的子弹。

可是，严酷的差别还将南方和其他地方可耻地分割开来，这就是，谁也不会料到总统会遇刺。而梅雷迪斯却料到他会遭暗算。

总统去达拉斯，对自己会活下去充满信心。梅雷迪斯踏上密西西比公路，却担心自己会受到杀害。

这种担心，是南方的黑人要时刻铭记在心的，而这一事实，却是南方的白人竭力要从记忆中抹掉的。这绝不会被忘却。

这块土地承受着多么沉重的负担啊。其主要原因并不是一些虚弱的、容易激怒的头脑变得越来越疯狂。这在任何地方都会发生。

这一事件没有发生在其他地方，而发生在南方，这是那些比较明智的人在继续激怒虚弱而无知的头脑。

这就是严酷的差别。这就是难以用言辞表达的忧虑。

文章由个别事实再引申到普遍的社会现象，接着分析道：

在南方，每个黑人都得像梅雷迪斯那样生活，每天进进出出都得提心吊胆，担心那些虚弱的头脑威胁他的生命。

当黑人向那些具有坚强头脑的白人要求保障安全时，这些坚强的头脑给予了黑人什么呢？他们是否用冷静的忠告、有力的实例、有关的选票来缓和这种激怒情绪呢？

没有，大多数人都没有这样做。当种族主义者演说时，无论是一般演说或政治煽动，他们都无动于衷；他们运用自己的权力和财产将蛊惑人心的煽动家捧上公职；他们不去公开交流思想、反而将黑人拒之门外；他们在黑人为生命而挣扎时，却空谈什么保守主义和宪法。

这就是梅雷迪斯要向密西西比州进军的实质。他对自己的胆怯非常愤怒，他觉得这不是一个男子汉大丈夫的作为。就这样，他迈上了大道，去奉献自己的生命。从那时起，他的安全就置于南方具有坚强头脑的白人手中了。

这些具有坚强头脑的人逃脱了责任。并不只是对梅雷迪斯如此，而且对自己本身也如此。他们回避躲闪、吹毛求疵、溜之大吉；他们力求证明黑人担惊受怕的困境是理所当然的，而不是去加以改变。他们以自己光荣榜样的力量，为虚弱的人装上了子弹。

枪手扣动了扳机。这可能发生在任何地方。但是严酷的差别就在我们大家身上，我们甚至不受逮捕。我们只得这样生活下去，直到有朝一日，我们承担责任时为止。

这篇社论就写作风格而言，与普利策获奖评论的风格一脉相承，那就是，强调站在公众的立场上立论，摒弃党派色彩和人身攻击，维护公共利益。

实际上，中西方评论写作存在着宣传与传播的差异，主要是由政治体制的差异所造成的。中国共产党作为执政党，一贯坚持对新闻传播事业的领导。党管媒体，成为中国新闻传媒业始终贯彻的政策和规定；而中国新闻业强调报纸、广播、电视等媒介作为党的舆论机构，要求严格的组织纪律性，必须接受和服从党的领导，无条件地同党和中央保持政治上的一致，凡是涉及党的路线、方针、政策等重大政治问题，对外必须与党中央的步调保持一致，不得各行其是，不许发表与中央路线、方针、政策相违背的言论和信息。而西方实行的是以两党制或多党制为基础的三权分立的政治体制，党派林立，各媒体鲜明地站在党派的立场上，公开捍卫自己的利益，为自己政党的政治与经济口号呐喊，并攻击对方的主张和政策。新闻媒介除了在战时和其他一些特殊情况下外，可以议论政府、政务的利弊得失，包括从总统到小吏的违法、失职、言行不检点和私生活问题。

同时，这也是由中西方价值取向的差异所造成的。价值取向是指作者在评论写作中针对评议对象所采取的态度，它落实在立论思想的情感色彩上，是评论者针对不同对象所采取复杂多样的态度，但总体上可分为赞扬、中立、指摘三种，它体现评论写作的实用主义风格。美国推崇实用主义且深入人心。从本质上说，实用主义就是一种以“兑现价值”为根本追求的哲学理论，它反映了市场经济中注重现实、追求物质利益、讲求实惠的世俗价值取向。谈及美国民众的实用主义倾向，宾克莱认为："美国人常常被称为注重实际的人民。他们希望把事情做成，他们关心一样东西或一种理论有无用处的问题，胜过关心类似人生终极意义这样比较理论性的问题。"①

康马杰指出："实用主义的特点是切实可行、民主作风、个人主义、机会主义、天然形成而不露人工痕迹、对未来抱乐观态度，所有这一切都奇妙地同一般美国人的气质一拍即合。实用主义拨开神学、形而上学和宿命论的云雾，让常识的温暖日光来激发美国精神，有如拓荒者清除森林和树丛等障碍物，让阳光来复活美国的西部土地一样……美国人实际上一直就是工具主义者。他们认为自己的信仰是正确的，并据此采取行动以促成其实现。他们接受民主、平等、自由的价值，估量其实际影响，并且为实现这些理想而竭尽全力……对美国人来说，实用主义似乎就是事物的常识，他们对长期毒害他们的逻辑学家和形而上学家最后遭到挫败感到无比的欣慰。"② 因此，实用主义这个名称突出了它的实质、核心和目标。这点在杜威哲学中表现得最为突出。王守昌、苏玉昆认为："杜威的经验哲学，不是一种传统意义上的形而上学理论，而是一种立足于人、以人为本的价值理论。无论是对于自然、社会，还是对于认识和真理，他都企图确定它们对人的生活的意义和价值。"③

第三节　中国新闻奖与普利奖获奖评论差异产生的文化根源

中美新闻评论的差异是多种因素综合作用的结果，既有历史因素，又有政治、经济和文化的原因。西方学者认为："知识分子作为政府与社会的积极批判者，作为一套观念的鼓动家，他们并不向往权力，他们的目的首先是将大众的注意力引向一个中心问题，然后利用公众舆论的力量向决策者施加影响。"④ 普利策说过这样的一段话："我知道我的退休不会影响办报的基本原则。报纸将永远为争取进步和改革而战斗，决不容忍不义和腐败；永远反对一切党派的煽动宣传，决不从属于任何党派；永远反对特权阶级和大众的掠夺者，决不失去对贫苦人的同情；永远致力于公众的福利，决不满足于仅仅发表新闻；永远保持严格的独立性，决不害怕同坏事作斗争，不管这些事是掠夺成性的

① （美）L. J. 宾克莱著：《理想和冲突——西方社会中变化着的价值观念》，马元德译，商务印书馆 1984 年版，第 19 页。

② （美）H. S. 康马杰著：《美国精神》，杨静予等译，光明日报出版社 1988 年版，第 142 页。

③ 王守昌、（美）苏玉昆著：《现代美国哲学》，人民出版社 1990 年版，第 85 页。

④ （美）刘易斯·科塞著：《理念人——一项社会学的考察》，郭方等译，中央编译出版社 2001 年版，第 227 页。

豪门权贵干的，还是贪婪的穷人干的。”①

这段话作为《邮讯报》的办报纲领刊登在社论版上，它实际上反映了西方报人对“宣传”的成见与厌恶。中西方因为政治体制、文化传统、受众接受习惯的差异，才导致评论写作方式的大相径庭。那么，在不同的国家，媒体形式为何呈现出这种差别呢？这些差异存在的原因，一方面，它反映一个国家资助它的报刊的能力，能够投入公众通讯中的技术水平与财力物力，以及使报刊的流通更容易、更需要的都市化的相对程度；另一方面，不同国家报纸的差异，只是反映人们在不同地方的工作情况以及他们要读什么样的报纸。② 因为“报刊总是带有它所属社会和政治结构的形式和色彩，特别是报刊反映一种调节个人与社会关系的社会控制的方式”③。

一、西方评论发挥建设性意见

普利策为自己的新闻评论塑造了一种独特的风格和个性，即战斗性。他说：“社论是报纸的灵魂。”社论是报纸正式发言的唯一手段，也是报纸主编与社会联系的纽带和他们智力与道德水准的反映。那么，这些社论写作的基本要求是什么呢？普利策认为，除了坚持独立性，克服党见派性之外，“冷静分析、说话负责、有根有据和高度理性”也是必不可少的。普利策在社论写作上造就的别人难以企及的高水准，可能是他对办报事务的最大贡献。这种观念深刻地影响西方评论作品的写作。

比如，1978 年 5 月 13 日，《纽约时报》发表名为《独身渐成美国社会的标志》的评论，这是一篇曾获得 1979 年普利策评论奖的佳作。文章这样写道：

葛丽泰·嘉宝希望孤身独处，大多数人则不以为然，他们觉得这种想法很难理解。作为那个年代的大美人之一，所有的人都想和她接近，她却要选择孤独，真让人不可思议。联想到嘉宝对黑色的偏好与美国人喜好天下大乱的性格是那么格格不入，这愈发增加了嘉宝的魅力。

这都是 30 年代和 40 年代的旧事了，当时，瑞典和隐居还像柬埔寨和拉同性恋者选票的县治安官们一样距离人们的生活十分遥远。而如今，崇尚孤独的美国人多得简直让人透不过气来，越来越多的人赞扬在私人地穴中隐居生活的快乐。人们不禁担忧我们会不会变成一个害怕同类的物种，或者说我们是不是想在自我怜爱中寻找一种在人际的交往中被破坏掉的愉悦。

① 林珊著：《李普曼》，人民日报出版社 1996 年版，第 207 页。

② （美）韦威尔伯·施拉姆等著：《报刊的四种理论》，中国人民大学新闻系译，新华出版社 1980 年版，第 1 页。

③ （美）弗雷德里克·S. 西伯特等著：《传媒的四种理论》，展江等译，中国人民大学出版社 2008 年版，第 1 页。

这篇评论的作者为拉塞尔·贝克。美丽的葛丽泰·嘉宝选择终生的孤独，让世人无法理解；曾几何时，一个执意拒绝多彩生活的美国电影中的喜剧人物使人觉得滑稽可笑；曾几何时，美国人为了逃避小城镇沉闷的生活，纷纷涌进纽约去寻求人际间的交往……然而，在20世纪70年代的美国，这一切都改变了，孤独成为一种时尚，人们到纽约去追寻的不是梦想，而是孤独，去刻意选择一种枯燥无味的生活。“崇尚孤独的美国人多得简直让人透不过气来”。那么，这是怎么回事呢？这篇文章在对种种怪异现象的阐释后认为，复杂的人际关系使得人与人之间的交往变得越来越脆弱，这“就像是两个互相猜疑的人在做一场交换服务的交易”。这种友谊、爱情、家庭，甚至连性，都已成为昨日的传声。于是，文章提出疑问：如今的人们，“会不会变成一个害怕同类的物种”，“是不是想在自我怜爱中寻找一种在人际交往中被破坏掉的愉悦”？

文章进一步指出：“不断变化的性习俗”是这种寻求孤独趋势的最好体现。然而是什么原因导致了“无性化”的流行呢？文章追根溯源，从“无性化”追踪到它之前的“单性化”，又由此追查到其发展源头——“泛性化”。然后作者一针见血地指出：正是随随便便的性关系，造成了人们对人际交往的变态心理，从而“使社会上的人们有可能最终达到彻彻底底的孤独”。这是20世纪60年代的美国，人们追求“性开放”、“性自由”，最终导致整个社会形成“性泛滥”而结下的苦果，是大自然对人类的惩罚。文章在此处的着墨并不多，却能使人感受到作者对此事严厉的批判和有力的控诉。接着，文章这样写道：

年轻人不想结婚，结了婚的也不愿要孩子，反而忙着要离婚。男女在一起是生活，不管结婚与否，总要确定一种“关系”。有时在法律合约中还要作明文规定，就像是两个互相猜疑的人在做一场交换服务的交易。

人和人交往时间一长，不可避免地会产生纠葛，所以这些“关系”还没有解除的条款供双方引用。应该说，对人与人之间的这种纠葛的反感早已有之。一个老掉牙的美国喜剧人物就一直是这么个人，这个怪里怪气的单身汉总是避免和女人搅在一起，因为他受不了小孩子的尿布和搭在他浴缸上面的长筒袜。

这个单身汉之所以会具有喜剧化色彩，就在于他固执地拒绝接受那种烦恼而又有趣的生活，特意选择一种枯燥无味的生活，仅仅因为他胆子小得连尝试一下都不敢。然而如今，这个单身汉已不再是喜剧文学和电影的素材，而成了人们崇拜的对象，被说成是对一个让人透不过气的社会的一种有益的调节。

妇女运动总想把单身女人的生活说得美妙无比。报纸、图书、杂志引述着她们开心的故事，她们成功地逃避了家庭所带来的种种烦恼。在自己的小天地中，在电视机、书籍、图画、电话以及自娱自乐之中，这些单身女人们找到了满意的精神寄托。

当初，为了逃避草原上缝缝补补吃吃喝喝的寂寞的日子，移民们一年总要出几次远门。这种习惯一直保持很久。后来美国人开始从小城镇和死气沉沉的生活中走出来，涌进纽约会寻求人流、生活、冒险、爱情和纷繁的人际关系。

如今，美国人到纽约来寻求的却是孤独，不断变化的性习俗最好不过地体现了这种寻求孤独的趋势。《纽约时报》最近的一篇报道，讲到了正在纽约人中流行的“无性化”。越来越多的人发现禁欲逐渐使性欲减退，使人们没有性也可以很方便、舒适地生活。

不久前，有人告诉我说一位女士到一家“无性酒吧”去结交男士们，她觉得这类地方没有复杂的人际关系。我起初以为她在开玩笑，但现在看起来这太可能了，现在越来越多的人想找个地方一个人待一会儿，“无性酒吧”也就如雨后春笋般应运而生了。

“无性化”，它之前是“单性化”，这是一种大量依赖机械的行为。在各种机器设备的包围中，在那些教人们怎样自己做自己魅力无穷的情人一类小画册的指导下，“单性化”使人们压抑了渴求友谊的自然本能。

“单性化”是从“泛性化”发展而来的，不断改进的避孕技术孕育了“泛性化”，使人们在满足两性关系时就像买张晚报一样方便，而且省去了过多的复杂人际交往的麻烦。而“无性化”则使社会上的人们有可能最终达到彻彻底底的孤独。

独身主义作为一种信仰在美国盛行一时。这篇文章以一生独身的好莱坞著名影后葛丽泰·嘉宝的生活方式切入论题，分析当时人们拥有各种不同生活观背后的原因，表达了作者独特的看法。① 文章最后写道：

我时常去一家很雅致的私人疗养所。除了偶尔有我这样的采访者，这里几乎每个人都是绝对的孤单，就像一个小小的世外桃源。在这里，思绪仿佛回到了从前，回到1910年的某个时候，一个弟弟挨了爸爸的打。猛然间又到了40年后的某一刻，子女都已长大成人，丈夫也去世了。对于到这里来的人，孤独几乎是一种绝对的存在，人们无法穿越那逝去的世界。来这里的人都会认识到，如果他坚持锻炼、坚持戒烟，他完全可以在这里安度余生。果真如此的话，那些老人们还要结婚，进坟墓，日复一日地打发日子么？如果不这样的话，那可真是太孤单了。

文章的结尾更是意味深长。作者去了一家老年人疗养院，住在这里的老人们无论愿意还是不愿意，都无可选择地过着一种真正孤独、寂寞的生活，留给他们的，只剩下记忆中那已逝去的美好岁月。然而，他们毕竟还有着丰富多彩的往昔可以追忆。由此，文章昭示人们：既然人生注定了最终的孤独，又何必在青春年少时拒绝那虽有些烦恼，但充满了乐趣的生活呢？至少在你人生真正的孤独不可避免地到来时，还有一段美好的生

① 李天道著：《普利策新闻奖名篇快读》，四川文艺出版社2005年版，第296页。

活可回味。人生苦短，如若刻意一生枯燥无味地度过，岂不是很可悲吗？评论文字优美，富有文采，采用了穿插式的结构：写一段过去，再写一段现在，紧紧围绕论点，层层递进地进行论述。如此，不仅使文章加深了评论的力度，还使之迂回曲折，可读性增强。但是，作者思路清晰，文思缜密，论证合乎逻辑，且每一步都很有说服力。这样，文章结尾部分更升华了主题，对社会更富有建设性和启迪意义。

二、体现西方批判性思维

约瑟夫·普利策说过："报纸的生命就在于'暴露'，这种暴露集中在两个方面：一是政府；二是社会问题。报纸应当监督政府官员的表现，对任何一种腐化堕落和错误都进行曝光。一个自由而有责任的报纸应当试图使政府官员、公务员社会各机关和司法系统尽心尽职，履行责任。"① 美国主流政治理论强调"多元制"，社会中包含着许多互相冲突的、同政府官员有联系的群体；这些群体争相对政策的决定施加影响，它们相互之间讨价还价，也同政府讨价还价。经过讨价还价达成的妥协就成为公开的政策。普利策奖的获奖评论作品，在一定程度上反映美国的社会文化，特别是反映美国新闻界的标准。② 普利策新闻奖获奖评论作品多以批评、抨击时政为主，而以赞扬、激励性内容为辅，毫无疑问，这是与美国新闻界的价值观一致的，且完全吻合。虽然美国新闻界讳言自身的政党倾向，但新闻从业者本身思想多种多样，并不否认自身所持的自由派或保守派色彩。绝大多数获奖者都是闻名美国的政治专栏作家，自有其鲜明的政治立场，往往身处格格不入的自由派和保守派两大阵营之中。既然评论作者所持的政见迥然不同，那么反映在言论中的观点就会有争鸣、有分歧。政党之间的对立反映在评论作品中就形成了互相揭底、互相批判的格局。在这些获奖评论中，既有对死刑改革缓慢提出的批评，对达尔富尔大屠杀的控诉，对恐怖主义阴谋的揭露，对精神病人漠视的指责，对政府外交政策趋利主义的不满，也有对忽视在世贸废墟上工作人员健康状况的批判……评论作品作为"船头的瞭望者"，且继续守望"浅滩暗礁"，一旦出现危及国家、社会和个人甚至全人类的利益时，他们便会及时发出警告，促使社会危机迅速得到解决。

当然，这与西方社会所倡导的、强调自由而强悍的表达对民主社会至关重要的理念密切相关。比如，2012 年 10 月 29 日，美国《华尔街日报》编委会成员玛丽·奥格雷迪发表署名文章指出，美联储主席伯南克"我行我素"的货币政策是在操纵货币，美联储的超低利率政策和数轮量化宽松货币政策将引发全球资产泡沫，这将冲击到新兴经

---

① （美）威·安·斯旺伯格著：《普利策传》，陆志宝、俞再林译，新华出版社 1989 年版，第 210 页。

② （美）道格拉斯·贝茨著：《美国普利策奖金内幕》，贾宗谊译，新华出版社 1993 年版，第 111 页。

济体，并危及美国自身的地缘政治目标。该文指出，伯南克领导的美联储压低美元币值，在零利率的环境下，大量流动性难以在美国找到足够多的获利机会，这将导致流动性外溢至巴西等新兴经济体。文章强调，历史经验表明，大量流动性造成的资产泡沫将助推新的金融危机出现，并使得实体经济发展受困，美联储的货币政策除了给中等收入国家带来经济冲击外，也会影响到美国自身的地缘政治目标。①

自金融危机以来，伯南克执掌的美联储采取多种超宽松货币政策，自2008年12月起，便将联邦基金利率降至0～0.25%的历史低位；先前通过两轮量化宽松货币政策，购入约2.3万亿美元的美国国债和抵押贷款支持证券，再加上正在执行“扩大版”的第三轮量化宽松货币政策，每月资产购买计划总额达到850亿美元。接着，日本的新首相安倍晋三在2012年年底上台后也加速实施宽松货币政策，日元汇率快速贬值，引发一些国家担心出现全球货币竞相贬值的货币战，并助推新一轮贸易战。2013年2月14日，美国《华尔街日报》发表社论，批评美联储等发达国家央行过度使用超宽松货币政策，称这种做法是“货币民族主义”。社论指出，日本安倍政府干预央行独立性的做法让人感到遗憾，但安倍政府并非超宽松货币政策的始作俑者，美联储主席伯南克才是执行该政策的领军者。社论说，自从金融危机发生以来，主要发达国家央行的独立性都在下降，货币政策成为改善国内经济困境的政策工具，伯南克执掌的美联储已经执行4年多的零利率政策和多轮量化宽松货币政策，在零利率的环境下，政府能用低廉的成本继续发行巨额国债以维持政府运营。

社论指出，美元仍是全球最主要的储备货币，美联储应当是美元的捍卫者，但在美联储多轮“开闸放水”过后，全球美元流动性泛滥，引发其他国家央行被迫放松货币政策，以避免本国货币过快升值。社论指出，七国集团发表了关于汇率的声明，本意是为了稳定全球货币市场，结果却造成更混乱的局面。七国集团若是真想稳定汇率，可以采取稳健的货币政策，但是在美联储等西方主要央行不设上限的资产购买计划面前，七国集团的声明显得软弱无力。②

当然，普利策新闻奖并不缺乏一些赞扬、激励性评论。比如，1986年1月28日，美国第二架航天飞机“挑战者”号在进行第10次飞行时，从发射架上升空70多秒后发生爆炸，价值12亿美元的航天飞机化作碎片，坠入大西洋，7名机组人员全部遇难，造成了世界航天史上最大的惨剧。这是美国进行25次载人航天飞行中首次发生在空中的大灾难。“挑战者”号的爆炸，使得美国举国震惊，华盛顿和其他各地均下半旗志

---

① 蒋旭峰、樊宇：《〈华尔街日报〉指责美联储主席伯南克“操纵货币”》，http://news.xhby.net/system/2012/10/30/015060184.shtml。

② 蒋旭峰：《美报批评发达国家央行推行“货币民族主义”政策》，http://world.huanqiu.com/regions/2013－02/3640630.html。

哀；同时，也引起社会的广泛思考。1986 年 1 月 31 日，《华盛顿邮报》发表了这篇名为《载人太空飞行的浪漫梦想永远结束了》的社论，原文这样写道：

我们是第一代进入太空的人类，对此我们早已忘记了。我们忘记了在航空事业最初的 3 年中，世界上仅有的 1000 名宇航员当中，发生了 33 起致命的坠毁事件。

“我的记忆中是一长串的讣告，”伟大的荷兰飞行员、工程师安东尼·福克尔说(1890—1939，美国飞机设计者，生于荷属东印度，为德、荷制造飞机)。在连续 56 次成功的载人太空飞行之后，这一点很容易被人们忘却。但在“挑战者”号悲剧发生后，人们又会记起这些事——至少是一小会儿。下一次点燃引擎将人送入太空时，人们会暗暗发抖。

这篇文章在一开始就讲述到人类航空史上几十次的坠毁事件。悲剧事件之多，以至于美国飞机的设计者总结说：“我的记忆中是一长串的讣告”，太多的失败使许多人对载人太空飞行产生了怀疑，他们认为应该把机器而非人类送入太空。接着，文章用大量篇幅介绍了怀疑论者的理由，比如，从务实的角度看，机器效率更高、更安全且成本更低，而“太空中的人笨重、要求高、耗资巨大，是一个累赘”。看到这里，读者都会以为作者也是怀疑论者之一，而且几乎要被作者说服了。谁知文章笔锋一转，反问读者说：“你该怎么跟务实的人争论？”并借用挪威著名的探险家阿蒙森的话题：“该如何向人们解释他要步行去南极？”问得实在太好了，一下子把载人太空飞行的意义由物质的层面拔高到了精神的层面。接着，文章这样分析说：

对于“挑战者”号和她勇敢的机组成员遇难的第一个反应——在震惊和哀悼之后——是勇气。像总统所表示的，继续前进的决心，正如那些死去的人们会希望的那样。

第二个反应很快随之而来——怀疑。花这么多钱冒这么大的险把人送进太空值不值得？颇具讽刺意味的是，载人太空飞行史上的这场最大的悲剧，正值无人探险取得重大成功——“旅行者”二号对天王星的发现。这两件事交织在一起，使一个早在“挑战者”号灾难发生之前就被提出的问题变得日益紧迫：为什么要急着把人而不是机器送入太空？

物理学家詹姆斯·范，艾伦在最近一期的《科学美国人》杂志上撰文指出：机器更好、更安全、更便宜。他认为，我们在以错误的方式探索太空。在太空中的不应该是我们的身体，而应是我们的头脑——配备着火箭的腿和机器人的眼睛。而笨重的人体需要氧气，需要安全，缺乏效率，对科学也很有影响，它挪用了过去和将来本可用于旅行者号的资金。

怀疑论者并没有仅仅停留在反思上。他们有明确的攻击对象——不是航天飞机。航天飞机还会存在下去，它现在实际上是我们发射卫星的唯一途径。我们几乎已耗尽了可以使用的火箭。我们为了航天飞机的返回投入了太多的资金，甚至在“挑战者”号之后也是如此。

怀疑论者的目标是载人太空站。总统已提出到1992年——欧洲人发现美洲500周年时——建造一座太空站，这将至少耗资80亿元。虽然已经签订了一些合同，但它一直是行政管理、预算局和国会中主张削减预算的人，以及对载人飞行大不以为然——认为其俗气、毫无意义的人合力抨击的对象。

里根在1984年首次提出太空站计划时，《纽约时报》称其为“太空中一个昂贵的呵欠”。四周后，该报又加上一句：“一只80亿美元的白象。”英国著名科学期刊《自然》将太空站称为一个“悲剧……对宇航员呕吐原因的又一项历时20年的原始研究”。无处不在的卡尔·萨根（1934—，美国天文学家）也说：“机器人比人更可靠。”

机器也确实如此。不过机器不会唱歌，环绕月球黑暗的一侧飞行时，它们也不会回忆起《创世纪》的故事。讲求实际的人是正确的，太空中的人笨重、要求高、耗资巨大，是一个累赘。大自然也是对的，在太空里，人们“跌跌撞撞，把望远镜晃来晃去，摆弄着各种装置”。

这篇文章从精神的高度反驳了务实者一味追求物质效益的短视行为，并指出，即使务实者们自己“也不免流露出对浪漫的载人飞行的欣赏”，“也会时常折服于人类挑战太空的壮举”。文章表露出这样一种思想：人类无法遏制自己对太空的憧憬和向往，无法停止对未来美好生活的追求。所以，即使再苦，即使悲剧再次发生，也不能阻止人类向太空继续前进的决心与勇气。一切苦难所能激起的只会是不断增强的勇气！文章认为：从精神的层面和人类文化的角度看，载人太空飞行的意义是无穷的，“精神高于物质的太空苦行者是对的”。且恰恰与标题相反的是：载人太空飞行的浪漫梦想永远不会结束！文章的结尾处引用了怀疑论者之一的《纽约时报》提出的问题：“如果机器人都不能在火星上工作得更出色，人又能做什么呢?”再一次对人类征服太空的能力表示疑惑。然而，文章在略微的停顿之后，回答道：“回过头来看看地球，就知道他做了些什么了。”言下之意：地球的今天，就是火星的明天，强有力地驳斥了怀疑者的观点，同时表明了作者对人类在不久的将来征服太空充满了信心。这篇文章的构思很精巧，写法独特，风格别样。全文充满了一种浪漫主义的情怀，让人读后，一种美好的感觉久久留存于心，是一篇优秀鼓舞激励性的评论作品。

新闻评论的对象是日常生活中发生的事实，要想正确判断新闻事实，需要使用以分析理性见长的逻辑思维，具体而言就是需要批判性思维。批判性思维本质上是一种探究自然与社会的工具。同样，批判性思维也是教育中的一股解放力量，在人类的生活中，它更是一种强大的社会资源。① 其实，批判性思维作为一种探究工具，更是一种具体的思维方式和思维习惯。作为一种思维方式和习惯，批判性思维有一个基本的假设，那就是：任何理论观点，无论其已有的地位多么高高在上，应该接受质疑和批判，应该随时准备通过论证为自身辩护。而批判性思维原本是一种怀疑的、审慎的心态，是一种理性精神，这种心态不轻信别人的思想言论，不盲从别人的行动，它的基本信念是，任何思想都没有受质疑的豁免权。同时，任何思想都有为自己辩护的权利。②

批判性思维要求一个判断者在复杂的事物中有条不紊、不懈地查找相关的资料或信息，理性地选择判断标准，而不能人云亦云。当然，这种批判性思维提倡的反思和质疑，不仅是针对别人，同样也包括对自己的思想行为的反思和质疑，强调推理和论证。任何观点，不管多么符合自己的想象、直觉或愿望，都要经过合理的证明来为其存在辩护，不能强词夺理。批判性思维要求评论作者在质疑他人、他事的同时，也要质疑自己，强调善用推理和论证、公正评价，诚实对待他人的偏见，谨慎判断。比如，2006年7月30日，《纽约每日新闻》发表了一篇题为《我以前从未抱怨过或者起诉过，以后也不会，但是万一我死了……》的社论，并获得2007年度的普利策新闻奖。文章批评美国政府在“9·11”事件之后对于那些参与救灾工作的志愿者没有采取适当的医疗以及救助措施。整篇文章使用了《你从未忘记的气味》、《带血的咳嗽》、《离开我的孩子》、《否认》、《惠特曼的人们在撒谎》、《一种不治的疾病》、《遗忘》这七个小标题，各自引导七个部分。这七个部分一次又一次地证实或阐述作者的观点，使得评论作品真实可信且富有极强的说服力和感染力。

---

① 参见彼得·费希万、诺琳·费希万、爱格尼丝·蒂瓦里、费利克斯·尤恩：《作为普遍人类现象的批判性思维——中国和美国的视角》，载《北京大学学报》（社科版）2009年第1期。

② （美）弗雷德里克·S. 西伯特等著：《传媒的四种理论》，展江等译，中国人民大学出版社2008年版，第191页。

主要参考文献

［1］方汉奇．中国新闻事业通史．北京：中国人民大学出版社，1999.

［2］陆学艺．当代中国社会阶层研究报告．北京：社会科学文献出版社，2002.

［3］范荣康．新闻评论学．北京：人民日报出版社，1988.

［4］中共中央文献研究室，新华通讯社．毛泽东新闻工作文选．北京：新华出版社，1983.

［5］李庄．人民日报风雨四十年．北京：人民日报出版社，1991.

［6］钱提辛，于宁．今日谈选粹．北京：人民日报出版社，1994.

［7］中央人民广播电视台史编写组．中央人民广播电台台史资料汇编（1949—1984年）．北京：北京广播学院出版社，1990.

［8］陈思善．电视节目制作基础．上海：复旦大学出版社，1994.

［9］中央电视台研究室．中央电视台年鉴（1983—2012 年）．北京：人民出版社，1984—2013.

［10］洪民生．我与电视．北京：中国国际广播出版社，1990.

［11］中国广播电视学刊（1985—2013 年）．

［12］袁正明，梁建增．用事实说话．上海：上海人民出版社，2000.

［13］罗强烈．向我们的处境发问．北京：中国青年出版社，2000.

［14］中国社会科学院新闻研究所．中国新闻年鉴（1984—2012 年）．北京：中国新闻年鉴杂志社．

［15］王民．新闻评论写作．台北：联合出版社，1981.

［16］邓拓文集（第一卷）．北京：北京出版社，1986.

［17］丁淦林．中国新闻史论文集．上海：上海人民出版社，1987.

［18］于宁．评论员札记．北京：蓝天出版社，1995.

［19］人民日报史料（1949—1984 年）．北京：人民日报出版社，1988.

［20］中国新闻奖评选委员会办公室．中国新闻奖作品选（1991—2012 年度）．北京：新华出版社，1992—2013.

［21］孙玉胜．十年——从改变电视的语态开始．北京：生活·读书·新知三联书店，2005.

[22] 邵华泽. 同研究生谈新闻评论. 北京：人民日报出版社，1999.
[23] 谷振诣. 论证与分析——逻辑的应用. 北京：人民出版社，2000.
[24] 丁法章. 新闻评论教程. 上海：复旦大学出版社，2002.
[25] 李培林等. 中国社会分层. 北京：社会科学文献出版社，2004.
[26] 胡文龙. 中国新闻评论发展研究. 北京：中国人民大学出版社，2002